# LOVE ME, DON'T LEAVE ME

OVERCOMING FEAR OF ABANDONMENT AND
BUILDING LASTING, LOVING RELATIONSHIPS

# 猜疑、掌控、緊黏，為何你總是缺乏安全感？

## 療癒關係中五大負面信念，終結「被遺棄」的恐懼

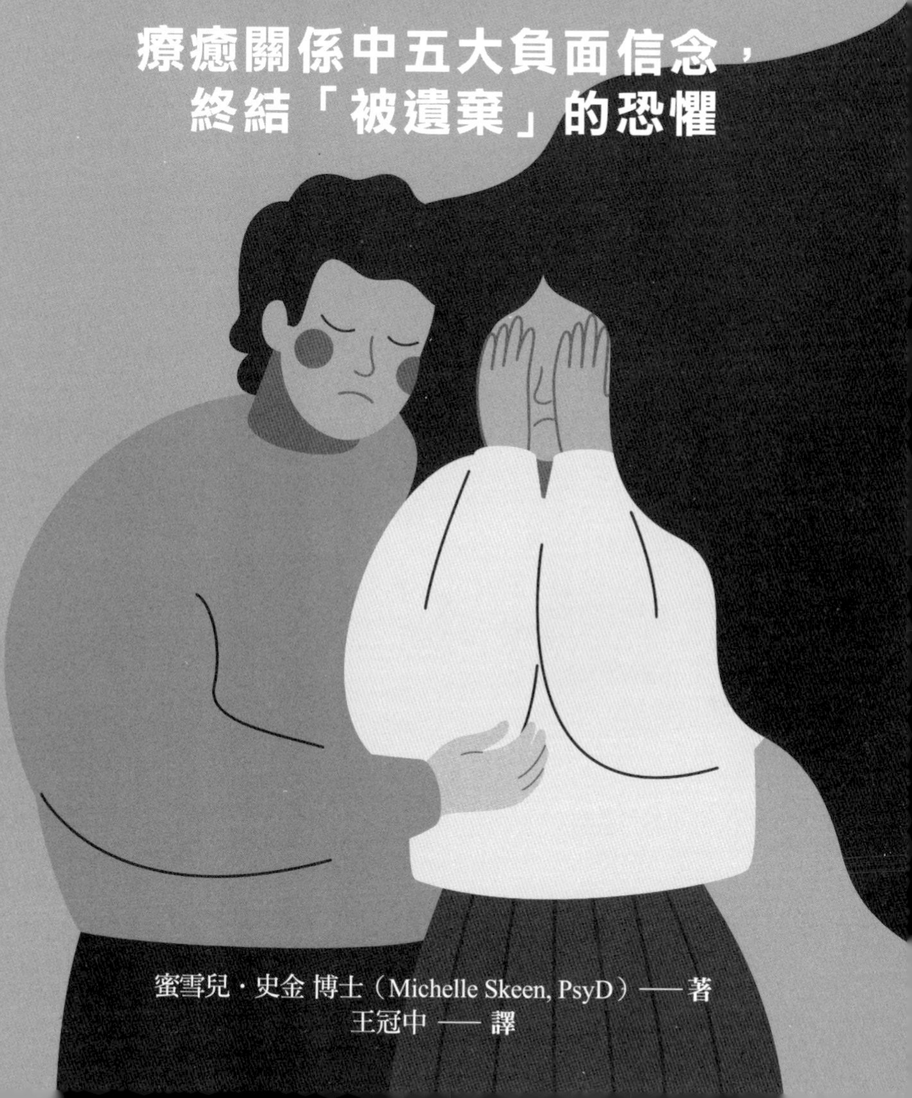

蜜雪兒・史金 博士（Michelle Skeen, PsyD）──著
王冠中 ── 譯

# 目錄

## 3 是什麼阻礙了你？頭腦與關係的陷阱 75

## 4 如何從固有的反應模式中脫困？

## 7 為什麼你有這樣的感覺？穿越情緒的迷霧 185

# 好評推薦

「走出樹林的方式，就是找到一條穿越樹林的路——找到方法走出根深柢固的遺棄恐懼，發展出建立、維持和享受長久有愛關係的能力。在《猜疑、掌控、緊黏，為何你總是缺乏安全感？》裡，蜜雪兒．史金很熟練地打造了這樣一條道路。透過技巧與同理心，史金引導讀者經歷一段旅程，強化自我認知和自我發掘，最終帶來所需的個人轉變，讓讀者也能享有長久有愛的關係。」

——莉莎．羅伯邦（Lissah Lorberbaum）

文學碩士，《愛的焦慮：如何管理自己的焦慮、降低衝突、與伴侶重新連結》（*Anxious in Love: How to Manage Your Anxiety, Reduce Conflict, and Reconnect with Your Partner*）共同作者

「《猜疑、掌控、緊黏，為何你總是缺乏安全感？》冒險進入艱難的領域，探究你最具挑戰性的關係。蜜雪兒．史金提供你一個不可或缺的地圖，明確指引一條新的道路，帶領你療癒自己，並且發展

出聰明與健康的方式與他人互動。這本書會提供你明確的工具來調整你的核心價值。閱讀這本書，感覺就像和一位溫暖關懷的治療師面對面交流。拉把椅子來感受史金帶給你溫暖與同理的指引吧！」

——蕾貝卡·E·威廉斯（Rebecca E. Williams）

哲學博士，臨床心理學家

《成癮症的正念治療手冊》（*The Mindfulness Workbook for Addiction*）共同作者

「在這本富有洞察力和同理心的書裡，蜜雪兒·史金勾劃出當今世界處理關係議題時的兩個關鍵層面：她請讀者深入自己的內心去化解那些不斷帶來挫敗關係的因素，完全了解到重大的改變首先要從自己內在做起。有些人一直無意識地投入會觸發過去負面經歷的伴侶關係當中，對此，她亦明確指出有什麼樣的陷阱正等著這些人。她的文筆非常簡潔而且清晰明瞭，文中也包含許多很棒的練習，給予讀者確實做出正向改變的機會。」

——蘭迪·岡瑟（Randi Gunther）

哲學博士，臨床心理學家

著有《關係破壞者》（*Relationships Saboteurs*）與《當愛失足時》（*When Love Stumbles*）

「對那些因爲遭遺棄的陰影而感到心累的人來說，《猜疑、掌控、緊黏，爲何你總是缺乏安全感？》是本完美的書。對那些覺得沒有人會眞正愛他們的人來說，這本書是很強大的資源。對於那些因爲追求著捉摸不定、不可靠、或純粹就是得不到的伴侶而感到筋疲力竭的人來說，這也是很理想的一本書。透過蜜雪兒・史金富有同理心且簡明清晰的獨特風格，她將迅速協助讀者找出遺棄模式的核心。這本書提供了做出改變的強大工具，包含許多自我評量、認知技巧、冥想和個案研究。此書提供了擺脫被遺棄拖累的方式，並且爲創造有愛、自在且滿足的關係，提供了實實在在的解答。」

——肖恩・T・史密斯（Shawn T. Smith）

心理學博士，著有《用男人的思維和男人談戀愛》（*The Woman's Guide to How Men Think*）與《大腦在作怪》（*The User's Guide to the Human Mind*）

「透過同理且有愛的清晰文筆，蜜雪兒・史金引導我們走出由自我貶低以及恐懼所構成的內在迷宮，並且在內心深處發覺自己一直是夠好的，了解到我們不再需要跨越那些我們在生命中設下的種種障礙，就能夠擁有愛。這本書適合每一個人，讓大家都能找到並生活在長久有愛關係的喜悅和滿足裡。」

——史帝夫・弗勞斯（Steve Flowers）

婚姻與家庭治療師，著有《害羞中的正念之路》（*The Mindful Path through Shyness*）

「這本書提供了一條優雅的自我了解之路，藉此創造一生有愛的關係。我竭誠推薦這本書給所有因爲愛而受苦的人。」

——傑森．B．費雪（Jason B. Fischer）

文學碩士，執業心理諮商師，著有《愛的兩個眞相：出色關係的藝術和智慧》（*The Two Truths about Love: The Art & Wisdom of Extraordinary Relationships*）

「蜜雪兒．史金的《猜疑、掌控、緊黏，爲何你總是缺乏安全感？》是本充滿智慧的書。她運用健全的練習和列表，協助因被遺棄而受苦的人找到他們的觸發因素，並培養出健康關係的正念溝通技巧。想要了解自身需求的人，以及想要學習如何透過想法和情緒來改善關係的人，都應該讀這本書。」

——塔米．尼爾森（Tammy Nelson）

哲學博士，心理治療師，國際演說家，著有《新單一配偶制》（*The New Monogamy*）等書

「終於有一本書很有技巧地探討在問題關係中經常被忽視的層面——遺棄恐懼。這本書會邀請你踏上這段旅程，去擁抱人性中最基本的層面——我們與他人的連結，以及當這個連結斷裂時會發生的事情。蜜雪兒．史金很熟練地帶領你去全面探索，藉此檢視你的人際連結經歷——或者各種缺乏連結的

經歷——會讓你在關係中遭遇哪些困難。關係中有許多受苦的情況都是源自遺棄恐懼，然而卻很少有相關資訊去協助那些在生活中面臨這項課題的人。在這本書中，蜜雪兒・史金給予了強大的洞察力，而且最重要的是，她也提供了工具，協助你成功引導出恐懼在關係中呈現的方式。現在，拿出鉛筆來，開始閱讀並且按照指示做練習吧。你會很高興自己這麼做的。」

——湯瑪斯・羅伯茲（Thomas Roberts）

臨床社工師，心理治療師，著有《正念療法手冊》（*The Mindfulness Workbook*）

獻給那些給予我無條件的愛與支持，
並且改變我生命軌跡的人。

——蜜雪兒・史金

【推薦序】

# 領著你走出被遺棄的恐懼

多年來我發現，療癒過程中出現的一些讓人極度不舒服的情境，都和已失去或預期會失去親密伴侶的客戶所承受的痛楚有關。這種重大的關係斷裂所造成的強烈痛苦悲傷情緒，對一些人來說，可能會造成無法承受的感受，像是遺棄、背叛、玩弄和情感剝奪等。有時，這些感受可能轉變爲有問題且對自己不利的因應行爲，例如持續的自責、頑固地克制自身的需求和權利、逃避、神經兮兮地黏著伴侶、無止盡的猜疑、反覆思索著要修復關係或施以報復，以及最糟糕的是可能出現強烈的抑鬱、焦慮、甚至自我傷害。

這對那些在童年時期或長年經歷失去、忽略、施暴，以及感覺自己不值得被愛、不受歡迎、或不夠好的人來說，特別具有挑戰性。因應的方式——通常在我們發展的初期，當重要的情感需求無法被滿足時，就形成了因應的模式——伴隨我們的生理因素，可能深植在我們大腦的求存系統中，當我們面臨可能的威脅時，就會成為我們的自動反應機制。在某些情況下，像是遭到伴侶的冷落，那些很久以前曾經歷過的孤獨、羞愧、自卑、遺棄、拒絕、或不信任等令人無法忍受的感覺就會遭到觸發。這可能會導致因應模式迅速啓動，而雖然這些因應模式在年幼時可能有些幫助，但諷刺的是，現在反而會弄巧成拙，甚至更加深了痛苦絕望的感受。在蜜雪兒．史金這本出色的著作裡，你將會看到對這些情境的詳盡描述。

在我治療自戀患者的過程中，經常會遇到自戀者的伴侶（亦即被傷害的一方），他們除了感到自卑和不值得被愛之外，也持續面臨可能會失去這位強勢又貶低他人之加害者（儘管有時很迷人）的威脅。在這樣的個案裡，如果被傷害的人年幼時也有過遭到照顧者虐待或遺棄的經歷，那麼對於這類失去親密關係的預期，在她成年後會引發一種超出合理程度的恐懼和憂傷，進而產生這類的感受和信念：「這根本天崩地裂……真的被我那愛批評的媽媽說對了，她老是說我不管做什麼就是不夠好。」「或許是我活該……我的兄姊（或同儕）老是在逗弄我和霸凌我，是因爲我很害羞……或者因爲我很聰明……或者因爲我戴眼鏡……或許這就是我的人生故事。」她淚流滿面，心碎地說著這些話。

我很高興我親愛的友人和同事蜜雪兒・史金博士寫了這本出色又重要的作品。蜜雪兒一直是個充滿熱忱的基模療法（一種循證治療模式）執業者和教育者。現在，她用優雅的文筆以及清晰易懂的練習，爲眾多不幸經歷過遺棄和分離之痛的人，明白闡述了這個議題。

多年來，史金博士專精致力於臨床處理關係議題。透過基模療法，她爲讀者提供了一種周延且明確的輔助引導，幫助了解治療過程與有效的策略，藉此改變習慣性且毀滅性的偏差人生模式。

作者專業精湛地描述了如何使用正念覺察的技巧來找出因應模式，輔以經驗技巧來與內心脆弱掙扎的部分產生同理連結。史金博士深入探討了認知和行爲策略，幫助卸除心靈的重擔，並且調整偏頗的想法、情緒和行動。書中提及的個案和小故事肯定會引起你的共鳴，包括在處理羞愧、不信任、自卑和遺棄等議題時會出現的特有或常見狀況。

我很榮幸也很有信心地推薦《猜疑、掌控、緊黏，為何你總是缺乏安全感？》一書給所有因為擔心害怕遭到伴侶遺棄而苦苦掙扎的人，也推薦給所有在這人生旅程中忽視了（或者還沒適當鼓勵）自己最強大夥伴的人；這個最強大的夥伴，就是無可比擬的「真相揭露者」——你健康的內在聲音！

——溫蒂．T．比哈里（Wendy T. Behary）

臨床社工師、國際基模治療學會（ISST）會長

著有《解除自戀者的武裝》（*Disarming the Narcissist*）

【前言】
# 不論過往如何，你都值得擁有長久有愛的關係

## 踏上不被遺棄恐懼控制的旅程

你是否因爲遺棄恐懼而受苦？你或許很清楚地意識到這種恐懼，抑或你可能有些不安地感覺到這種恐懼正在影響著你的人際關係和生活。現在讓我們來看看，遺棄恐懼可能對長久有愛關係造成阻礙的一些方式。

你是否覺得自己必須要很完美，否則就會被排擠？你是否爲了避免孤獨而忍受批評或其他的情緒霸凌？你是否隱藏了眞實的自己，因爲你覺得別人會發現你不夠好？你是否因爲簡訊、電子郵件或語音留言沒有立刻收到回覆而感到恐慌？你是否在感覺某人變得疏離時就會變得特

別黏人或要求很多？或者你會在別人離開你之前，選擇自己先離開？你是否試圖透過全心投入工作，或者用食物、酒精、藥物來麻痺自己，藉此逃避深沉的遺棄恐懼？他人不在身邊，不管有無原因，是否會讓你陷入慌亂？你是否待在一段不健康的關係裡，只因覺得有伴侶總好過孤獨一人？或者你會逃避伴侶關係，只因你擔心要面對最終必然的結果——你會被遺棄？

這些想法和恐懼可能引發強烈且痛苦的情緒——羞愧、悲傷、孤獨、渴望、憤怒和焦慮。這些情緒可能感覺難以忍受，而想要擺脫或削弱這些情緒的慾望，可能造成你仿效過去曾經奏效的行爲舉止。然而，當你在評估生命中的人際關係時，你可能會發現你的行爲模式已經不再有效了。你會知道這點，是因爲你並沒有得到你想要的關係。同時，要擁有健康、長久且有愛的關係，這個目標對你來說似乎遙不可及，或是你覺得你必須花非常多的心力才能達成，而你並沒有這樣的時間和精力投入其中。我全都了解。覺得降低預期和希望比提高衝勁和決心來得容易是很正常的，特別是和「心」有關的事情，因爲我們經常害怕會受傷或失望。當你覺得這一生已經經歷過夠多情感上的痛苦，你或許會問自己，冒險讓自己變得脆弱，到頭來卻換來更多可能的痛苦經歷，這麼做是否值得。我們都知道那種讓我們覺得傷心、孤寂、誤解、不被愛、不安全、以及渴望更多（但未必相信自己值得得到更多）的關係所帶來的痛苦。許多人並不知道投入一段讓自己覺得被愛、有價值、被了解、被珍惜、被尊敬、以及自己的缺點和一切都被賞識的健康關係當中，是什麼樣的感覺。

要是你可以把自己的恐懼，以及你對自己、對他人、對關係的信念，放在一個新的背景脈絡下來看，讓你能夠遠離你的過去，並建立持久且有愛的關係呢？要是你可以學習新的方式來處理痛苦的情緒與負面的想法呢？要是你選擇的行爲模式可以讓你更接近你渴望擁有（但又害怕永遠不會有）的健康關係呢？

## 關於本書

這本書是設計來協助你了解並接受自己並沒有錯。你的恐懼以及你對自己、對他人、對世界的信念，都是童年和青少年時期經歷下的產物，而這一切經歷都是你人生故事的一部分，包括那些痛苦的經歷，以及它們帶給你的訊息。當你想到要聚焦在過去痛苦的事件上，你可能會覺得焦慮和害怕。儘管我們的過去都是以某種形式一直跟隨著我們——不管是像影子一樣潛伏著，或者像陽光一樣敞開著——很重要的是，我們要把這些過去的事件放到適當的觀點裡檢視。這本書的其中一個目標就是協助你和這些事件、人生故事、以及伴隨而來的一切，包括你的想法、情緒和行爲反應等，形成新的關係。不管有意識或無意識，你和你人生故事的關係都在干預著你擁有渴望的人際連結。

本書的最終目標是要帶領你走出過去，讓你能夠投入一段關係裡，而不再被恐懼所控制。我來說明一下這段旅程要如何帶領你到達這個狀態。在第一章，我們會檢視遺棄恐懼。你或許知道你有遺棄恐懼，但這一章會帶領你覺察這種生理上根深柢固的恐懼有哪些面向。我也會介紹並說明另外四種很深沉的信念（我們稱之爲「核心信念」），這些信念通常與遺棄恐懼有很密切的連結，包括不信任和受虐、情感剝奪、缺陷和失敗。這一章和這整本書都會透過故事來生動描述這些核心信念。

在第二章，你會做五個簡短的評量，藉此辨識以及更深入地檢視與這五項核心信念有關聯的一般信念。在第三章，你會看到對於常見陷阱（頭腦、行爲和關係）的解說和檢視，這些都是可能給你帶來更多痛苦的陷阱。前三章會讓你更加覺察自身的人生故事，包括你的信念，以及你對引發你核心信念的情景會做出的行爲反應。

第四章到第八章會有一些概念的介紹，還有一些練習，可以協助你培養必要的技巧來遠離你的人生故事。這些技巧包括正念；放掉你無法改變的事物；辨識並投入能豐富人生的價值觀；以及更深入了解你的想法、情緒和行爲，包括發展出新的方式來看待它們以及和它們互動。第九章會介紹溝通技巧，這是發展和維持健康長久關係的關鍵元素。最後一章則是設計來協助你探索約會時具挑戰性的層面，包括在可能的伴侶身上要留意的警示訊號。

我深思熟慮地仔細設計這趟旅程，使其成爲同理、有愛、而且具挑戰性的旅程。我了解你的痛苦。有許多我自身的經歷也穿插在這本書的故事裡。我已經走過了這趟旅程，而且我可以向你保證，你在做這些具挑戰性的練習時，那些時不時會感受到的情緒不適，最後都會得到值得的回報，也就是擁有健康、長久、有愛的關係。我們都會經歷痛苦，而不幸的是，這是人類處境的一部分。我想要協助你減少受苦——減少那些我們在處理無法避免的痛苦時，有意無意間會產生的感受。這個過程需要覺察與改變。我的希望是，透過這個過程讓你能夠與自己培養出有愛的關係，並且褪去羞愧的外衣，不再因為羞愧而讓你深陷過去之中，進而影響到你的現在。

這個過程需要一些努力。有時你會感覺很有挑戰，特別是當你要去檢視那些不健康的想法、行為和情緒時。這本書裡包含的練習是設計來協助你更接近你所渴望的健康關係。你需要做紀錄來完成練習，並且追蹤自己的進展。你有三個選項：一、買一本日記或筆記簿；二、連結我的網站上的線上日記功能（http://www.michelleskeen.com），或者使用其他網站上的線上日記功能；三、下載每項練習所提供的PDF電子檔案（可在http://www.lovemedontleaveme.com網站上找到），把它們列印出來收在筆記本或文件夾裡。書寫和記錄可以協助你專注聚焦，並且把所有的資料集中在同一個地方，讓你有機會注意到自己的行為模式，反思自己的價值和體驗，並且列出你的進展。你可能會經歷停滯或面臨挑戰的階段，在這樣的階段裡，將過程記錄下來是很有幫助的，如此一來，你就可以回頭看自己寫過的東西，並且慶祝自己已經達成的進展。

我戴的手環上刻了一句話：「重點不在於你選擇了哪條路，而是你在過程中成就了什麼。」

讓我們開始展開這段旅程吧……

# 1

# 別離開我！

## 了解你的遺棄恐懼

童年的經歷會創造我們的故事，而這些故事會在這一生中餘波盪漾。你會來讀這本書，可能就是因爲在你的故事中，有一部分包含了遭遺棄的經歷。某個對你很重要的人，可能是你的媽媽、爸爸、繼父繼母、保母、兄弟姊妹、或是同儕，他們可能經常不在或有很長一段時間不在、陪你的時間不穩定或無法預期、給你的愛是有條件的、失聯、讓你孤單一人、搬走、或是死亡。你可能在寄養家庭長大，或者父母之中有一人或兩人酗酒、吸毒，或者照顧者有精神疾病、情緒不穩定、或是純粹不適合扶養小孩。或許你爸媽離婚了，抑或你可能受到過度保護。不管你童年的環境或經歷如何，有上述任何一種情況（或兩種以上）都可能讓你覺得分離、孤獨，亦即遭到遺棄。

在新生兒和孩童時期，我們的生存需要仰賴關係連結。我們依賴照顧者給予我們安全感和保護。對於會失去這種關係連結的恐懼，是一種健康的人類生存本能反應。

如果遺棄恐懼是你故事中的一部分，那麼你很可能會覺得自己被這種恐懼以及伴隨而來的想法和情緒給困住。你可能也會覺得被自己反覆出現的行爲反應給困住——也就是當你在面對遺棄恐懼所引發的負面想法和情緒時，會習慣性自動出現的行爲模式。

你可能發現自己會受到類似於童年時經歷過的關係互動和環境所吸引。你是否會受到具有以下特質的人吸引，即使這種人會讓你覺得自己很糟糕：愛拒絕、愛批評、反覆無常、施暴、情緒不穩定、有疏離感、冷漠、混亂、或矛盾？當你面臨有壓力的情境時，你是否會變得黏人、百依百順、憤怒、玩弄、責怪、苛求、批評、或控制？或者你會退縮、孤立、板著臉、麻痺自己（例如用藥、酗酒、暴飲暴食）、轉移注意力（例如購物、性、冒險、賭博）、或者切割關係？你的核心信念讓你困在傷害性的情緒、想法和行爲當中，讓你無法得到你渴望擁有而且也值得擁有的幸福與健康的親密關係。

假如你可以踏上一段旅程，而這段旅程能給你一套工具讓你走出自身的故事，把你故事中的權力和控制拿掉，讓你了解你的遺棄恐懼和其他核心信念，讓你能覺察引發這些核心信念的情境和關係，讓你學習到如何不帶批判和控制地去觀察你的負面想法，並且培養出能力，讓你在經歷負面情緒時，不會急忙做出各種行爲反應。假如你可以辨識自我價值，並透過自我價值來驅動有益的新行爲模式，發展出新的溝通技巧和工具，並且改變你對自己和他人的看法。假如你能夠擁有健康、恆久且充滿愛的關係——那是不是很棒呢？

我想邀請你踏上這段自我覺察、自我了解、自我發掘、以及愛自己的旅程，而我會擔任你的引導。我承諾會在你需要時溫柔地推你一把，同時也會給予你值得擁有的同理和理解。

## 遺棄恐懼的成因

你的遺棄恐懼舞台是由你無法控制的因素所設置的。關於你的遺棄恐懼（和其他核心信念）的故事，是結合了你的先天（性情）因素和環境因素所帶來的結果。這些都是你在孩童時期無法掌控的條件。而你現在或許會感覺這些因素所造成的信念正在控制著你。很可能你在面臨有人要離開你或者你會孤獨一人等情境的威脅時，會感受到負面的情緒。這些情緒可能包括對某個無法陪伴你的人發怒、當你在意的人離開時會感到悲傷、當你不得已有求於人時會感到羞愧、當你面臨不確定感時會很焦慮、或者害怕你交心的人最終會離開你。你可能會疑惑爲何自己會有這樣的感覺。你的感受大致可以區分為先天或後天。在探討你的遺棄恐懼成因時，透過「依附形式」（後天因素，也就是你與環境的關係，包括你與照顧者的關係）和「性情」（先天因素，也就是你天生的特質）來看先天和後天因素會很有幫助。（關於依附形式更詳細的說明，請參考附錄。）

遺棄恐懼與早期依附關係之間有強烈的關聯。但就算是安全型依附的孩童，也有可能發展出遺棄恐懼的核心信念，或者發展出本書討論的其他核心信念（不信任和受虐、情感剝奪、缺陷、失敗）。這可以由小孩的性情、家庭的問題（與家庭裡其他成員的感受不同）、或是童年晚期或青少年時期發生的「創傷」來說明。所謂的創傷可能包括與主要照顧者之間的關係破裂，例如死亡、離婚，或者雖出現另一位主要照顧者，卻在生理和心理上都給予較少的安全感。

對任何人來說，不管在任何年紀，基本的安全感都是發展安全型依附的關鍵元素。這也就是為什麼遺棄恐懼會強大到不可思議的地步。這源自於攸關生死的需求。在嬰兒時期，如果你被棄之不顧，你是無法活下來的。你的生命、你的生存，都需要依靠另一個人。在你的主要關係中感到焦慮和不安全是非常可怕的。這樣的恐懼會侵蝕你生命中的所有事物——如果你的焦點完全放在生存，你大概不會有能力去聚焦在其他的事物上，你肯定也不會有餘裕帶著處理衝動和慾望的能力來面對並回應緊張的情況。對不安全依附的孩童來說，每個緊張的情況都是威脅生命的危機。你沒有時間去評估深思熟慮的選項以確立回應方式，而是必須迅速且自發地做出反應。在生理上，我們面臨威脅時的回應方式是戰鬥、逃跑、或僵住，藉此避開死亡；我會在第三章進一步討論這部分。在這一章，我們要來看「性情」這個影響因素。

## 性情

性情是決定你會如何與他人以及周遭世界連結的重要因素。你的基因組成可能會增加你面臨廣泛性焦慮症、抑鬱症、恐慌症、或社交恐懼症的風險。這可能會增加你罹患邊緣型人格障礙的機率。邊緣型人格障礙的形成，通常是生理因素與環境因素的極致結合。罹患邊緣型人格障礙的人，更容易接受到環境中的感官刺激。無疑地，他們對環境的敏感度再加上不安全的環境（例如在童年或青少年時期遭到遺棄、破碎的家庭、家庭溝通不良、或性侵）——包括不安全的依附——會導致邊緣型人格障礙〔根據達克沃斯（Duckworth）和弗里曼（Freedman）二〇一二年的研究，每二十至二十五人中就有一人符合此條件〕。或者，你可能符合作家伊蓮・艾融博士（Dr. Elaine Aron）對高敏感族（highly sensitive person, HSP）的定義。她指出，有大約十五至二十％的人口有這種特徵（Aron, 1999-2013）。有這種特徵的人會很敏銳地覺察到其環境中的細微事物，這也可以是一種能力資產。但另一面則是，高敏感族更容易有被淹沒的感覺，這可能使得他們會比不屬於高敏感的人更容易有強烈的情緒性反應。你有可能是因爲某種體質或性情，讓你在情感上更顯脆弱。然而，你也可能因爲遺棄恐懼而受苦，但沒被診斷出來，而當遺棄恐懼被觸發時，你可能就會感到焦慮、抑鬱和恐慌。

現在，讓我們來看看我們核心信念的源頭和定義。

## 挖掘深植你心的核心信念

你在嬰兒時期、童年時期和青少年時期的經歷會帶來印記，形成你的基模（schema）。基模——或核心信念（這是我在本書中所使用的名稱）——是協助組織並理解我們周遭資訊和事物的一種架構。每個人都有核心信念。我們帶著這些核心信念進入成年生活，而這些核心信念會引導我們對於自己、對於他人、以及對於世界的觀點。核心信念有助節省時間，因爲它們能夠協助我們評估所面臨的情境。不幸的是，和大部分我們擁有的配備一樣，它們總是存在著短路的可能性。

這是它們可能出錯的地方：我們的核心信念，其用意是要根據過去的經驗來預測現在和未來的經歷，藉此保護我們；但如果你的童年經歷是有害的，那麼你對現在和未來的觀點也會反應出這一點。在此情況下，你的核心信念基本上是你根據成長過程中被對待的方式和接收到的訊息，對自己和他人所形成的負面想法。這些負面想法每次被觸發時都很令人痛苦，而且會帶著極大的情緒衝擊。

核心信念本質上是兩面性的：黑與白、負面與正面。這讓我們能夠很容易地把經歷作分類：這個是好的，那個是不好的。一種經歷越常出現，你需要消化處理的時間就越少，你的習慣性想法、情緒和行爲就會自動出現（第三章會更深入討論）。即使在沒有全部資訊的情況下，我們的核心信念還是會擔任預測者。這可能意味著你會對一個人或一個情況草率做出定論，因爲你對那人會做什麼和那情況會如何發展都有自己的一套預期。舉例來說，如果你面對一個看起來很無聊或心不在焉的人，你可能會認定這人遲早會離開你。

傑弗瑞．楊博士（Jeffrey Young, PhD）在研究「早期適應不良基模」（early maladaptive schemas, EMS）的概念時，詳盡說明了基模的架構。這是一個結合十八種基模的群組，是由童年和青少年時期的核心需求未被滿足、或者有害的童年經驗造成的結果所形成的基模。在《基模療法：執業者指南》（*Schema Therapy: A Practitioner's Guide*, 2003）一書中，楊博士定義早期適應不良基模爲：「一種概括、普遍的主題或模式；由記憶、情緒、認知和身體感知所組成；關於自己和自己與他人的關係；在童年或青少年時期發展出來；終其一生會持續演進；嚴重程度的失衡狀態。」

關於你的核心信念如何影響你的行爲，有另一種比喻方式是，把你的人生經歷看作是一則故事。你的故事裡會有一段獨白在你的腦袋裡演出——詮釋經歷、評判他人、並且預測結果。這用意是要協助你保護自己免於危險。但是當你對自己有著負面的信念，而且你的獨白中也包含負面的想法，問題就出現了——你的行爲將會反映這些負面的觀點。這就是我們爲何會陷入核心信念帶來的無益行爲反應循環而且無法脫身的原因（第三章會進一步討論）。

我們在本書要探討的主要核心信念是關於遺棄。除了遺棄之外，我也點出了另外四項核心信念（這五項都存在傑弗瑞・楊博士的早期適應不良基模裡），我相信這四項信念都是遺棄信念的「幫凶」。這是什麼意思呢？從本書的探討目的來看，這些所謂的幫凶，就是和遺棄這項核心信念祕密共謀來強化你的信念和恐懼的其他核心信念。當我們的核心信念還保留在無意識和未能覺察的狀態，危險性會比較高。那四項可能引發遺棄恐懼或可能被遺棄恐懼引發的核心信念，分別是不信任和受虐、情感剝奪、缺陷、以及失敗。那麼，要終結你的遺棄恐懼，第一步就是要辨識你的核心信念，並且讓它們浮上意識層面。以下是這些核心信念的定義：

- **遺棄：**因爲身體或情緒上的損失所形成的核心信念；缺乏情感支持或情感連結；或者身處不穩定或不可靠的環境。
- **不信任和受虐：**童年形成的核心信念，來自與受虐（言語、肢體、或性）、背叛、羞辱、或操弄有關的經歷。有這項核心信念的人會預期別人會傷害他、虐待他、羞辱他、欺騙他、操控他、或利用他。
- **情感剝奪：**認爲他人不會適當滿足自身慾望，也不會給予正常程度情感支持的核心信念。有以下三種形式的情感剝奪：

1. 剝奪滋養：缺乏關注、情感、溫暖、或陪伴。
2. 剝奪同理：缺乏了解、傾聽、自我披露、或者和他人相互分享感受。

3. 剝奪保護：缺乏力量、方向、或來自他人的指引。

• **缺陷**：此核心信念會讓人覺得自己有缺陷、不好、沒人要、或在重要領域不如人，或者認爲如果自己的「缺點」暴露了，別人會覺得他們不討人喜歡。這些缺點可能很私密（例如不值得被愛、祕密的性慾望）或很公開（例如讓自己不自在的身體特徵或行爲）。

• **失敗**：造成一個人感覺自己不足或無能，而且終究會失敗的核心信念。當和他人比較時，這人會覺得自己很失敗。這人不管有任何成就，都會覺得自己是個冒牌貨。

在第二章，你會做一項評估測驗，藉此協助你辨識你本身的核心信念。接下來，我們來看看這五項核心信念，並聽聽那些活生生展現這些信念的故事。

## 1. 遺棄核心信念

帶著遺棄的核心信念，你的想法可能包括：愛我的人會離開我或過世；從來沒有人眞正陪伴著我；我最親密的人很捉摸不定；最終我將孤單一人。

艾娃就有遺棄核心信念，讓我們來聽聽她的故事：艾娃是獨生女，由單親媽媽扶養長大。艾娃的母親在她出生前就和艾娃的生父分居了。艾娃從未見過生父。她最早的記憶是和媽媽的男朋友鮑勃一起去公園。她還記得當媽媽告訴她說她再也見不到鮑勃了，她哭得有多傷心。那種失去的痛苦一直伴隨著艾娃。她下一段深刻的依附關係是跟羅斯。羅斯和艾娃以及艾娃的媽媽同住了五年，但這五年是一段情緒劇烈起伏的日子。當羅斯陪伴艾娃時，他們玩得很開心，但羅斯和艾娃的媽媽經常爲了錢爭吵，也經常爲了羅斯不願意結婚而吵架。每次大吵之後，羅斯就會失蹤好幾天，這讓艾娃很困惑，也很擔心不知道他什麼時候回來、或者會不會回來。在艾娃整個童年和青少年時期，艾娃的母親持續跟不同的男人有著不穩定的關係，最短只維繫了幾個月，最長有五年之久。

艾娃於是發展出遺棄核心信念，因爲她的生命中持續的失去父親這個角色。

## 2. 不信任和受虐核心信念

如果你有不信任和受虐的核心信念，你的想法和經歷可能包括：我總是被親近的人傷害；如果我不保護自己，我就會被別人利用；我信任的人曾經對我施加言語或肢體暴力、或性侵我。

寇特妮就有不信任和受虐核心信念，以及遺棄核心信念。這是她的故事：寇特妮是獨生女，父母非常寵愛她。她從小在富裕的環境中長大。她的家族是康乃狄克州有錢有勢的名門望族，勢力甚至遠播該州之外。當然不乏其他有錢人家，但她的家族有個受尊敬和景仰的祖先，而這不是每個人都有，也不是每個人都能了解的。大家都覺得寇特妮的童年一定有如童話般美好。他們對外呈現的形象，確實讓人欣羨。她的父母也向所有人明確表示，他們心中的第一順位是女兒，儘管他們還身負著家族慈善信託、事業和社會義務等責任。

寇特妮的父母知道如何取悅周遭所有的人。但在門禁森嚴的林蔭大道盡頭，那幢有著十呎高桃木雕花大門的豪宅裡，寇特妮的父母就不是那樣的風趣和慈愛了。他們在派對之後還是繼續酗酒，而且會變得非常刻薄。當他們吵架吵累了之後，就會開始數落寇特妮，爲了一點點小事而嚴厲斥責她。儘管寇特妮對此已有所預期——父母人前把她當成手心裡的寶，人後又把她當作垃圾般對待——但責罵還是會讓她感到驚嚇和衝擊，而且那些話語讓她感覺心如刀割。

當寇特妮的父母罵完之後，總會有個保母來安慰寇特妮，是她讓寇特妮覺得安全和被愛。不幸的是，當寇特妮的父母覺得她太依賴保母時，他們就會無預警地開除保母。他們還會煞有介事地告訴寇特妮說，保母因爲不喜歡照顧她，所以辭職了。在她十八歲前，已經換過了十五個保母。

對寇特妮來說，她的不信任和受虐核心信念，是源自於父母對她殘酷批評的結果。她也發展出遺棄核心信念，因爲她一再經歷失去照顧者的過程，也就是她的保母——那些她所依賴的人。

## 3. 情感剝奪核心信念

如果你有情感剝奪的核心信念，你的想法可能包括：我覺得很孤單；我沒有得到我需要的愛；我的生命中沒有人真正關心我、沒有人滿足我的情感需求；我跟任何人都沒有情感連結。

瑪德琳就有情感剝奪核心信念，以及遺棄核心信念。這是她的故事：當瑪德琳在談論自己的童年時，她很溫情地描述她的父母。表面上聽起來，這好像是個關於藍領階級一家六口的勵志故事，由於父親的勤奮以及母親的堅強和毅力，他們過著美國夢一般的生活。瑪德琳的父親在公司裡的晉升歷程，聽起來就像一九五〇年代的老掉牙故事——他在二十歲時進收發室，當時妻子是家庭主婦，正懷著他們的第一個孩子。接下來十年裡，他們陸續生了四個小孩，而瑪德琳的父親也一路升到了中階管理職位。瑪德琳記得，她的父母透過自身的言行教導她最重要的事情是：努力工作與服侍上帝。她也記得，從來沒聽過父親或母親說過「我愛你」。瑪德琳曾有最後一次機會能聽到母親對她說出這句她很渴望聽到的話。母親臨終前，瑪德琳最後一次陪伴她時，她跟母親說了她愛她。遺憾的是，她母親並沒有回應她的這句話——她只是微微一笑，閉上眼睛，撒手人寰。那時瑪德琳十五歲。

之後，她繼續專注在中學的學業上，想成為家裡第一個上大學的人，給父親一個驚喜。當瑪德琳收到好幾所大學的錄取通知時，她對自己的成就感到非常驕傲，而她想像著父親也會同樣感到驕傲。但當她聽到父親回她說：「你如何支付得起學費？」原本興高采烈的心情瞬間轉為失望的情緒。

瑪德琳的情感剝奪和遺棄核心信念，是源自於失去母親、情感需求沒得到滿足，以及缺乏情感的連結和支持。

## 4. 缺陷核心信念

如果你有缺陷的核心信念，你的想法可能包括：如果別人真的了解我，他們就會拒絕我；我不值得被愛；我對於自己的缺點感到羞愧；我對人呈現虛假的形象，因為如果別人看見真實的我，他們就不會喜歡我了。

艾莉就有缺陷和遺棄核心信念，讓我們來看看她的故事：在艾莉的生命中，當她看見關係很親密的姊妹時，都會感受到一絲絲的嫉妒。她很渴望能夠和比自己大十八個月的姊姊擁有那樣的親密關係。儘管艾莉已盡最大的努力要創造這樣的關係，但就是沒辦法成功。她們姊妹之間的差異是無庸置疑的——艾莉又高又瘦、聰明且風趣，而她的姊姊潘則屬於矮胖型，雖然同樣很聰明，但有種帶刺的性格。她們的母親總是比較偏愛潘。是否因爲她們的身型相似，總是在煩惱體重問題？還是因爲母親和潘的憤怒情緒有共鳴，反映出她長年以來的怨懟心情？有時感覺她們很鄙視艾莉，因爲艾莉的新陳代謝快而且又愛笑。

相反地，艾莉的父親很寵愛她。他們都比較外向，兩人在一起時總是很歡樂。當父親在身邊時，生活就會輕鬆許多。然而，父女倆的關係後來變得有些複雜，因爲艾莉進入青春期，開始出現一些成長獨立過程中經常會犯的錯誤：錯過規定的回家時間、收到超速罰單、喝酒被逮到。她不再是父親的完美小女兒，而且她也發現當父親對她感到失望的時候，他就會迅速抽離他的關注和關愛。在這些情況下，她反而會異常地獲得母親和姊姊更多正面的關注。她總是覺得自己有什麼問題。如果她太「完美」，媽媽和姊姊就會疏遠她；如果她變得較「不完美」，就輪到爸爸疏遠她。她一直覺得自己有缺陷，老是被家裡的某個人遺棄。

## 5. 失敗核心信念

如果你有失敗的核心信念，你的想法可能包括：我的同儕大多比我成功；我不像我生命中的其他人那麼聰明；我對於自己比不上別人而感到羞愧；我沒有任何特別的天賦。

萊拉就有失敗和遺棄核心信念。這是她的故事：萊拉出生在紐約。她的父母在他們接近二十歲時從印度移民到美國，兩人都就讀紐約大學醫學院，後來也都成爲深受尊敬的醫生。萊拉在曼哈頓上東城區長大，從幼稚園到中學讀的都是對學業要求很嚴格的知名學校。她的父母既聰明又成功，而且期望萊拉也能夠跟他們一樣。學校的同學和老師都很喜歡萊拉。事實上，從她開始上學後，就一直都在受歡迎的群體裡。然而，她的學業表現就差強人意了。她在幼稚園的第一次標準化測驗成績排名五十二%。萊拉的父母很擔心她的成績，於是安排了和校長會面，討論萊拉的測驗成績可能造成的影響。當他們聽到考試成績不佳有可能是因爲萊拉當天狀況不好、或是她不熟悉標準化測驗的形式所導致的，這才稍微鬆了一口氣。校長也跟他們保證說，萊拉在課堂上並未展現出有學習障礙的跡象，因此不需要把她送去檢查是否有學習或發展上的問題。萊拉的父母告誡她要更用功念書。他們很肯定有自己的基因遺傳，只要萊拉夠努力，成績一定能名列前茅。

但到了五年級結束，第六次標準化測驗的結果出爐，萊拉和父母甚至已經不再討論成績的問題。她一直都是「成績中等」的學生。更糟糕的是，萊拉的朋友都有大幅的成長，結果她成了群體中進步最少的人。萊拉在朋友當中仍然很受歡迎，而且她整個求學生涯一直都是最受歡迎學生群體中的一員。她畢業時沒有獲得榮譽狀，但她和所有的同學一樣都上台受頒文憑。萊拉的父母並沒有出席畢業典禮。

萊拉發展出失敗核心信念，是因爲她覺得自己比不上班上其他的同學。她的遺棄核心信念則是因爲她父母給予的愛和接納是有條件的。

以上這些故事或許沒有引起你的共鳴，但希望你能同理這些人，同情他們沒能從親近的人身上獲得情感滿足的處境。

## 展開自我更新的旅程

對你自身的核心信念有所覺察是非常重要的，這樣你才能更了解自己，也更了解爲何自己在某些關係上總是既受挫又痛苦。透過檢視你的童年和青少年時期經歷來發掘你的核心信念，可能是個痛苦的過程，它會引發憤怒、羞愧、孤獨、悲傷、焦慮和罪惡感等情緒。記憶會引發強大的反應。但要記得，這段旅程並不是要去責怪自己或別人，而是要去找到並理解自己的故事，這樣你才能走出這故事，去發展新的溝通和行爲模式。我們每個人都曾覺得被困在自己的故事裡。

你無法改變你的過去，但你可以透過了解過去來展開自己的旅程。讓我們開始吧！

# 2

# 你相信什麼？

## 辨識五個核心信念

你的人生故事融入了童年和青少年時期的記憶，包括想法、情緒和感受，這些故事是不會改變的。努力想改變過去，只會讓你覺得無助和沮喪。但去了解你的故事以及它如何影響現在的你，會產生很強大的影響，因爲你確實有能力改變現狀，以及改變你未來的關係模式。

辨識你的核心信念會提供你必要的資訊去了解到，當某種讓你想起童年痛苦經歷的情況或互動過程觸發了你的這些信念時，你的內心在當下發生了什麼事。這會打下基礎，讓你能更好地了解自己的核心信念如何引導你對這些觸發事件的反應（這個主題會在第三章做詳細的討論）。

在你塡寫自我評量（由楊博士和克羅斯克博士（Klosko）於一九九三年設計的評量做修改），以及完成後續練習的過程中，要記得，其結果會因爲你的心智狀態而有所不同。如果你覺得童年的經歷距離你很遙遠或抽離，你得到的分數可能不會正確反映你的核心信念。理想的狀態是，你處在一個能夠連結童年經歷的心智狀態中。人們在不同時間或不同心智狀態下做這個評量，然後得出大爲不同的結果，是很常見的情況。這沒有對或錯，只要盡力而爲即可。我會在每項核心信念自我評量的結尾分享一些額外的考量因素。（我建議你可以到網站上下載評量表檔案列印出來，然後把評量表和你的紀錄本放在一起，以方便在回顧和反思時使用。網址爲：http://www.lovemedontleaveme.com。）

# 1. 遺棄核心信念自我評量

如先前所討論的，遺棄核心信念是源自於察覺到你所依賴可獲得支持或關係連結的人，是不穩定或不可靠的。此信念認為，你生命中重要的人無法提供情感支持、連結和保護，因為他們在情緒上不穩定、陰晴不定、不可靠或不常出現、和／或將死亡、抑或為了他人而放棄你。

請用以下的標準為後面的敘述評分：

1分：完全不符合我的情況
2分：大部分不符合我的情況
3分：符合情況略高於不符合情況
4分：中度符合我的情況

5分：大部分符合我的情況
6分：完全符合我的情況

＿＿1. 我非常擔心我愛的人會過世或離開我。
＿＿2. 我很黏人，因為我害怕他們會離開我。
＿＿3. 我沒有很穩定的支持基礎。
＿＿4. 我老是愛上無法一直堅定陪伴我的人。
＿＿5. 我生命中的人一直都來來去去的。
＿＿6. 當我愛的人疏遠我時，我會感到絕望。
＿＿7. 我很堅信我的愛人會離我而去，所以我會先把他們趕走。
＿＿8. 我最親近的人讓人捉摸不透。有時他們會陪伴我，但下一秒又離開了。
＿＿9. 我太過需要別人。
＿＿10. 最終，我一定會孤獨一人。

總分：＿＿

把每一項敘述的分數加總起來，就是你的總分。

10—19分：非常低。這項核心信念或許不適用於你。

20—29分：相當低。這項核心信念可能偶爾適用於你。

30—39分：中等。這項核心信念是你生命中的一項議題。

40—49分：高。這對你來說肯定是個重要的核心信念。

50—60分：非常高。對你來說，這是個強大的核心信念。

**＊註：**如果你的分數偏低，但有至少一項敘述的分數爲5分或6分，那麼這個核心信念仍是你生命中的一項議題。

奧黛麗說：「我在這項核心信念的分數很低，但我知道這個信念是我生命中一種很強大的感受，而且會影響到我的關係。我的家人都在我的生命中陪伴著我，但我卻不是排在很高的順位，他們有時候要好幾天、甚至好幾週才回我電話。所以我在這方面確實會有被遺棄的感覺。在我與他人的關係裡，這種感覺也會蟄伏在我的腦袋裡。」

很有可能你剛剛確認了你早已經知道的事情——你有個核心信念認爲自己會被遺棄。就如我在第一章說明的，核心信念可能會有幫凶。除了遺棄核心信念外，你可能還有其他的核心信念，而當那個信念被觸發時，也會同時觸發你的遺棄核心信念。

## 2. 不信任和受虐核心信念自我評量

不信任和受虐核心信念是四個常見的幫凶之一。如果在你成長的環境裡，你不信任和你親近的人，你不覺得安全，而且／或者你曾遭到肢體、言語、情緒和性侵等虐待，那麼你很可能會有不信任和受虐核心信念。

請用以下的標準為後面的敘述評分：

1分：完全不符合我的情況
2分：大部分不符合我的情況
3分：符合情況略高於不符合情況
4分：中度符合我的情況
5分：大部分符合我的情況

6分：完全符合我的情況

_____ 1. 我預期人們會傷害我或利用我。

_____ 2. 在我的生命中，我曾被親近的人虐待。

_____ 3. 我愛的人遲早會背叛我。

_____ 4. 我必須保護自己並且保持警覺。

_____ 5. 如果我不小心一點，別人就會占我便宜。

_____ 6. 我會測試別人，看看他們是不是真的站在我這邊。

_____ 7. 我會在別人傷害我之前先傷害他們。

_____ 8. 我害怕讓別人親近我，因為我預期他們會傷害我。

_____ 9. 我對他人對我做過的事情感到憤怒。

_____ 10. 我本應信任的人曾對我施以肢體、言語或性暴力。

總分：_____

把每一項敘述的分數加總起來，就是你的總分。

10—19分：非常低。這項核心信念或許不適用於你。

20—29分：相當低。這項核心信念可能偶爾適用於你。

30—39分：中等。這項核心信念是你生命中的一項議題。

40—49分：高。這對你來說肯定是個重要的核心信念。

50—60分：非常高。對你來說，這是個強大的核心信念。

***註**：如果你的分數偏低，但有至少一項敘述的分數爲5分或6分，那麼這個核心信念仍是你生命中的一項議題。

如果你在這項核心信念的分數很低，但你感覺這項核心信念是和你有關的，那你可能需要額外檢視一些童年的情況，這麼做或許會讓你感覺這項核心信念對你來說是很重要的。

- 你可能曾經覺得父母對你隱瞞應該跟你分享的資訊。
- 家庭成員之間可能有些祕密。
- 你的家庭裡可能缺乏開放的溝通。
- 有種無形的不信任氛圍。
- 你在最脆弱的時候卻遭到批評和譏笑。
- 你受到同儕的霸凌、嘲笑、或羞辱。

梅莉莎說：「在此評量中，我沒有任何大部分符合或完全符合的狀況，但我確實記得曾對我的第一任男友說過我不想約會，因爲我和男人在一起很不自在。我不信任男人，而且我不想要受傷。」

所以，跟著你的感覺走吧。雖說自我評量是個很棒的工具，它經過實測而且很可靠，但還是要相信你的直覺本能，因爲可能有些經歷並不在你的覺知之內。

## 3. 情感剝奪核心信念自我評量

情感剝奪是遺棄核心信念的另一個幫凶。如果在你的成長環境裡，你沒有獲得情感支持、關注、關愛、引導、或理解，那麼情感剝奪或許是你的核心信念之一。

請用以下的標準為後面的敘述評分：

1分：完全不符合我的情況

2分：大部分不符合我的情況

3分：符合情況略高於不符合情況

4分：中度符合我的情況

5分：大部分符合我的情況

6分：完全符合我的情況

_____ 1. 我需要更多的愛。

_____ 2. 沒有人真正了解我。

_____ 3. 我經常受到不能滿足我需求的冷漠伴侶所吸引。

_____ 4. 我跟最親近的人也常覺得很疏離。

_____ 5. 我愛的人都不願跟我分享自己的事情，也不真正關心我的事情。

_____ 6. 沒有人給我溫暖、擁抱我、或關愛我。

_____ 7. 沒有人真正願意聆聽我，了解我真實的需求和情感。

_____ 8. 我很難讓別人來引導我或保護我，雖說這是我內心很渴望的事情。

_____ 9. 我很難讓別人來愛我。

_____ 10. 大部分時候我都很孤單。

總分：_____

把每一項敘述的分數加總起來，就是你的總分。

10—19分：非常低。這項核心信念或許不適用於你。
20—29分：相當低。這項核心信念可能偶爾適用於你。
30—39分：中等。這項核心信念是你生命中的一項議題。
40—49分：高。這對你來說肯定是個重要的核心信念。
50—60分：非常高。對你來說，這是個強大的核心信念。

**＊註：**如果你的分數偏低，但有至少一項敘述的分數爲5分或6分，那麼這個核心信念仍是你生命中的一項議題。

如果你覺得這是你生命中很重要的核心信念，但你的分數卻比預期的低，那麼你可能要思考以下這些可能帶給你這類感受的童年情境：

- 你覺得和手足相比，你得到的愛比較少。
- 你的父母非常親密恩愛，以至於你覺得自己被冷落了。
- 你的感受和家人很不同（「我常懷疑自己是領養的」），所以你覺得不被理解、不被愛。

- 你和同儕的感受可能不同，而且缺少童年和青少年時期一般會有的那種朋友關係連結。
- 你有種感覺，好像別人的需求和情感都比你的需求和情感重要。
- 你的感覺或經歷並不被重視或認可。

維若妮卡說：「我覺得我的父母很慈愛，但我並不覺得我有獲得我需要的愛。而且我的生命中並沒有人真正了解我的感受，沒有人真正理解我。」

# 4. 缺陷核心信念自我評量

缺陷核心信念通常和遺棄核心信念形影不離。如果你覺得自己很糟糕、沒有價值、有缺陷，如果你覺得要是有人看到真實的你，他們一定會覺得你不值得被愛而且會排擠你，那麼你很可能就有缺陷核心信念。

請用以下的標準為後面的敘述評分：

1分：完全不符合我的情況
2分：大部分不符合我的情況
3分：符合情況略高於不符合情況
4分：中度符合我的情況
5分：大部分符合我的情況
6分：完全符合我的情況

______ 1. 如果有人真正了解我，他們就不會愛我了。

______ 2. 我有天生的瑕疵和缺陷。我不值得被愛。

______ 3. 我有不想和人分享的祕密，即使是和我最親近的人。

______ 4. 父母不愛我，是我的錯。

______ 5. 我隱藏起真實的自己。真實的我是不被接受的。我展現的是虛假的我。

______ 6. 我總是被批評和拒絕我的人吸引，包括父母、朋友和情人。

______ 7. 我經常會去批評和排擠別人，特別是可能愛我的人。

______ 8. 我會貶低自己正面的特質。

______ 9. 我對自己有著很大的羞愧感。

______ 10. 我最大的恐懼之一就是我的缺點會曝光。

總分：______

把每一項敘述的分數加總起來，就是你的總分。

10—19分：非常低。這項核心信念或許不適用於你。

20—29分：相當低。這項核心信念可能偶爾適用於你。

30—39分：中等。這項核心信念是你生命中的一項議題。

40—49分：高。這對你來說肯定是個重要的核心信念。

50—60分：非常高。對你來說，這是個強大的核心信念。

**＊註：**如果你的分數偏低，但有至少一項敘述的分數為5分或6分，那麼這個核心信念仍是你生命中的一項議題。

對很多人來說，這是很重要的核心信念，可以是對缺陷的內在感受或外在感受。你有可能在這個評量的分數很低，但你會知道那種缺陷的感受是存在你內心的。以下是一些你可能會有共鳴的情況：

- 某個身體特徵讓你覺得丟臉或成為他人嘲笑的目標。或者有其他的東西讓你覺得很不自在，而且你會害怕被別人發現。
- 你受到家庭成員或同儕對待的方式，讓你覺得自己有問題。
- 你可能因為性別認同或性向等議題而受苦。
- 你是被領養的小孩，但家中其他小孩都是養父母親生的，或者你和養父母不同種族，因此你覺得自己不如人。

- 你可能永遠無法擺脫一種感覺，那就是，你的生母會把你送養一定是你有什麼問題。
- 你的興趣與主流不同，因此讓你覺得自己異於常人。
- 你童年曾受疾病或失調症之苦，因此你一直覺得自己有問題。

上述任何一項經歷或是其他經歷，都可能讓你覺得自己有缺陷核心信念。因此要再次強調，請信任你的本能直覺，即使你的自我評量分數很低。

艾蜜莉說：「我一直在培養我的自尊心，我想這也是我的自我評量分數較低的原因。在理性上，我知道我不是有缺陷的人，但當我處於情緒較脆弱的狀態時，還是會有那種自己有缺陷的感覺。因此，我還是會把它當作是我的一個核心信念。」

## 5. 失敗核心信念自我評量

失敗核心信念可能是遺棄核心信念的幫凶。如果你覺得自己很失敗，覺得自己必定會失敗，覺得自己比不上同儕，因為你不夠聰明、不夠有才華、不夠成功，那麼你很可能就有失敗核心信念。

請用以下的標準為後面的敘述評分：

1分：完全不符合我的情況

2分：大部分不符合我的情況

3分：符合情況略高於不符合情況

4分：中度符合我的情況

5分：大部分符合我的情況

6分：完全符合我的情況

＿＿1. 我覺得在成就方面，我的能力比別人差。

＿＿2. 我覺得談到成就，我是個失敗的例子。

＿＿3. 和我同年紀的人在工作上都比我成功。

＿＿4. 我是個失敗的學生。

＿＿5. 我覺得我認識的人大部分都比我聰明。

＿＿6. 我在工作領域的失敗表現讓我覺得很丟臉。

＿＿7. 我在別人身邊會覺得很羞愧，因為我的成就不如人。

＿＿8. 我經常覺得別人太高估了我的能力。

＿＿9. 我覺得自己沒有任何在生活中有用的特殊才能。

＿＿10. 我的工作表現不及我的潛能。

總分：＿＿

把每一項敘述的分數加總起來，就是你的總分。

10—19分：非常低。這項核心信念或許不適用於你。
20—29分：相當低。這項核心信念可能偶爾適用於你。
30—39分：中等。這項核心信念是你生命中的一項議題。
40—49分：高。這對你來說肯定是個重要的核心信念。
50—60分：非常高。對你來說，這是個強大的核心信念。

＊註：如果你的分數偏低，但有至少一項敘述的分數爲5分或6分，那麼這個核心信念仍是你生命中的一項議題。

如果你的評量分數很低，但你覺得自己很失敗，那麼不妨思考以下這些可能造成這項核心信念的因素：

- 你的父母很成功、富裕、有成就、有才華、有名氣，相形之下讓你覺得自己很失敗。
- 你的父母對你有不切實際的期望（例如你上幼稚園的時候，父母就說你會讀哈佛）。

• 你的兄弟姊妹都很迷人、有才華、很成功。

這些可能是眞的，也有可能只是你自己的認知。無論如何，這都是你所相信的，因而會造就這項核心信念。

艾倫說：「不管用什麼人的標準來看，我都很成功，而且前途光明，但我的父母對於成功定義的期望非常高，也非常固執，所以在他們眼中，我依然是失敗的。這讓我在心靈深處仍深信自己很失敗，儘管在理性上我知道我是成功的，而且也很滿意自己的職業選擇。」

恭喜！你已經完成自我評量的部分。如果你有筋疲力竭的感覺，可以先好好休息一下。當你準備好進一步檢視你的評量結果時，我們再繼續下去。

# 檢視你的自我評量結果

現在你已經完成了自我評量，讓我們花幾分鐘來檢視你的分數。你會需要用到紀錄本。（小提醒：你的紀錄本可以是日記本或筆記簿，或是http://www.michelleskeen.com或其他網站的線上日記；或者你可以在http://www.lovemedontleaveme.com網站下載這項練習和其他練習的PDF檔，並用活頁簿集中整理。）

看看你給3分、4分、5分和6分的敘述。把這些敘述記錄下來，並且在每項敘述之間留下一些空間來加上註釋，然後思考以下幾個問題：

- 你是否記得關於這些敘述的特定經歷或事件？
- 你是否記得當時的感受為何？
- 你現在的感受如何？

- 和你有共鳴的敘述是否讓你察覺到自己生命中的任何模式？任何行為模式？任何關係模式？
- 是否有任何結果讓你很意外？

在你的紀錄本中寫下你的答案。

現在，你已經知道哪些核心信念對你很重要。在下一章，我們會看看你的核心信念是如何被觸發的。我們也會來了解頭腦與關係的陷阱，它們是你對自己與對他人信念的共謀。我們也要來看，我們在經歷恐懼時，生理上會如何給予自己保護——恐懼孤單和被遺棄、恐懼被傷害和背叛、恐懼得不到你想要的愛、恐懼失敗，以及恐懼被認爲是有缺陷的。這些恐懼造成痛苦的情緒以及相對應的行爲反應，破壞了關係。當你了解了爲什麼自己會有這樣的反應，你就能開始改變自己的行爲反應循環，也就是無益的行爲模式。

你的核心信念有些特質，使得這些信念很難加以克服，但並非不可能，只是很具挑戰性。這些信念堅定不移，因爲你深切地認定這些就是關於自己、他人和環境的眞相。這些信念很難改變，因爲它們是從童年以來就根深柢固的信念。而受到觸發的行爲反應似乎也確認了這些核心信念，更加鞏固它們，因而強化了你的故事。這個循環看似永無止盡。好消息是，你能夠停止你對這些情境的反應方式，你能夠建立更好的關係。「行爲」是我在本書中討論的議題之一。這是能夠有所改變的一個關鍵領域，這樣的改變能讓你脫離你過去的故事，而不是繼續活在那故事裡。

核心信念也具有預言性——你使用這些根據過去經歷形成的信念來預期一個關係的未來。再一次，這是我們能夠促成改變的另一個領域。核心信念會被緊張的社交互動情況所觸發，而且核心信念是很情緒化的，當它被觸發時，會帶來強烈的恐懼、羞愧、焦慮、絕望、沮喪、迷失、悲傷等情緒。本書裡有工具能夠協助你了解並管理這些無法避開的痛苦情緒。

現在，讓我們來看看頭腦與關係的陷阱。

# 3

# 是什麼阻礙了你？

## 頭腦與關係的陷阱

在你確認了自己的核心信念之後，我們要更進一步來看這些核心信念和你的頭腦以及關係如何互動。儘管你先前可能已經對這些重要的核心信念有些概念，但自我評量的過程或許讓你對這些信念有了更深刻的覺察。現在讓我們來看看，你的故事會如何帶著這些主題和核心信念，影響你對特定人物、情境、以及有壓力的人際互動做出反應。我們會探索你天生的特質如何影響你的經歷和體驗。首先，我們先思考一下，一個雪景球能如何讓你對自己的故事有更好的切入點。

我愛雪景球。在那顆玻璃球裡有著地標、城市風景、讓人想起特定時光與經歷的場景，以及伴隨而來的許多珍藏記憶。我的女兒凱莉有一顆雪景球，裡頭是舊金山一些著名的地標——泛美金字塔、金門大橋、科伊特塔、倫巴底街和一輛叮噹車。當她把雪景球拿起來搖一搖，裡頭的場景就像醒過來般，開始下雪，感覺真的很神奇。這會讓她想起在舊金山的經歷。現在，想像一下裝載你的故事的雪景球——重現你那糟糕的童年和青少年時期，把那些經歷凍結在時空裡。當你的核心信念受到觸發時，感覺就像搖晃了那顆雪景球，突然間，你的故事和那些場景都被啓動，活躍起來。這會讓你想起那些經歷的痛苦回憶，以及負面的情緒、想法與不舒服的感受。你的童年已經過去了，但當前的情境觸發了你的故事，讓你覺得好像又回到童年時期。因此你的自然本能——保護自己的生理需求——也會被觸發，你會展現一種用來擺脫這些痛苦想法和情緒的行爲反應，但這些行爲反應卻只是讓你感覺更糟。

## 頭腦如何誘導你進入情緒陷阱裡

我們的頭腦總是在偵測任何危及我們安全與生存的潛在危險和威脅，而且會把焦點放在這些潛在危險和威脅上。這是人類物種得以存活的主要原因，所以這也算是好事。然而，當有任何情境使我們覺得受到威脅時，我們的頭腦也可能造成我們過度反應。讓我們來仔細看看，你的頭腦會如何把你誘導進入陷阱裡。

## 戰鬥、逃跑、或僵住反應

當你的故事被觸發時，你的大腦會處於高度警覺的模式，彷彿你的生命正受到威脅。這個被認定的生命威脅，事實上也綁架了你大腦中稱作杏仁核的部分。杏仁核是大腦中內側顳葉的一個架構，形狀就像一顆杏仁，在人類的情緒上扮演很重要的角色。近期的研究顯示，杏仁核與我們的恐懼反應有關聯。「長久以來，我們知道杏仁核扮演了引導我們情緒的角色。但這些研究顯示，杏仁核可能扮演了更廣泛的角色，它顯然與形塑我們的社交生活有關——也就是牽涉到我們如何對其他人做出反應和互動。」（Alvarez, 2011）

杏仁核控制了我們的戰鬥、逃跑、或僵住反應。當我們感受到威脅時，它可能會有不理性的反應。被我們視為威脅的刺激物，從眼睛或耳朵傳送到視丘，並在被傳送到新皮質之前就直接先傳到了杏仁核。在理性的大腦有時間處理這些資訊之前，這個生存的機制就已經做出了反應。重點就是：這證明了我們並不瘋狂！我們的反應只是杏仁核在善盡它的職責。我們大腦情緒的部分綁架了理性的部分，即「杏仁核劫持」！丹尼爾．高曼（Daniel Goleman）在其著作《EQ》（*Emotional Intelligence*）中描述，杏仁核劫持是這樣運作的：當我們體驗到強烈的情緒（例如恐懼等），它會蓋過我們的理想思考，並且會引發對我們有害而非有益的行爲。

所以，這與核心信念有什麼關聯呢？當我們處在一個情境裡或在從事互動時，一個眼神、一句話、或者一個動作觸發了我們其中一個核心信念，我們的記憶就會啓動，接著釋放出強大的負面情緒，引發我們的戰鬥、逃跑、或僵住反應。這個我們與生俱來的系統，實際上造成我們在關係中的問題：我們的行爲反應好像是自己正面臨死亡威脅，但實際上卻只是情緒的傷害。當然，那種情緒傷害的感覺很糟糕，但還不至於置我們於死地。

## 行為反應

現在，我們要從現代因應行爲的角度，來看我們的戰鬥、逃跑、或僵住反應。我們的原始反應是「有適應性的」（好的）或「有益的」；我們的現代反應則是「適應不良的」（不好的）

或「無益的」。要記得，基模在大多數情況下都是有幫助的。但在前兩章裡，我們提到了傑弗瑞·楊博士的適應不良基模，這些基模是我們童年早期與青少年時期經歷情緒傷害的結果。到了成年時，這些負面的核心信念扭曲了我們觀看這個世界的濾鏡，而且會根據過去的事件來預測現在與未來的事件。因此，適應不良基模會帶來無益的行爲反應。這些行爲的問題在於，它們只能短暫緩解情緒的痛苦。但長期來看，這些行爲會損害你的人際關係，最終造成更多的痛苦情緒（請繼續讀下去，在第五章和第七章會有關於額外痛苦情緒的更詳細說明）。當我們陷入無益的循環或模式裡，很重要的是要讓一切浮上覺察意識的層面，才能辨別哪些地方可能做出改變。

現在，讓我們來看看楊博士（2004）提出的十個常見的因應行爲。這些行爲會用我們的戰鬥、逃跑、或僵住反應來做分類。我也把它們稱作是「行爲反應」。

對觸發核心信念的事件所做出的「戰鬥」行爲反應包括：

1. **侵略或敵意：**以責怪、批評、挑戰、或抗拒的方式做出反應。

2. **主導或過度堅持己見：**以試圖控制他人來達成自身目的的方式做出反應。

3. **尋求認同或尋求地位：**透過努力讓人刮目相看，或透過高成就和地位來獲取注意力，藉此作爲回應。

4. **操弄和利用：**試圖不讓他人知道你在做什麼來達成自身的需求。這可能涉及誘惑他人，或者對他人不完全眞誠。

5. **被動攻擊或反抗：**表現出順從，但實際上透過拖延、抱怨、動作慢吞吞、擺臭臉、或表現差勁來做出反抗。

「僵住」行爲反應包括：

6. **順從或依賴：**在反應的行爲中，你會發現自己依靠他人、讓步、依賴、被動、避免衝突、以及試圖討好他人。

「逃跑」行爲反應包括：

7. **社交退縮或過度自主：**反應行爲會導致自己在社交上孤立，以及與他人切斷連結、抽離。你可能看起來過度獨立且自食其力，或者你可能從事獨自一人的活動，例如讀書、看電視、使用電腦、或者獨自工作。

8. **強迫性尋求刺激：**透過強迫性的購物、性、賭博、冒險、或體能活動來尋求刺激和分散注意力。

9. **成癮性的自我安慰：**這類反應行爲會透過藥物、酒精、食物、或過度自我刺激來尋求安慰。

10. **心理退縮：**透過切割關係、否認、幻想、或其他內在的退縮形式來逃避。

我要再加一個行爲反應——強迫。「強迫」行爲反應代表著帶有遺棄核心信念的人經常會有的行爲：黏人和追逐。要記得，我們的行爲通常是試圖避免被丟下——被遺棄——因此，這可能涉及黏著那個你害怕會離開你的人，或者追著那個人到處跑。

練習1

## 辨識你的行為反應

你已經熟悉了一些常見的因應行為或行為反應，現在是來辨別那些對你很重要的行為模式的時候了。在你的紀錄本中寫下你對下面這個問題的答案：

在這些行為中，哪些是你對核心信念觸發事件的反應方式？

艾瑪有遺棄和情感剝奪核心信念，她的行爲反應是逃跑，特別是過度自主和成癮性的自我安慰。我們來看看她的故事：艾瑪的遺棄恐懼源自父母離異。她覺得她家好像遭到炸彈攻擊過一樣，後來她和媽媽以及兩個弟弟搬到一個只有兩間房的公寓，那裡只有原本的家四分之一大。她爸爸是一家《財富》評選全球五百大企業的財務長，他辭掉了工作，因爲他突然領悟到自己一直生活在謊言裡。那個謊言是他結婚十九年，有三個小孩，但事實是他喜歡男人，而他這一生都在否定這件事。艾瑪接受了父親的性向，但她卻很難接受他的覺醒對她的世界造成天翻地覆的影響。

父親的戲劇性人生轉折來得不是時候，因爲艾瑪才剛升上高中三年級。她原本已經把大學申請計畫和準備工作鉅細靡遺地規劃出來，但她現在被迫要搬到空間較小的新家，而且需要額外增加申請財務援助和獎學金的耗時工作。由於父親的待業狀態，使得離異的父母必須分割資產，並且以自身的儲蓄過活。艾瑪的父母都沒有能力照顧她的情緒，因爲他們兩人都忙著摸索新的生活領域。艾瑪的母親深陷悔恨之中，每晚沉迷在酒精裡，而艾瑪的父親則是在探索單身和「出櫃」男子的新生活。

艾瑪眞希望那時自己已經進入大學，因爲她待在家裡的最後一年是在狹小擁擠的公寓中度過，而且沒有來自父母的支持和指引。如果她有時間的話，她眞的很想哭，但她太忙於要讓自己上大學，好把這一切噩夢拋在腦後，重新出發。

當艾瑪上了大學——和父母距離四小時飛行距離、相差兩個時區——她覺得自己可以遠離所有的問題和那對只關心自身的父母。她是個喜愛玩樂的派對女孩，帶著一種「不多問、不多說」的態度。她不想談論太多關於自己家庭生活的細節，也不去過問他人家裡的情況。她只維持著和他人的表面關係。她喝酒的量很快就超出一般派對女孩的水準。艾瑪試著要躲開遭父母遺棄所帶來的痛苦感受，喝酒導致她和許多不同的男生勾搭上，而她甚至不記得那些男生的名字。

艾瑪以爲她是在保護自己免於再次經歷父母離婚造成的那種痛苦情緒。她對自己說：「如果我不接近任何人，我就不會被他們的離開所傷害。」但她還是很痛苦，而且透過不符合她眞實本質的行爲模式，造成更多的痛苦。

這些對強烈負面情緒所產生的行爲反應是可以理解的，但這些行爲並無濟於事。事實上，這些行爲還是有害的，會對你自己和他人造成傷害。當我們試圖逃避遭到觸發的痛苦情緒時，我們都可能落入這類行爲的陷阱裡。現在，讓我們來看看我們的腦袋會如何扭曲我們對現今經歷的觀點。

## 認知扭曲使你以錯誤的方式回應當下

這很簡單，也很有道理：你的想法會受到你的核心信念所扭曲。這些扭曲狀態在強化與永久延續你的核心信念上扮演很重要的角色，它們會觸發防禦性的反應，並且造成負面的互動。當一項核心信念被觸發時，不管是一句評論、一個類型的人（請見本章稍後的「哪些類型的人會觸發你的核心信念」）、或者一個讓你想起過去經歷的情境，你的濾鏡都會讓這些人、事、物能夠套入你的故事裡。這種扭曲會誘使你把這評論、這個人、或這個情境連結到你以前經歷過的感受。這種扭曲確認了你的經歷，同時也有效地忽視或否定任何和你的核心信念相互矛盾的資訊。若對此沒有覺察，可能就會造成一種負面且自我挫敗的行爲模式。你可能堅守著這種你覺得可以保護自己的行爲模式，但它也會持續引發事情行不通的想法。

「確認偏誤」（confirmatory bias）（Meichenbaum, 1977）是一種傾向只去認同那些支持你核心信念和支持你自身故事的事物。當你的核心信念遭觸發時，你的頭腦會抄捷徑，並且得出結論——它要去走那條以前一直選擇的路。你的腦袋裡充滿了各種痛苦的記憶，沒有任何空間留給那些會證明你的核心信念不正確的正面資訊。我們的大腦配置都是準備好要記住和尋找負面的經歷，給我們的故事做佐證，包括我們對自身以及對他人的信念。

另一種對觸發互動的反應叫作「老唱片」（old tapes）（McKay, Fanning, and Paleg, 2006）。老唱片是指你對另一個人的反應，就好像對方是你的父母一樣。這也被稱作是「毒性扭曲」（parataxic distortion），由哈里．斯塔克．沙利文博士（Dr. Harry Stack Sullivan, 1953）所提出。被觸發的情緒越強烈，越有可能你是在對你的父母（或者過去曾傷害你的人）做回應，而不是對你當前在面對的那個人做回應。

## 你是在對回憶做反應的五種跡象

以下的五種跡象，顯示你正在對痛苦經歷的回憶做出反應，而正是那些回憶形成了你的核心信念和你的人生故事（McKay, Fanning, and Paleg, 2006）：

1. 你對一個互動過程的反應，感覺有一股強烈的負面情緒湧上來，你覺得有需要保護自己。
2. 那是一種古老而且熟悉的感覺。重點在於那感覺是多麼的熟悉。
3. 那是一種一再重複出現的感覺（羞愧、憤怒、悲傷、失望等）。
4. 你覺得自己有讀心術。你在對那個人做臆測，以及／或者對那個情境和結果做預測。
5. 在無須恐懼的情況下，你仍感受到關於受虐和被拒絕的恐懼。

當你的故事和其對應的核心信念被啓動時，它們可能會擾亂或破壞了你想創造健康關係的努力。在後面的章節裡，你會學習到新的技巧和工具，在你還帶著各種自發性的想法、相關的負面情緒、以及想阻礙健康和長久有愛關係的衝動下，協助你創造新的關係。現在，讓我們更仔細地檢視我們的核心信念會如何創造並強化這些關係陷阱。

## 關係陷阱置你於有害的互動中

你的核心信念會給關係帶來額外的挑戰，很可能包含另一個造成關係複雜化的因素，也就是你的故事中可能包含了來自童年和青少年時期的不健康關係模式。你可能沒有健康和成功的關係典範，或者你在自己的關係連結模式上沒有獲得有益的反饋。你所知道的以及你所認爲正常的事情，可能正在阻礙你努力發展有意義的關係。你故事中的各種主題可能正在破壞你的關係，或者至少讓你的關係變得窒礙難行。正如你在前面的內容裡所學習到的，恐懼引發的反應是很自然的，而那反應的是引發過去痛苦經歷的互動和情景，這些痛苦經歷都儲存在你的記憶裡，同時伴隨著相關的情緒、想法和感受。

此外，你可能發覺自己持續受到相似類型的人所吸引。成年以後，我們會受到類似於童年和青少年時期經歷過的關係互動所吸引是有其道理的，儘管在理性上我們知道那樣的關係不健康，而且會帶來傷害。我們的故事有種無意識的強大情緒吸引力。就算你能成功避免和這類人有親密關係，然而你無法避免在生活中的某些領域裡和這類人有互動，因爲他們是無所不在的。讓我們來看看哪些類型的人可能會觸發你的核心信念以及相關的負面情緒。

## 哪些類型的人會觸發你的核心信念

總是會有些情境、有些對話、以及有些人會觸發你的核心信念。有些人偶爾會觸發你的核心信念，有些人則似乎總是在觸發你的核心信念。在你的關係中分清楚這一點是很重要的，因爲這有助於你去區分有害的人和無害的人，有害的人就是會持續觸發你的核心信念的那些人。接著就來看看經常讓你對自己、對他人、對這世界最深沉的負面信念浮上表面的那些角色。我列出了每種類型的一些常見特質，但這並不是完整的列表，你可以自由加入任何你在這些人身上體會過的其他特質。

## 遺棄者

這類人會觸發你的遺棄核心信念。他們可能是：

- **無法預期的：**他們沒有持續陪伴你，或者有些時候他們很關心你，有些時候又好像不在乎你。
- **不穩定的：**他們的生活方式和型態讓你覺得不安全。他們可能經常搬家、換工作、或者似乎無法在一個地方安定下來，讓人感覺他們很輕易就可以離開。
- **無法得到的：**當你需要他們的時候，他們都不在你身邊。你們在一起很開心，你感受到連結，然後他們就消失了，或者忙到無法和你見面。

## 施虐者

這類人會觸發你的不信任和受虐核心信念。他們可能是：

- **不值得信任：**他們會說謊、欺騙和操弄人，藉此來達到他們的目的。
- **不安全：**在情感上，他們會利用你的脆弱；在肢體上，他們會傷害你；在性方面，他們會虐待你。

## 剝奪者

遇到這類人會觸發你的情感剝奪核心信念。他們會是：

- **冷漠有距離的：**他們不會和你連結（這會讓你覺得不被愛、沒有價值、孤寂）。
- **拒絕付出的：**他們會拒絕給予你渴望的情感、肢體、或性的連結。

## 蹂躪者

這類人會觸發你的缺陷核心信念。他們的特質包括：

- **苛刻**：他們會找出你的缺點，並且公諸於世。
- **拒絕**：他們對待你的方式好像你配不上他們。
- **批判**：他們會批評你、貶低你。

## 批評者

你的失敗核心信念會遭這類人觸發。他們很會：

- **批判、愛挑剔（不意外！）**：他們會讓你覺得你在各方面都「不如人」。
- **自大、自我膨脹**：他們會把你拿來和他們自己以及他人做不利的比較。

儘管我們所有人都可能會在某些情況或特定情境裡出現過上述的行爲，但這些類型的人之所以是有害的，是因爲這些是他們的標準行爲模式。很支持或很關心你的朋友及親人（甚至是你自己），都有可能會出現短暫的痛苦掙扎，進而展現這些特質。然而差別在於，在健康的關係裡，一個人的負面行爲是不常出現而且很短暫的；在與有害的人的關係裡，這些觸發的行爲則是經常會出現。

練習2

## 辨識身邊有害的人和其行為

現在，你已經熟知了與五項核心信念有關的這些人的類型與特質。是來辨識哪些人和什麼行為會觸發你的核心信念的時候了。在你的紀錄本中寫下你對下面這些問題的答案：

- 你生命中有哪些類型的有害之人？
- 那些會觸發你核心信念的人有哪些最常見的特質？
- 他們有沒有其他行為是沒被列出來的？如果有，是哪些行為？

## 觸發行為

現在，讓我們來看看他人可能觸發你核心信念的常見行爲。大多數人偶爾都做過這些行爲，而前面段落所指出的那些類型的人則是可能經常出現這些特質。但你現在要來辨識無害者的行爲，這些無害者都在努力發展關係，同時也在面對處理自己的故事和相關的挑戰。

**遺棄核心信念**很容易遭到觸發，是因爲它深植在我們的生存本能裡。部分觸發行爲可能包括：

• 某人的行爲出現改變（例如，他通常每天都會傳訊息或打電話給你，突然有一整天完全沒他的消息）。
• 你沒有得到你需要的安撫。
• 別人的關係感覺會對你的關係造成威脅。
• 任何可以被解讀爲疏遠的行爲（例如，通電話的時間比平常短；講話語氣平淡、無趣、諷刺、或生氣；交談時，對方一直心不在焉；取消計畫或者改時間）。
• 經常分開一段時間——不論有無合理解釋。
• 心情改變。
• 爭吵。
• 任何你覺得有疏離感的行爲。

**不信任和受虐核心信念**的觸發因素包括：

- 對方出現任何負面的情緒，尤其是憤怒情緒。
- 批評（有建設性的批評也算）。
- 沒有解釋或有解釋地分開一段時間。
- 對方想知道更多關於你的事情，讓彼此更親近。
- 對方想要親密關係，或者嘗試親密關係。

**情感剝奪核心信念**被觸發可能是因爲他人：

- 不了解你，或者沒興趣了解你。
- 對方並不表達自己的情緒，或者無法面對你的情緒表達。
- 不詢問你需要什麼。
- 似乎沒有興趣更深入了解你，或者沒興趣建立更深入的關係連結。

觸發**缺陷核心信念**的行爲是：

- 任何對你的失望情緒——不論是感覺上或是有表達出來。
- 任何批評——不論是否有建設性。
- 不認同。
- 感覺對方已經見過「眞實的」（有缺陷的）你。
- 他人很想要認識你。
- 慰藉不存在或時有時無。

**失敗核心信念**的觸發行爲包括：

- 被拿來與他人比較。
- 和一個你覺得比你優秀的人在一起（例如，更成功、更有魅力、更……）。
- 讓你覺得自己不如人的情景。

• 任何批評——不論是否有建設性。
• 他人很想要認識你。

練習3

## 辨識會觸發你核心信念的行為

現在，你已熟悉更多可能觸發你核心信念的行為。在你的紀錄本中寫下你對下面這些問題的答案。回答問題時要想著一個通常很正面的朋友或親人（無害的人）觸發你核心信念的事件。

• 哪些核心信念被觸發了？
• 哪些行為最常會觸發你的核心信念？
• 是否有什麼行為是沒被列出來的？

你是否開始看出他人的行為與你的核心信念之間的關聯？對這些經歷有所覺察，是針對你的反應做出正向改變的必要因素。

## 對觸發核心信念情景的行為反應

到目前爲止，我們看過了五種類型的有害者，他們經常會觸發我們的核心信念，我們也看過了對應每個核心信念會有的觸發情境和互動過程。現在，讓我們來看看你對觸發核心信念的事件可能會有的行爲反應。這個針對每項核心信念觸發情境或互動過程的行爲反應列表並非鉅細靡遺，只是針對每項核心信念列出了部分常見的反應。再次強調，這些反應都是自發性的行爲，本質上是爲了要保護自己。而且有鑑於你的童年和青少年時期經歷，形成了你對自己、對他人和對環境的堅信不移信念，因此會有這些行爲也是可以理解的。這段旅程有一部分是要去接受並且了解一切增進或阻礙你的人際關係的因素。請勿帶有任何批判！

**遺棄**的行爲反應：

- 你可能變得黏人。
- 你可能有意無意地找對方吵架，以測試你們的關係（這可能會變成自我實現的預言——你太常把對方推開，最後他就眞的離開你了）。
- 你會去接近你得不到的人（例如，他們住在另一個地方、他們已經有伴侶了、你們的行程無法配合等）。
- 你會避免關係連結，這樣你就不會被遺棄。

**不信任和受虐**的行爲反應：

- 你會過度警覺，經常在注意任何背叛或施虐的跡象。

- 當事情進展順利時，或者當你是獲得和善對待的一方時，你會懷疑對方別有目的。
- 你發現要展現脆弱的一面就算不是不可能，也是極為困難的。
- 你的防衛心很重。
- 你很樂意順從或給人方便，希望藉此避免他人發怒。
- 你可能猛烈抨擊他人，藉此保護自己不會遭受你所預期的虐待行為。
- 你可能會避免親近他人，因為你害怕他們會傷害你。
- 你不會與他人分享你脆弱的一面，因為你害怕他們會利用這一點來對付你。
- 你允許他人虐待你，因為你覺得那是你應得的。
- 你逃避關係連結，因為你無法信任任何人。

**情感剝奪**的行為反應：

- 當你沒有獲得所需時，你會變得憤怒且苛求。

- 你逃避關係連結，因爲你覺得你永遠不會得到自己所需。
- 你受到不願表達自身情緒的人所吸引。
- 你不會與他人分享你脆弱的一面，因爲你預期他們的反應會讓你失望（例如，不認同或興趣缺缺）。
- 你很抽離，因爲你沒有得到自己需要的東西。
- 你怨恨他人，因爲你沒有得到你需要的愛與理解。

**缺陷**的行爲反應：

- 你會被批評你的人所吸引。
- 你會批評他人。
- 你會隱藏眞實的自己。
- 你會要求安撫。

- 你很難接受批評。
- 你會在他人面前批評自己。
- 你會拿自己來和他人做不利的比較。

**失敗**的行爲反應：

- 你會避免討論或避開會與他人比較的情境。
- 你允許他人批評你或貶低你的成就。
- 你會貶低自己的才華和潛能。
- 你會隱藏眞實的自己，因爲害怕別人發現自己很失敗。
- 你會逃避關係連結。
- 你會批判他人。
- 你會做得比預期的更好，藉此避免遭受他人批評。

練習4

# 當核心信念被觸發時，你如何反應

現在要來辨識你的行為反應。再次強調，這些反應都是自發性的行為，本質上是為了要保護自己。而且有鑑於你的童年和青少年時期經歷，形成了你對自己、對他人和對環境的堅信不移信念，因此會有這些行為也是可以理解的。這段旅程有一部分是要去接受並且了解一切增進或阻礙你的人際關係的因素。請勿帶有任何批判！

在你的紀錄本中寫下你對下面這些問題的答案：

- 針對你的每一項核心信念，你會做出哪些行為反應？
- 你是否有其他被觸發時的行為反應不在列表裡？

覺察你自身的行為反應可能會很不舒服。你可能有些羞愧、懊悔、或哀傷的感受。這是可以理解的。這是這趟旅程的挑戰之一，因為我在要求你分辨和檢視那些可能帶來痛苦情緒的過往經歷。要記得，你檢視自己的過去，是為了努力把它拋在腦後。我不想要你陷在行不通的事情裡；單純去辨識那些經歷，會讓你在未來更能夠做出有益的選擇。

現在，我們要把本章討論過的資訊結合在一起，讓你可以看到更完整的面貌，包括你曾經歷過的狀況，以及你想要達成的目標。

練習5

## 檢視關係觸發因素

這項練習是設計來協助你開始檢視觸發者的類型、情境或觸發因素、被啓動的核心信念和伴隨而來的情緒、以及你的行為反應。

在你的紀錄本裡寫下符合下列五個項目的事情。在「觸發者及其類型」項目中寫下那個人，以及這人屬於五個類型中的哪一類（如果適用的話）。請記得，並不是所有的情境都是被有害的類型所觸發；有些情境也可能是一般「正常人」做出觸發行為所引起的。

- 觸發者及其類型：
- 觸發行為／情境：
- 核心信念：
- 情緒：
- 行為反應：

我們來看看亞莉安娜是怎麼填寫這份練習的。首先，我先給你們一些背景資訊：她成長在一個她描述爲有愛的家庭裡。但亞莉安娜也經歷過缺陷的感受，因爲當她表現出任何不符合她的父母預期的行爲時，他們就會變得疏離。他們不會直接和亞莉安娜溝通他們的失望之情，也不會明確表達他們的期望。他們純粹就是在情感上疏離（也就是不告訴她說他們愛她，不太和她講話，而且表現得比較喜歡她妹妹）。因此，你可以想像，當缺乏溝通和關係疏遠時，亞莉安娜的遺棄和缺陷核心信念就會被觸發。現在，讓我們來看看她的其中一份表格（她填寫了好幾份表格，每份都代表一次與她相關的經歷。我會建議你也這麼做）。

### 亞莉安娜的關係觸發因素練習

- **觸發者及其類型：**我的男友（無害類型）。

- **觸發行為／情境：**當我展現一部分眞實的自己，換來的是不太熱絡的反應，或者我會感覺他在疏遠我。
- **核心信念：**遺棄和缺陷。
- **情緒：**悲傷、羞愧和恐懼。
- **行為反應：**我在他拒絕我之前，自己就先抽離。

當你的核心信念被某個人、某個情境、或某個事件觸發了，你的故事就會活躍起來，就像被搖晃過的雪景球裡的場景一樣。你會經歷非常強烈且無法忍受的負面情緒反應。這是直通你核心信念源頭的情緒捷徑，而且你會出現一些行爲反應來保護自己。在下一章，我會說明正念——臨在當下——能夠如何協助你處理那些負面想法、痛苦情緒和衝動行爲。

讓我們繼續下去……

# 4

# 如何從固有的反應模式中脫困？

## 與當下的自己同在

在這一章，我會引導你看見一個臨在當下的新方法。你已經困在自己的故事裡很長一段時間了。那些故事一直跟你形影不離，當你面臨緊張的情境、不愉快的記憶、痛苦的情緒和負面的想法時，故事就會被啓動並活躍起來。要是我告訴你有個方法可以讓你遠離自己的故事呢？我們已經討論過你的核心信念如何限制了你對一個情境的觀點，以及頭腦認定的威脅會如何引起自發性的反應。我們知道這是腦袋試著要幫助你。你的腦袋是根據過去的經驗而做出反應。你的經歷就儲存在記憶裡，因此當面臨一個符合已儲存資訊的情境時，你的腦袋不需要太多的處理過程就會做出反應。你的腦袋會立刻回到像雪景球一樣的那個過去的固定場景。但問題是，你的腦袋是抄捷徑用過去的情境來下結論，而不是針對當前的情境來分析。那只是一種自發性的反應。你要做的是透過當下的正念回應，藉此推翻那個過時的反應。

當你的故事被啓動時，感覺就像你又回到了過去，那情景成了你能看到的一切。就像你的雪景球被搖晃過，然後活躍了起來。你的視野和其他感官也都被侷限在那故事的經歷裡，引發恐懼的反應。你能想像允許當下的新資訊被接收進來，讓你能夠做出回應，而不是單純被觸發反射性的行爲？讓你能夠用接納的態度來看整件事，而不只是陷入恐懼當中？讓你能夠用開放的心去觀察，而不只是僵化固執地自認爲就是如此？你能想像自己放下防備，然後變得更信任他人嗎？

## 當過往的故事阻礙你臨在當下

下面這個寓言，或許可以協助你思考走出自己的故事去面對新的現實。這是柏拉圖的洞穴寓言。情節如下：

人們住在一個地下洞穴裡，洞穴對外有個開口，光線可以一路照到洞穴最深處。人們從小就住在洞穴裡。他們的腳和脖子都被鍊子拴住，無法移動，只能看著他們的前方。鍊子讓他們無法轉頭，所以他們看不到左邊，看不到右邊，也看不到後面。在他們上方和後方的遠處有一叢燃燒的火焰，而在火焰和囚禁者之間有一道矮牆，就像偶戲用的檯子一樣。其他人拿著用木頭、石頭和其他材料做成的器皿、雕像和動物塑像，露出牆上走過去。被鍊起來的囚禁者只看見自己的影子和其他囚禁者的影子，因爲他們無法轉頭看到彼此。他們也只能看到那些從牆上經過的物品影子。對他們來說，他們的眞相就是那些影子。

停留在這幅畫面裡，想像一下，當這些囚禁者被釋放了，並且被告知他們所知的眞相都只是影子。現在他們可以站起來，轉身，走動，往光線的方向看去，看到當下眞實的事物。你可以想像，那光線會讓他們眼睛刺痛。四處移動、走動、轉頭對他們來說都很痛苦，因爲他們已經固定在同一個姿勢太久了。刺眼的光線讓他們很不舒服，而之前只看過影子的他們，要處理眼前看到的眞實影像也會很困難。一開始，那些物品的影子仍是他們的眞相——那是他們所知的事物。他們需要時間調適以接受新的眞相，也就是看起來非常不同的那些眞實物品。現在，想像一下這些囚禁者走出洞穴來到陽光下。一開始，強烈的陽光讓他們幾乎睜不開眼，讓他們無法看見眞實事物。調適的過程很痛苦，而且需要花時間。但那是他們能夠忍受的短暫痛苦，相較於他們長久以來體驗到的苦難，那並不算太糟。

現在，讓我們來想像一下，你在這樣的情境中會如何反應。

練習6

## 從過去的經歷中抽離

在紀錄本裡寫下你對下面這些問題的答案：

- 想像一下你被鍊在一個洞穴裡，只能看著投射在你面前牆壁上的物品影子。你會經歷什麼樣的想法、心情和感受？
- 想像一下你自己拿掉了鎖鏈，轉身看見物品真實的樣貌。你現在會經歷什麼樣的想法、心情和感受？

- 接著想像一下你走出洞穴外，來到陽光下。你的想法、心情和感受有改變嗎？你現在的想法、心情和感受是什麼？
- 這樣的比喻是否有助你和自己的故事保持一些距離？

從你的故事——牆上的影子——轉移到當下發生的現實，是一個讓人害怕的調適過程。儘管你的故事充滿著痛苦，但卻是你所熟悉的；要放掉你熟悉的事物，改而從不熟悉的事物開始採行新的做法，是很困難的。當你困在自己的故事裡，你根深柢固的恐懼回應就會接手，導致你和當下脫節，並且根據過去的經驗做出反應。當你活在恐懼裡，恐懼就會吞噬你，因為你會經常透過戰鬥、逃跑、或僵住的生存模式來做反應。

## 透過正念，將眼目定睛於現在

有個技巧是你可以使用的，它可協助你擺脫自發性的反應，臨在當下，並且根據當前的資訊和經歷，做出深思熟慮的決定。這個方法稱爲「正念」。正念是個很棒的技巧，因爲它能夠協助你擺脫你的故事，擺脫你故事中包含的一切——你的核心信念、關於自身的信念、關於他人的信念、各種預期——並且專注在你當前面臨的情境裡。這意味著對新資訊和新的可能性保持開放態度。「臨在當下」意味著你允許自己對眼前面臨的經歷，發展出審愼且富同理心的回應。隨著你和自己的故事保持距離，擺脫你的故事所帶來的自發行爲反應，整個世界將會變得更開闊，你會在裡頭看見其他的選項，並且選出一個深思熟慮後的回應——正念。換句話說，你還是可以繼續看著牆上的影子，預期事情會像往常一樣發展，而你也會像往常一樣做出反應，結果就是帶來相同的痛苦情緒——悲傷、憤怒、寂寞、挫折和羞愧。或者你可以拉自己一把，遠離過去，活在當下。

讓我們回到洞穴裡。當你對你的核心信念做出反應時，你就是被鎖鏈拴在牆邊，然後投射在牆壁上的那道影子。那影子就是你過去的經歷——那些形成你的核心信念的經歷。當你被拴在牆邊，你便無法獲得所需的距離，好讓你看到過去的經歷並非當前的經歷。現在，退後幾步，讓你和牆上那些影像保持一些距離。你有感受到不同嗎？你和過去的距離拉大了，是否讓你覺得有可能做出更有幫助的行爲選擇呢？繼續拉開你和過去故事之間的距離，並且放掉你根據過去事件而對未來所做的預期。專注在現在所發生的事情上。透過臨在當下，並且不帶批判地去看現在，你就是在你自己和你的核心信念之間拉開了距離。你的核心信念還是會一直存在，但你可以消除它們的力量，以及它們對你當前情境的負面影響。

接下來是一個能夠協助你把當前的經歷和過往的故事保持一些距離的練習。這個練習是根據《人際問題手冊》（*The Interpersonal Problems Workbook*）（McKay, Fanning, Lev, and Skeen, 2013）一書裡的練習改編的，能夠協助你進一步觀察你當前的情境，不讓它去觸發你的核心信念和自發性的行爲反應。

練習7

## 正念呼吸

這項練習將協助你給予你的想法和感覺應有的關注，去看見它們真實的樣貌——它們只是暫時的經歷，無須為此做出行為反應。先閱讀這項練習，讓自己可以更熟悉內容，然後再實際去做。（抑或你可以在我的網站上聆聽這項練習的錄音檔，網址：http://www.lovemedontleaveme.com）

閉上你的眼睛，深呼吸一口氣……留意呼吸的感覺。感受氣息通過鼻腔、通過喉嚨時帶來的那股清涼感覺……然後，留意你的肋骨擴張的感受，空氣正進入你的肺部……然後留意你的橫膈膜因為吸氣而變得緊繃，呼氣時又釋放掉的感覺。繼續感受你的呼吸，讓你的注意力隨著氣息流動……吸氣、呼氣……吸氣、呼氣。

在你呼吸的同時，你會注意到其他的體驗。你可能留意到有些想法，而當有想法出現時，就跟自己說：想法。單純給它貼上它應有的標籤：想法。如果你察覺到有些感受，不管是什麼感受，只要跟自己說：感受。如果你注意到有些情緒，只要跟自己說：情緒。試著不去停留在任何一個體驗上。你只是在觀察自己的心靈和身體，給想法、感受、情緒貼上標籤。如果有些痛苦的感覺，只需要留意到那個痛苦，然後繼續往下一個出現的體驗走去。繼續觀察每個體驗，不管出現什麼，只要貼上它的標籤，然後就讓它流過，繼續保持開放去迎接下一個體驗。

讓一切發生，而你只是觀察著：想法……感受……情緒。這一切都只是天氣變化，而你就是那片天空。作為天空，你只需要讓天氣流過……你只需要觀察……貼標籤……放手。

靜靜地冥想大約兩分鐘，結束後睜開眼睛，把注意力拉回周遭的事物上。

我鼓勵你每天做一次這個正念專注練習，讓你能更自在地觀察自己內在的體驗，而不至於做出行為反應。透過保持正念，同時覺察當下體驗的流動，你能夠和過去的經歷保持距離，讓你可以更有彈性地回應當下每個狀況，而不是用同樣的方式看待每個觸發事件，並用相同的無效溝通和行為來反應。

試著不帶批判地去觀察你當前的體驗以及伴隨而來的痛苦情緒，不要試圖去阻止或避開當下發生在你身上的事。當你靠近投射在牆壁上的影子時，你會用沒有幫助的方式來反應，以逃避那些影子所觸發的痛苦。但如果你可以後退來看那些影子是如何投射到牆上的，你便會更好地覺察當下正在發生的事情，而且你也能讓自己和你的核心信念與故事保持距離。透過這個距離，你會對當前的體驗感到好奇並且開放。你也會看到更多的行爲選項。你或許還是會有相同的想法、情緒和感受，但你會對它們有不同的回應。

當你的核心信念被觸發時，你便處在情緒迷霧當中，突然間你會無法看到有幫助的選項，因此你會回頭去使用原有以恐懼爲基礎的行爲反應。你可能會發飆、畏縮抽離、變得黏人、或要求很多，抑或透過藥物、食物、酒精來安撫自己。你無法阻止被觸發時會出現的想法（例如，「他會離開我」、「我不夠好」、「我永遠得不到想要的愛」），但你可以停止你的行爲反應。當你的核心信念被觸發，而且你被負面情緒和想法的迷霧給籠罩住，只需要去承認它們的存在，並且等待迷霧散去，這樣你才能夠去選擇有幫助的行爲選項。

## 對觸發事件的反應

現在，讓我們來看看你的核心信念的觸發因素（你可以回頭參考第三章的「練習5：檢視關係觸發因素」），以及會因爲這些觸發情境而伴隨出現的想法、情緒和身體感受。在接下來幾章裡，我會提供你技巧和工具，協助你做有效的溝通和行爲選擇。但現在，我要先把焦點放在一些有幫助的方式上，協助你面對處理當核心信念遭觸發時，你會體驗到的身體感受，例如呼吸急促或無法深呼吸、心跳加快、胃部不舒服（如胃痛和反胃）、體溫變化（變熱或變冷）、大量出汗，同時也讓你了解這些遭觸發的反應和你的想法與情緒有什麼關聯。

練習8

## 掌控你對觸發事件的反應

這項練習是設計來協助你覺察到，當一個核心信念被觸發時，你是如何反應的。想想某一個觸發事件。（如果有超過一個你想探索的觸發事件，那就每個事件分開練習，並且分開記錄。此外，每當有不同事件觸發一個核心信念時，請再回到這裡，再做一次這項練習。）在你的紀錄本裡寫下你對下面這些問題的答案：

- 描述那個觸發事件。

- 你出現了什麼想法？
- 你的身體是如何呈現這個經歷的？（你是否變得緊繃？你是否感到發熱？或發冷？你的心跳有加快嗎？）請明確敘述，並且列出你所有的感受。
- 你出現了什麼樣的情緒反應？

你能越快辨識到自己正處在讓你暫時盲目的情緒迷霧裡，你就越有能力讓自己暫停，去觀察想法、情緒和感受，並且等待它們消退、等待迷霧散去，然後做出有益的選擇。

覺察你對核心信念觸發事件的反應，可以協助你打破習慣性的行爲反應循環。要記得，戰鬥、逃跑、或僵住的反應已經不再適用你當前的關係情境。學習如何管理被觸發後引起的想法、情緒和感受，將會帶領你來到一個可以透過正念做出不同行爲選擇的境地。

## 培養對當下的覺察力

對我們自己的行爲變得較沒有覺察是很容易的。我們都有習慣和熟悉的常規，亦即第二天性，因此會對原本有的那些感受變得習以爲常，不再有感覺。就我本身而言，我就可以想到兩種符合這種模式的情景。我幾乎每天都會跑步。我從舊金山家中出發會有四條跑步路線，根據我的心情、體能狀態和健身目標做選擇。一旦我做了決定，我就會進入自動駕駛模式。我並不會有覺知地看見我經過的地標，通常也不記得我在跑步的時候聽了哪些歌，而且經常在忙碌且漫長的一天過後，會需要幾秒鐘的時間提醒自己早上已經跑過了。這就是正念的相反狀態。我和正念跑者是不是燃燒了同樣多的卡路里？是的。我是不是有從甲地跑到乙地？是的。我是不是同樣得到了我很喜愛的腦內啡水平升高的感覺？是的。但我卻因爲缺乏覺知而錯失了一些額外的益處。我沒有接收到周遭環境的感覺，沒有去欣賞它們的存在；我沒聽到環境裡的聲音，因爲我在聽音樂，而且我也沒有留意我的腳和地面接觸的感覺。當我在自動駕駛模式下跑步時，我錯失了這麼多可能改變體驗的資訊。正念是一種開放式的體驗，讓我們走出自身受限的心態和觀點，去做出另一種行爲選擇，而不是純粹跟隨原有的習慣行爲。

最近我到德州奧斯汀拜訪時，經歷了一次積極正念的跑步體驗。那不是我熟悉的環境，因此我知道那會是個很棒的地方來實驗正念的跑步方式。當地的氣溫和濕度都比我平常在舊金山跑步時來得高，而且我也把所有的電子設備留在房間裡。我出發開始跑步。當我的腳踏上泥土路時，每踏出一步，我都可以聽到腳下傳來的碎石聲響。我也聽到自己的喘息聲，努力在調整適應當地的熱氣和濕氣。我感覺著肺部擴張和收縮的感受。我也聽到遠方一些車流的聲音，以及河中傳來人們划著獨木舟的聲音。我經過路人時會聽到片段的對話內容。我跑得越遠、越去留意自身的體驗，我的感官便越加增強。我聽到狗吠聲。某個騎腳踏車的人停了下來，我可以聽到輪胎抓地的摩擦聲。我和一名對向的跑者互相打招呼。我察覺到自己流的汗比平常多，我察覺到當我直接面對陽光時會覺得炎熱，但當我跑過有遮蔭的區域，微風會讓我起雞皮疙瘩。

我注意到一切事物，就在一切發生的當下。一些想法進到我腦中，讓我從體驗中分心，但我很快就放掉它們，就像電視新聞畫面下方的跑馬燈一樣。我正在體驗一個和在舊金山平時跑步時非常不同的跑步經歷。我帶著正念。我臨在當下。

練習9

## 正念散步和喝茶（咖啡）

如果你覺得害怕或膽怯，或是對於嘗試正念不甚情願，那麼我建議你從比較動態或非正式的正念練習開始，例如下面列出的兩個項目。等到你對於使用這些技巧感到自在了，就可以嘗試更正式的正念練習（在我的網站上有個正念資源的列表，網址：www.lovemedontleaveme.com）。

## 散步

如果你沒有跑步的習慣，不妨試試正念散步。在一個你不熟悉（但安全）的區域裡散步，會比較容易練習正念。這會有助你脫離已經整合到你日常散步裡的習性和慣例。試著不要帶任何電子設備。留意周遭的景色和聲音；留意你的呼吸和腳踏地面的感覺。觀察身邊有什麼事物。讓你所有的感官覺醒，和你的體驗連結、同步。

當你結束散步回到家，在紀錄本裡寫下你的體驗。試著透過回答下列問題，在描述你的體驗時盡可能包含你所有的感受：

- 你觸碰了什麼？
- 你聞到了什麼？
- 你看到了什麼？
- 你聽到了什麼？

• 你嘗到了什麼？

• 如果有和你的正念練習不相關的思緒進入你的意識裡，你如何處理那些思緒？

• 散步時，你是否感受到覺察力提升了？

## 早晨喝杯咖啡或茶

另一項我很喜歡的非正式正念練習是在早晨喝杯咖啡。如果你不喝咖啡，可以用你早上愛喝的飲品替代。

在準備好你要喝的飲品後，坐在你覺得舒適的地方（我通常會帶著咖啡回到床上；你可以選擇自己喜歡的地點），然後把馬克杯握在手中。留意馬克杯的溫度，還有你雙手的感覺。留意在啜飲之前，馬克杯和嘴唇接觸時的感覺。留意飲品的味道。那味道是否讓你想起任何事物？當你看著馬克杯裡面，你看到了什麼？留意你啜飲第一口時發出的聲響。你聽到的是小口啜取飲品的聲音，還是大口吞飲的聲音？把焦點專注在飲品的細微風味上。不管是咖啡或茶，都會有許多層次的風味。你留意到什麼？

在紀錄本裡寫下你的體驗：

- 你觸碰了什麼？
- 你聞到了什麼？
- 你看到了什麼？
- 你聽到了什麼？
- 你嘗到了什麼？
- 如果有和你的正念練習不相關的思緒進入你的意識裡，你如何處理那些思緒？
- 你在品嘗早晨的咖啡或茶時，是否感受到覺察力提升了？

## 正念讓你停止習慣性的行爲反應

你可以在處理你的關係經歷時採用正念的方法。當你處於正念狀態，並且提高對經歷的覺察力，你就能停止習慣性的行爲反應循環。當你面對觸發你的核心信念的情境時——啓動了你的故事，或者搖晃了你的雪景球——你可以停下來，去辨別自己正在經歷強烈的情緒反應，同時伴隨著一些無益的想法和不舒服的身體感受。你將能夠保持在當下的經歷中，等待感覺的強度降低，然後根據你所知道的事實做出正念的選擇，而不是根據牆上的影子來做決定。事實是，你的故事在此時此刻並不適用，而且你也不是處在有生命威脅的情境裡——你的生存並非岌岌可危。透過觀察，透過耐心、好奇、開放且同理地等待，你可以隔開自己和習慣性的行爲反應之間的距離。當你在經歷遺棄恐懼時，當下似乎感覺很合理的那些行爲反應循環，實際上是沒有幫助的。你雖然是爲了保護自己而做出反應，但到頭來你反而感覺更糟，甚至還可能會破壞了關係。

練習10

# 觀察你在人際問題中慣有的行為反應

每天觀察你核心信念的觸發事件，是很有幫助的練習，這能讓你從無益的行為轉換為有益的行為。在第三章，你已完成了關係觸發因素的練習。而這個練習，是該練習的延伸。我會請你把注意力放在當你的核心信念被觸發時所出現的情緒、想法、感官和行為衝動上。當你將覺察力帶入此經歷中，會讓你更容易了解到，在大多數情況裡，實際上並沒有理由需要採取行動。

當你完成練習後，去覺察到：

- 你的感覺和情緒：情緒強度如何升高或降低，以及你的情緒如何變化（例如，從受傷轉為憤怒）？
- 你的想法：你是否能夠觀察自己的想法，從想法出現到放掉是否都能不帶批判和依附？

- 你的感受：你是否留意到身體的反應（例如，體溫變化、心跳變化、呼吸變化）？
- 你的行為衝動：你是否留意到有出現任何自動駕駛模式的行為衝動？

至此，你是否經歷到某種體悟，了解自己是有選擇的。

練習11

## 找出破壞關係的核心信念

每日做這個練習會強化本章呈現的正念技巧。透過臨在當下，你將能夠抵擋當你的核心信念遭觸發時所出現的無益行為反應衝動。這項練習是改編自《處理人際問題的接納與承諾療法》（*Acceptance and Commitment Therapy for Interpersonal Problems*）（McKay, Lev, and Skeen, 2012）。持續且頻繁地練習，是創造新的有益行為的關鍵。

在你的紀錄本裡寫下你對下列項目的答案：

- 事件：
- 核心信念情緒：
- 核心信念想法：
- 身體感受：
- 核心信念驅使的衝動：
- 是否有對行為衝動採取行動？如果有，你的行為反應為何？如果沒有，你的替代回應是什麼？

我們來看看薩米完成的練習紀錄。薩米有遺棄和情感剝奪核心信念。薩米是獨生女。在她的成長過程中，父母經常四處旅行，而當他們在家時，似乎都待在兩人愛的小世界裡。薩米覺察到，當她覺得別人在身體上或情感上疏遠她時，她的核心信念就會被觸發。甚至像朋友或男友取消聚會或改期這類的日常小事，都會成為觸發事件。以下是她其中一次練習紀錄：

- 事件：在我們第三次約會前夕，我接到瑞克的短訊，說他被工作綁住走不開，必須改天再一起吃飯。
- 核心信念情緒：焦慮、恐慌和悲傷。
- 核心信念想法：他寧願工作也不願陪我；他不喜歡我。
- 身體感受：我感覺到胃不舒服。我也有種被掏空的感覺。
- 核心信念驅使的衝動：我不想回他訊息。我想要躲起來、生悶氣、鬧脾氣。

• 是否有對行為衝動採取行動？我沒有採取行動。我回覆訊息說：「好可惜。我期待很快能再見到你。」

這項練習能夠協助你和經歷中接收到的新資訊保持連結。你被觸發是因為你的核心信念，而那些信念都是來自真實的經驗和創傷，造成你的恐懼並促使你做出用來保護自己的行為反應。你現在也了解到，這些過往所帶來的核心信念和自發性行為反應，會讓你對自己的感覺更糟，而且會破壞你的關係。當你的核心信念被觸發時，練習正念能夠協助你保持在當下的經歷裡——伴隨變化的情緒、想法和感受——不去做出由恐懼所引發的行為反應。當你困在你的故事裡，你便和當下的經歷脫節，而你在反應的其實是你過去的經歷。

你或許有動機想要改變行爲，因爲你的關係一直不成功或充滿挑戰，或者你一直都面臨到相同的問題。改變是有可能的，但若沒有指引，改變會感覺更困難。要有人或有事物來讓我們持續前進，敦促我們持續努力以取得進展。這就是下一章的目的——提供你動機來做行爲改變。在第五章，我會說明價值觀的重要性，以及投入價值觀驅動的行爲會對你的生命和關係帶來怎樣強大且正面的影響。

讓我們繼續這段旅程……

# 5

# 你重視什麼？

## 找到改變行為的動機

從前幾章當中，你已經了解許多關於自己的事情，包括你的核心信念，以及伴隨這些信念而來的情緒、想法、感受和行爲。你已經看到你的故事會如何讓你困在以恐懼爲基礎的行爲反應模式裡，給你造成更大的痛苦，同時破壞你的關係。你了解到你是在對造成痛苦的情景做出反應，而且你的行爲反應是由恐懼所引發的，目的是要避開那些痛苦。你大概已經釐清了那些行爲是無益的，而且你也對什麼是有益的行爲有了一些概念。現在，我要稍稍推你一把，讓你在行爲上做出必要的改變，並且持續朝著建立健康、長久、有愛的關係邁進。這一章的內容會提供你所需的動機，來做出有益的改變。

## 消除非必要的痛苦

一直以來，你都在閃避、戰鬥和躲藏你的核心信念帶來的痛苦。在對核心信念的痛苦所做的反應中，你發展出了可能會讓你暫時好過一些的行爲模式；然而，你也知道這些行爲並非治本之道，因爲你仍身在痛苦中。與你自身有關的信念極爲強大，如同你在前幾章所學習到的，負面的自我對話是無法避免的。所以，你該如何處理痛苦的感受？你不可能消除你的核心信念——它們已經跟著你很長的時間。你不可能避免掉會觸發這些核心信念的情景。那麼，既然一切看起來都不在你的掌控之中，你又能做什麼呢？

其實也不是一切都無法掌控——你能夠控制你對觸發事件的回應方式。是的，那就是解方！你可能會問自己：「眞的這麼簡單嗎？」嗯，是，但也不是。改變需要努力和決心。當你接受了自己無法改變的事物，並且與自身的價値觀連結（本章稍後會討論這個部分），才能更容易去做出承諾和付出努力。

在「接納與承諾療法」（acceptance and commitment therapy; ACT）中，關於痛苦有個很棒的概念，對於建構改變的動機非常有幫助。接納與承諾療法認爲痛苦是與生俱來的人類體驗。與我們核心信念相關的痛苦，是我們無法克服的痛苦。因爲我們的核心信念是由早期的童年和青少年經歷所形成的，因此，這些信念是我們個人經歷中經久不衰的部分。舉例來說，對那些曾有早年遭遺棄經歷而且學會預期遺棄發生的人來說，在每個相關的人際事件裡，他們的遺棄核心信念都可能被觸發。他人的批評、失望、疏離和憤怒都會觸發該信念，進而引發恐懼。

因此，接納與承諾療法並不是聚焦在消除核心信念，或者消除核心信念所帶來的痛苦。該療法的目標是要學習在核心信念遭觸發時做出不同的回應。在接納與承諾療法裡，有一項很重要的區分是關於我們所體驗到的痛苦類型。無可避免且無法控制的痛苦是人類體驗的一部分，這種痛苦稱爲「主要痛苦」。而「次要痛苦」則是當我們試圖要去避開或控制我們的主要痛苦時所產生的痛苦感受。是的，你有能力消除那些造成你的關係受苦和出問題的次要痛苦。核心信念相關的行爲反應會造成這些可避免的痛苦，也就是次要痛苦。

你對核心信念觸發事件所做出的行爲反應，正是你的關係面臨困境的原因。因此，針對這個痛苦議題，需要採行兩個步驟：

1. 接受那些當你的核心信念遭觸發時浮現的痛苦，並且
2. 改變你對核心信念遭觸發時出現的負面情緒所做的行爲反應。

你對核心信念觸發事件做出反應所帶來的次要痛苦，其實是非必要的。你有選擇、也有能力在你生命中消除這類痛苦！這是個讓人振奮的啓發，但是對於你需要做什麼來消除生命中的次要痛苦，你可能會出現一些焦慮，甚至還有點質疑。你將會學習聚焦在你可以掌控的事情，並且接受你無法掌控的事情。行爲模式可能很難改變，但若是我可以給你一些非常強有力的理由去改變你熟悉的行爲，並學習一些新行爲呢？繼續閱讀下去吧。

## 承認並接納痛苦的情緒

你已經辨識和檢視過你的因應行爲，而且你也知道這些行爲無法改善你的關係。事實上，這些行爲甚至造成了額外的痛苦。你努力要避開核心信念引起的痛苦，但卻造成額外的問題與困境，這些狀況可能包括：讓自己更加孤立、怒氣大爆發、在被拋棄之前自己先離開，以及控制他人（這些只是部分例子）。你是否發現到，你試圖控制和降低核心信念痛苦所做的一切都沒有效？那麼，既然逃避必然且無法避免的主要痛苦是沒有用的——而且你也知道這麼做沒有用——那麼你能不能考慮替代方案呢？要是我告訴你不要逃避呢？要是我告訴你答案就在痛苦當中呢？要是我告訴你別再掙扎反抗，就讓自己去感受與你的核心信念連結的那些痛苦情緒呢？這是唯一一次我會告訴你放棄並承認失敗。你原本用來對抗這種與生俱來、必然會發生、且無法避免的痛苦的方法是沒有用的，而且永遠也不會有用。

這是個難以吞下的事實。必須接受生命中的痛苦，而且沒有方法能夠控制那些痛苦，可能會讓你覺得有些哀傷。但好消息是，你不再需要那些你拿來對抗核心信念相關痛苦情緒的行爲反應。能擺脫無效而且消耗情緒的舊把戲，感覺不是很棒嗎？

你已經知道目前的行爲是行不通的，所以該是嘗試更有效的解決方案的時候了。在《爲什麼？：你的人生在傾訴關於你的本質和目的》（*Why? What Your Life Is Telling You about Who You Are and Why You're Here*）（McKay, Olaoire, and Metzner, 2013）一書中，作者寫道，痛苦是在邀請我們去傾聽，我們的痛苦是所有學習的源頭。你的內心和頭腦知道你用來管理核心信念相關痛苦的方法行不通嗎？你能承認並接受，你用來阻止核心信念相關痛苦的努力，只會讓你自己和你親近的人更加痛苦嗎？如果答案是肯定的，那麼你可以選擇做些不同的事。

你一定很懷疑，自己要如何做這麼激烈的改變——從原本對核心信念遭觸發時的痛苦做出反應，變成只是去觀察痛苦，但不做任何掙扎努力。你需要開始把自己的體驗看作是「轉瞬即逝」的——它不過是暫時的。想像你是天空，而非天氣。心理治療師魯斯·哈里斯（Russ Harris, 2009）指出，佛教、道教和印度教的教義中都有這樣的比喻：天空一直都存在那裡，容納著持續變化的天氣。天氣可以是狂風暴雨、陰暗、多雲、降雨、放晴、或起風。颳風、下雨、放晴、甚至暴風雨都是來來去去的，然而天空則是恆久不變，樂意接納所有的變化。所以，把自己想像成天空，承接一個接一個持續變化的私人事件。現在，想像你去接納並觀察你的情緒，就像天空接納和觀察天氣一樣。你能否觀察所有的「天氣」，而且不會奮力或試圖去改變它？你能否觀察自己身體的感受、腦中的想法、以及起伏的情緒？當你的核心信念遭觸發時浮現的負面想法和痛苦情緒，就像是惡劣的暴風雨，但風暴會平息，它終究會過去，然後換來雨過天晴。你覺得自己可以像天空一樣，不再因爲天氣而苦苦掙扎嗎？痛苦的思緒和感覺會出現，也會消退，就像天氣一樣。接納與承諾療法不在意你的想法是否真實，而是在意那些想法是否有幫助。負面的想法總是會存在。你無法用正面想法來永遠消滅負面想法，所以你要去接納負面想法，就像天空接納天氣一樣。

練習12

## 觀照想法和情緒的流動

找到一個舒適的地方坐下來，然後閉上眼睛（如果你想睜開眼睛，那就把視線固定在一個點上）。

現在，想像你自己是天空。當想法和情緒出現時，看著它們流過，就像天氣流動一樣。

你並不是試著要擺脫那些想法和情緒（天氣）。你是去承認它們的存在，並且認清它們只是暫時的。它們有時看起來像狂風暴雨，有時則是陰晴不定。

單純讓它們流過去。繼續看著下一輪的想法和情緒流過，就好像它們只是另一波天氣一樣。

如果你開始陷入某個想法或情緒裡，那就放掉它，並提醒自己，你是天空，而那只是天氣而已。

如果正面的想法和情緒出現，一樣讓它們流過。天氣就只是天氣。

這個比喻和練習是設計來強化一個概念，也就是你能夠學會讓想法和情緒流進和流出。你要熟悉這種想法和情緒的流動，不讓自己困在裡頭。

現在，你可能會疑惑該如何讓自己保持在這條新的道路上？要怎麼防止你再次出現舊有的因應行爲？當你的核心信念被觸發，並且有排山倒海而來的負面情緒（恐懼、悲傷等）和悲慘的想法（「他要離開我了」、「我會孤獨終老」等），你是能夠自由選擇要如何處理那些情境的。你會採取以前慣用的做法嗎？我想你以前的習慣是行不通的，否則你就不會來讀這本書。那麼，你想試試新的做法嗎？這沒有對或錯，也沒有好或壞，一切都只是關於結果。如果你對於舊有行爲所得到的結果不滿意，那麼是試試新做法的時候了。答案就是：你需要能讓你更接近你想要的目標的行爲模式。接下來讓我們來檢視你的價値觀。

## 與自身的核心價値連結

這是接納與承諾療法中我最喜愛的部分。我們都有核心信念，因此很合理的是，我們也都會有核心價値。可惜的是，當你回應觸發核心信念的事件時，你的行爲模式通常並不符合你的價値觀。我近期在看約會的實境節目時，看到了一個例子。有一位女性參加者希望打敗其他參賽者，贏得合意單身漢的青睞。她在一次挫敗時，對其中一位髮型設計師發飆（結果那位髮型設計師是單身漢的妹妹）。單身漢和那名女性對質，她嚇壞了，頻頻道歉。她對他說：「那不是眞實的我。那不是我平常會有的行爲。那行爲並不符合我的信念。」這幾句話一直停留在我的腦海裡。顯然，她當時正處於觸發她核心信念的情境裡，而她發現她的行爲模式無法很好地呈現她的價值觀。這樣的情況也可能會發生在我們大部分人身上。但是透過辨別和聚焦在你的核心價值上，你將能夠根據自身的核心價值去投入關係中。然而當你的核心信念被觸發時，你所經歷的情緒可能會排山倒海而來，以致你在反應時無法考量到自身的價值觀。

這就是讓你改變行爲的動機。透過與自身的核心價值連結，並且承諾活出由價值觀所驅動的生活，你便能夠停止求助於舊有受核心信念驅動的行爲模式。在你辨別並評估自身價值觀的同時，請記得，這些都是關於你個人的，所以不應受到任何社會準則的影響、不應受到你「認爲」自己該擁有什麼樣的價值觀影響、也不該受到他人的期望所影響。

是這樣的，我們都聽過這句話——生命是無常的。就算你的行爲符合自身的價值觀，事情也不一定都會順利。這就是其中的壞消息。但好消息是，順心如意的情況會更常發生，你對你的行爲和互動過程也會有更好的感覺。爲什麼呢？因爲你的反應會比先前的行爲模式更有幫助，而且也更符合你的價值觀。

練習13

# 辨別你的價值觀

辨別你的價值觀是擬定行為改變計畫的開端。你的價值觀會驅動成功的行為改變。我在下面列出了許多價值觀，但這並不是完整的列表，你可以自行加入你的價值觀。

在你的紀錄本中寫下你認同的價值觀，並且個別標示一顆星、兩顆星或三顆星來代表：重要、非常重要、最重要。

**價值觀：**

| | | |
|---|---|---|
| 接納 | 成就 | 情愛 |
| 欣賞 | 紀律 | 有益 |
| 篤定 | 幹勁 | 誠實 |
| 易接近 | 適應性 | |

保證
關注
覺察
平衡
歸屬感
福佑
勇敢
冷靜
同袍情誼
小心
爽朗
清晰
親近

本分
有效性
效率
同理心
鼓勵
耐久
能量
享受
熱忱
卓越
興奮
表達力
熱情洋溢

榮譽
懷抱希望
謙遜
幽默
想像
獨立
個體性
好問
洞察力
靈感
正直
智力
聰明才智

承諾
社群
憐憫
能力
完滿
沉著
自信
連結
意識
一致
知足
貢獻
合作

公平
信心
家庭
無懼
凶猛
強健
適應性
流利
焦點
堅忍
自由
友善
友誼

強烈
親密
內省
參與
喜悅
仁慈
學習
活躍
長壽
愛
忠誠
專精
成熟

勇氣　禮貌　創意　信用　好奇心　可靠性　深度　慾望　決心　勤奮　感知力　毅力　堅持

樂趣　慷慨　付出　恩惠　感激　成長　指引　幸福　和諧　健康　滿意　安全　自制

意義　正念　動機　虛心　開放　樂觀　組織　耐心　熱情　和平　仔細　深思熟慮　適時

嬉鬧
愉快
享樂
務實
存在
合理
反思
放鬆
可信賴
韌性
剛毅果斷
足智多謀
尊重

無私
自力更生
自重
性慾
分享
簡樸
誠懇
熟練
靈性
穩定性
實力
成功
支持

信任
值得信賴
真相
理解
實用性
美德
遠見
義工
熱心
任性
樂意
智慧
疑惑

責任　同情心　年少
克制　團隊合作　熱心
崇敬　感恩

你可能會注意到自己有非常強烈的價值觀，意思是你記錄自己的列表是很容易的。或者你可能在列出自身價值觀時感到很困難，因為你的行為讓自己和價值觀脫節。別急，你可以慢慢做這個列表，花多少時間都沒關係。

下一步是要把你的價值觀和你的意圖做連結。你的意圖是展現價值觀的行為。你的行為意圖是你對自己的承諾，在關係中成為你想成為的人以及做重要的事情。你會面臨許多我們先前點出並討論過的阻礙——你的想法和你的感覺。這些痛苦的因素可能會干擾你，讓你無法專注於活出自身價值觀的承諾。

在你的紀錄本中寫下每一項價值觀，以及你對每一項價值觀的意圖。

範例如下：

| **價值觀** | **意圖** |
| --- | --- |
| 開放 | 揭露自己各個部分，而非隱藏起來。 |
| 勇氣 | 當我害怕被遺棄時，我不會自己先抽離。 |
| 連結 | 我會和他人做有意義的接觸，而不是去疏遠。 |
| 好問 | 當我不了解一件事情時，我會去尋求釐清。 |
| 正念 | 我會臨在當下，而不是困在過去或擔心未來。 |

當你完成這項練習後，感覺如何？你對自己想要如何過生活是否更清楚了一些？你是不是更能看出，你的價值觀和意圖可以讓你維持在正軌上，讓你更加接近建立長久有愛關係的目標？

在接下來兩章裡，你會學習新的技巧和工具，協助你管理你在關係中經歷的苦惱、焦慮和痛苦。當你把無益的行爲反應置換成由價値觀驅動的新行爲模式，你的關係將會獲得改善，但這並不會消除原有核心信念所帶來的痛苦。謹守自己的價値觀，並且學習新的工具和技巧來管理你的痛苦感受和想法，將有助你維持在正軌上。你的旅程將繼續下去……

# 6

# 你在想什麼？

## 了解你的心思意念

從前面五章當中，你了解了核心信念、辨別了你的核心信念和核心信念觸發者的類型與觸發情境、覺察了你對核心信念觸發事件的反應、學習了正念如何協助你臨在當下，以及發掘了價值觀作爲改變動機的重要性。在接下來三章裡，我們要來看你的負面想法和情緒會如何影響你並且觸發你的無益行爲。你的無益想法、情緒和行爲，都在對你的關係和生活品質造成負面衝擊。試圖控制情況和控制他人，只會帶來挫折與痛苦。隨著我們檢視無益的行爲，你會開始了解到，確實有方法能夠擺脫這種爲了因應核心信念帶來的痛苦而做出引發更多痛苦而且又有害的行爲模式。你準備好再朝健康滿足的關係更進一步了嗎？請繼續讀下去。

## 停止嘗試控制負面想法

現在就來進一步探索想法。我們的負面想法就像我們的核心信念一樣，永遠都不會消失。所以，你需要發展出新的方式，在你那些無益的想法冒出來時——它們一定會冒出來——去處置它們。在前一章裡，你檢視了無法讓你更接近自己想要的關係的那些行爲。你的核心信念觸發行爲造成了你在關係中的問題。這些都是你的行爲阻礙。隨著你從核心信念驅動的行爲轉移到由你的價值觀所驅動的行爲，你會注意到自己仍在面對負面的想法。這些想法即是認知上的屏障，阻礙了你的關係發展。

爲了對你的想法有不同的回應方式，你需要變得更能覺察那些想法，並且了解它們是如何運作的。首先，我要先把核心信念驅動的想法分成三個類別：

1. 根據你過去的經歷所做的「預測」（可能包括遺棄、傷害、拒絕和失敗等等的想法）。
2. 過去失去或失敗經歷的「記憶」。
3. 對你自己和對他人的「負面批判」。

這些想法——「他會離開我」、「他會生病過世」、「永遠不會有人了解我」——會觸發你的核心信念行爲（戰鬥、逃跑、僵住、或強迫）。身爲因爲遺棄核心信念而受苦的人，當你經歷些微的拒絕跡象時，就會有預期自己會失去或被遺棄的想法。你無法停止這些想法——我們沒有人可以阻止自己的想法持續跳出來。

說到想法跳出來，有個有用的方式能把想法概念化，那就是把想法想成是爆米花機裡面的玉米粒（Hayes, Strosahl, and Wilson, 1999）。想像你的頭腦是台從不關機的爆米花機。我們的想法會一直跳出來，不會停止，也無法阻擋。腦袋隨時隨地都在製造任何它要的想法，就像爆米花機有著無限供應的玉米粒。我要再次強調，不管你有多努力不讓負面或無益的想法進入腦袋裡，這類想法就是會出現。事實上，你越抗拒這類想法，這類想法就越可能出現，而且它們絕對會贏。我們的負面傾向比任何我們可以用來與之對抗的正面想法都還要強大。

奮力掙扎去對抗負面想法只是徒勞。想像跟你自己的腦袋來場拔河（Hayes 等人，1999）。你越努力掙扎要把那些想法拉出腦袋，你的腦袋就越會把那些想法拉進來。你的腦袋有無限供應的記憶、預測和批判。唯一有用的做法，就是停止拉繩子——放掉它——停止嘗試控制你的腦袋，轉而去接受這些想法總是會存在的事實，你要做的只是讓你的想法流進來又流出去，儘管這些想法有時候會很痛苦、很惱人。

你可以選擇困在你的負面想法裡（你可能已經這樣做過好多次了，也知道這麼做並無法帶領你向前邁進），你也可以選擇把它們推開，但你知道它們還是會回來的。核心信念的想法是很好鬥的，它們很愛把你拉進戰鬥裡。事實上，這麼做似乎只會讓它們更強大。如果你試著讓自己分心不去專注在你的想法上，可能會有短暫的效用，但那些想法還是會再回來。如果你使用毒品、酒精、危險性行爲、賭博、或購物來麻痺自己，負面想法一樣會再出現，而且你很可能會因爲自己的因應行爲而對自己有更多負面想法。

透過「分化」的方式——拿走力量或把力量最小化——來處理你的想法，包含三個部分：觀察、標籤、以及放手。

## 觀察你的想法

在第四章，你做過了正念練習，對於自己的腦袋和想法有更高的覺察力。透過單純去「觀察」你的想法，你可以看到你當前的處境，不讓這處境去觸發你的核心信念以及自發性的行爲反應。要記得，想法只是暫時性的經歷，不需要透過行爲反應來造成次要痛苦。不帶批判地觀察你的想法，會讓你對當下有更好的覺察力。觀察你的想法是第四章「練習7：正念呼吸」的一部分。請回頭查看該練習的內容，並且每日做練習。

## 標籤你的想法

在接納與承諾療法中，分化想法的關鍵方式之一就是給想法「貼標籤」（Hayes 等人，1999）。如果你承認並接納自己的想法，你就拿掉了它們的力量。它們不再被認定爲眞相，不再被認定是對你或你的處境的正確描述。它們單純只是你腦袋裡閃過的念頭。由你的核心信念驅動的想法經常會進到腦袋裡。你能想像去給它們命名或貼標籤嗎？做法非常簡單，它是什麼就直接稱呼它什麼：「這是別人會拋棄我去追求更好的人的想法。」「這是我會失敗的想法。」「這是我會被背叛的想法。」或者你也可以簡化爲：「這是我的遺棄想法。」「這是我的失敗想法。」「這是我的不信任和受虐想法。」或者透過你的核心信念類型來命名：「這是我的遺棄核心信念。」「這是我的不信任和受虐核心信念。」選擇一個你喜歡的貼標籤方式。

如果你經常出現的想法和某個特定的人有關，那你可能可以考慮一下妮娜的做法。妮娜有遺棄和缺陷核心信念。她的無益想法通常會在事情進展順利的時候浮現。幾年前，她愛上一個很棒的人，對方對她很好，而且無條件愛著她。妮娜把她對男友以及這段關係的興奮之情分享給她媽媽知道，希望媽媽也會爲她感到高興。但她媽媽的回應是：「你何德何能値得擁有這麼好的人？」妮娜極度震驚。現在，當那些痛苦的無益想法在她腦中浮現時，她會稱這些想法是：「老媽來了！」

# 為你的想法命名

你的核心信念所驅動的想法可能經常會在腦中浮現，特別是當你在經歷核心信念觸發事件時。你無法擺脫這些想法，因此，讓我們試著透過給它們命名來分化它們。

在你的紀錄本裡寫下你經常出現的無益想法（「我害怕有一天我醒來時，他就不在了」、「我很擔心會暴露了真實的自己」等等）。在每個想法後面，給它貼上標籤或幫它命名。嘗試使用各種不同的技巧：它是什麼就直接稱呼它什麼（「這是有一天我醒來他就不在了的想法」）、給它一個標籤（「這是我的缺陷想法」）、或者用核心信念來分類（遺棄、不信任和受虐、情感剝奪、缺陷、或失敗）。

## 放掉你的想法

「放手」是處理想法的分化技巧的第三項元素。當你在練習放掉你的想法時，想像你的想法真的轉身離開，並且最終消失在視線裡，這是有幫助的做法。你甚至可以賦予你的想法一個形體，會讓這個做法更容易些。使用最適合你的意象。例如，珍妮佛每週都要花好幾個小時通勤上下班，因此路標是她有共鳴的影像。當她在開車時，她會想像在路標上看到她的想法，然後她會經過那些路標，接著放掉她的想法。同樣地，唐妮經常搭飛機出差或旅行，她選擇把她的想法想像成雲，她在搭機前往下一個地點途中，會飛過這些代表她想法的雲。

練習15

## 放掉你的想法

現在，換你試試看放掉你那些無益的想法。閉上你的眼睛，想像透過路標或雲朵來釋放你的想法。或者試試其他的概念：

- 想像你的想法是在溪中漂走的葉子。
- 想像你的想法在氣球上，你放手看著氣球飛走。
- 想像你的想法在石頭上，石頭從山坡滾下。

或者想想其他你有共鳴的影像，可以是有趣的東西，或者你熟悉的事物，像是電視新聞畫面底下的字幕跑馬燈。

在你的紀錄本裡寫下你想像用來釋放想法的影像。

要記得，你的想法有自己的生命。你無法控制它們或是叫它們走開。如果你試圖忽視它們，它們反而更會頑固的存在。解決方法就是：承認它們的存在，然後放手讓它們流過。練習觀察、標籤和放手。想法會再回來，而你也會再次使用相同的方法去處理。隨著你對觀察、標籤、放手運用得更爲自如，你會注意到，你有些想法會比其他想法更強大、更干擾、也更容易讓人偏離正軌。很重要的是你要去分辨這些想法，並且仔細地檢視它們。

還記得妮娜和她的痛苦想法嗎：「你何德何能值得擁有這麼好的人？」她的想法就是她媽媽說過的話。妮娜發現，當她在一段關係裡感覺很好時，這個想法或類似的想法就會經常出現，像是「你不值得」和「你沒有價値」。會有這類想法，問題就在於妮娜相信了她媽媽對她的信念，而這經常會造成妮娜自行破壞關係。在面對特定難以處理的想法時，你可能要更仔細去檢視這些想法，藉此來和它們保持距離。

## 和難以處理的想法保持距離

和妮娜一樣，大多數人都有著和自身核心信念連結的無益想法。和妮娜一樣，你也可能有一些非常棘手而難以處理的固著想法，儘管你盡了最大的努力要分化這些想法也沒有用。這些特別難處理的想法會持續造成你做出無益的反應行爲。你或許會覺得一切協助都沒有效，覺得自己已經走投無路。你已經試過去接納這些想法、去觀察它們、去標籤它們、去放掉它們，但是有時候，你還是覺得自己在做出負面的回應。這時，運用你的價值觀作爲指引，會格外有幫助。

練習16

### 透過價值觀跟難以處理的想法拉大距離

在第五章，你檢視了自己的價值觀。回頭看看你寫下的重要價值觀列表。

接著，去回想那些揮之不去、特別難處理的想法——那些讓你的行為偏離自身價值觀的想法。把這些想法寫下來。

現在，讓我們仔細看看你這些難以處理的想法。在你的紀錄本裡寫下對下面這些問題的答案：

- 這個想法第一次出現是什麼時候？
- 這個想法如何影響你的行為？
- 這個想法對你的關係造成什麼負面影響？
- 你能夠接納這個想法，同時繼續遵循你的價值觀來行事嗎？

透過分析你的想法，並且辨別這個想法來自哪個過去的經歷，你是否能夠感受到自己和此想法之間有保持了一些距離？你是否看出這些難以處理的想法是如何阻礙了由價值觀所驅動的人生？

讓我們來看看妮娜如何針對她的想法來回答這些問題。

- **這個想法第一次出現是什麼時候？**

這種「我不夠好」的信念可以回溯到我的童年，但我媽媽說的那句話，把這個信念深深烙印在我心裡，那是發生在我二十歲出頭。現在我已經四十出頭，這個信念依然強大。

- **這個想法如何影響你的行為？**

這讓我隱藏了真實的自己，以避免另一個人看到我的真實樣貌——沒有價值、有缺陷——就會遺棄我，進而造成我的痛苦。

- **這個想法對你的關係造成什麼負面影響？**

這個想法還是會帶給我痛苦。它讓我無法與人產生眞切眞誠的連結，因爲我花了很多力氣在隱藏眞實的自己。

- **你能夠接納這個想法，同時繼續遵循你的價值觀來行事嗎？**

是的。我承諾要採取必要的做法來讓自己對他人更加開放，致力建立眞誠的關係連結。

你那些難以處理的想法也是你故事的一部分。就像第四章，你能夠透過柏拉圖洞穴寓言的意象來和你的故事保持距離一樣，你也可以和這些屬於你故事一部分的痛苦想法保持距離。你可以看到你的故事和你的想法對你來說都是行不通的，它們並沒有讓你更接近你的價值觀，它們並沒有增進你的生活或增進你的關係。你的故事和你的想法一直在指引你的人生。當你透過保持距離來把它們放到適當的觀點裡，你也就騰出了空間來選擇你想要成爲的模樣，選擇你想要在關係裡呈現的模樣。

我們的想法還有另一個讓我們困在自身故事裡的方式，那就是：當我們的負面想法由我們的內在批評者來陳述的時候。讓我們來看看這個「內在批評者」的角色。

## 內在批評者的角色

我們都跟這個常駐的敵人很熟。他總是不請自來，說著各種糟糕的事情。想用一瓶酒或一桶巧克力脆片冰淇淋來堵住他的嘴是沒用的，用和善的話語對他諄諄教誨也只是白費口舌。每當你以爲自己已經習慣了他的存在，習慣了他帶給你的痛苦情緒，他就會再加大力道：「你以爲現在感覺很糟嗎？我可以讓你感覺更糟！」是的，這就是你的內在批評者。我們每個人都有一個。你的內在批評者是個蓄意從事破壞的人，經常在講述著你的痛苦故事——他就是那個搖晃你的雪景球的人。他聽起來就像任何一個曾經傷害過你的人，甚至是這些人的綜合體。他透過提起你過去的經歷來鞏固你的核心信念：

「別信任這個人！還記得上個在一起的人背叛了你嗎？」（不信任和受虐核心信念）

「感覺他正在疏遠你。上次你有這種感覺時，那個人離開了你！」（遺棄核心信念）

「看看他跟同事說話的樣子！她的地位比你還重要。他遲早會離開你，去追求更好的人！」（失敗核心信念）

「他還沒跟你說過他愛你。他大概永遠不會說了！」（情感剝奪核心信念）

「別讓他看見真正的你。上一個看過的人就不再跟你聯絡了！」（缺陷核心信念）

聽起來很熟悉嗎？

如果你正在經歷觸發你某個核心信念的事件，你的內在批評者就會馬上提出解決的捷徑，引起你的注意。不過要是你照著他說的做，他就會帶你走進關係的陷阱裡。你的內在批評者不會協助你更接近自己的價值觀或更接近創造健康關係的渴望。所以，讓我們來擺脫掉你的內在批評者吧！

不幸的是，要擺脫他並不是那麼簡單。擺脫你腦袋中負面或不愉快的部分，聽起來似乎是個好主意。但事實上，這讓我想起了金．凱瑞和凱特．溫絲蕾主演的電影《王牌冤家》。他們兩人有一段吵吵鬧鬧的關係，而她一直想忘掉這段關係，所以她透過某種手術來消除這段關係的不好回憶，但這手術只能藉由完全消除掉關於另一個人的記憶，才能達到刪除兩人在一起的記憶這個目的。他發現她做過了這項手術，決定自己也要去做相同的手術。但在他動手術的過程中，他領悟到兩人在一起時有一些很棒的回憶，而他並不想消除這些回憶，即使這意味著他必須忍受這段關係裡帶來的痛苦情緒。

不愉快的痛苦回憶總是伴隨著愉快的回憶，所以我們必須學著完全接納它們。你無法擺脫掉內在批評者，那麼你可以怎麼做呢？對於你的核心信念，你已經有了新的認識；對於你的想法、情緒和衝動，你已經有了自我覺察；對於你的價值觀，你已經加以辨別與確認；你也承諾了要以價值觀爲基礎的行爲模式；那麼當你內在還有個敵人經常在設計頭腦和關係陷阱的情況下，你該如何前進呢？答案是：你需要培養自我疼惜。

## 培養自我疼惜、善待自己的習慣

你必須培養對自己的疼惜。我很確定，你對疼惜之心並不陌生——你很可能曾對家人和朋友展現過疼惜之情。「疼惜」就是對他人的同情和憐憫，尤其是在他人遭遇困苦的時候，希望藉此減輕他人的痛苦，焦點主要是要消除苦痛。那麼，什麼是「自我疼惜」呢？自我疼惜就是對自己仁慈、關心自己、消除自己的苦痛，雖然你會去聆聽內在批評者引起的想法和感覺，但不會去認同這些想法和感覺，或者讓它們去刺激活化你的故事。

培養自我疼惜最簡單的方式就是找到你的內在小孩。想像不去注意到一個受傷脆弱的小孩、不去安撫他和減輕他的痛苦，是多麼困難且幾乎是不可能的事。在這本書的頭兩章裡，你已經知道了你自己就是那個受傷又脆弱的小孩。當你的核心信念——那些因爲痛苦的兒童和青少年時期經歷所形成的信念——被觸發時，你通常會感覺自己像個小孩一樣。那小孩依然是你的一部分，而她渴望受到慈愛的對待。她渴望能不再受苦，不再被內在批評者的無益言詞打擊。你能想像對你的內在小孩發揮憐憫之心嗎？你能想像保護你的內在小孩不被你的內在批評者攻擊嗎？如果你可以想像，那麼你就能夠有所作爲來對「你自己」展現憐憫。

練習自我疼惜意味著讓你的心變得柔軟，而且讓你和內在批評者保持距離，和那些強化遺棄恐懼與缺陷不足感受的負面評論保持距離。要和你的內在批評者保持距離，我們先來看看他帶來破壞的方式。

你的內在批評者會放大你的每一個錯誤。他這麼做是要避免你再犯相同的錯誤。問題是，他的批評可能太過嚴厲，這會讓你覺得自己很糟糕——糟糕到讓你會戰戰兢兢、竭盡所能地避免可能跟這個「錯誤」沾上邊的任何事物。這意味著你可能會有逃避的行爲，例如，如果你害怕關係失敗，你可能會停止嘗試新的行爲，或者停止承擔任何風險，藉此避免引起內在批評者的側目。

重點是，你需要意識到哪些行爲是沒有幫助的，才能協助你達到目標。然而，當這過程中加入了批評和負面的反饋，你的行爲可能會更惡化。這是因爲內在批評者提出過度嚴厲的自我批評，不但會造成反效果，而且還會導致抑鬱和焦慮。內在批評者可能讓你對自己的弱點有很強的防衛心，這也使得你對自己誠實以及爲自己的行爲和錯誤負責都變得更加痛苦。這可能導致你變成習慣性責怪他人、責怪環境、責怪你的故事（結果就變成困在故事裡）。

關於自我疼惜和情緒健康之間正向關聯的研究結果引人注目。研究再再證實了，自我疼惜程度越高，焦慮和抑鬱的情況就越少。自我疼惜的一個關鍵特徵就是不會自我批評，而自我批評則是焦慮和抑鬱的已知重要預測指標（Blatt, 1995）。此外，「自我疼惜會解除威脅系統（和不安全依附、缺陷、以及自主神經激發有關聯的感受），並且啓動自我安撫系統（和安全依附、安全感、以及催產素—麻醉劑系統有關聯的感受）。」（Gilbert and Irons, 2005）研究也顯示出，自我疼惜會降低皮質醇（壓力賀爾蒙）的水平。最後，自我疼惜是有意義人生的一項重要元素，和社交連結、情緒智力、生活滿意度、以及智慧等感受有關聯（Neff, 2003; Neff, Rude, and Kirkpatrick, 2007）。有大量的研究提出令人信服的證據說明自我疼惜的重要。自我疼惜是生命中的關鍵元素，能支持你的價值觀，並且避開頭腦和關係的陷阱，這些陷阱會破壞你創造有意義和長久關係的努力。

我們都有強項和弱點，但當我們以健康、支持、情感上安全且不帶批判的方式來檢視這些強項和弱點，才會比較容易從中學習。自我疼惜讓我們能夠做出改變，讓我們更接近以價值觀爲基礎的行爲模式，並且實現我們想建立健康關係的渴望。

這趟旅程有一大部分是關於「接納」——接受你的童年和青少年時期曾有過的痛苦經歷，接受你會因爲核心信念的緣故而在關係上面臨許多挑戰，接受有其他做法能取代責怪自己和他人，接受你能夠仁慈、關愛、理解且不帶批判地對待自己。

自我疼惜有一項元素是「共通人性」。每個人都是受苦的、每個人都會經歷痛苦、每個人都會犯錯、每個人都有失敗的經歷，時時覺察並認知到這一點，能夠把你的孤立感降到最低，不再因爲你的弱點而責怪自己。

我們得承認，沒有人是完美的，我們都會犯錯。差別在於我們如何面對並處理自己的錯誤，以及我們在犯錯之後如何對待自己和他人。你是否會仁慈地對待自己，還是你會苛責自己？你是否能坦然面對你的痛苦，還是你會竭盡所能地避免痛苦（例如，責怪他人，孤立自己，用藥物、酒精、暴飲暴食、或者瘋狂工作來麻痺自己）？一邊的行爲是有益的，另一邊的行爲是無益的。你的痛苦經歷、痛苦想法、痛苦情緒和痛苦關係已經讓你很受苦了。是不是該停止掙扎，接受新的方式來對待自己呢？是學習「善待自己」這個全新態度的時候了。這是自我疼惜的核心，意味著對「你自己」仁慈，保持正念，並且理解痛苦是不可避免的。

帶著憐憫之心來對待自己。當你犯錯時——而且你是一定會犯錯的——不帶批判地承認錯誤，不帶掙扎地接受痛苦，關心自己，安撫自己，並且保持在當下的經歷中，而不是藉機去活化你過去的故事，或是去激起對於未來的災難性預期（例如，「沒有人會再愛我了」、「我最後一定會孤獨一人」、「我永遠都不夠好、不值得被愛」）。做個承諾，給予你自己那些你在年輕時就應該獲得的東西——那些可能一直都還沒人給你的東西。這意味著不去懲罰自己不夠好，而是去認可你已持續盡自己所能做到最好的努力。允許你可以受到痛苦情緒的影響，而不是責怪自己，進而造成更多的痛苦。

請和你的內在小孩連結。如果你很難跟你的內在小孩連結，《解除自戀者的武裝》（*Disarming the Narcissist: Surviving & Thriving with the Self-Absorbed*）作者溫蒂·比哈里（Wendy Behary）建議，你可以隨身攜帶自己小時候的照片（可能要護貝以避免磨損），當你需要對自己心軟的時候，就看看這張照片。你想對這個小孩說什麼？試試看對這個孩子說：「我在這裡陪你。你犯錯了沒關係。我們都會犯錯。這只是學習和成長過程的一部分。」

練習17

## 疼惜你的內在小孩

找一張你童年時期的照片。

看著照片，並且在你的紀錄本裡寫出你想做什麼或說什麼來讓照片中的小孩感到安全、被愛、被接納、被欣賞、被安撫、被珍惜、被疼愛和被尊重（條列式或段落式皆可）。

當你看著自己小時候的照片時，你有什麼感覺？

你是否能對自己敞開心房？

你是否發現這樣會比較難去批評自己？

當你需要回想要為照片中的小孩做什麼時，就看看這張照片。憐愛疼惜自己，便是朝著憐惜他人並建立長久有愛關係邁進一大步。

在下一章，我們會進一步檢視情緒，以及探索管理情緒的方式。這趟旅程將繼續下去……

# 7

# 為什麼你有這樣的感覺？

## 穿越情緒的迷霧

## 當下的情緒是過往經歷的反射

情緒上的痛苦，是驅動我們表現出無益因應行為的因素。當你感覺受傷時，你並不想感受那份痛苦，因此你做出反應來消除你的情緒之痛。然而，你的反應並無法擺脫你的痛苦。事實上，這些反應甚至增添了你的痛苦。儘管你做出努力，還是無法擺脫痛苦的情緒和負面想法，它們還是會一直跳出來。那麼當你的痛苦情緒浮現時，你該如何面對並處理呢？

你要學習一些策略來接受它們。是的，接受你的痛苦情緒。你大概很疑惑：那些痛苦情緒造成了我的痛苦，為什麼我還要學習接受它們？

首先，我們來看一下，當核心信念遭到一個情境或互動過程觸發，讓一些情緒浮現時，究竟發生了什麼事。你有著很強烈的感覺，這些感覺很痛苦，而且可能還讓你想起了先前經歷過相同痛苦感受的時候。那種感覺就好像你又回到了雪景球裡的場景，而且開始下起雪來。你可能不再能掌握當下的情況，因為你在經歷的是讓你想起過去的情緒感受。如果你真的被雪景球的場景給愚弄了，你就會做出無益且自我挫敗的反應。你的故事存在於過去，但是當你的核心信念遭到觸發時，那些情緒和感受是那麼似曾相識，很容易就會蒙蔽了你，讓你看不清楚你正處在不同時間和地點的事實。

還記得第三章描述的凱莉的舊金山雪景球嗎？那顆雪景球已經有十三年歷史了。儘管那些地標仍存在舊金山，但城市的景色已經有了巨幅改變。我們現在居住的建築，在雪景球捕捉場景時還不存在。那時，泛美金字塔是舊金山少數的高聳建築物之一，現在則已有爲數不少的高樓。我要表達的重點是，你的雪景球——會遭核心信念觸發事件啓動的那顆雪景球——是存在於過去的。你的雪景球捕捉到的時空，是你經歷痛苦事件形成核心信念的那個時候。

練習18

## 看清當下的痛苦是過往記憶的重播

回想一個過去的痛苦事件，那可以是代表你其中一項核心信念的一個經歷，或者是對你來說格外痛苦的事件。在你的紀錄本裡寫下對下面這些問題的答案：

- 你的雪景球場景是在哪裡？
- 你的雪景球裡有哪些人？
- 你的雪景球場景對你的意義是什麼？
- 你的場景連結了哪些情緒？

現在，你已經在你的雪景球裡捕捉到一個過去的場景，你是否能夠辨識出與過去連結的核心信念遭觸發時所浮現的痛苦情緒？然後，你是否能夠把你的覺知帶回到現在，去抵抗想要做出行為反應的衝動？你是否能夠提醒自己，你的負面想法和強烈情緒都是來自這顆過去的雪景球？

還記得第三章提到的艾瑪嗎？她的父母在她剛升上高中三年級時離婚了。我們來看看她的這個練習。

- **你的雪景球場景是在哪裡？**

  我的雪景球場景是在一個海灘。

- **你的雪景球裡有哪些人？**

  只有我站在海灘上看著海。

**• 你的雪景球場景對你的意義是什麼？**

我很孤單，因爲當我的父母離婚時，我覺得自己被他們遺棄了。我覺得他們在財務上和情感上都讓我失望。我當時正處在申請大學的壓力下，而且從高中到大學是個巨大的轉變，但他們兩人都沒能給予我所需要的愛和引導。海洋代表著我必須獨自面對和處理的一切——廣大、無邊無際、排山倒海而來，就像海洋一樣。

**• 你的場景連結了哪些情緒？**

我很害怕、寂寞、憤怒、悲傷。

你也可以創造新的雪景球，一個代表你的現在或未來的雪景球。你可以在裡面放入任何東西——或許是符號或小雕像，代表你在第五章所確認的部分價值觀。你可以放入任何東西來協助強化你的覺知，讓你穩固地臨在當下；或者提醒你自己，你已經不再是那個舊的故事，你已經不在那個舊雪景球的場景裡，你不需要再做出任何行爲來反映那個舊場景。或者你的新雪景球裡面也可以只有雪，代表你對現在和未來的可能性保持開放。

## 接受情緒的本質

當你面對一個被負面情緒淹沒的情景時，你該如何處理那些情緒？當你覺得自己快要失控時，你該如何處理自己的痛苦？你是否立刻對那個觸發排山倒海負面情緒的人大發飆？還是你會逃走，避免溝通，然後喝幾杯雞尾酒來努力忘掉這件事？你的頭腦是否過度聚焦在發生過的事情上，以致你感到退縮，無法專注於任何事，而且晚上會失眠？

以下這三點是讓我們的情緒揮之不去的原因：

1. **反芻：**一直不斷反覆思索相同的痛苦經歷。
2. **逃避：**不願面對情緒，不願接受情緒的本質。
3. **情緒驅動的行爲：**自我挫敗且會破壞關係的行爲反應。

我猜想你已經發現到這些反應是行不通的。經歷情緒會促使我們採取行動。但關鍵在於要選擇一個不會讓你感覺更糟或讓情況和關係變得更糟的行動。有一項已被證實有幫助的技巧稱爲「痛苦耐受力」，這是馬爾沙．M．林因漢（Marsha Linehan, 1993）發展的辯證行爲療法的一部分。痛苦耐受力讓你不會有面臨長期負面影響的風險，其主要目的是要在不讓情勢惡化的情況下度過一場危機，而覺知便是做出正確決定的根本法則。

讓我們來進一步檢視因應痛苦情緒和情境的方式。當你的核心信念遭到觸發時，你所經歷的情緒會讓你覺得無法忍受，有時甚至會把你壓垮。你會想要迅速擺脫情緒上的痛苦，這是可以理解的。而這總會讓我想起小時候玩過的遊戲：燙手山芋（hot potato）。玩這個遊戲時，我們會圍成一圈坐下來，彼此互相丟著一個代表燙手山芋的物品，要越快脫手越好，在音樂或信號聲響起時，別讓自己成爲最後拿著那個物品的人（哎喲！被燙到了）。但是，我們的迅速反應或習慣性的因應策略，通常會讓情況惡化，結果也讓我們對自己的感覺變得更糟。你的策略可能有一些會讓你在短期內感覺良好（例如，吸大麻或喝杯酒可能會舒緩你的焦慮或恐慌），但最終你還是會感受到痛苦。而且長期而言，這些因應策略並不會帶來任何舒緩效果，反而可能製造更多的問題。

## 你的因應策略造成的代價

在《辯證行爲療法技巧手冊》（*The Dialectical Behavior Therapy Skills Workbook*）一書中，作者麥凱伊、伍德和布蘭特利（McKay, Wood, and Brantley, 2007）提出了一項練習，設計來覺察你的無益因應策略所帶來的代價。我在本書中把這項練習稍作修改。

練習19

# 辨識你的無益因應行為和其代價

在我們開始之前，請回頭看看你在第三章「練習4：當核心信念被觸發時，你如何反應」的回答。

現在，帶著這些回答，在下面的表格裡辨識你的無益因應行為和這些行為造成的代價，然後把這些行為和代價寫下來。我在表格裡納入了「其他」這個項目，若你有其他相關的行為和代價，就記錄在此項目裡。

| 無益的因應行為 | 代價 |
| --- | --- |
| 責怪、批評、挑戰、或反抗他人 | 失去友情、浪漫關係和家人；人們會躲著你；你傷害他人的感情；其他： |
| 表面上順從，但實際上透過拖延、抱怨、動作慢吞吞、或表現差勁來加以反叛 | 忍受不健康的關係；造成工作上的問題；其他： |
| 控制他人來達成自身的目的 | 疏遠他人；傷害他人；其他： |

| | |
|---|---|
| 試圖透過讓人刮目相看來獲得關注 | 錯失與他人真誠的連結；疏遠他人；其他： |
| 透過操控、利用和誘惑來達成自身的目的 | 破壞關係；製造不信任的氛圍；疏遠他人；其他： |
| 孤立自己；在社交上退縮；與他人切斷連結 | 錯失愉快體驗和其他好事；感覺沮喪、孤單和寂寞；其他： |
| 展現獨立和自食其力；從事獨自一人的活動，例如閱讀、看電視、或使用電腦 | 花更多的時間獨處；感覺更沮喪、孤立、孤單；其他： |
| 透過強迫性的購物、性、賭博、冒險、或體能活動來尋求刺激和分散注意力 | 財務問題；健康問題；關係問題；羞愧感；死亡；其他： |
| 透過藥物、酒精、食物、或過度自我刺激來麻痺自己 | 對抗成癮的問題；金錢損失；關係問題；健康問題；其他： |
| 透過切割關係、否認、幻想、或其他內在的退縮形式來逃避 | 感覺孤單、羞愧和沮喪；其他： |
| 太過依賴他人；讓步；被動；避免衝突；試圖討好他人 | 關係被你的需求給壓垮；你的需求沒得到滿足；其他： |

這項練習非常有幫助。有時候我們要到事情真的發生了，才會了解到我們這些無益行為的代價。透過這項練習，我們很快就可以清楚看到，你在經歷無法忍受的痛苦情緒時所做的行為反應，不僅沒有幫助，而且還具破壞性。這些行為很快就會讓你從痛苦轉而陷入折磨當中。請謹記：透過無益的回應來逃避痛苦，或許可以很快分散注意力，但效果是很短暫的。

我先前已經講過，這裡再強調一次——痛苦是無法避免的。痛苦是人類經歷的一部分。然而，痛苦的另一面——受苦折磨，則是可以避免的。你能夠控制自己在什麼時間和什麼地點經歷受苦折磨。如果你透過無益的（適應不良的）因應行爲來處理你的痛苦，那麼你就會創造受苦折磨。我們的目標是要透過健康的行動來處理痛苦。做得正確，你就永遠不需要再經歷折磨——你可以從生命中消除掉那些折磨。這是在你掌控之中的。接著，我們來辨識一些健康有益的因應行爲，讓你可以用來處理核心信念遭觸發而且負面情緒排山倒海而來的情況。

## 將注意力從痛苦的感受上移開

想像你開車行駛在高速公路上，突然間你進入一片霧裡，看不見前方的路，也看不到四周的車。試問你還會維持在時速一百公里嗎？還是你會放慢速度，靠路邊停，等待濃霧散去？很有可能你會慢下來停靠路邊，因爲在這樣的狀況下，保持原本的速度是很危險的，而且可能會造成傷害。

現在想像一下你進入了排山倒海的負面情緒濃霧裡。請謹慎地慢下來，靠邊停，等到濃霧消散了，再回到你所面對的情況。在你等待痛苦情緒的濃霧消散這段期間，你可以從事分散注意力的活動。當你再次上路，你會知道你已經讓情緒的迷霧消散；你可以回到眼前的情境裡，因爲你知道你已經把任何可能的額外問題降到最低或排除了。

那麼，什麼算是分散注意力的活動呢？任何可以轉移你對眼前痛苦情緒注意力的健康活動都算。做些別的事情，而不是一如往常對核心信念觸發事件做出適應不良的反應。在這段轉移注意力的時間裡，情緒的張力就能夠降溫。當你的負面情緒變得較容易處理，而且你也和負面情緒保持了一些距離（時間通常會有幫助），這時要做出有益的選擇便會容易許多。

分散注意力的活動並不是要試著閃躲或逃避你的情緒；做這些活動是要等待迷霧散開，這樣你才能看得更清楚。分散注意力是要在當下維護你的安全，避免你做出不健康且沒有幫助的行爲。接下來是一些活動的建議，當你被負面情緒淹沒時，你可以藉由這些活動分散注意力，避免做出適應不良的因應行爲。在這些建議列表的結尾，你可以根據自己的情況、可利用的時間、機會和合適性來建立自己的分散注意力計畫。

## 運動

任何形式的運動都有幫助。運動會釋放腦內啡，這是自然的消除疼痛和抗憂鬱物質，可以提振心情，促進整體健康。腦內啡也會降低皮質醇（壓力賀爾蒙）的水平，提升並維持自尊的感受。體能活動可以給血壓、體重、心臟疾病、第二型糖尿病、失眠症、抑鬱、焦慮、骨質密度、肌肉強度、免疫系統、關節活動度等帶來改善。此外，運動會提高腦部的血液和氧氣流動，增加對認知有幫助的化學物質（多巴胺、麩氨酸、去甲基腎上腺素和血清素），也會增加生長因子，有助新的神經細胞生成。換句話說，你不只是在轉移對不健康和無益行爲的注意力，同時你也是在從事對身體和心理都有助益的活動。

這是很有說服力的論點，讓你在需要進行分散注意力的活動時，可以選擇從事一種或多種體能的活動。

需要一些運動方面的建議嗎？以下是可以參考的部分運動項目：

| | | |
|---|---|---|
| 有氧課 | 跳繩 | 足球 |
| 射箭 | 獨木舟 | 壘球 |
| 徒步旅行 | 足壘球 | 競速滑冰 |

羽毛球
芭蕾
國標舞
籃球
自行車
駕船
保齡球
拳擊
槌球
混合式健身
標槍
擊劍

跆拳道
風箏衝浪
長曲棍球
武術
板網球
划槳板
皮拉提斯
壁球
攀岩
直排輪
溜冰
划船

飛輪課
伸展
衝浪
游泳
桌球
團隊競賽
網球
彈跳床
懸吊式阻抗訓練
排球
散步
水中有氧

釣魚
飛盤
高爾夫
手球
健行
馬匹照顧
騎馬
滑冰
慢跑

橄欖球
跑步
帆船
水肺潛水
沙狐球
浮潛
滑雪
雪地摩托車
雪鞋行走

水球
滑水
舉重
風帆衝浪
摔角
瑜伽
尊巴舞
其他：

## 嗜好和特殊興趣

另一種分散注意力的活動可以是嗜好或特殊興趣。如果有某件事是你一直想做或是想要更常做的，可以在這時候列出來。以下是部分靈感：

- 動物照護
- 繪畫
- 打撞球
- 攝影
- 賞鳥
- 玩樂器
- 教堂活動
- 玩撲克牌
- 電玩遊戲
- 閱讀
- 烹飪、烘焙
- 看影片
- 手工藝
- 剪貼簿
- 填字遊戲
- 縫紉

素描
外出用餐
招待友人
耕作、園藝
上電影院
去海邊
做家事
寫日記
織毛線
聽音樂
冥想

購物
飛靶射擊
睡覺/午睡
串門子
陪伴家人
旅行
遛狗
觀看體育賽事
保養車子
寫作
其他：

## 當志工

當你的核心信念被觸發，而且你被負面情緒淹沒時，一切都變成只關於你和你的經歷。事實上，這種「一切都和我有關」的感覺就是一部分的問題，而這也是為什麼分散注意力的活動是很好的解方，特別是當你把焦點轉移到他人身上時，會讓你不再只注意到自己。沒什麼活動能像為他人服務這麼有意義，同時還能讓你跨出自己的世界。這類活動可能包括到慈善廚房幫忙發放食物給遊民，或者單純幫鄰居老人遛狗。

以下是一些志工活動的建議：

課後輔導　　博愛之家
美國紅十字會　　遊民收容所
動物之家　　醫院
動物保護計畫　　圖書館

水族館
美國大哥大姐會
血庫
美國男孩女孩俱樂部
社區清潔計畫
社區園藝
日間托兒所
救災
捐助食物和衣物給遊民、婦女、兒童
收容所
環保組織
食物銀行
貓狗認養
識字計畫
導師計畫
博物館
養老院
公園和戶外區域
政治組織
退休社區
寄送愛心包裹給在海外服務的軍人
特殊奧運
家教計畫
義工教練
其他：

## 完成待辦事項

另一種分散注意力的好方法，是完成一些你在待辦事項清單上列出的事情。這份清單可能包括家中日常清掃、整理、或者個人的計畫。

以下是一些待辦事項的範例：

更換床單
清潔護壁板
清潔廚房櫥櫃和抽屜
清理衣櫥
清理冷凍庫
清理車庫
整理衣物（捐贈、寄賣、贈與親友）
整理浴室抽屜、櫥櫃、藥物櫃
整理光碟片、唱片、遊戲片
整理文件
整理書本
重新粉刷

清理冰箱
清理車子
建立相簿
洗衣服
清灰塵
熨燙衣服
拖地
修剪草坪

清除雜草
清潔金屬表面
調整家具位置
整理郵件
做新的剪貼簿
吸地板
洗窗戶
其他：

## 放鬆和寵愛自己

另一種有幫助的分散注意力方式，是做一些放鬆的活動。以下是一些建議：

做臉　　聽音樂
美甲　　冥想
按摩　　閱讀書籍
修腳趾甲　　在私密空間裡放鬆
做日光浴　　泡澡
聆聽引導式冥想練習　　其他：

## 做一個能夠激勵你的盒子

另一個很棒的分散注意力點子是做一個盒子，在裡面放入你最喜愛的物品、圖畫、信件、卡片、照片和紀念品。這些物品應該要代表開心、愉快、有愛、喜悅、以及有趣的時光。這個盒子是可以帶給你愉快感受的分散注意力物品，當你被負面情緒淹沒時，就拿出來看。我在《青少年霸凌工作手冊》（*The Bullying Workbook for Teens*）（Lohmann and Taylor, 2013）一書中讀到關於「藍色代碼盒」的概念（藍色代碼為歐美醫院的成人命危時的緊急搶救代碼）。作者建議用藍色代碼盒作爲受霸凌青少年在情緒低落時鼓舞自己的工具。儘管年齡層不同，但這依舊是一個很棒的概念——它可以在你被情緒迷霧困住，忘卻生命中的美好事物時，協助你重新聚焦。

在盒子裡放入這些東西可能對你有幫助：你微笑的照片，或你做著熱愛的活動時的照片；你和喜愛之人的合照；別人感謝你的善行或對你表達感激之情的信件或紙條；或者代表愉快經歷或探險活動的物品，例如，優勝美地的鑰匙圈、洋基球賽的別針、旅行時在邁阿密海灘撿的貝殼。洛曼（Lohmann）和泰勒（Taylor）建議你列出每一項物品，並且描述它們的重要性。

請發揮創意，並且根據自身的需求來調整藍色代碼盒裡的物品。如果你經常要在外面活動，找個可以放到你包包裡的小袋子，在袋子裡裝進對你有重要意義的物品；在你的辦公室裡放個檔案；在皮夾裡或手機裡放個清單；或者拍下這些物品的照片，存在手機裡。這些選項都讓你在需要從痛苦的想法和情緒中轉移注意力時，可以很方便地查看這些物品。

練習20

## 製作分散注意力計畫

現在，讓我們來製作你個人的分散注意力計畫。在我們開始之前，想想你經常會出現的核心信念觸發情景。回頭再閱讀一次第三章會有幫助。另外，也可以查看你紀錄本中的「練習3：辨識會觸發你核心信念的行為」和「練習4：當核心信念被觸發時，你如何反應」。你通常會在哪些情境下被觸發？有沒有一個經常發生的地點？你被觸發的時候是否通常是在做著某件事情？

這次不用紀錄本，而是用一張三乘五吋的卡片、便利貼、或者用你的手機，為你確認的情境列出適當的分散注意力活動。回頭查看前幾頁的建議作為靈感。切記，你最喜愛的活動不一定隨時都是適當的活動（譬如如果你熱愛跑步，但你在上班時間如果需要做分散注意力的活動，大概不太可能翹班去跑步），所以，列表裡也要包含一些適用不同情況和不同環境的活動。

同時，也要列出一些你隨時隨地都能夠使用的分散注意力活動。把這張卡片或便利貼收在皮夾裡，或是把清單輸入到手機裡。現在，你就穿上了分散注意力計畫的盔甲。你已經確認了一些健康且有益的方式，能在你被情緒迷霧淹沒並困住時，協助你轉移注意力。

艱困且痛苦的情緒可能導致你從事一些自我挫敗的行爲，進而破壞了你的關係。這些情緒也可能造成你困在自己的故事裡，也就是那顆「過往的」雪景球。這些情緒可能形成情緒的迷霧，讓你看不到可行的健康有益回應行爲。在本章裡，你進一步了解了你的情緒，以及忍受情緒並和情緒保持距離的方式。在下一章，你將學習如何從自發性的行爲反應轉移到深思熟慮的回應行爲。這趟旅程將繼續下去……

# 8

# 你可以做些什麼？

## 從慣性回應到有自覺的改變

現在，我們要進一步檢視你的反應行爲和這些行爲所造成的破壞。每次你的核心信念被觸發時，你就會出現由核心信念產生的痛苦所驅動的回應。這種結果通常都與情緒有關——你可能因爲別人看到你的負面狀態而覺得羞愧，或者你可能擔心別人會排擠你。你可能會覺得更孤單、更沮喪。又或者結果是和人際間的溝通有關的——他人可能會利用你、排擠你、疏離你、或者對你生氣。這些結果都不太正面。

如同第三章所討論的四種行爲反應——戰鬥、逃跑、僵住、以及強迫——是你的人際關係問題來源，你無法改變你的核心信念，你無法眞的改變觸發你核心信念的事物，你也無法改變浮現的情緒，但是你可以改變你的行爲反應。

## 覺察你的行爲模式

要改變你的核心信念行爲，第一步是去檢視這些行爲所帶來的結果，以及辨識行爲模式。

我知道這會是個讓人不舒服的過程——被提醒要檢視那些讓我們對自己感覺很糟的行爲，或是去檢視那些行爲所造成的不太成功的結果，在感受上想必不會讓人很舒服。試著不去批判自己，也不要把這些行爲套入好與壞的分類裡。不妨把它們想成是有益的和無益的。要改變你未來的行爲和行爲結果，最好的方式便是透過檢視過去的行爲和結果來做到。

首先，我們先回頭看看你在紀錄本中寫下的事情。找到第四章「練習8：掌控你對觸發事件的反應」紀錄。還有沒有其他會觸發你核心信念的情境要加進來的？如果有，就把它們寫下來。現在，我們來回顧一下第三章「練習4：當核心信念被觸發時，你如何反應」。你最常使用哪一種因應行爲？你是否有某種特定的回應方式？或許你會有兩種模式反覆使用：抽離，然後又黏著人。你是否留意到自己的行爲有種模式？透過有意識地覺察，你就能夠開始在觸發事件發生的當下察覺到該情境。切記，請不帶批判。因應行爲是爲了避開核心信念遭觸發後浮現痛苦情緒所做的努力。只是很可惜這些行爲行不通——至少從長期來看是行不通的。

在前一章，你辨識了你的行爲所帶來的代價。回顧一下你如何回應「練習19：辨識你的無益行爲和其代價」。特別留意你特定的無益行爲，以及這些行爲的結果。如果還有其他的行爲和結果，現在可以加進去。

現在，我們要來檢視你的因應策略會如何影響你的關係。關係中的另一人會如何回應？想想對方的即刻反應以及長期回應：他有沒有生氣？是不是不回電話？結果發生什麼事？寫下對方的反應。

你是否意識到自己的行爲並沒有帶來自己希望的結果？你是否見到他人反應的模式？很可能那些都不是你想要的反應。你的行爲是否有讓你更接近自己想要的關係？

你是否記得有任何情況讓你得到想要的反應或結果？你當時的行爲是否和平常不同？如果有不同的話，你那時做了什麼？你是否喜歡那時從對方身上得到的反應？如果是的話，把這個經歷寫下來。

我們很容易就看得出來那些負面想法是道滑坡，它導向了核心信念引發的因應行爲。這些對核心信念的痛苦所做出的適應不良反應，是關係的毒藥。那些戰鬥、逃跑、僵住、或強迫的反應，會造成關係中的另一方受傷和抽離，而這會導致失去、疏遠和悲傷的感受。你從經驗裡得知，自己的想法非常沒有幫助，同時你也在第六章裡更了解這些無益的想法，以及如何在帶著這些想法的狀態下去發展關係。

現在，讓我們把在這個段落中討論過的所有元素整合在一起，並且提供額外的動機，協助你透過持續地將行爲與價值觀連結，去投入健康的行爲。接下來這項練習會協助你進一步了解，價值觀如何爲行爲帶來正面的影響。

練習 21

## 連結你的行為和價值觀

要改變已經成為習慣的行為模式，非常具有挑戰性。和任何壞習慣一樣，要回到自己熟悉也舒服自在的事情，通常會比較容易。但你所熟悉的事情——那些無益的行為——並不能讓你更接近自己想要的關係。我知道要採用新的有益行為很有挑戰性，有時候甚至可能感覺笨拙且彆扭。但當你確認了自己的價值觀，並且聚焦在由此做出改變的動機上，就會較容易接受挑戰以及忍受那些不自在與笨拙的感覺。現在，我要再次請你把你的行為連結到你的價值觀。首先，我們來看看你的無益行為。

在你的紀錄本裡寫下對下面這些敘述的回應：

- 辨識你的價值觀，特別是那些與你的關係有關的價值觀。
- 列出你的核心信念。
- 說明你的觸發事件。
- 描述你的無益（適應不良的）因應行為。
- 描述其結果。
- 你的行為是否讓你更接近自己的價值觀？使用下面的標準來為你的答案打分數：

1分：肯定更遠離
2分：大致上更遠離
3分：稍微更遠離
4分：稍微更接近
5分：大致上更接近
6分：肯定更接近

你是否看到你的無益行為反應如何讓你遠離了自己認同的價值觀？

一旦你開始執行新的有益因應行為，我們可以來檢視一下，你是否更接近自己的價值觀。我要你再次做前面的練習，留意有益的行為反應可能如何改變了結果。在你的紀錄本中寫下你對下面這些敘述的回應：

- 辨識你的價值觀，特別是那些與你的關係有關的價值觀。

- 列出你的核心信念。
- 說明你的觸發事件。
- 描述你的有益因應行為。
- 描述其結果。
- 你的行為是否讓你更接近自己的價值觀？使用和上面相同的評分標準來為你的答案打分數。

你是否看到你的有益行為如何讓你更接近自己認同的價值觀？

你可能注意到了，要抗拒採用自發性（無益的）因應行爲的衝動是很有挑戰性的。投入有益的因應行爲需要更多的精力與努力，這點是可以理解的。隨著你更常採行健康的因應策略，它們就會成爲你新的自發性因應行爲。這需要一些時間，但你想採取無益行爲反應的動力，將會轉變成爲想採取有益行爲的動力。透過運用有益的行爲，你會持續出現正向強化的經歷和情緒。你對自己的感受會變得更好，因爲你會投入符合價值觀的行爲，而且你會和他人有更健康的互動。

嘉莉有遺棄以及不信任和受虐核心信念。透過她父親的言教和身教，她從父親身上學習到不能展現脆弱，因爲「每個人都想惡整你」；他還教導她要「時時防備」。

我們來看看嘉莉做的練習：

- **辨識你的價值觀，特別是那些與你的關係有關的價值觀。**

信任和連結。

- **列出你的核心信念。**

遺棄以及不信任和受虐。

- **說明你的觸發事件。**

認識新朋友。

- **描述你的無益因應行為。**

警戒、防衛、有所保留。

- **描述其結果。**

我和對方沒有連結。我的行爲讓對方退卻。我被拒絕了。

• **你的行為是否讓你更接近自己的價值觀？使用評分標準來為你的答案打分數。**

分數：1分

嘉莉的無益行爲並不符合她所陳述的價值觀。你可能也會有這樣的經驗。回到第五章「練習13：辨別你的價值觀」，複習你針對自己每一項價值觀所陳述的意圖，這會提醒你要投入讓你更接近自身價值觀的行爲。在下個小節，你會學習到一項技巧，協助你和無益行爲保持距離。

## 做相反的事

在前一小節，你辨別並檢視了你回應觸發事件或互動的不健康和無益因應行爲。現在，我要向你介紹另一項技巧，當你回應核心信念觸發事件以及相關情緒的方式，讓你遠離自己的價值觀並且破壞了你的關係時，你應該會想要運用這個新的技巧。在這一章和前兩章裡，我們透過想法、情緒和行爲來檢視關係發展。這三者是很狡猾的，因爲它們會讓我們很容易就困在惡性循環裡——有了負面的想法，接著出現痛苦的情緒，再來就是無益的行爲登場，進而更加強化了那些原本就讓我們感覺很糟的負面想法和情緒，造成更大的傷害！

回頭複習一下第四章做過的「練習11：找出破壞關係的核心信念」。你可能很快就會清楚看到，你的行爲並無法消除你的痛苦情緒。而且如果你再迅速回顧一下第七章的「練習19：辨識你的無益行爲和其代價」，你大概會了解到，這些行爲並沒有讓你更接近自己的價值觀。

讓我們來聽聽克萊兒怎麼說（她有遺棄和情感剝奪核心信念）：

當我和很喜歡的人約會時，我會變得很渴望某種形式的頻繁接觸，藉此來確認他是喜歡我的。如果我正在面對工作上的困難情況，或者和一個朋友處得不太好，我就會更渴望獲得來自他的確認。如果他回訊息或電話回得晚一些，我腦袋裡的小劇場就會開始上演。我會想著：「他不像我喜歡他那樣喜歡我。他會跟我分手。他一定不關心我。」而且我會感覺焦慮、沮喪、害怕、受傷和寂寞。我會有股急迫的需求想要得知眞相，因爲這種不確定的曖昧不清感受，對我來說會變得難以忍受。

這情況就發生在我最近約會的對象湯姆身上。我打電話給他，他沒有接。我又打一次，他還是沒接。「他爲什麼不接我的電話？」我心想。到了第五通電話時，每一個鈴聲都讓我如坐針氈。然後我聽到電話那頭傳來的聲音：「克萊兒，怎麼了？」我說：「嗨，湯姆，沒什麼事。我只是今天過得不太順心，想聽聽你的聲音。」他說：「該死，克萊兒！我爲此中途離開一場很重要的會議，還以爲是什麼緊急的事！」喀擦。他掛了我的電話。我瘋狂地傳訊息給他求他原諒我，並且爲我自己不尋常的行爲道歉。不過，最後那部分是個謊言，因爲這就是我在與人交往時的行爲模式。

克萊兒和湯姆又約會了一次，然後湯姆告訴她說，他的工作太忙碌，沒時間談感情。先前和她交往過的人曾說克萊兒「很難搞」和「很情緒化」，所以她很確定，自己的行爲又再次成爲自我實現的預言（她很害怕被遺棄、害怕不被愛）。

我們可以看到克萊兒的行爲——不必要的溝通、需要確認安全感、黏人——不僅疏遠了湯姆（還有先前的交往對象），而且讓她覺得孤單、沒人愛。她的行爲行不通，而且也沒讓她更接近自己的價值觀，沒讓她得到想要的關係。

我們來看看一項技巧，當你覺得自己困在一種行爲模式裡，沒能去到想去的狀態，這時這項技巧就會很有幫助。這項技巧稱爲「做相反的事」，它可以協助克萊兒，當然也能夠協助你。這是一種辯證行爲療法的技巧，由馬爾沙·M·林因漢（1993）所提出。其概念是：選擇一種和你對負面想法與情緒做出的自發性反應完全相反的行爲。

有一個很知名而且很有娛樂性的「做相反的事」例子，是來自電視影集《歡樂單身派對》的其中一集「相反的事」。大致劇情是這樣的：喬治向傑瑞抱怨說：「一切都行不通啊。」傑瑞問是什麼事情行不通，喬治解釋說他的人生沒有照著他希望的方向走。他本來是很有前途的——他品貌兼優、聰明又有洞察力。但他剛剛才清楚意識到，他人生中做過的每一項決定，都是錯誤的決定，而他對生命每個層面的直覺認知也都是錯的。現在，他的人生跟他想要成為的樣子恰恰相反。傑瑞回他說：「如果你每一個直覺都是錯的，那麼它們的相反就一定是對的。」這話說到喬治的心坎裡，因此喬治決心要做相反的事，來努力反轉他的人生。

我們大多都有和喬治一樣的感受，覺得我們做的每件事都是錯的，覺得我們的人生並不是自己想要的那個樣子。我們也都可以辨別出阻擋了我們往自己想要的方向前進的那些行為模式。在第三章和第四章裡，你檢視過為何自己會有那些行為反應，你也檢視了自己的行為和行為所帶來的結果。你已經覺察到自己過去那些回應核心信念觸發事件的自發性行為反應，而你也知道，自己的無益行為大多是由負面想法和情緒所引起的。這些新的覺察很有幫助，當情緒高漲時，很容易又會出現熟悉的回應方式——衝動的反應，或者做出你事後會反悔的行為——在這種情況下，很容易會讓我們忘了那些有益的行為選項。

我們再來看一次克萊兒的行爲：

常見的反應：

1. 不必要與過度的溝通。
2. 需要確認關係和安全感。
3. 黏人。
4. 需要肯定的感覺。

相反的反應：

1. 不由她開啓溝通。
2. 進行她的分散注意力活動（見第七章「練習20：製作分散注意力計畫」），來提升健康良好的感受。
3. 走出她自身的感受，透過爲他人做些事來滿足她與人連結的渴望（參考第七章的「志工」活動列表）。

4. 練習正念（參考第四章「練習7：正念呼吸」和「練習9：正念散步和喝茶（咖啡）」），藉此讓自己臨在當下，避免因爲困在過去的關係經歷當中，而對當前關係的未來感到擔憂。

練習22

## 做相反的事

這項練習會協助你運用和計畫如何「做相反的事」，改編自蕾貝卡・E・威廉斯（Rebecca E. Williams）和茱莉・S・克拉夫特（Julie S. Kraft）所著的《成癮症的正念治療手冊》（*The Mindfulness Workbook for Addiction*, 2012）。

在你的紀錄本裡寫下對下列敘述的回應：

- 描述情境。
- 辨別你的核心信念。
- 列出你的情緒。
- 說明你通常會有的回應或行為。
- 描述其結果。

接下來辨別相反的行為反應：

- 這可能會帶來什麼結果？
- 你可能會有什麼樣的情緒？

以下是克萊兒所寫的內容：

- **描述情境。**

我從昨天早上之後就沒有湯姆的消息。我今天過得很糟。

- **辨別你的核心信念。**

遺棄和情感剝奪。

- **列出你的情緒。**

焦慮、悲傷、寂寞、恐懼、空虛。

- **說明你通常會有的回應或行為。**

我會變得黏人。我會急迫地想要聯絡到他。我會要求確認安全感。我需要對未來感到肯定。

- **描述其結果。**

湯姆很生氣，他疏遠我了，而且和我分手。

**接下來辨別相反的行為反應。**

不要主動聯絡湯姆。等他來跟我聯絡。練習正念，臨在當下。進行分散注意力的活動。讓這段關係能夠自然地發展，不要在初期就期待能肯定未來。

- **這可能會帶來什麼結果？**

我就不會因爲不必要和過度的溝通、太黏人、或者迫切需要安心和肯定，而把湯姆嚇跑。

- **你可能會有什麼樣的情緒？**
  自豪和很滿意自己，因爲我的行爲會更接近我想要的模樣，而且我可因此避開讓我更加遠離自身價值觀的行爲模式。

在克萊兒做完這項練習後，她想像著自己要是表現出符合自身價值觀的行爲，就會讓自己體驗到正面的情緒。你或許可以回頭複習第五章，以及紀錄本裡的「練習13：辨別你的價值觀」，再次檢視你所確認的價值觀。要記得，你的價值觀是你改變的動機。此外，克萊兒其中一項相反的行爲是要練習正念。正念是你能成功處置你的無益想法、情緒和行爲的主要工具。與當下的體驗同在，讓你做出的決定能夠更接近你想成爲的模樣。

## 鍛鍊心理彈性

本書中呈現的所有概念、工具和技巧，都是要協助你擺脫習慣性的想法、情緒和行爲，並且協助你學習新的方式來檢視你的負面想法、接受你的痛苦情緒、並且選擇由價值觀驅動的行爲。若採取開放態度去接納其他面對壓力情境的方法，會有助於你在思考上更具彈性。這本書裡的所有概念，都是設計來協助你從核心信念以及信念遭觸發後所發生的事情中脫困。這意味著你會臨在當下——不是自動採取先前的習慣性行爲模式，不是被困在負面的想法和情緒當中——而且你會對不同的體驗和不同的行爲保持開放的態度。

這就是所謂的「心理彈性」，它是接納與承諾療法中很重要的一部分。其定義是：「身爲一個有覺知的人，有能力與當下情境做更完整的連結，也有能力改變或堅持某行爲，讓行爲符合有價值的目的。」（Biglan, Hayes, and Pistorello, 2008）心理彈性會改善你在關係中以及社交中的行爲，同時維持你對於行爲能符合自身價值觀的承諾。

本書是一段精心設計的旅程，目的是要帶領你去到一個狀態，能夠選擇符合自身價值觀和目標的行爲，並且消除（或大幅減少）讓你偏離自身價值觀而且損及身體、情緒與心靈健康的行爲（例如，逃避各種情況、用憤怒來回應、酗酒）。本書中呈現的資訊和技巧，最終目的是要讓你達到一種狀態，能夠根據情況所需來調整行爲，讓你能夠朝你重視的事物前進。很多時候我們都沒有意識到自己是有選擇的，特別是當我們身處在情緒迷霧裡或是困在過往雪景球裡的時候。你在前面章節做過的練習，讓你能做好準備對壓力事件做出有彈性的回應。你已經檢視了先前的無益回應模式，而且挑選出新的有益行爲反應，這將會帶來不同的結果，也讓你能夠去挑戰那些關於自己以及與他人關係的根深柢固信念。這個過程會協助你重新調整你對引發負面情緒的情境所做出的自發性回應。

當你改變了你和自身想法與情緒的關係，你會不帶批判地去留意這些想法和情緒，你會意識到它們的存在，但不會對它們產生僵固或批判性的依附關係。透過把注意力從讓你感覺很糟的事物上轉移，而且不採取自發性的無益因應行爲，你就能夠把自己的精力投入到讓你更接近自身價值觀的行爲上。

不論有意識或無意識，你一直都很堅持地依附著你的核心信念，以及與這些信念相對應的恐懼，你也一直對內在批評者永無止盡的評論堅信不移，你甚至加入了批判自己和他人的行列，而且做出了想要保護自己免於受傷和免於感受痛苦的行爲模式（至少有暫時的保護作用）。但現在你知道了，負面的感覺和痛苦的情緒是不可能消除的。這些情緒都是人類經歷的一部分，透過接受你的負面想法、情緒和體驗而不是試著要控制或消除它們，你可以利用這些想法和情緒來協助你學習和成長。如果你不去批判你的負面想法和情緒，而是對它們保持好奇和開放，想要去了解它們，你就能夠從中學習，並且投入由價值觀所驅動的行爲。當你不去抗拒你的負面想法和行爲，或因爲這些想法和行爲而倍感壓力，那麼你就能更容易去選擇有益的行爲。

現在，該是學習溝通技巧的時候了。這些技巧是建立和維持關係的關鍵，能協助你以眞誠、開放和理解的態度與他人連結。讓我們開始吧……

# 9

# 你可以說些什麼？

## 六種避開人際陷阱的溝通技巧

若要創造生命中的成功和幸福，溝通扮演很重要的角色。有效和健康的溝通，讓我們能夠與他人連結，並且建立長久有愛的關係。另一方面，糟糕的溝通則會造成匱乏且不健康的關係。有可能你的成長過程中，家庭裡缺乏健康溝通的典範。你可能困在一種或許有短期效益（會讓你感覺好一些）的溝通模式裡，但這種模式卻無法帶來長期助益（長久有愛的關係）。直到現在，你的行動與反應方式，一直給你有種你是在保護自己的錯覺。然而，你也開始察覺到了那些會損害關係，以及阻礙健康、長久、有愛關係的溝通模式。本章介紹的技巧將會挑戰你目前的溝通方式。

你所有的反應和行爲都代表了關於你自己的信念，這些信念是根據你的故事所形成的——你過往的老故事。你的過去存在於不同的時空裡，你當時是在不同的年紀，而且也有著和現在不同的性格及樣貌。你應該不會想再次經歷你的過去，或者表現出讓你遠離自身價值觀的行爲，對吧？

現在，是在你當前的關係中採用新的溝通方式，並且放掉一直重現你那些老故事的無益方式的時候了。本章會介紹新的溝通技巧，協助你與他人發展緊密的連結，並且避開人際間的陷阱，因爲那些陷阱會在你遇到觸發核心信念的人和情境時把你困住。你將學習到的技巧有自我揭露、用心聆聽（包括積極聆聽與聆聽阻礙）、表達需求、確認、同理，以及道歉。我們開始吧！

## 1. 自我揭露

你的成年人生大部分時間可能都在隱藏，好讓人不會看見你的脆弱。光是想到要對另一個人揭露關於自己的事，可能就會引起恐懼或羞愧的情緒。透過自我揭露來創造健康關係，並且讓關係更豐盛，感覺起來可能很違背直覺本能，而且可能會讓你覺得脆弱且不安全。光是想像要自我揭露，可能就會引發如下的想法：

「如果他認識眞實的我，他就會離開我。」（遺棄核心信念）

「如果我放下防備，他就會傷害我。」（不信任和受虐核心信念）

「如果我告訴他關於我的事，他不僅不會理解我，更不會愛我了。」（情感剝奪核心信念）

「如果我告訴他我的眞實樣貌，他就會認爲我不值得他的愛。」（缺陷核心信念）

「如果他認識眞實的我，他就會發現我不像他或不像其他人那麼＿＿＿＿＿。」（失敗核心信念）

你的核心信念會因此被觸發，是可以理解的。我並不是暗示說要對他人展現自己的脆弱面很容易，也不是建議你要對每個人都完全開放。我是想要你找到平衡，並且辨別哪些人值得進一步認識你。如果你挑錯了人來親近，那麼我很確定，對他們展現脆弱的一面會帶給你情緒痛苦的經歷。很肯定的是，自我揭露技巧並不適用於那些會觸發你核心信念的人。我們在第三章有提過這些類型的人，亦即遺棄者、施虐者、批評者、蹂躪者、剝奪者。

你現在在關係中的態度是什麼？你如何呈現你自己？你會很熱絡嗎，還是有些冷淡？你會呈現眞實的自己，還是會躲在虛假的外表下，藉此保護自己不受傷？要是說隱藏你眞實的自己就是拒絕和他人建立眞誠有意義的連結，你能開放心胸認同這種可能性嗎？當然，你的核心信念會被觸發，而且你會暫時困在你的故事裡，但是「你已經不再是你的故事了」。

在第五章，你確認了你的價值觀。很可能你也已經開始過著以這些價值觀爲基礎的生活，特別是在和關係相關的部分（請參考你做過的「練習13：辨別你的價值觀」）。你有列出下面這些價值觀的其中任何一個嗎：接納、眞誠、關心、同情、連結、慷慨、誠實、親密、仁慈、愛、開放心胸、互惠、尊重、自我覺察、個人發展、或信任？如果有的話，那麼自我揭露就是你在創造健康長久關係中需要學習的重要元素。我知道要這麼做，感覺還是很可怕。

事實上，我們平常都會在無意間揭露關於自身的資訊。我們的行爲、我們的面部表情、我們的一舉一動，全都會揭露訊息。你本來就已經在傳達關於你自己的資訊，現在則要學習如何有效且適當地自我揭露。這種溝通必須和另一個人進行，而且必須包含關於你眞實自我的新資訊（不是那個遭到你的核心信念扭曲的樣貌，也不是要刻意展現迷人的性格）。

在《訊息：溝通技巧手冊》（*Messages: The Communication Skills Book*）一書中，作者麥凱伊、戴維斯和費寧（McKay, Davis, and Fanning, 1995）說明了，若要與他人分享關於你不容易

得知或觀察到的部分，你必須擴展你的「開放自我」，也就是你和他人都知道的那個關於你的部分，並且納入你的「隱藏自我」，也就是你知道但他人不知道的那個關於你的部分。這意味著你要分享或揭露來自你「隱藏自我」的觀察、想法、感覺和需求，讓他人能夠知道。你的開放自我越大而且隱藏自我越小，你和你的關係便更可能因爲自我揭露而受益。

## 自我揭露的益處

還需要更多的論據來說服你嗎？我們來看看麥凱伊等人（1995）在書中說明的自我揭露益處。

## 提升自我認識

什麼？既然你已經知道了自己隱藏自我的部分，怎麼可能做到提升自我認識？「你所認識的自己只是他人知道的部分，這點很矛盾，但卻是眞的。」（二十三頁）這點是這麼解釋的：

如果你只把自己的想法、感覺和需求放在心裡，那你就從來沒把它們轉換成文字話語，也從沒學習如何把它們清楚表達出來，而清楚表達的過程需要加入細節、注意前後不一致之處、或者處理需要被解決的問題。而且，這個過程也是個機會，讓你藉此檢視自己長久以來的想法、感覺與需求是否依舊切身相關——它們或許屬於十四歲時的你，但已經不適用三十五歲的你。你越常溝通你隱藏的部分，你就越能了解自己。去分享這部分的自己，去聽你說出那些在你腦中原地打轉許久的想法，是個非常有啓發性的過程。你可能會發現，這種新的溝通方式可以讓你從部分信念中脫困。跟獨自進行內在對話比起來，當我和他人分享我的想法、感覺和需求時，我反而更常會有對自己突然開竅的情況。

## 更緊密的關係

分享關於眞實自己的資訊，對方也揭露自己隱藏的那一面，如此一來便可創造更緊密的連結和更深刻的關係。缺少相互的自我揭露，這段關係就會保持在淺交且無法讓人滿足的狀態。

想想你目前的關係，哪些關係對你是重要的？想想過去對你很重要的關係。對我而言，我可以享受和我有些共同處的一個人或一群人晚上出去聚聚，但跟知道我隱藏部分的人一起共度的時光，通常會讓我感覺很棒；他們是可以滋養我靈魂的人。

## 改善溝通

揭露是一種回饋的循環——透過揭露，你也可以獲得揭露。當你暴露自己脆弱的一面，對他人敞開自己，這會讓他們覺得他們也可以對你這麼做，如此一來，溝通的廣度和深度都會擴增。你們兩人都覺得能夠自由分享你們對許多話題的想法和感受，從私底下很喜歡的最新實境節目，到舊金山的遊民問題，都可以討論（這是我揭露部分隱藏自我時會談的話題）。

## 減輕罪惡感

我的童年和青少年時期都受到長期的罪惡感所困擾。當我離開了原生家庭，我才了解到，我家庭中的任何不完美（個人或群體）都必須對外面的世界隱藏。缺點是不好的東西，通常會帶來羞愧感和罪惡感。直到透過自我揭露，我才了解到，原來我這方面的經歷並不罕見。我終於能從謊言的網絡裡脫身，而這個謊言網絡是我父母建構鞏固起來的，目的是要對抗他們自身的缺陷感。自我揭露能讓你更客觀地檢視自己的罪惡感，而且能夠釋放你浪費在隱藏祕密、過錯、或想法的精力。

## 得到更多精力

隱藏眞實的自己，並且以完美形象或你認爲他人想看到的形象來呈現自己，是非常累人的事情。要隱藏部分的自己是非常沉重的負擔。你會發現自己不會去做深入的交談，因爲你擔心別人會問你問題。當你開放自己，停止隱藏自己，你就會有更多的精力可以用來創造你想擁有的關係。

## 揭露時機與揭露程度

怎樣算是揭露太多資訊？對我而言，如果我不是你小時候幫你換尿布的那個人，那我就不會想聽你在廁所裡發生的事！說眞的，如果你在第一次約會吃飯的過程中，揭露你最黑暗、最痛苦的經歷，這樣的自我揭露大概不會成功。如果你透過下面三個階段來進行你的自我揭露，那麼成功率將會提高（McKay, Davis, and Fanning, 1995）。

### 第一階段

只揭露關於你自己的「事實」。事實包括時間、地點、事件、人物等等。你可以從中傳遞關於你的工作、你的住處等的資訊。在第一階段裡，你應該克制揭露任何的感覺和意見。你可能會停留在第一階段一些時間。你應該要等到覺得自在的程度之後，再進入第二階段。這意味著你已獲得關於對方足夠的資訊，讓你感覺這段關係會有成長的可能性。當你在揭露關於自己的事實上已經達到這樣的自在程度，你就可以進入第二階段了。

### 第二階段

你可以開始揭露你的想法、感覺和需求，但僅侷限在過去和未來。舉例來說，你可以談論關於未來的職涯計畫，或者身爲家中唯一的小孩，成長過程有什麼樣的感覺。你也可以針對你在第一階段揭露過的事實，表達你的想法、感覺和需求。但別討論你目前的想法或感覺。當你對這個階段的揭露感到自在之後，再進入第三階段。

### 第三階段

這是最困難的階段，因爲你需要承擔一些風險，去談論你「當下」的想法、感覺和需求。在這個階段，你可以選擇談論對方吸引你的地方、談論對方說的某件事給你的感覺、談論你跟對方在一起時會覺得放鬆還是緊張之類的話題。你也可以選擇表達你的需求（表達需求的部分會在後面的段落討論）。

慢慢來，別倉促進行每個階段。自我揭露是一個過程。如果你生長在一個像我一樣的家庭，在家裡和外頭都沒有自我揭露的溝通模範，那麼這對你來說就是一個全新的領域。學習新的技巧需要花時間，練習也是必要的。跨出你的舒適圈，來體驗自我揭露所帶來的關係回報吧。

練習23

## 自我揭露

在你的紀錄本中列出你的價值觀，特別是那些和關係有密切關聯的價值觀。在每項價值觀旁邊，寫下一些你認為可能讓你更接近建立長久關係的自我揭露點子。

接著，找到一個你想練習自我揭露的人。此人可能是一個新朋友，或是你剛開始約會的人。寫下你覺得可以在第一階段談論的話題。接著，寫下你覺得可以在第二階段談論的話題。最後，寫下你覺得可以在自我揭露過程第三階段討論的話題。

在你採用這個新的溝通技巧時，你可能還是有些恐懼的感覺。害怕被拒絕、批評、懲罰和遺棄，都是很自然的。你可能怕自己被嘲笑，或被別人在背後說閒話，或者你害怕別人會占你便宜。這些都是很合理的擔憂，而且大多數擔憂都會被你童年和青少年時期的經歷給強化。但如果你分享了一項關於自己的負面特質，你的約會對象會因此覺得你是很糟糕的人嗎？如果你告訴對方你害怕的事物，他會因此利用這個資訊來控制你嗎？或者你會害怕增加對自己的了解？你在嘗試自我揭露的過程中，遇到負面的經歷也是有可能的。你可以複習第二章裡關於觸發你核心信念的人物類型，並且避開這些類型的人，以及關於不健康關係的警訊，藉此把這類負面遭遇降到最低。

## 2. 用心聆聽

聆聽技巧是健康溝通的關鍵部分，也是建構長久關係的必要元素。眞實的感受能被聽見，是非常強烈的體驗，能讓你覺得自己有被關心、被肯定、覺得自己是重要的。我們在生活中面臨了許多讓人分心的事，當有人願意坐下來認眞聆聽，會讓你眞正感受到彼此的連結。而且如果你覺得自己是在分享自己生命中很重要的部分，或者分享對你來說很重要的資訊，那麼你也會想知道對方是有認眞在聽的。不過在我介紹積極聆聽技巧之前，我們先來看一下積極聆聽可能會遇到的阻礙。

當我們在進行對話時，很可能是帶著最好的意圖，但我們也經常在對抗聆聽的阻礙——不管那是有意識還是無意識的。要克服這些阻礙，最好的方式是對阻礙有所覺察。

## 假聆聽與真聆聽

我們都有過假聆聽或半聆聽的經驗。我的女兒凱莉和我都曾做過這樣的事，而且我們也都知道對方是不是在假裝聆聽。我們的對話過程會像這樣：當我描述一件事說到一半，說到一個她通常會有回應的點，而她卻沒有反應，那麼我就會知道她沒有專心在聽我說話。所以我就會說：「凱莉，你有在聽我講話嗎？」她回答說：「有，你講的每句話我都有聽進去。」然後她就重述了她聽到我說的每一句話，但很顯然她的腦袋並沒有在處理我說的內容。她聽到了這些話，但她無法給我任何有意義的回饋，她需要稍微思考一下，或者我得再重講一遍，她才能給我回饋。（完整揭露：凱莉也會對我有同樣的指責，而我兒子傑克和艾瑞克也會說，當我在滑手機時，通常就聽不到他們說話。好個多工運作啊！）這就是假聆聽的例子。

當我們並不是真正在聆聽時，我們的想法或內在對話就會趁虛而入。請開始去留意你真的在聆聽和你在假聆聽的狀態。當你沒有全神貫注投入對話中，你就會錯失重要資訊和建立關係的機會。

## 聆聽的阻礙

有很多事物可能會阻礙你專注聆聽另一人試著要跟你溝通的內容。我們大多都曾經歷過在渡假村、研討會、或會議上需要破冰的狀況，在場的每個人必須輪流起來稍微介紹自己。在我參加的上一個活動裡，我們被要求完成這個句子：「如果你真的認識我……」在聽到這項宣布後，房間裡的每個人都只有部分投入在聆聽的過程中。我們每個人的注意力主要都放在排練（在腦中）自己要說哪些關於自己的事（在聽完前面的人的分享之後，可能還會修改自己要講的內容），同時我們也在評判其他人所說的內容（附帶其他的批評，像是「他是摸黑穿衣服的嗎？」），我們也會拿自己去跟別人做比較（「她好聰明啊！」），或者想著我們自己晚上的計畫（「活動結束後，我一定要喝一大杯雞尾酒！」）。以上這些我們都做過。當我們的對話內容或所處的情境觸發了我們的核心信念時，這些聆聽的阻礙便會更嚴重。

## 聆聽阻礙的類型

接著，讓我們來看看這些聆聽的阻礙。麥凱伊等人（1995）點出了十二個聆聽阻礙，每一種都會妨礙我們真正理解我們所要溝通的事情：

- **比較**：聆聽過程被扭曲，是因爲接收者會聚焦在把自身經歷拿來與說話者或當下情境做比較（這對有失敗或缺陷核心信念的人來說較爲常見）。
- **讀心**：這項阻礙會扭曲了溝通過程，因爲聆聽者會聚焦在猜想說話者「眞正的」想法和感覺。這是核心信念被觸發時很常見的聆聽阻礙，聆聽者會根據自身過去的經歷和自身的故事來預期結果。
- **排練**：溝通過程會受到這個阻礙所扭曲，因爲聆聽者忙著在演練自己要說什麼來回應說話者。

- **過濾**：這個阻礙會扭曲溝通過程，因爲聆聽者在聽到讓他不舒服的特定語調或主題時，他可能就會停止聆聽，或者讓自己神遊去了。這是核心信念遭觸發的人很常會出現的聆聽阻礙。
- **評判**：當聆聽者迅速在評判溝通的內容時，他就停止聆聽了，因此會錯過完整的內容或意思，也就使得訊息內容被扭曲了。這也是核心信念遭觸發的人以及有極度負面情緒反應的人，常會有的聆聽阻礙。
- **幻想**：這個阻礙扭曲了溝通內容，因爲聆聽者在做白日夢。
- **認同**：溝通內容受到這個阻礙扭曲，因爲聆聽者打斷談話來分享自己的經驗，使得說話者無法完整溝通自己的故事。
- **勸告**：在說話者完整溝通自己的整個經歷以前，聆聽者就打斷對方來給予忠告，於是造成溝通的扭曲。

- **爭論**：這會阻礙溝通過程，因爲聆聽者很快就表達自己的不認同或是開始論戰。
- **我是對的**：這會阻礙溝通過程，因爲聆聽者會竭盡全力主張自己是對的。
- **岔題**：當聆聽者在對話中改變話題，也就扭曲了溝通過程。
- **溫情**：這會阻礙溝通過程，因爲聆聽者著重在讓自己聽起來很和善、很支持，但實際上卻沒有眞正在聆聽。

我們都有過上述這些聆聽阻礙——不管是有意識或無意識的。這是個壞習慣，也是建立健康溝通和有意義關係的障礙。讓我們來練習覺察你的聆聽阻礙，協助你朝健康的溝通更邁進一步。

練習24

## 找出你的聆聽阻礙

我們大多數人都沒有意識到自己的聆聽阻礙。這項練習是設計來協助你辨識這些阻礙。當你對於你的聆聽阻礙有更好的了解，你就能夠成為更好的溝通者，而良好的溝通有助於建立健康的關係。

在你的紀錄本裡寫下你覺得很糟糕的互動過程、讓對方感覺很不好的互動過程、或者造成誤解的互動過程。然後寫下你對下面這些問題的答案：

- 觸發因素是什麼？（描述對話的主題、對話的人和情境）
- 你使用了哪些聆聽阻礙（比較、讀心、排練、過濾、評判、幻想、認同、勸告、爭論、我是對的、岔題、溫情）？

莫妮克有遺棄和失敗核心信念。我們來看看她所寫的內容：

- **觸發因素是什麼？**

任何時候有人說：「我需要跟你聊聊。」特別是我男友這麼說的時候。

- **你使用了哪些聆聽阻礙？**

過濾。我總是在想著對話內容會是關於我的負面事情，所以我沒在聽，因爲我知道這對話會讓我感覺很糟。

很顯然，莫妮克錯過了來自她男友和其他人的一些重要溝通。一旦你覺察到自己的聆聽阻礙，很容易就能看到這些阻礙正在扭曲溝通，而且限制了關係的體驗。要發展健康關係的一個要素，就是保持開放，包括對他人試著要告訴我們的事情保持開放態度。

## 積極聆聽

積極聆聽是建立長久有愛關係的必要技巧。這項技巧要求你要投入溝通過程當中，並且覺察自己的聆聽阻礙（McKay, Davis, and Fanning, 1995）。當你積極聆聽時，你不僅能接收到對方在說的事情，同時也會透過話語、肢體語言和眼神接觸來回應，讓對方知道你有在聽。

要成為積極聆聽者，有三個步驟是你可以做的，透過這些方式，可以增進你和他人之間的健康溝通。對方會知道你有注意在聽，因為你會問問題，而且會不帶批判地給予反饋。適當且經常性地運用這項技巧，將會成功消除（或至少肯定會減少）確認偏誤、認知扭曲和聆聽阻礙。

## 步驟一：改述

「改述」是用你的話來重述對方說的話。每當你的談話內容觸發了你的核心信念時，使用改述這項技巧是非常重要的，因爲這麼做會排除當下的錯誤溝通，也會立即消除錯誤的假設和認知扭曲。此外，改述對於事後回想對話內容也是很有用的工具。這項技巧可以增進清楚的溝通，消除誤解。

## 步驟二：釐清

「釐清」是改述的延伸。透過問問題的方式，直到你清楚理解在向你溝通的內容。這個步驟讓你可以獲得更多的資訊來補充溝通內容的細節。此做法也會傳達出你有在積極參與溝通過程的訊息。

## 步驟三：反饋

最後一個步驟是帶著你在對話中接收到的訊息，以非批判的方式談談你的反應。這稱爲「反饋」，是分享你的想法和感覺的機會。你的體驗可能是，你了解在向你溝通的訊息，但你並不清楚對方的感覺。你可以說：「我了解你在想的事情，但我不確定我是否了解你對這件事是什麼感覺。」

給予反饋對另一方也會有幫助，因爲他能夠更了解自己溝通的效率，並且迅速修正任何錯誤認知或錯誤溝通。給予反饋有三個重要的規則，亦即必須要即時、誠實（但這不是讓你去傷人的免死金牌）、以及支持。

積極聆聽是項強大的健康溝通工具，也會消除許多阻礙你聆聽當下傳達內容的因素。這項技巧將會協助你擺脫困在你的核心信念裡所帶來的惡性循環。

## 3. 表達需求

你上一次告訴別人你的需求是什麼時候？這個舉動看起來好像很簡單，但表達你的需求是一種技巧，而要學會這項技巧可能比表面上看起來更具挑戰性。爲什麼去要求你需要的東西會如此困難？這可能是因爲你沒怎麼在練習表達你的需求。你會把自己的需求強壓下來，忽視它們，甚至可能會告訴自己說你不是眞的有任何需求，說你只是想滿足他人的需求。問題在於，你的思維並沒有讓你更接近自己想要的東西——事實上，可能還讓你更遠離自己想要的東西。因此，在長年沒有表達你的需求之後，你現在被告知要去表達它們。你有這個慾望（不管是有意識還是無意識的）可能已經很久了，但你一直忽略它，把它推到一邊去，覺得它只會讓情況變得更複雜，甚至可能害你被別人拒絕。或者有可能圍繞你需求的壓力持續升高，而當需求終於被表達出來的時候，對話的過程也不會進行得太順利。鐘擺會左右擺盪，最後才在中央停下來，這意味著如果你沒有表達自身需求的經驗，當你終於決定要去做的時候，你的表達便會顯得有點生硬。

有些人可以很自然地要求他們想要的東西，我一直都很佩服那些人，因爲我光是確認自己的需求就要經過一番掙扎，要明確表達出來更需要鼓起很大的勇氣。會有這樣的掙扎，有一部分原因是我會恐懼和預期自己的需求不會被滿足或被接受。在表達自身需求的過程裡，會捲進許多過去的經驗、記憶和情緒當中。但這個過程不需要這麼緊繃。要讓這行爲不那麼令人生畏，首先我們需要先拆解自己的需求——你的需求是否適當地回應「當下」的情境或與該情境有關？或者你的需求同時背負了二十年來它一直沒被滿足的包袱？你要求多少？根據關係的年分和深度，你的需求是否源自當下且切合實際？或者你的需求是源自沒接收到你渴望擁有的關心、安撫、愛護、或理解的過往記憶？

你可能覺得自己一輩子的需求都沒被滿足過。你的需求以及需求被滿足之間，可能存在巨大的鴻溝。而那缺口越大，可以容納痛苦、憤怒、挫折、怨念、悲傷、寂寞和失望的空間就越多。羅斯·哈里斯在其著作《韌性配方：如何在創痛中活出豐富與意義》（*The Reality Slap:*

*How to Find Fulfilment When Life Hurts*）中稱這是「現實落差」。沒有任何一個人、一個情景、或一項新技巧能夠消除所有這些感受。它們都是你生命經歷的一部分，它們還是會在你被觸發時持續顯現。能對此落差大小造成影響的，是你回應這些感受的方式。自我挫敗行爲很可能會擴大那缺口。採取健康的因應策略和技巧，則很可能會縮小落差。

一個可悲的眞相是，沒有人能夠讓自己所有的需求都得到滿足。如果我們有大量沒被滿足的需求，也就不太可能有人會來消除我們累積的痛苦。但好消息是，你可以控制你要從需求與未滿足需求的落差中——又或者可以說，你的需求與你要經歷多少額外痛苦之間的落差——感受到多少的痛苦。你老是在想著你沒得到的東西嗎？你總是聚焦在那缺口上嗎？你是否被困在那缺口裡了？你是否對沒有滿足你需求的人感到生氣？你是否覺得別人好像都可以得到他們想要的，而你卻無法滿足自己的需求，因此感到挫折又沮喪？

你知道自己的故事。你在第一章和第二章已經探索過你的故事。那個缺口代表著你需要的和你得到的兩者之間的差距。你是否困在這道落差的缺口裡，就像你困在自己的故事裡一樣？

這是否對你有幫助，還是讓你感覺更糟？這是否讓你更接近建立你想要的健康關係？該是遠離那故事的時候了。那都存在過去裡，對你毫無幫助。請回到當下，正視你的需求。

練習25

## 確認你的需求

在你要求任何人來滿足你的需求之前，很重要的是，你需要花些時間來確認自己的需求，並且去區分你當前的需求和你先前的經歷。在這項練習中，辨別哪些是過去的經歷，是一種釐清的方式，讓你清楚知道自己在要求的事物並沒有背負著所有過去未被滿足需求的包袱。你要聚焦在當下這個特定的人以及你和此人的經歷上，而不是聚焦在過去和他人的經歷上。

在你的紀錄本裡寫下對下列敘述的回應：

- 當下的情況：
- 當下的情緒：
- 當下的需求：
- 過去的經歷：

一旦你確立了你的需求與當下相關，並且是對適當的人做出表達，如此，你就可以去告知你的需求了。

## 表達需求指南

以下是你在表達自己的需求時可以遵循的方針：

1. 你的需求不應指責或歸咎於對方（例如：「我需要你別對我這麼疏遠和冷淡。」）。

2. 你的需求不應蔑視或批判（例如：「我需要你別再這麼挑剔。」）。

3. 要確定你的需求是具體的事物（例如：「你可以在我們看電視的時候握著我的手嗎？」），而不是無形的東西（例如：「我需要你更深情一點。」）。

4. 別一次要求太多。這是一步一步慢慢來的過程。記得要讓自己的需求保持在當下，否則你會發現自己陷入失望的循環裡，因爲沒有人能夠補償你過去沒被滿足的需求。

表達需求未必會讓你的需求得到滿足，但這麼做會消除錯誤的溝通。錯誤溝通的情況通常會發生在你去預期眞正關心你的人會自行察覺你的需求，並且主動滿足這些需求。這只會帶來憤怒、失望、或怨念，造成情況和關係不必要的複雜化。在當下清楚表達你的需求，會讓你更接近創造你所渴望的健康有愛關係。

## 4. 確認

「確認」是大多數人都很熟悉的詞。但它眞正的意思是什麼，以及爲什麼它是建立健康溝通的重要元素？口頭與非口頭的確認，是向他人表達你在聆聽而且了解對方在說的內容、對方的感覺、以及對方在做的事情。這並不意味你認同或不認同。向對方確認，是在溝通你了解對方的經歷，並且同理對方的經歷。要達到確認的階段，你可能需要溫和地問些問題，藉此探究對方的想法和感覺。

確認是你需要學習的重要溝通技巧，因爲這項技巧可以創造健康的對話交流循環。當一個人表達其想法和感覺時，能夠得到他人的確認，而且此確認不帶爭論、憤怒、批判、或受傷等感受，這會帶來安慰的效果，降低負面情緒，並且提升信任和親近的正面情緒。

此外，確認也會增加自我揭露。如果你在練習自我揭露，而且另一人確認了你的想法和情緒，甚至詢問一些待釐清的問題，以便更適當地了解你說的事情，在這種情況下，你很可能會做更多的自我揭露。當你覺得獲得確認時，要揭露私人資訊會變得較爲容易。

很有可能你在成長過程中並沒有得到太多的確認，甚至可能有許多情緒、想望、慾望、信念和意見從沒獲得確認過。無疑地，這會帶來失望、挫折、憤怒、悲傷、沮喪、焦慮、沒價值、疏離、孤獨的感受。你的童年裡缺乏的一個東西，可能是「情感安全」。你可能感受過情感孤立，而這種感受通常與遺棄有關。或者你可能曾經和最親近的人分享過你的感受，結果對方卻傷害你、背叛你、利用你、或占你便宜，而這通常是有不信任和受虐核心信念的人會經歷的狀況。如果你有情感剝奪核心信念，你可能曾經分享過你的感受，但卻沒被對方理解或沒得到對等的分享。又或者你分享了你的感受，但你最親近的人卻認爲你有缺陷，造成你覺得自己沒有價值，這即是有著缺陷核心信念的人常會經歷的狀況。在孩童時期，你可能有被忽略、被忽視、或被取笑的感受，只因你比不上同儕或手足，因此你自然不願意表達自己的感受。這是有失敗核心信念的例子。如果你沒有體驗過確認，你就無法因爲確認帶來的情感回饋而受益。亞倫．E．弗魯捷蒂博士（Alan E. Fruzzetti, PhD）在其二〇〇六年的著作《高衝突伴侶》

（*The High-Conflict Couple*）中說道，當有人了解並接受你的想法、感受和需求，會讓你感到寬心和受到撫慰。被了解和被接納是非常強大的感受。

## 合適的確認

由於你可能沒有太多關於確認的經驗，因此我們要來檢視一些基本原則（Fruzzetti，頁一○一）。首先，什麼是合適的確認？

- **真實的**：確認某人的經歷或感受是真實的，會帶來很強大的影響。「我很害怕」可以透過這樣的陳述來確認：「我可以看得出來你很害怕。」而無效的陳述則像是：「沒什麼好怕的。」換句話說，如果對方在經歷害怕的感受，那麼這感受就是真實而且值得確認的。
- **合理的**：這意味著在某個特定的情況下，根據童年或歷來關係的經驗，一個人可能會有反應不足或反應過度的情況（以一般正常的反應來衡量）。例如，如果憤怒會讓某人聯想到肢體暴力，那麼當此人出現憤怒情緒時，可能就會變得躁動不安或者很恐懼。因此，你可以確認這樣的反應並說：「我了解你爲什麼會有這樣的反應。」

- **正常的**：這牽涉到確認大多數人會有的常見反應。確認的回應可能像是：「我也會有同樣的想法／感覺」，或是：「我也會想要同樣的東西／做同樣的事。」

## 你應該確認什麼？

現在，讓我們來看看我們應該確認什麼。

- **情緒**：確認正面和負面情緒是很重要的。當你的負面情緒獲得確認時，會讓人感到撫慰；當你的正面情緒獲得確認時，會變得更加強化。這兩種過程都會讓你跟對方更加緊密，而且能協助你們更完整地了解彼此的經歷。

• **想望和慾望**：這些包含了關於另一人的重要資訊。從本章的自我揭露段落中，我們了解到這是我們要從隱藏自我轉移到開放自我的資訊，以便讓關係更豐盛的方式。確認這方面的揭露內容，也會帶來更多的揭露。這點對所有需要確認的項目來說都是適用的。

• **信念和意見**：當你確認另一人的信念和意見，即使這些和你的信念與意見不同，你仍讓對方覺得受到尊重與正當合理。

• **行動**：透過確認另一人的行動，你便是在傳達自己有在注意而且也很關心對方。

• **苦難**：確認另一人的強烈痛苦感受，顯示出你了解對方、關心對方、接納對方、並且支持陪伴著對方。

## 5. 同理

同理是需要學習的重要技巧，可以用來創造更深刻、更長久的關係。如同我在本書開頭所提到的，我們都有著源自不同程度的痛苦經歷或事件所形成的核心信念，這份痛苦會一直伴隨著我們每個人。有鑑於此，把每個人都視爲在努力處理自己的痛苦、都在持續努力活下去，是很合理的。這聽起來可能很戲劇化，但我們每個人每天都在爲生存而奮鬥。你可以把這想成是身而爲人的普世通則。

然而，我們在呈現自己的生存戰鬥方面有著各種不同的方式。你或許不認同別人處理自身痛苦情緒的方式，但你仍大概能夠理解那個人的經歷。理解並不表示認同，而是意味著能夠對另一個人的經歷感同身受，能夠感受到那人所經歷的感覺。當你面對一個格外具挑戰性的人時，你可能要把對方想像成一個小孩，去創造那種感同身受的連結，也就是同理心。

## 6. 道歉

當你能夠體會另一個人的感受，你可能會發現是因爲你說過的話或做過的事而讓對方覺得受傷。這時，道歉便是個強大的工具，可以撫平對方的痛苦，而這麼做也可以讓對方覺得你和他的經歷有所連結。

許多人從沒學習過如何道歉。通常這是因爲父母不常向他們的小孩道歉。至少在過去這個世代裡，道歉總被視爲軟弱的象徵。如果你有缺陷或失敗核心信念，那麼你可能會不願意道歉，因爲你害怕道歉會更突顯出你的無能、不足、或失敗。

大多數人都會用正面的態度接受道歉。而你在道歉時所使用的措辭是很重要的。你必須很誠懇，也必須讓對方感受到你的誠懇。接受道歉的一方必須要能感受到，你確實了解你說的話或做的事傷害了他的情感。你的道歉必須展現出你爲自己的話和行爲負責，而不是去指責對方曲解了你的話和行爲。「我很抱歉讓你覺得受傷了」和「我很抱歉我講的話傷害了你」，是非常不同的。正確的道歉是需要練習的，而這也是你在努力建立長久有愛關係的過程中，需要學習的重要技巧。

這一章介紹了溝通的技巧，這些技巧都是建立健康有愛關係的關鍵元素。每一項技巧都很重要，少了任何一項都無法完整發揮作用，而且所有的技巧都需要練習才能適當地加以運用。

要經常使用這些技巧，讓自己能對這些概念感到自在，如此一來，當機會來臨時，你才有充足的準備去投入健康的對話。如果你失去了動能，或者你質疑起自己做出必要改變的能力，就回頭看看你在「練習13：辨別你的價值觀」所確認的價值觀，作爲推你一把的助力。你可以做到的！

# 10

# 開始約會了！然後呢？

## 給新關係的提示和策略

我希望你把約會視為你的旅程的延續，而這趟旅程的目的是要提升自我了解、自我疼惜、以及愛自己。請帶著務實同時滿懷希望的期待來投入約會。無論如何，至少你會更了解自己一些，而且在約會的過程中，你也有機會練習本書介紹的許多工具和技巧。

六個月前，我去看皮膚科，除掉一些曬斑。治療後幾週，這些曬斑就淡掉或不見了。幾天前，我又回去看皮膚科醫生。我說：「我不了解為什麼這些斑點又出現了。我有擦防曬，選擇一大清早出門跑步，而且我也不做日光浴。」她回我說：「你做了所有正確的事情來避免進一步的傷害。但這些斑點是來自過去的損傷——你十三歲時在夏威夷曬傷，你大學春假去墨西哥旅行等等。」我思考著：這就像是我們的核心信念，我們可以做出正面的行為改變來避免進一步的傷害，但還是有些時候，這些老舊的東西會浮現出來，而我們也要用最好的方式來面對並處理它們。如果你使用本書裡的技巧和工具，你會擁有更成功的關係，但這並不意味著你的核心信念不會再被觸發，也不意味著你不再需要去處理那些陳舊的事物。很有可能約會會觸發你的核心信念，帶來一些負面想法、情緒和衝動的行為反應。這是成套的連鎖反應。善用你學到的這些技巧，讓自己臨在當下，並且做出有幫助的行爲反應。

當你在嘗試與他人創造新的連結時，有時你會覺得卡住了、被壓垮了、或感覺很困惑，這是不可避免而且可以理解的。當你第一次和某人見面，很容易會在互動或情境中出些差錯。約會的世界充滿著曖昧和不確定性。但要記得，你對自己已經有了一些新的認識，這將幫助你有覺知地引導你的社交互動。而且就如同你已經知道的，我們都是帶著核心信念的，所以讓我們來看看你在持續管理自身核心信念的同時，要如何面對並處理他人的核心信念。

## 觀察對方的核心信念

在你持續對自身保持覺察的同時，很重要的是，你也把覺察力延伸到他人身上。在你認識另一個人的過程中，你大概可以根據你所學習到的知識去猜測對方的核心信念可能是什麼。你可以複習第二章針對每項核心信念的描述來刷新記憶。切記，有問題的並不是核心信念本身——因此請不帶批判地保存這些資訊——對核心信念的回應行爲才可能是問題所在。對方的行爲反應，以及他對你和他人的行爲舉止，才是可能給你帶來衝擊的因素。

帶著遺棄核心信念，你知道自己對於疏離或拒絕行爲的任何風吹草動都超級敏感。很重要的是，要去包容一些可以接受但對你而言可能不太舒服的行爲。你可能需要忍受做更多的觀察和等待，因爲行爲模式需要一些時間才會顯現。你需要一些時間才會知道對方是否穩定可靠或是無法預測。透過正念與當下同在，並且進行你的分散注意力活動，會有助於你去面對和處理不可避免的曖昧不清和不確定性，這些都是形成關係初期特別會有的狀態。

讓我們來檢視一些對你而言可能行不通的模式：

- **不可預測**：他經常取消計畫、改變計畫、或到了最後一刻才做出計畫。你無法信賴任何平時的溝通。不可預測的人會很有魅力，原因通常是當他確實出現時，他的表現是很棒的，所以人們很容易會被這樣的人吸引。要小心！這種人會讓你困在情緒迷霧裡。
- **不穩定**：這個人的生命中老是在做重大的改變。他經常搬家，或者似乎經常換朋友，或是根本沒多少朋友。他換工作的頻率比大部分人還要高。他似乎願意而且有能力說走就走。這個人也可能因爲看起來無憂無慮，所以顯得特別迷人。但這樣的人並不適合你。

• **無法得到**：當他和你在一起時，一切都很神奇美妙。他看起來很投入，而且似乎非常喜歡你，然後……他就消失了，像變魔術般化作一陣煙消失無蹤了！你不知所措，不知道究竟發生了什麼事。你們度過非常棒的一晚，甚至討論到要再碰面，但已經過了兩天，你完全沒有他的消息。

不穩定的人絕對不適合你（或任何人）。至於不可預測和無法得到的類型，你會需要給這類人一些時間，觀察那是否只是約會初期的行爲，或者就是他的固定行爲模式。

比莉在一家餐廳認識勞勃，兩人都是和其他朋友去聚餐的。勞勃來找比莉，給了她一張名片，告訴她說希望能和她一起喝杯咖啡、吃午餐、喝杯酒、或者共進晚餐。比莉打電話給他，兩人計畫碰面。勞勃安排了一場很棒的第一次約會。他們感覺很愉快，兩天後又再次碰面。然後比莉就一整個禮拜都沒有勞勃的消息。他們又計畫了另一次碰面，但她在約定當天完全沒有他的消息，他也沒有回覆她的訊息。「我們有要一起出去嗎，還是沒有？」他後來打電話說自己是因爲被事情綁住走不開才沒赴約。明知不可爲，比莉又跟他見了一次面，兩人度過愉快的時光。他跟她道歉，說不會再犯。但後來還是發生同樣的事情，所以她就不再跟他見面了。

如果約會過程不愉快或是你不喜歡對方的陪伴，那麼要不再見對方是很容易的。但如果你們在一起的時候很愉快，那麼要停止見面就會比較困難。然而，不穩定的愉快感受並不是那麼有樂趣。這也就是爲什麼在約會過程中和每次約會的間隔裡，你要時時覺察自己的感受，這點是如此的重要。記下你的想法、感受、以及觀察。把約會和溝通過程都記錄下來。如果你擔心和懷疑的時間比你覺得享受愉快的時間還多，那麼你大概就可以得出結論說，這個人並不適合你。

## 留意交往過程的警訊

除了會觸發你核心信念的有害類型（遺棄者、施虐者、剝奪者、蹂躪者、批評者）之外，還有一些性格和行爲是你可能會被吸引的，因爲他們的感覺很熟悉（但卻不健康）。下面是一些其他行爲的列表，都是你應該要保持警覺的行爲特質。再一次，我會建議你保存自己的紀錄。這麼做聽起來很不浪漫，但在新關係的初期，在興奮的感覺下，很容易就會忽略了某些模式。

- **非黑即白思維者**：這人是帶著極端的思維看事情，而且他對每件事都有非常強烈的意見。他對和自己看法不同的意見，通常不想去理解。
- **大法官**：就像非黑即白思維者一樣，此人有非常強勢的看法。他通常很嚴厲，而且對事情的觀點非常固執。

- **責怪者**：此人會把發生在自己身上的事情怪罪給別人。例如他可能會說：「給我開超速罰單的警察是個混蛋。」但卻不提及他確實超速的事實。總有一天，這人一定會怪罪你。
- **「前任」執念者**：這人無法停止談論他的前任。根據他的說法，他的前任是天底下最糟糕的人。他們的關係會出問題，完全是他前任的錯。對於那段關係會結束，這人不願共同承擔任何責任。
- **受害者**：此人和責怪者類似，不過他在呈現上較爲被動。壞事老是會發生在他身上，別人都會占他的便宜。
- **丑角**：大家都喜歡笑，但這人會試圖用他的幽默感來掩飾對他人的蔑視。他挖苦的評論並不好笑，而且很傷人。
- **頑固者**：這人「總是」這麼做，「總是」那麼做。他非常固執，無法開放地接受其他的做事方式。

- **批評者**：這人會批評每件事、批評每個人。事實上，你會覺得他一直在尋找東西來批評。
- **大情聖**：這人經常在調情。這麼做很失禮，也很不尊重你。
- **占有者**：這人很猜疑且忌妒你的每一段感情。他要你把焦點完全放在他身上。
- **崇拜者**：這人會把你捧在手心裡來崇拜。不幸的是，不久後他就會因爲你不夠完美而不崇拜你了。
- **災難家**：這人把每個小事件都視爲某種災難的開端。他對世界始終抱持著負面的看法，以致無法造就健康的關係。

針對這些行爲的頻率做個紀錄。你需要留意會阻礙你創造健康關係的持續行爲模式。（我們偶爾都可能會出現上述的行爲，那是沒問題的。）我會用「三振出局」的規則。你也可以採用同樣的做法，在你的紀錄本裡寫下對方在一個月期間展現出這些行爲的次數。

## 比較兩人的價值觀

這趟旅程包含了確認你的價值觀，以及承諾致力於由價值觀驅動的人生。因此，很重要的是，你交往的人也要擁有和你匹配的價值觀。你們的價值觀不一定要完全相同，但應該要能夠相容並存。很顯然，如果你和某人才剛開始約會，你不會要求他列出他的價值觀；但隨著你們更加認識彼此，根據你所學習到的知識，你是可以猜得出對方擁有哪些價值觀的。例如，如果他會做社區服務或有參與某個慈善組織，那麼你便可以猜測他有著關心和憐憫的價值觀。如果他會健身，而且很注意飲食，那麼你大概可以總結說，他很重視健康和強身。

在你的紀錄本中寫下這兩個項目：

- 列出你的價值觀。
- 列出對方的價值觀。

在新的關係中，很容易會迷失而暫時忘了自己的價值觀。莫莉在和吉姆約會時就有這樣的經驗。他們在一起時非常愉快，而且她已經好一陣子沒和他人有這樣的連結。她忽視了他的一些行為——初期時一些吃醋和猜疑的跡象——因為他們在一起的時間總是很快樂。交往三個禮拜後，她收到他傳來的訊息，訊息中列出他喜愛的事物。其中一項是對她的讚美（她很開心能夠知道這點），但有很多其他的事情並不符合她的價值觀：報仇、喝酒、金錢、爭奪獲勝。而且裡頭沒有提到他的小孩！她當下就了解到，這人並不適合她。

我們在關係中都會面臨的一項挑戰是曖昧不清，亦即缺乏確定感，特別是在關係的初期階段。我們想要知道之後會怎麼發展。我們會幻想。我們會做預測。我們離開了當下，困在未來裡。但就如同我們了解到停留在過去是沒有幫助的，困在不確定的未來同樣也沒有幫助，甚至還會成為很大的分心因素。要保持覺察。要保持正念。要臨在當下。

## 持續走在創造和改變的路上

這本書已經來到了尾聲，但你的旅程還會繼續下去。我在這過程中要求你消化許多激起情緒的資訊，但要完全消化處理完畢，會需要一些時間。我希望你正走在創造和改變關係的道路上，帶著你的遺棄恐懼和其他的核心信念，你的故事，還有你的想法、情緒和行爲一起前進。你已經確認並重新連結了你的價值觀，因此請使用你的價值觀作爲推動力，作爲新行爲模式和溝通技巧的路線圖。但願你在這個過程中已經對自己更有覺察力，也對自己的故事有了新的觀點。我也希望你已經接受了自己無法改變的事情，並且致力於你能夠做的改變，藉此豐富你的生命，並創造你渴望的長久有愛關係。你現在也了解到了改變並不會迅速或輕易地發生。

我在書中介紹了許多重要的概念、練習和技巧。我並不預期你在閱讀過一遍之後，就能完全理解、吸收、並且加以運用。你若這樣要求自己也是不切實際的，儘管你很聰明，也很有動力。我要鼓勵你重新溫習，並且反覆閱讀書中許多的部分。要疼惜自己，同時也敦促自己去做功課。

如果你有問題想問我，可以透過我的網站聯絡我，網址是：http://www.lovemedontleaveme.com。在我的網站上，你也會看到額外的資源，它們對你延續這趟旅程很有幫助。我會鼓勵你繼續做紀錄。這是讓自己保持在正軌上的好方法，而且也能藉此看到自己的進步。還有另外一項好處，就是有助我們保持在當下的經歷當中。你也可以隨時利用我網站上的線上日記功能。

讓我們的旅程繼續下去……

【附錄】

# 三種依附形式

孩童在關係中的依附形式，是成年後在關係中依附形式的重要預期指標。了解你在成長期間和主要照顧者的關係，將有助於了解你當前在關係中所面臨的挑戰。讓我們來看看三種不同的依附形式（Karen, 1998）：

## 安全型依附

孩童的安全型依附，看起來就像你可能會想像的情況：

- 當面臨痛苦的情境時，孩童會向照顧者尋求慰藉，因爲她知道她的照顧者會安慰她，讓她感覺好些。

- 孩童有信心她的照顧者永遠都會陪伴她。
- 孩童在照顧者離開時會煩躁不悅。
- 孩童在照顧者離開一段時間回來後會很興奮。
- 孩童接納照顧者的擁抱，而且會因此感到慰藉。

當照顧者離開孩童時，孩童會有正常的不開心反應，但照顧者在孩童生命中是個有一致性的存在，包括身體層面和心靈層面，因此孩童會感到安全、有連結。安全型依附的孩童是由能夠理解孩童情感的人提供可靠且穩定一致的照顧。

## 逃避型依附

相較之下，逃避型依附的孩童，其主要照顧者總是拒絕他人，有時還很嚴厲，因此：

• 孩童較不會依賴她的照顧者來獲取安全感。
• 孩童有時會對照顧者有攻擊性。
• 在家庭環境中，逃避型依附的孩童會比安全型依附的孩童更黏人，也更挑剔難滿足。
• 雖然孩童在照顧者離開時會感到不悅，但當照顧者回來時，孩童也毫不在意。

在這種情況下，孩童無法持續一致地依賴她的照顧者來獲得關係連結、安全感和保護。孩童可能會對她的照顧者感到憤怒、很黏人、或者漠不關心。

## 矛盾型依附

矛盾型依附孩童的照顧者行爲反覆無常，而且會給孩童創造一個混亂的環境，因此：

• 孩童會有明顯的焦慮情況。

- 孩童在家庭環境中很黏人、要求很多。
- 孩童在照顧者離開時會焦躁不安，當照顧者回來時會急著要找照顧者，但情緒又無法被安撫。

矛盾型依附的孩童會很焦躁不安，而且在和照顧者分開時，經常會被焦慮情緒給淹沒。

獲得最穩定一致照顧的孩童，能夠發展出穩定的獨立自主特質以及信任他人的特質。照顧者與孩童關係的穩定性，與孩童整體適應力的穩定性有一定的關聯，包括孩童和他人的關係、孩童處理緊張情況的方式、孩童對他人的期望、對世界的整體觀感、以及與世界互動的方式。

孩童對其照顧者的依附關係，會影響她對他人的期望，以及她處理緊張情況的方式，這是有道理的。安全型依附的孩童在思考方面更有彈性，因此比焦慮型依附的孩童（包括矛盾型依附和逃避型依附）更有能力處理自己的衝動和慾望。沒有經歷安全型依附的孩童無法感受到安全，他們所處的人生舞台會讓他們被恐懼和負面情緒給淹沒，侵蝕掉他們處理自身衝動和慾望的能力。他們在爲生存而奮鬥——或者對他們來說確實就是這樣的感覺。

當我們來看逃避型依附孩童的照顧者特質——拒絕和嚴厲——很容易就會連結到遺棄、不信任和受虐、情感剝奪、缺陷、以及失敗核心信念。矛盾型依附孩童的照顧者特質——反覆無常和混亂——也很容易把你對自己的觀感和對他人的期望等深信不疑的信念，與本書中討論的五種主要的核心信念做連結。

孩子害怕黑暗，情有可原；
大人畏懼光明，才是人生悲劇。

——柏拉圖

# 參考資料

麥克・R・阿瓦雷斯（Michael R. Alvarez）。二〇一一年。「杏仁核與社交大腦」（The Amygdala and the Social Brain），發表於二月三日的《今日心理學》（*Psychology Today*），網址：http://www.psychologytoday.com/blog/the-psychology-behind-politicial-debate/201102/the-amygdala-and-the-social-brain。

伊蓮・艾融（Elaine Aron）。一九九九年至二〇一三年。節錄自《高敏感族》（*The Highly Sensitive Person*），網址：http://www.hsperson.com。

溫蒂・比哈里（Wendy Behary）。二〇一三年。《解除自戀者的武裝》（*Disarming the Narcissist: Surviving & Thriving with the Self-Absorbed*）。奧克蘭（Oakland）：New Harbinger Publications 出版社。

安東尼・比格倫（Anthony Biglan）、史蒂文・C・海耶斯（Steven C. Hayes）和賈桂琳・皮斯特瑞拉（Jacqueline Pistorello）。二〇〇八年。「接納與承諾：預防科學的意涵」（Acceptance and Commitment: Implications for Prevention Science），發表於《預防科學》（*Prevention Science*）。第九期：一三九至一五二頁。數位物件識別碼（DOI）：10.1007/s11121-008-0099-4。

西德尼・J・布拉特（Sidney J. Blatt）。一九九五年。「精神病理學的表徵結構」（Representational Structures in Psychopathology），收錄於 Dante Cicchetti 和 Sheree L. Toth 彙編的《羅徹斯特發展精神病理學論文集：情緒、認知和表徵》（*Rochester Symposium on Developmental Psychopathology: Emotion, Cognition, and Representation*）。第六冊：一至三十四頁。紐約羅徹斯特（Rochester）：羅徹斯特大學出版社（University of Rochester Press）。

肯・達克沃斯醫師（Ken Duckworth, MD）和雅各・L・弗里曼醫師（Jacob L. Freedman, MD）。二〇一二年。「邊緣型人格障礙概要」（Borderline Personality Disorder Fact Sheet）。十一月發表於美國全國精神疾病聯盟（National Alliance of Mental Illness），網址：http://www.

nami.org/Template.cfm?Section=By_Illness&Template=/ContentManagement/ContentDisplay.cfm&ContentID=44780。

亞倫・E・弗魯捷蒂博士（Alan E. Fruzzetti, PhD）。二〇〇六年。《高衝突伴侶：找到平靜、親密與認可的辯證行爲治療指南》（*The High-Conflict Couple: A Dialectical Behavior Therapy Guide to Finding Peace, Intimacy & Validation*）。奧克蘭：New Harbinger Publications 出版社。

保羅・吉伯特（Paul Gilbert）和克里斯・艾恩斯（Chris Irons）。二〇〇五年。「運用認知、行爲，情緒意象和同理心訓練，來治療羞愧和自我攻擊」（Therapies for Shame and Self-Attacking Using Cognitive, Behavioural, Emotional Imagery and Compassionate Mind Training），收錄於保羅・吉伯特彙編的《同理心：概念、研究與心理治療的應用》（*Compassion: Conceptualisations, Research and Use in Psychotherapy*）（二六三至三二五頁）。倫敦：勞特里奇出版社（Routledge）。

丹尼爾・高曼（Daniel Goleman）。二〇〇六年。《EQ》（*Emotional Intelligence*）。時報出版，二

○一六年。

羅斯・哈里斯（Russ Harris）。二○○九年。《ACT一學就上手：接納與承諾療法入門》（*ACT Made Simple: An Easy-to-Read Primer on Acceptance and Commitment Therapy*）。奧克蘭：New Harbinger Publications 出版社。

羅斯・哈里斯。二○一二年。《韌性配方：如何在創痛中活出豐富與意義》（*The Reality Slap: Finding Peace and Fulfillment When Life Hurts*）。張老師文化，二○一九年。

史蒂文・C・海耶斯、柯克・斯特羅沙（Kirk Strosahl）和凱利・G・威森（Kelly G. Wilson）。一九九九年。《接納與承諾療法：透過經驗法則改變行爲》（*Acceptance and Commitment Therapy: An Experiential Approach to Behavior Change*）。紐約：吉爾福德出版社（Guilford Press）。

羅伯特・凱倫博士（Robert Karen, PhD）。一九九八年。《依附關係：最早的關係連結如何影響我們愛的能力》（*Becoming Attached: First Relationships and How They Shape Our Capacity to*

*Love*）。紐約：牛津大學出版社（Oxford University Press）。

馬爾沙・M・林因漢（Marsha M. Linehan）。一九九三年。《邊緣型人格障礙治療技巧訓練手冊》（*Skills Training Manual for Treating Borderline Personality Disorder*）。紐約：吉爾福德出版社。

拉伊雪爾・卡薩達・洛曼（Raychelle Cassada Lohmann）和茱莉亞・V・泰勒（Julia V. Taylor）。二〇一三年。《青少年霸凌工作手冊》（*The Bullying Workbook for Teens*）。奧克蘭：New Harbinger Publications 出版社。

馬修・麥凱伊博士（Matthew McKay, PhD）、瑪莎・戴維斯博士（Martha Davis, PhD）和派崔克・費寧（Patrick Fanning）。一九九五年。《訊息：溝通技巧手冊》（*Messages: The Communication Skills Book*）。奧克蘭：New Harbinger Publications 出版社。

馬修・麥凱伊博士、派崔克・費寧和基姆・帕列格博士（Kim Paleg, PhD）。二〇〇六年。《伴侶相處技巧》（*Couples Skills: Making Your Relationships Work*）。奧克蘭：New Harbinger Publications 出版社。

馬修・麥凱伊博士、派崔克・費寧、心理學博士艾碧嘉・列芙（Avigail Lev, PsyD）和心理學博士蜜雪兒・史金（Michelle Skeen, PsyD）。二〇一三年。《人際問題手冊：透過接納與承諾療法來終結痛苦的關係模式》（*The Interpersonal Problems Workbook: ACT to End Painful Relationship Patterns*）。奧克蘭：New Harbinger Publications 出版社。

馬修・麥凱伊博士、心理學博士艾碧嘉・列芙和心理學博士蜜雪兒・史金。二〇一二年。《處理人際問題的接納與承諾療法：透過正念、接納和基模覺察來改變人際間的行爲》（*Acceptance and Commitment Therapy for Interpersonal Problems: Using Mindfulness, Acceptance, and Schema Awareness to Change Interpersonal Behaviors*）。奧克蘭：New Harbinger Publications 出版社。

馬修・麥凱伊博士、尚恩・奧拉爾博士（Sean Olaoire, PhD）和拉爾夫・梅茨納博士（Ralph Metzner, PhD）。二〇一三年。《爲什麼？：你的人生在傾訴關於你的本質和目的》（*Why?: What Your Life Is Telling You about Who You Are and Why You're Here*）。奧克蘭：New Harbinger Publications 出版社。

馬修・麥凱伊博士、心理學博士傑佛瑞・伍德（Jeffrey Wood, PsyD）和傑佛瑞・布蘭特利醫師（Jeffrey Brantley, MD）。二〇〇七年。《辯證行爲療法技巧手冊》（*The Dialectical Behavior Therapy Skills Workbook: Practicing DBT Exercises for Learning Mindfulness, Interpersonal Effectiveness, Emotion Regulation, and Distress Tolerance*）。奧克蘭：New Harbinger Publications 出版社。

唐納德・梅興巴姆（Donald Meichenbaum）。一九九七年。《認知行爲調整》（*Cognitive-Behavior Modification: An Integrative Approach*）。紐約：普萊南出版社（Plenum Press）。

克麗斯廷・涅夫（Kristin Neff）。二〇〇三年。「自我疼惜：自我健康態度的另類概念」（Self-Compassion: An Alternative Conceptualization of a Healthy Attitude Toward Oneself）。收錄於《自我與身分認同》（*Self and Identity*）期刊，第二冊：八五至一〇一頁。

克麗斯廷・涅夫、史黛芬妮・S・魯德（Stephanie S. Rude）和克麗斯廷・L・基爾帕特里克（Kristin L. Kirkpatrick）。二〇〇七年。「自我疼惜作爲正向心理運作和個人特質」（An

Examination of Self-Compassion in Relation to Positive Psychological Functioning and Personality Traits）。收錄於《個性研究雜誌》（*Journal of Research in Personality*），第四十一期：九〇八至九一六頁。

臨床社工師暨婚姻與家庭治療師湯瑪斯・羅伯茲（Thomas Roberts, LCSW, LMFT）。二〇〇九年。《正念手冊：克服恐懼與擁抱同理的新手指南》（*The Mindfulness Workbook: A Beginner's Guide to Overcoming Fear and Embracing Compassion*）。奧克蘭：New Harbinger Publications 出版社。

哈里・斯塔克・沙利文（Harry Stack Sullivan）。一九五三年（一九九七年重新發行）。《精神病學的人際理論》（*The Interpersonal Theory of Psychiatry*）。紐約：W・W・諾頓公司（W. W. Norton Company）。

邁克爾・A・湯普金斯博士（Michael A. Tompkins, PhD）。二〇一三年。《焦慮與逃避：焦慮、恐慌和恐懼的通用療法》（*Anxiety and Avoidance: A Universal Treatment for Anxiety, Panic, and*

*Fear*）。奧克蘭：New Harbinger Publications 出版社。

謝里・范・戴尼克（Sheri Van Dijk）。二〇一二年。《平息情緒風暴：運用辯證行為療法技巧來管理情緒與平衡人生》（*Calming the Emotional Storm: Using Dialectical Behavior Therapy Skills to Manage Your Emotions and Balance Your Life*）。奧克蘭：New Harbinger Publications 出版社。

蕾貝卡・E・威廉斯博士（Rebecca E. Williams, PhD）和茱莉・S・克拉夫特碩士（Julie S. Kraft, MA）。二〇一二年。《成癮症的正念治療手冊：克服引發成癮行為的悲傷、壓力和憤怒》（*The Mindfulness Workbook for Addiction: A Guide to Coping with the Grief, Stress, and Anger that Trigger Addictive Behaviors*）。奧克蘭：New Harbinger Publications 出版社。

傑弗瑞・楊博士（Jeffrey E. Young, PhD）。二〇〇四年。「楊博士的十個常見的基模因應行為」（Young's Ten Common Schema Coping Behaviors）。發表於「伴侶基模療法工作坊」（Schema Therapy for Couples Workshop）。紐約：十一月五日和六日。

傑弗瑞・楊博士和珍妮・S・克羅斯克博士（Janet S. Klosko, PhD）。一九九三年。《重建生命的內在模式：看明白過去的傷，生命就有新的出路》（*Reinventing Your Life: The Breakthrough Program to End Negative Behavior... and Feel Great Again*）。天下雜誌，二〇一八年。

傑弗瑞・楊博士、珍妮・S・克羅斯克博士和瑪喬麗・E・魏瑟（Marjorie E. Weishaar）。二〇〇三年。《基模療法：執業者指南》（*Schema Therapy: A Practitioner's Guide*）。紐約：吉爾福德出版社。

國家圖書館出版品預行編目（CIP）資料

猜疑、掌控、緊黏，為何你總是缺乏安全感？：療癒關係中五大負面信念，終結「被遺棄」的恐懼／蜜雪兒．史金（Michelle Skeen）著；王冠中譯．-- 初版．-- 臺北市：橡實文化出版：大雁文化發行，2020.06
面；　公分
譯自：Love me, don't leave me : overcoming fear of abandonment & building lasting, loving relationships
ISBN 978-986-5401-25-2（平裝）

1. 人際關係　2. 行為治療法

177.3　　109005162

BC1076

# 猜疑、掌控、緊黏，爲何你總是缺乏安全感？
# 療癒關係中五大負面信念，終結「被遺棄」的恐懼

Love Me, Don't Leave Me:
Overcoming Fear of Abandonment and Building Lasting, Loving Relationships

---

作　　者　蜜雪兒．史金（Michelle Skeen,PsyD）
譯　　者　王冠中
責任編輯　田哲榮
協力編輯　劉芸蓁
封面設計　柳佳璋
內頁構成　歐陽碧智
校　　對　蔡昊恩

發 行 人　蘇拾平
總 編 輯　于芝峰
副總編輯　田哲榮
業務發行　王綬晨、邱紹溢
行銷企劃　陳詩婷
出　　版　橡實文化 ACORN Publishing
地址：10544 臺北市松山區復興北路 333 號 11 樓之 4
電話：02-2718-2001 傳眞：02-2719-1308
網址：www.acornbooks.com.tw
E-mail 信箱：acorn@andbooks.com.tw
發　　行　大雁出版基地
地址：10544 臺北市松山區復興北路 333 號 11 樓之 4
電話：02-2718-2001　傳眞：02-2718-1258
讀者傳眞服務：02-2718-1258
讀者服務信箱：andbooks@andbooks.com.tw
劃撥帳號：19983379　戶名：大雁文化事業股份有限公司

印　　刷　中原造像股份有限公司
初版一刷　2020 年 6 月
初版二刷　2021 年 9 月
定　　價　380 元
I S B N　978-986-5401-25-2

# JOURNEY TO THE HEART

Daily Meditations on the Path to Freeing Your Soul

# 一個人的內在朝聖之路

回到你的心，366天靈魂深度療癒，
迎接全新的自己

梅樂蒂·碧緹 著
Melody Beattie
童貴珊 譯

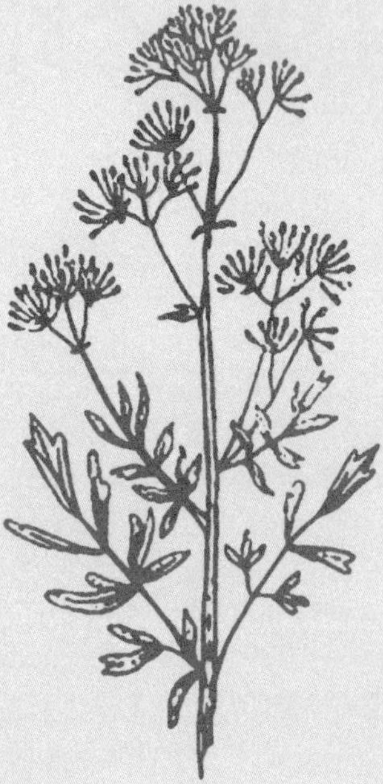

謹將此書獻給生命、宇宙的創造力量與造物主。

這是為那些自我探索與相信靈魂的讀者而寫的。

希望所有對靈性成長有興趣的人，

以及對參與創造有熱情的人，

包括藝術家、作家與療癒工作者，都能從本書獲益。

# 目錄

# 誌謝

我要向妮可·瑪麗（Nichole Marie）與尚·安東尼（Shane Anthony）獻上最誠摯的謝意，謝謝他們從不間斷的愛與支持。

謝謝史帝夫·薛恩（Steve Sherwin）博士。

我也要特別向安·泊（Ann Poe）致謝。對我而言，她所扮演的角色已然超越一位編輯。在我第三次的寫作過程中，她一直是一位稱職的接生婦。

這本書所探討有關靜心冥想與點點滴滴的故事，都是在我動身跨越美國西部的旅途中完成的。這趟旅途，有許多連姓名都不知道的朋友不吝和我分享他們的故事，其中不乏短暫會遇與交談的陌生人。我要在此特別感謝他們，謝謝他們如此敞開心懷、毫無保留的無私分享。

至於那些我所造訪之處，我也要藉此特別表達我的謝意，這些地方使我靈思泉湧、重獲生命，也賦予此書生命。書中所提及有關靜心冥想的內容，都是在這些地方完成的。我這麼做，是因爲想要將這些我所能找到、充滿魔力與神祕領域的能量，一一回溯並注入本書中，好讓讀者得以從中尋得發掘能量的途徑。這些地方對於此書的完成，意義非凡，影響甚巨，在此一併致謝。

我將這些地方，依我造訪的順序，列出如下：

加州，沙漠溫泉（Desert Hot Springs）
亞利桑那州，瑟多納（Sedona）
亞利桑那州，化石森林國家公園（Petrified Forest National Park）
新墨西哥州，查科峽谷（Chaco Canyon）
新墨西哥州，奧荷卡林特（Ojo Caliente）
新墨西哥州，奇馬約（Chimayo）
科羅拉多州，派克峰（Pike's Peak）
科羅拉多州，卡頓伍德（Cottonwood）
科羅拉多州，梅薩維德國家公園（Mesa Verde National Park）
亞利桑那州，坦佩（Tempe）
亞利桑那州，大峽谷（Grand Canyon）
猶他州，布萊斯峽谷國家公園（Bryce Canyon National Park）
愛達荷州，熔岩溫泉（Lava Hot Springs）
懷俄明州，黃石國家公園（Yellowstone National Park）
蒙大拿州，溫泉鎮（Hot Springs）
華盛頓州，奧林匹克國家公園（Olympic National Park）

華盛頓州，赫溫帶雨林（Hoh Rain Forest）
奧勒岡州，威拉麥狄國家公園（Willamette National Park）
加州，雪士達山（Mount Shasta）
加州，紅木國家公園（Redwood National Park）
加州，布雷格堡（Cleone）
加州，國王峽谷國家公園（Kings Canyon National Park）
加州，紅杉國家公園（Sequoia National Park）
加州，克羅尼海灘（Colony Beach）

梅樂蒂·碧緹
一九九五年七月十七日

【自序】

# 學會放手，是這趟旅行最重要的部分

## 靜心，將我們帶往迥然不同之處

我爲了是否要撰寫這本書而掙扎了好幾週，最終找到了書寫的主要方向與內容。有關如何撰寫本書的想法，就在某個剎那倏忽臨至。雖然來得始料未及，但就是這麼自然而然、清楚明確地出現了——我要開車走訪美國境內各個充滿療癒、神聖與靈性之地，從這些朝聖地吸取飽滿的能量，再任由這些能量充滿我，也充滿這本書。對於這趟朝聖之旅，我將不備任何計畫、不排任何行程，僅帶著一張地圖、我的直覺、一些有關目的地的模糊概念，以及一份信心。我相信宇宙會爲我照管其他不可知的事。旅途，由此展開。

這趟旅程將考驗我的信念，提醒我許多還在學習的舊功課，同時也教導我一些新課題。這些內在的練習會將生命氣息帶入書中。我將把這趟維持一生的旅程，轉化爲一年的冒險之旅。

兩天後，我把一些行李箱放進吉普車，買了一台手提電腦，道再見後，開始朝向未知的方向出發——至少對我而言是如此。當我南下開往東部十號公路，逐漸遠離喧鬧的洛杉磯大都會時，我開始懷疑自己是否備妥足夠的糧食，但隨即確定，我其實帶太多了。多年前一位朋友對我的一番預言，再度喚醒並進入我的意識之中。她對我說：「你將不再到處尋找自己的故事。梅樂蒂，這一次，你將活在那些故事中。」

不消多久，我開始留意另一個想法。在我過去這段十六年的專業寫作生涯中，這是我所撰寫或與人合著的第八本書，也是第二本有關靜心冥想的書。但就某種意義而言，卻也是第一本書——這是唯一一本不根植於戰勝驚懼痛苦概念的書。反之，這本書就像是我的旅程，反映了興奮、冒險、自由與喜悅的靈魂。當然，有時痛苦仍是旅途中眞實的一部分，但受苦已不再像過去那樣使我束手就擒，將我牢牢霸占。

## 靜心，敞開我們的心，釋放我們的靈魂

這正是我一直以來亟欲在本書中處理的內容，也渴望在我有生之年完成。這不是一本遊記，亦非有關復原的書。這是一本有關探索與發現的書。請以此作爲你心靈之旅的地圖或指引，它足夠讓你遊歷一年之久。請按著每一天的日期，循序漸進地一篇一篇讀下去。你也可以針對自己的需要來默想沉思，然後隨性地翻閱，翻到哪兒就讀那兒。或者，你可以按著進度閱讀，或甚至持之以恆地要求自己每日都讀，直到從中找到符合你需求的內容。

## 靜心，引領我們得到力量、療癒與平安

與我一起同行吧！讓我們去遊歷充滿神祕感與療癒力的瑟多納，去尋訪古老廢墟查科峽谷遺跡，還有美國西北部那些令人目眩神迷的森林。願那沙漠溫泉充滿療癒的泉水，洗滌你的疼痛與悲苦。在天主教著名的朝聖地奇馬約，願我們伸手探觸那神聖的土地，將周遭的魔力與宇宙所傳送的神祕力量注入你之內，使你的

生命煥然一新、活力充沛。

## 靜心，是心靈平靜的歸處

現在就跟著我來吧！隨我前往那些平靜、療癒與充滿力量之處，最終你將豁然了悟，原來你也可以在每一天、在你之內，找到可以前往的所在。

開始將你的旅程，帶往你的內心。

1
月

# 別再跟著潮流走，跟著你心裡的答案走

[ 第1天 ]

1/1

# 啓程走向未知的旅程

嶄新的開始，可以是恬靜淡然，也可以是天崩地裂。有些開始，安靜得讓人渾然不覺；有些則大張旗鼓，唯恐天下不知。所謂開始，它緊隨著躍躍欲試的新學習、摩拳擦掌的探索，以及許多舊課題的出現，使我們不斷去回憶、重新練習、再度去肯定與讚賞那些曾經學過的內容。所謂開始，它經常緊隨著歧義、承諾、恐懼與盼望。

不要讓過往的課題與經驗，遏制了你對起步的熱情。雖然萬事起頭難，但不代表會一路艱辛。不要讓過去的心碎經驗使你成爲一個憤世嫉俗的人，遠離了生命中美好的魔力與承諾。讓自己向整個宇宙毫無保留地敞開，聆聽宇宙所要對你說的話。

讓自己徹底重新開始。收拾你的行囊。愼選你準備要帶的東西，因爲整理行李是個重要儀式。記得把謙虛以及過去學到的功課一起帶著，也把一些你從未聽聞或學過的新鮮、好奇與興奮，一併裝入行囊裡，然後和身邊的人道別。不要擔心你將遇見誰、或將往何處去。那些要與你見面的人，早已在引頸期盼了。一趟全新的旅程已然展開。讓這段旅程充滿神奇與樂趣！讓它向我們張開雙臂！

旅程的每一個部分都是無比神聖與尊貴的。

請花些時間，好好尊榮這份嶄新的開始。

［第2天］

1/2

# 標示你的地圖

走你自己的旅途。不要讓其他人阻礙你的前行，不要因牽絆而頻頻回頭。不需要去評斷他人的旅程，也不要讓別人對你的行程妄加論斷。

我們的靈魂會召喚並引導我們前行，這是每一個人理當自由享有的經驗。許多人的旅程源自別人的經驗，源自別人認定我們該怎麼做。也有一些人嘗試走在別人的功課與探險旅程中，後果難免痛苦與混亂。學習放手是一門功課，讓每一個人都自由自在，則是這趟旅途中極其重要的部分。我們已經走在全新的道途上了。

收拾行囊，整裝待發。把地圖拿出來。不要擔心你將往何處去，或你將會見到什麼樣的風景。隨順著你的心而行吧！你的靈魂知道前行的方向。它將輕聲地對你的心說，對你的智慧說，也對你的直覺說。留心聆聽發自內在深處的聲音，它將確保你一切穩妥安全。你將在旅途中見到你需要會面的人，也將從每一個認識的人身上有所學習與收穫。不要畫地自限。面對你所愛的人，抑或旅途中所見到的人，不要侷限與他們相處的經驗。

開始隨順著你的心而行吧！

在地圖上標示專屬於你的旅程，掌握這輩子難得的冒險之旅。

［第3天］

1/3

# 信任心的指引

長久以來，你習以仰賴大腦的理性與知識。現在，是時候轉移陣地了。跨越一大步，進入你的內心吧！

你是不是開始發現，大腦裡的那些知識總是想要探出頭來擋路？它們是不是製造許多噪音、嘮叨並受限的願景，以及恐懼？你是不是開始發現，你有多依賴那些使你的人生加倍複雜的元素——自己的才智、自己的評價，有時還包括自己的邏輯推理？

把一切看得明白透澈的，不是你的頭腦，而且它無法帶著愛來看待。反之，我們的頭腦常常帶著恐懼疑慮的眼光來看待一切。然而，心卻可以看得澄澈清晰。心平衡了我們的心智與情緒，它掌握了最眞實的部分，然後轉化爲事實，最後付諸於行動。心可以將一切需要完成的事物顧慮周全，然後在地圖上規劃行程，逐步將該完成的步驟設定好。你或許會說：「沒錯，我的頭腦也可以這麼做。這麼一來，我就不需要再感到……」

你的心可以做得更好，因爲它以愛來標示旅程。

學習聆聽你的內在聲音。傾聽你的心。

在這裡，你與神、與他人、與宇宙、與你自己，緊密連結。

［第4天］

1/4

# 按你所知前行

當我開車途徑加州的南方沙漠時，空中傳來電台的廣告歌曲：「不要跟著潮流走，跟著你知道的答案走。」

有時，答案就從我們的外在走進我們之內。宇宙如此豐碩，足以提供我們所需要的一切指引。宇宙早已迫不及待要與我們分享祂的指示、教導、功課與智慧的話語。宇宙渴望指引我們，只要我們耐心觀察、留心等候與聆聽。有時，這些指引來自我們認識的人，其他時候則來自身邊一些泛泛之交。但即便這些指引來自我們最親近與最愛的人，我們所得到的答案，終究需與我們內在深處的呼喚相互回應。這些答案必須與我們內在的核心價值有所共鳴，並且對我們而言是無比眞實的。

留心傾聽你身邊的聲音。聆聽宇宙的指引，以及那些習於與你對話的聲音。然而，最重要的莫過於相信你自己。相信你內在的聲音。相信你所知道的事物，因爲人生道路最終將把你帶回那些地方。不論你做什麼，如果那對你而言是一條錯誤之路，那麼，你需要返回中心點，亦即你所置身的平靜之處，然後釐清狀況，重新整頓，再找出正確的對策與行動。

跟著潮流走沒什麼不好，

但若能按著所知——那些你所知道最真實不過的事——往前走，那就更棒了！

> 相信自己是最終的功課。那是所有引導的起始之處。

〔第5天〕

1/5

## 讓人生向你顯明一切

你不需要讓自己疲於奔命地尋求啓示。你所需要的一切指引、靈感與領悟，終將臨到你。

我們現在所展開的生活，那由心出發的生活，比我們過去所仰賴的生活方式，更容易而自在。有時，一切就是這麼自然而然地發生了，讓你渾然不覺到底發生了什麼事。我們甚至會在一開始時，爲此深感無所適從——怎麼會來得如此輕鬆自在？我們發現自己常爲了舉起一顆沉甸甸的保齡球而壓力重重，最終竟發現，原來舉起的不過是一顆乒乓球。然後，我們開始好奇，人生怎麼會那麼輕盈呢？我們甚至質疑，會不會事有蹊蹺？因爲這實在出乎我們的預料之外。

人生感覺輕鬆自在，不代表你有什麼狀況，或是你做錯了什麼事。

下一步，亦即你在這段期間不斷思前慮後的問題——你成長計畫的下一個階段與方向，你接下來要住的地方，你接下來需要考量的工作、經濟或其他令你深陷掙扎與困擾的難題——所有答案，終將昭然若揭。然而，你若持續抱怨或緊張焦慮，那麼，你會錯過那些聲音。不要擔心是否可以在幾年內得到所有想望的答案或對策；事情可不是這麼進行的。爲了參與這趟充滿魔力與精采的人生，請你學習單純地相信：時候到了，你所需要知道的一切答案自會向你顯明，使你了然於心。

放輕鬆。你正踏上一段發現之旅。讓人生向你顯明一切。

〔第6天〕

1/6

## 剛剛好就好

如果我們能預知未來即將發生的所有事，那樣的人生多無趣啊！但仔細想想，我們卻又常常忍不住在角落探頭探腦地想要預知將來，一探究竟。

如果我們有預知未來的能力，那我們就不需要去經歷這些過程了。如此一來，我們也就無所謂學習，無所謂探索，無所謂收穫。我們只需乖乖待在安全無虞的頭腦裡就好，但這麼做，卻使我們與心的距離越來越遠。不知道你有沒有發現，經常在旅途中爲我們帶來意義、並使我們的學習生動有趣的關鍵，都是那些充滿驚喜的時刻，以及那些出乎預料之外的千迴百轉。

你與眞實以及神性的指引，緊密連結。你可以毫無保留地相信並擁抱從神而來的指引。那意味著你將可以展望未來，獲得一切引導，以及你所需要的深層知識與智慧。這些美好的線索，適度而恰好，不致多到破壞了該有的驚喜，或抵銷了你原該學習的功課。

不多不少剛剛好的指引，只為了讓你知道，你從不孤單。

[ 第7天 ]

1/7

# 記得要快樂

貝果店的牆上掛著一句話：「別忘了要快樂！」

有時，我們在處理現實生活中的瑣事時，很容易因所衍生的種種感受、問題與難處而陷入僵局，動彈不得，於是我們逐漸忘了快樂的滋味。很多時候，快樂其實唾手可得，只要我們「記得」要快樂。

快樂是一種選擇——慎思明辨後，有意識的選擇。而這個選擇，我們每一天都可自由取得。我們的快樂從來不受制於他人，也不受制於外在環境。我們的快樂來自內在深處，那是充滿安全感的地方。「快樂」是一種態度，而非轉瞬即逝的情感。

記得要善良慈悲。記得要滿懷著愛。記得要深刻地覺知你內在的所有感受，然後好好照顧自己。

但最重要的是：記得要快樂。

［第8天］

1/8

# 愛自己，直到它成爲事實

何謂愛自己？自我培育或爲自己做些意義非凡的事嗎？有時確實如此。但愛自己遠比這個層次更爲深刻。愛自己，意味著喜愛與接納你自己，包括你的思想、美麗與情感，你的過錯、不完美與缺陷，你的強項、風趣與智慧，還有你看待世界那套獨樹一幟的角度與方式。

愛自己，意味著全然接納與珍愛你的每一個部分，並且認識——好好認識——你是如此尊貴且有價値，如此可敬可愛且值得被愛。換句話說，不論你被眾人簇擁時，或處於人生的某些時刻，當你覺得大家離你而去，甚至懷疑連神都棄你於不顧之際，你都能好好愛自己、接納自己。

在我生命中某個最黑暗的階段，身兼喜劇演員與製片人的艾爾・法蘭肯（Al Franken），請我爲他的書〔以史都華・史麥利（Stewart Smalley）的每日靜心爲藍本〕《肯定自己，活出自己：像我這麼好的一個人》（*I'm Good Enough, I'm Smart Enough, and Doggone It, People Like Me!*），寫一篇推薦序。當時的我深陷低谷，一蹶不振，幾乎無法做任何事。我唯一能做的就是走到傳眞機前，把捲起來的紙撕下。我拿著對方傳來的一頁頁內容，走回床上躺下（因爲我連站著都覺得快被擊碎了），開始慢慢閱讀。我因史麥利一些肆無忌憚的行爲舉止而笑出聲。緊接著，那些內容讓我對其他事開始展露笑容。除了尋求一種高深、經典言論與進階的學習之外，有時，我們反而對一些類似史麥利的難得糊塗與簡單的智慧，更有共鳴。

有時，愛自己意味著接納自己「已經夠好」，告訴自己，人們會對我們讚譽有加，也會喜歡我們。有時，愛自己意味著即便別人從未肯定我們，我們仍要肯定自己。當然，要學會停止畏縮，並學習向著自重自愛、自我接納與自我肯定的方向大大敞開，需要無比的勇氣與力量。

不要只用話語來說愛。
好好愛自己，直到你真實地經歷那份愛。

[第9天]

1/9

## 朝愛的方向走

你越來越敞開自我。日復一日，你對此越來越警醒。請用力擁抱這些改變，因為這些改變是如此美好，而且值得持續下去。這些改變將把你與你的生命帶往某些新的地方，某些你此刻無從想像之處，因為那些地方顯然超越你過去的經驗範疇。一切終將改變。你的愛，你的人生，你的朋友，你的工作。你的安靜時刻，以及你與別人分享的時間。你玩樂的時間，你休息的時間，還有你的態度，終將改變。甚至你完完全全、滿心喜悅去經驗與感受生命的能力，也將全然改觀。

那些曾經困擾你，把你往下拖，或使你踟躕不前的事物，將會慢慢遠離。那些曾經使你感到折騰、對你糾纏不休、讓你感覺沉重不已的問題，也將迎刃而解。你知道並深信你所需要的答案，將會翩然而至。你的能量將逐步增強。那些你曾經猜想大概只有別人能完成的事情，你竟然發現自己其實有能力去做、去知道和去感受。你將察覺到自己可以輕輕掠過人生險阻，如此的發現使你感到快樂滿足，且有能力去探觸與療癒他人。

你開始笑口常開。哦，當然，你也會常常淚流滿面，因爲一顆敞開的心，往往會感受到需要感受的人與事。儘管如此，你將不致爲自己的情感而產生太多疑慮。你將以孩子般的純眞與哲人的智慧來覺察這一切。你將以一種前所未有、超乎想像的方式，來看見、探觸、體驗與感受生命的魅力。你將有能力去愛，也欣然接受被愛。最終，你將發現，原來這一切，本質上都是一樣的。

此時此刻，你開放自己，且比過去任何時候都還要敞開。相信這個過程，信任你的心。

這趟旅途一定會讓你踏實滿足。旅途的目的是要將你帶往愛的方向。

［第10天］

1/10

## 珍視你的熱情

長久以來，我們都錯誤地解讀了我們的熱情——我們對生活的熱情，對地方、對人們、對事物與觀念的生命力和熱切。「我不該得到我想要的。我不該說我想說的。我不該太興奮。」到底是什麼促使我們去感受生命？又是什麼將我們帶離這些蠢動，並使我們進入自己的情感之中？是什麼使我們與生命的能量、愛的能量、以及瀰漫在我們之內的生命力，緊密連結？

回頭省視你所有的成長與工作，它們無意使你遠離熱情，也無意將你變成機器人；它們要將你帶回生命的本源，使你重新探觸宇宙的重要能量，這股能量無所不在，而且可以充滿你。

透過尊重你的情感，來尊重你的熱情。去充分感受你的情感如何將熱情釋放到生命中。去感受這一切。徹底去感受。然後，你將知道自己的喜好爲何，也將發掘那些灌輸你熱情的源頭與事物。一旦你了解並認清這一切之後，自然會知曉前行的方向。

表達熱情與感恩，將指引你的生命。

請不斷不斷地一說再說。說到你深信不疑為止。說到你能以行動實踐為止。

〔第11天〕

1/11

## 放下過往的牽絆

我走進南加州一座城鎮的書局，瀏覽了一會兒，開始和店員閒聊。我說：「時代不同了。一切改變得太快。好像瞬間所有事物都改頭換面，變得讓我們措手不及，無從想像。」

店員聽我這麼一說，帶著沉靜而發人深省的語氣回應我：「是的，事情會變得越來越簡單。除非你還對過去有所眷戀，那就另當別論。」

是否有些東西牽絆著你？已逝的殘存過往阻礙了你昂首闊步走向未來嗎？甚至攔阻你走進今天嗎？

深刻地檢視你的內心。答案就在那裡。也許那是一種行爲，或是某個人，抑或是一種信念。已經發生的事，是不是有些議題，至今仍影響並阻礙了你愛自己，以及與神、生命和他者產生連結的能力？問問你自己，是不是還有一些早已腐朽且毫無意義的往事，仍纏著你不放？老舊的枷鎖會將我們牢繫於塵封的往事中，使我們再度走向過往的痛苦，走向我們早已踩踏、早已待過的地方。

現在，是時候放手了，讓過去安靜而輕柔地隨風而逝。容許自己回首，容許自己爲這些如煙往事盡情流淚。那些曾經歷過的一切，對你而言都很重要，因爲那些過往塑造了今日的你。但總要有信心，相信你未來即將前往之處，也會無比重要與美好。

輕輕地放手讓它走。

了無牽掛，輕鬆自在地走進未來的喜悅中。

［第12天］

1/12

# 讓宇宙幫助你

讓宇宙來幫助你。你不是孤單一人在這世界，從來就不是，儘管你所持守的信念或許製造了這種假象。坦誠告訴宇宙，你想要什麼。告訴你的朋友，也同時告訴神。別忘了還要告訴你自己。列表寫下來，直截了當地陳明你需要什麼、想要什麼。說的時候，就像是對一個摯友說話那樣侃侃而談。那不是掌控，而是學習去掌握你的創意能力——幫助你自己打造人生藍圖的能力。然後，放手讓它走。不要在原地駐足，枯等夢想實現。單純地放手讓它走，就像你相信你的摯友會積極正面地回應你一樣。那對你是最理想的回應方式。

面對生命的結果，自然以待。聆聽你的心，留心傾聽你內在的聲音。你受引導去完成什麼？你受引導走向何處？你的注意力指向什麼地方？你所遇見的人、你所接聽的電話、你所擁有的經驗，甚至包括所引發的問題，這所有的一切，宇宙都會一一回應你。

睜開你的雙眼，環顧四周，看看宇宙如何回應你。留心觀看宇宙如何為你手舞足蹈，與你一同共舞。事實上，你早已與這個充滿愛和神祕力量的宇宙緊密相連，它以你無法想像的方式，為你而來，為你而舞。總有一天，你會理解宇宙所採用的方式是如此真實無僞。

不只從外在觀看，也邀請你往內檢視。有時，最溫柔、安靜與靈光一現的思維——隱約閃現的觀點、某種需要或欲求的覺知，甚至可能是一點點的靈感或直覺——都可能是宇宙為我們量身訂製，要我們如此去行或去接收的答案。我們內在的聲音，那些藏在我們內心深處的聲音，都是引導我們、帶我們往下一個旅途的重要元素。

此刻，你正站在通道的大門前。

那是走向宇宙大愛之門。

[第13天]

1/13

## 向冬天的靜默學習

「看那松樹！我們真該向它們學習！松樹是大自然對人類的提醒，提醒我們即便天寒地凍，也不停止成長。」曾經有位朋友如是說。

冬天是生活中重要的季節。除了刺骨寒風與白皚皚的雪景之外，這也是個往內在探尋的季節。一個讓我們從馬不停蹄的工作中享受休息的時刻，也是讓我們調整步伐、預備未來新功課的時刻。你的肩膀渴望溫暖的陽光照耀，但請先容許寒霜到來。土地需要休養生息，以預備好孕育未來新生命的種籽。

好好向冬天學習。雖然隆冬時節看似了無生氣與欲振乏力，但冬天仍是個成長的季節。相信你的靈魂深處所要完成的工作。畢竟，再厚的雪，終將融化。太陽會再度露臉，照耀大地。時間到了，你必會卸下厚重的大衣，重返充滿活力的生活。

珍惜冬天。

珍惜冬天的沉靜，那是個走進內在深處休息與療癒的絕佳時節。珍惜這個經歷新生命所必須走過的預備期。珍惜這個蘊藏於積雪之間的盼望。



［第14天］

1/14

## 感受並釋放恐懼

科羅拉多州的皇家峽谷大橋，是全世界最高的吊橋。走訪此地，是我這趟旅途中意義非凡的一部分，也是無比重要的轉捩點。這座吊橋橫跨千呎深淵的阿肯色河與大峽谷，是由小塊小塊的木材條板所建。你可以開車經過或徒步走過去，透過小塊條板的空隙，一窺距離雙腳三百二十公尺之下的潺潺流水。

當我抵達環繞吊橋的公園時，我把車子停好，背起包包，直奔吊橋，打算走過去。靠近吊橋時，我轉身往回走。因爲我忽然發現自己根本不敢走過去，我想自己肯定會被風吹走。好吧，我決定回頭去開車。

我回到吉普車裡，開到吊橋前時，又猶豫了。我倒車開回汽車收費亭，看到在那裡值班的工作人員，我大聲問道：「我會沒事嗎？」他有些莫名其妙地看著我。我又重複問道：「我會沒事嗎？」

他終於搞懂我的意思，笑著回答我：「你會沒事的。」

我再度把車子開到吊橋前，一吋一吋地慢慢把車子開上吊橋的木條板上。我害怕得不敢左右觀看，只能目不斜視地往前直開。不敢往下看。害怕去看，但又不能不看……不曉得有多少恐懼在我心裡反覆來回，直到我完全跨越了那座吊橋。終於抵達另一端時，我還得把吉普車掉頭，再度過橋，才能回到原來的地方。

有時，我們懼怕得無以復加，怕到無從知道自己有多害怕。有時，我們飽受太多恐懼的糾纏、擾亂，以致失去了享受人生的能力。

去感受並釋放你的懼怕。睜著眼仔細看，有多少懼怕根本是白白承受？留意檢視那些懼怕，它們是否阻礙了我們盡情享受人生？鬆開你的雙手。不要只顧著往前直視。去經驗，去冒險。讓你的人生充滿活力與躍動。

一如那個人所說：「你會沒事的。」

［第15天］

1/15

## 自由地隨心而行

你的自由，無人可奪走。除非你自己爲了一些已知或未知的理由而棄械投降。但無論如何，你總是自由的——至少你有選擇的自由。

不論你是否有意識地察覺或知道，事實上，你一直都在做選擇。或許過去許多年來，你選擇讓自己深陷在不自由的囹圄之中而渾然不覺。然後，你開始感覺自己在壓抑，進而不斷埋怨，甚至因反感而抗拒。那其實是你這趟旅途中很重要的一部分。它要幫助你從不自由的牢獄中走出來，鬆脫環繞著你的枷鎖。現在，你開始看見眞相了。是的，你從來就是自由的。

歡慶枷鎖鬆綁脫落。歡慶你的自由。記得還要快樂地與人分享這份喜悅。告訴自己，也告訴別人，讓大家知道，你可以自由地相信，而且可以自由地隨心而行。

［第16天］

1/16

## 善加運用想像力

大多數人都擁有活躍生動的想像力。我們可以將想像的畫面視覺化，在心裡的小劇場自行創造尚未親眼見過的景象與畫面。但問題在於，大部分人總是使用這份視覺化的力量來想像那些我們其實不願見到的景象。我們將可能發生的各種痛苦、糟糕事件的畫面全都組合起來。或許現在該是時候做些改變了，讓我們使用一些強而有力的創意力量，來視覺化和創造各種我們亟欲在眞實生活中發生的美好畫面。

你想要在你的人生中看見什麼樣的事情發生呢？創造一個你可以看見的畫面吧！你創造得越眞實，成果便越好。記得要在這幅畫面裡找到自己的位置與影像。試著將你所有的感官投入其中。將一切你所能感受到的觸覺、聽覺、言說、嗅覺與感受，一一納入。竭盡所能賦予那幅畫面情感的能量。把握任何空閒的時刻——舒服地窩在沙發裡，或臨睡前自在地躺在床上，或在你的車子裡，或在浴缸裡泡澡——爲你的人生創造這些積極正面的圖像。接著，嘗試爲這些畫面做一份企劃案，列出清單，保存起來。如果你不曉得該將什麼項目列入表單中，問問自己，問問神，也尋求宇宙的幫助，請祂爲你指點迷津。

觀想自己去做喜歡的所有事情。善用你的時間，去開創視覺化各種美好想像的創意能力。重要的是，要在那幅想像的畫面裡，看見自己有多快樂。

［第17天］

1/17

## 喚醒周遭的世界

這片宇宙天地就在你門外，等著要與你接觸，撫慰你，療癒你。外面的一整個世界，等著要幫助你敞開心懷，滋潤你的靈魂。宇宙想要啓蒙你，教導你，向你展示許多新事物，使你經歷一段你未曾經驗、充滿朝氣、生動活潑的生命力。

打開你的雙眼，開發你的感官，敞開你的心胸。走出大門，環顧四周。你周遭的一切將顯明讓你明白，也將指引你前行的道路。你的心會將你帶往你要去的方向。留心諦聽，睜眼觀看，用心感受。你與宇宙是緊密相連的。

讓宇宙帶給你一切你所需要的療癒。讓宇宙帶給你生氣活躍的生命力。
喚醒你周遭的世界，你也將因此喚醒你自己。

［第18天］

1/18

## 從掌控中得自由

你可以拒絕讓別人掌控或操縱你。你不需要爲許多事而捶胸頓足，大聲尖叫，指責別人的過錯，告訴他們不可如此云云。你或許沒想過，這麼做，便是讓別人來掌控你。

人人都是一份能量。思想也是一份能量。一旦有人開始想要控制，那麼，這份能量將大大阻礙愛與成長。任何想要掌控他人的企圖，其思想意念與所作所爲，就像是放下會讓人窒息的絲帶、繩索或觸手，使人望之卻步，並以一種毫無意義的手段影響他人。掌控本身，從來不是心的作爲，也不是愛的作爲。

當你繼續在旅途中前行時，試圖想要掌控許多事物的感受會越來越明顯。當那些干涉的觸角出現時，你將親眼看見，也將親身體會與感受。你也將見證並感受那些掌控如何影響你，如何爲你帶來不同感覺，如何困擾你，使你心浮氣躁。事實上，你不需要因此而咆哮尖叫或捶胸頓足。你可以心平氣和地覺知到那不過就是掌控。不論那個對象是你所愛的人、某位熟人、生意上的夥伴、朋友或甚至某位家人，你都可以從他們與你的互動中認知到掌控爲何物——那是進入內心深處的絆腳石，也是走向愛的障礙物。

從掌控與操縱中，釋放自己，享受自由。
愛是無法被掌控的。將心敞開，讓愛充滿其中。

［第19天］

1/19

## 尊重靈性成長的過程

不要坐著枯等事情改變。那些你想要改變的事物，將從你的內在一一湧現。現在就開始透過每一個進化的階段，藉由每一個靈性成長的過程，來提升與培育你自己。

枯等事情改變是令人筋疲力竭且不勝其擾的過程。但擁抱我們的感受與成長，卻是無比興奮的一件事。這過程本身就是積極正面的挑戰，足以將生命翻轉成爲舉足輕重、充滿互動與交流的過程。在我們全然降服於這些過程的時刻中，你將驚覺，某些事正在發生。如果我們感受某種情感，不論是某種熟悉、擺脫不掉、大而沉重的情感，抑或某種在旅途中冉冉升起的新感受，我們都可以自在地釋放它們，釋放掉「我不值得被愛」、「人生就得這麼痛苦」、「我被懲罰是理所當然的」……這些毫無根據的負面信念。

當我們嘗試去釋放這些情感與信念時，我們的身體也將隨之產生奇妙的轉變。身體開始進行排毒。改變發生了。接著，新的功課與學習隨之而至。我們發現，原來我們可以選擇快樂滿足，可以選擇自由自在，也可以選擇寬恕包容。這些隨之而來的課題，一如那些舊的信念般，是如此獨特。每一門新的功課都以不同的方式歷經成長與轉變，而我們也不斷在各種領域中與之掙扎應對——在工作職場上，在愛的關係上，甚至在我們生活的各個場合中。

不久，我們將得到一個有關我們自己的人生與生命的新結論：我們是可愛的。「我充滿希望地感知到，神與宇宙要給我的恩賜。我是自由自在的。我可以帶著無比豐沛的精神與能量活在世上。」然後，當我們開始轉變時，我們的信念也跟著轉變，而我們的人生也奇異地煥然更新了。那些我們殷殷期盼要改變的事，不約而同地發生了；只是我們所經歷點點滴滴演化而來的改變，並不是因爲那些在人生外圍的某事或某人的改變而改變，而是源於我們改變了自己。

全心全意相信改變的過程。尊崇這些改變，敬重這些改變。

你不再需要等待某些事改變。某些事此時此刻正在發生轉變，就從你的內在開始。

展開雙臂擁抱屬於你自己的轉變。當你積極投入於這些改變時，願生命扶你一把，幫助你。

願這些過程充滿活力，充滿互動，充滿奇妙的魔力！

[ 第20天 ]

1/20

# 學習接納改變

人生持續不斷地在改變，我們亦然。如果改變不可避免，那麼，我們有必要把「接納」這門功課學好。

有些接納來得自然而然，不經意地就發生了。在我的這趟旅程中，從一地到另一地，面對不同氣候的遞變，我甚至留意到自己的身體正發生一些微妙的改變。在溫暖而略顯乾燥的亞利桑那州，我需要大量水分，身體需要擦更多乳液，頭髮也需要使用不同的洗髮精和潤髮乳。在某些高山氣候中，我發現自己的呼吸異於平地，使得我需要更多的時間休息。那些生長在不同地域、不同文化的人們，必須提早學會接納特殊的氣候，以及圍繞在他們周遭的世界與文化。

我們也可以接納生命中的不同際遇和景況，尤其是在面對周遭恆常改變與進化的世界時。不論在家中、工作職場或在我們的社群裡，改變，時時刻刻都在發生。不管承認與否，我們大部分的人都持續投入於行動中——接觸新朋友、探索新環境，或在不得不與新環境打交道時，調整並改變自己。

當然，也有某些時刻，我們發現自己無法接受這些發生於我們周遭的改變。在那些時刻，不論我們怎麼嘗試、怎麼努力，就是無法勉強自己適應新的環境。我們發現自己的身體根本不允許我們去調適與接納，因爲一切都不對勁。是的，我們需要學習去接納一些改變，甚至做出改變，但當我們面對一些不對的情境時，也需要學習誠實地辨明與自我提醒，不需勉強自己去配合。

面對由外而來、以及從你內在所衍生的改變，

不論是微妙或戲劇性的改變，都要敏銳地感知與覺察。

容許自己有一些時間與自由去接納改變，並清楚辨識這些改變對你有何意義。

容許自己有一些時間去趕上這些變化。

請溫柔地面對自己。留心聆聽你真正的需要。讓自己去接納那些對你而言是「對」的改變。

［第21天］

1/21

## 發掘屬於你自己的眞理

我們從未擁有任何眞理，除非你讓它成爲屬於你自己的眞理。

世上所有眞理都無關緊要，除非你發掘它們對我們是眞實不虛的。那就是這趟旅程的目的。每一趟冒險之旅的尾聲，終將以一個深刻的洞見、新的功課與信念作爲結論，不論這趟冒險之旅發生於一個時刻、一個小時、一天之中或一年之內。這些功課並非來自課本的內容，雖然書籍在旅途中或許有所助益。這些收穫也不是來自一些課程或演講、或是充滿善意的朋友。我們所尋求的收穫，源自我們之內，來自我們內在深處跟意識和眞理之間的深刻連結。

某天醒來，我們發現自己開始相信一些新的事物、新的轉變，或對某些更爲自由、更爲有趣、充滿生命

力的信念比過去更深信不疑時，有些改變便已悄然在我們的內在深處冒出芽了。或許有那麼一些時候，我們會駐足，回首探問：「我爲何對此一無所知呢？我爲何不曾察覺呢？」我們開始在途中稍微後退，莞爾一笑，然後繼續往前行，慢慢釐清自己之所以在此的緣由。我們並非想要預先知道些什麼，而是容許自己自由自在地走過所有的功課與收穫，讓這些東西教導我們，使我們不致空手而返。

你正踏上一趟發現之旅。去尋找對你而言最真實的元素。

記得，沒有什麼真理是屬於你的，除非它對你而言無比真實。

［第22天］

1/22

## 對安慰的力量保持開放

我的吉普車後行李箱裡，裝了一條我最愛的紅色毛毯。我其實不需要它來溫暖我，因爲我不會在寒冷的地方留宿。我需要的是藉由這條毛毯提醒我，有一種力量叫做「安慰的力量」。

敞開自己接受安慰，這份安慰不僅得以感動一顆心，也得以滋潤靈魂。我們當中許多人的成長歷程，使我們錯失了感受眞實安慰的機會，也不曾經驗眞實的滋潤。我們許多人甚至對它的存在毫無所知。但就某個層面而言，那卻是我們殷切尋覓許久的東西。

安慰是慈母充滿愛的臂彎，母親眼中所見，只有孩子的美麗。母親盡力付出並滿足孩子的需要，用心滋潤孩子的心、撫慰孩子的靈魂。這份安慰，就是全然接納與最精緻難得的愛。

敞開心胸接受安慰，同時也學著去付出並給予別人安慰。
安慰的力量總能探觸並療癒我們的靈魂。
把這份力量帶在身邊，一如你無論去到何處，總不忘隨身帶著最愛的毯子。

［第23天］

1/23

## 回應身體的需要

找時間讓自己好好休息，再依著自己的需要重新整頓調理。在旅行的起始與旅途中，別忘了花些時間來尊重你的身體。當你尊重身體，便是尊重你的靈魂。

長久以來，你不斷努力工作，也致力於追求靈性的成長。你一直持續往前行，以快速的步伐蛻變成長。有時，你需要給自己的身體一些時間去趕上你的速度。你的身體不該成爲攔阻你前行的負荷；它是你忠心的盟友。你的身體了解它眞正的需要，也深知你靈魂深處的需要。

調好身體的頻率。留心聆聽。在人生的某些階段，身體因爲你的成長，以及情感、靈性的療癒而開始進行調適與整頓時，請給它時間，容許它從容適應。不要輕忽這些過程，也不要爲難或勉強自己。請溫柔對待你的身體，好好認識它的每一個細微轉變，細心探問它的需求。是不是需要喝些果汁呢？吃顆維他命？休息一下？還是運動？讓身體親自告訴你，然後按著自己當天可以掌握的狀況，完成一些簡單的任務。

每每歷經一段靈性成長的高峰，當所有情緒與感受都被清理與療癒之後，我們的身體便會努力排除毒素。但是，過了一天、一週、或甚至一個月的密集靈性成長，我們的身體在歷經諸多情緒並陪伴我們走過各種轉化之後，早已疲憊不堪。身體與我們的成長是緊密連結的，倘若我們否定身體的需要，甚至在它需要休息時勉強它持續工作，那麼，我們就是否定正在進行的靈性成長對我們的重要性與影響力。

透過花時間尊重我們的身體，尊重身體的調適與需求，你會發現，身體會以你不曾體驗過的方式來陪伴你、加倍回報你，並爲你效勞。適度的休息，有助於身體迅速返回核心位置，最終受益良多的是你自己，因爲你將重新獲得健全的靈魂，外加一個可以調整並接納許多療癒過程的身體。你將對身、心、靈的和諧心生敬意。你將加倍尊重這份重新發掘的奇妙連結。

**花時間尊重身體的需要，就是花時間尊重靈魂的需要。**

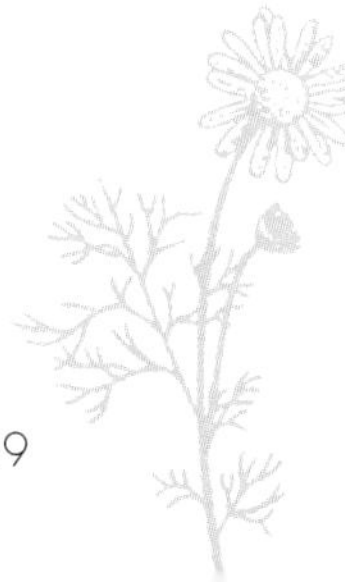

[第24天]

1/24

# 安住當下

好好地安住當下。此時此刻，便是你尋得生命奧祕之處。

當我們總是翹首冀望未來時，難免被排山倒海而來的任務、需要完成的事、做不完的工作、潛在的難題與責任，壓得喘不過氣。當我們老是與那些已經完成的事、已經耗盡的能量與不甚完美的成果周旋不休時，那是何等心力交瘁之事。

是的，不可諱言，想要安住當下，有時不得不挖掘那些不堪回首的過往，去清理一些舊的感受，同時療癒一份過時又自我設限的信念。但這段重訪舊事的過程，其實可以很簡短。而有些時候，我們當然也需要展望未來，諸如給出承諾、進行規劃、設定前行的目標等等。但我們也必須承認，如果持續浸淫於這些未知的將來，極可能引發不安與焦慮，最終恐怕會破壞我們當下所置身的時刻。請安住在你的當下，所有的塵封往事與未竟之事，將自然而輕易地找到可以被安放的位置。

好好地安住當下，所有的奇異魔力都將一一回來。

［第25天］

1/25

# 珍惜你最愛的空間

我們的世界充滿復甦新生的資源，這些豐沛的資源不但靜默無聲，而且全然免費。

最近有位女性朋友告訴我：「我喜歡逛布店。看到一捆捆各種不同顏色的布料，我總是忍不住要摸一摸。那些紡織品真的令我愛不釋手。只要在那裡，我總感覺一切都無比美好，令我開心滿足。」

另一個男人告訴我：「我最愛的活動是耗一整個下午在圖書館。如果我一生只能做一件事，只能去一個地方，圖書館是我唯一的選擇。書本有一股力量，可以讓我廢寢忘食、著迷不已。文字可以把我帶到遙遠的地方，去到那些我從未去過的所在。當我離開圖書館時，總感覺自己被深深打動，而且煥然一新。」

在你所置身的城市或都會裡，你最想去的地方是哪裡？你喜歡逛書店嗎？有沒有一間你喜歡的購物中心，那裡的員工總是笑臉迎人，那裡的櫥窗擺設總是令你駐足欣賞？你心目中有沒有一家最愛的餐廳，可以讓你在那裡喝一杯令你心情大好、心曠神怡的茶呢？要好好珍惜懷舊的好去處，但也要敞開心胸去發掘新鮮好玩的地方。

所謂療癒，不盡然要鋪張浪費、奢華昂貴或傳統保守。

有時，療癒不外乎走到某個可以令我們感覺輕鬆自在的地方。

［第26天］

1/26

# 透過靈魂的雙眼看生命

好多年前，有一次我在夜半時分起來，驚覺自己沒有睡在床上，而是置身天花板，往下俯瞰我躺在床上的身軀。我仔細觀察自己，從外在的表象來看自己，這多少令我感覺訝異和奇怪。當我回過神時，發現自己已經躺回床上。我的靈魂重新與身體連結。這個特殊的經驗，開啓了我走一趟「明白自己不只是身體」的重要旅程，因爲我除了擁有身體，還擁有靈魂。於是我啓動了一段旅程——一趟釋放靈魂、使靈魂得到自由之旅——讓這段旅行有意識地將我與我的靈魂緊緊相連。

在我這一生中，不乏對人生有著諸多欲求與期待。我想要這個，也想要那個。我想讓自己的人生按著這些想望安排得妥善穩當。經過一段時日以後我才慢慢明白，我所展開的旅程，並非建構在「以某種特定的方向」來安排我的人生，或讓自己的人生不偏不倚地按部就班朝著目標前行。反之，這趟已然踏上的旅途，同時也是我一直以來在尋找的旅途，原來，是一趟靈魂之旅。

如果我們有意識地留心觀察，我們會驚覺，人生中許多事總令我們灰心喪志與感覺不舒服。但倘若我們以超越事件表象的眼光去看待那些人事物時，我們將開始以靈魂的雙眼來看生命。所有該學的功課顯得更深刻了，需要我們花更多時間來掌握和學習。我們開始學習何謂力量，何謂愛、勇氣與信心。我們學習如何好好地道別，也學習爲自己而擁抱深切的愛。

學習以靈魂的雙眼來看生命。去體會在那裡的所有感受。
發掘屬於你的真相，竭盡所能去尋求意識的平靜，也尋求靈魂深處的平靜。
讓你的靈魂引導你走過青翠草原，也帶領你走向山谷低處，
因為你所有的經驗與體會不過就是——去經歷這趟神祕與奇妙的靈魂之旅。

〔第27天〕

1/27

## 敞開心懷去愛

敞開心懷，不是做個一、兩次就夠了；敞開心懷，是一種生活態度。生活中有許多事，常令我們迫不及待地封鎖、阻隔、關閉。不過，我們敞開心懷的承諾，與生活如何待我們並沒有關係，反倒與我們決定要如何生活有關。毫無保留地學習敞開、學習去愛，然後感受到安全。我們之所以感覺安全無慮，是因爲我們深知自己想要去愛的能力與意願都來自內在深處。那是最終極的學習方式——學習如何擁抱我們的力量。

很久以前當你還年輕時，或許曾告訴自己，去愛、去相信、去感知是很冒險的。你對自己說，你所相信的人最終會背叛你對他的信任。你的這些信念一次次被證實，你也一次次信以爲眞。但現在，該是時候去相信一些其他不一樣的信念了；該是時候去相信另外的那一面才是眞實的。不去愛、不去相信、不去感知，才是危險。

你的安全感不是來自信任他人。你的安全感是來自相信並珍視你自己的心。
不要讓人生將你封閉起來。隨時隨處，按你所需，敞開心懷。

［第28天］

1/28

# 投入讓你興致盎然的事

說服自己不要輕易嘗試新事物是一件容易的事，然後回頭呆坐家裡，不斷抱怨生活苦悶又無聊。其實，找一些你有興趣的事來做不但不難，而且樂趣無窮。

有好多新鮮事值得學習。你知道可以用松針來做籃子嗎？想找些新鮮刺激的樂子，可以試試看去探索洞穴，或報名參加踢踏舞課程也是個不錯的選擇。可以學習開飛機，或雕塑一根健走拐杖。開始去找個你一直以來想學的樂器，報名上課。你甚至可以學習編髮、寫一首詩，或在一場戲劇中參與演出。

你是否曾經說服自己，不要投入那些你向來喜歡做的事？想想看，有沒有哪些新鮮好玩的事，或長久以來你一直很想好好學習、掌握與探索的目標？

別再猶豫了，開始赴一趟探索旅程吧！找出你最感興趣的事。不要自我設限。不一定非得把興趣和你的工作或靈性成長綁在一起。你的興趣可以海闊天空，任你遨遊。向世界保持開放，你所付出的努力，將會拓展並深化你的創意。找出令你興致盎然的嗜好，努力去追求這些夢想，光是這個過程本身，便足以成爲你一部分的靈性旅程了。

這世上有太多充滿魔力且精采無比的事物，人們也樂於教導你去完成這些事物。

將這一切視為值得努力的目標與夢想。

走出家門，跨出一成不變的生活，用心找出可令你興致高昂的事。

［第29天］

1/29

## 尋求平靜

當我將車子開到加州的國王峽谷國家公園時，坦白說，我心中並沒有任何期待。我沿著路開，途中經過滿山遍野的薰衣草山丘，路的盡頭有一條湍急的河，水流濺出白色的泡沫。前方有塊告示牌寫著：「嚴防湍急河水！」我把車子停好，走下車，讓自己浸淫在眼前這片美好的風景裡。不消多久，我便知道——我感受到——原來，這條路要帶我走向這裡。它把我帶到平靜之地。

培養平靜的心，將自己託付於平靜，並且堅持守護這份平靜。不要爲了外在條件或生活裡某些特殊的安排而勉強接受平靜。勇於開上崎嶇不平的道路，在群山峻嶺之中尋找無處不在的平靜。而今，環山的寧謐已在斜陽夕照下，閃耀著一片紫紅景致。即便在人生中歷經湍急與變幻莫測的惡水，也要努力去尋找其中的平靜。

這是宇宙恩賜予我們的平靜。不要勉強接受或退而求其次。

[第30天]

1/30

## 成爲一個溫暖的人

坐在太陽底下，讓自己在陽光下取暖。

坐在太陽底下，讓自己全然沉浸在從四面八方向你湧來的愛與溫暖中。將這份暖意帶入你每一天的生活裡。對那些你見到的人、與你會面的人、向你問好的人、以及你所愛的人，保持開放的心懷。常常練習成爲一個溫暖、充滿愛與敞開的人。單單心存善念仍不夠，還要再往前多走一步，將心中的愛說出來。想要對某人做一件美好的事固然好，但若能將這份善念實行出來，就更完美了。付諸行動吧！

恐懼是如此冰冷與淡漠。有時，我們會忽然對生命、對周遭的人、甚至對自己感到懼怕與退縮，以致讓自己逐漸變得冰冷——不只對人冰冷，對生命與神亦然。這種逐漸退縮與冷漠的狀態，有時連自己都渾然不覺。也或許我們早已冷漠了一段時日，只是自己沒發現。久而久之，冷酷淡漠與懼怕退縮，漸漸定格成爲我們每日的姿勢，最終成爲我們與周遭世界互動的模式。此時此刻，該是時候將溫暖帶入我們的生命中了！

不要讓內在的恐懼將你變成一個冰冷淡漠之人。
坐在太陽底下，好好取暖。然後用溫暖的熱度，溫熱周遭的人。溫熱你的朋友。溫熱你的生命。溫熱你自己。

［第31天］

1/31

## 珍視你與眞相的連結

相信你的所知。不是那些你以爲自己知道的東西，而是那些深藏在你內心、讓你了然於心的東西。

很多時候，我們早在親眼看見與相信之前，甚至早在我們預備去承認之前，便已經知道一些眞相。原因有很多，或許是出於恐懼、怯懦，以及不計其數、無法一一列舉的問題，使我們寧可選擇忽略內心明明知道的事實，或乾脆漠視這些眞相。但事實就是事實，它們不會因此隨風而逝。那些眞相，那些我們確實知道的事實，始終會在我們心頭纏繞不休，或不時出現，令我們不得不正視。即便我們試圖逃避這些事實，我們的經歷終究會將我們帶回來。

人生對我們從來都是坦誠以待的，它總會將我們亟欲逃離的那些挑戰帶回來。然而，眞正的挑戰往往是如何學習去相信自己，以及如何學習去相信我們所知道的便是事實。或許過去曾有人批評我們不值得信任，那確實很糟糕；但更糟的是，我們竟開始相信別人對我們的評論，並且如此告訴自己。

你可以相信你的心。不要懷疑它。
你的心最終必會將你與真理連結。
好好愛自己，愛到足以相信自己所知的事實。
然後，踏實地與真理保持緊密連結。

# 2月

# 人生的旅途，就是面對不計其數的失去

[第32天]

2/1

# 超越你的限制

你現在是自由的——自由地踏上這段持續一生的旅程，自由地經歷人生向你展示的新奇、清新與充滿魔力的內涵，而那是你過去不曾體會過的。

對你而言，唯一的限制是你對自我的設限。你的監獄其實是你一手打造的。不要抱怨或自責。人生確實對你設定了一些挑戰，但它的目的並不是爲了要囚禁你，而是要使你得到自由，是要提供一些功課、經歷和環境，好讓你成長，並經歷療癒的美好。生命中充滿各種蠢動、啓發、而且大有可爲，它不斷催促你成長、探索、學習、療癒。生命不斷試著要釋放你，使你從層層枷鎖與監禁中，重獲自由。

釋放你自己，讓自己自由自在地走上這段愛的旅程。記錄下來，並且活在當下。踏實地經歷每一個歷程。不忘勤於學習。當你深有感悟或情不自禁時，就放心去愛、開懷大笑、盡情流淚。當你疲憊不堪時，停下腳步，好好休息。在幽微黑暗之處，記得爲自己備好一支手電筒。最重要的是，記得帶著自己，勇敢上路。

請帶著愉悅歡喜的心，繼續你的旅途。

[第33天]
2/2

# 學習面對失去

「離婚令我感到心力交瘁。」男子對我說道：「我花了四年尋找新的妻子，試著想要重建我的家庭，用盡一切努力想把失落的那塊缺角補回來。但是這些渴望和尋找的過程，最後卻讓我更加痛苦和失落，不但傷害了別人，也傷害了我自己。我現在已經不想掌控別人、要求別人來迎合我的需要，或要別人來安撫我的哀傷。我已經厭倦這一切了。」

有些人或許費盡心力想要讓人生重來，彌補生命中曾經失去的部分。但是，恐懼、痛苦，以及因極度渴望而引致的患得患失，無法使你找到你亟欲尋找的出路。患得患失只會引來更多患得患失，痛苦只會吸引更多痛苦，接著便是無止盡的惡性循環。當然，失去絕對會讓人感到哀傷。有時，生命也令我們感到很受傷。但失去就是失去，沒有任何妥協或商量的餘地。在過程中，執意要找回失落的缺角加以彌補，這樣的想法無可厚非，也可以被理解，但事實上，那是無濟於事的。已逝的昨日，無法超越現實，重置在當下。無論如何，我們都需要往前跨出一步。

你可以去感受那份亟欲尋回失落的堅持，然後將它放下。你也可以去感受那份渴望，然後放手讓它去。好好回到你今天要學習的課題。那迥異於昨日的功課，但同樣有價值，同樣彌足珍貴。

在人生旅途中，我們不斷地面對無數的失去。我們所愛的人，毫無預警地在我們的生活中消失；我們或許失去工作、失去金錢、失去其他我們視爲珍寶的人事物；我們甚至可能失去夢想。但如果因爲失去而急著尋找其他替代對象來彌補，以爲這樣便能逃避因著失去而造成的巨大傷痛，那恐怕只會帶來更大的失落。不但如此，我們還可能因而失去該學習的功課。在我們繼續往前行之際，我們必須去面對、充分感受那份因爲失去而衝擊我們內心的哀傷。面對一切失去，最重要的回應方式是接受。

**我們最終會發現，面對曾經失落的部分，生命會慢慢將新的人、新的夢想，送至你面前。**

你該珍惜的是當下的成長機會，以及應當學習的功課。

請珍視並領受宇宙此時此刻要給予你的教導。

〔第34天〕

2/3

# 衝破你的抗拒

有時，我們的本性會讓我們抗拒學習新的功課。而其中最該學習的挑戰，往往也是我們最抗拒的部分。

我們的課題通常伴隨著內在衝突。而我們所該採取的回應與行動，我們所該練習與採納的觀點，卻常常被我們隔絕於抗拒學習的銅牆鐵壁之外。那裡橫擺著分隔兩者的界限，而那是我們亟需不斷去跨越的功課。

大部分時候，那道障礙就在我們之內。所謂需要面對與練習的功課，不外乎要求我們捨棄一些早該放下的舊感受、舊信念。不然，這些就不足以成爲要突破的課題了。其實我們心中清楚得很，那些做了會令我們倍覺自責的事，或一些我們長久以來最抗拒探訪的地方，或是那位我們一直確信不該聯絡的對象，抑或是一些讓我們感覺格外折騰與糾結的舉止行爲等等，恰恰是我們最需要衝破限制去完成的事。

最常發生的是，我們所學習的功課常常超乎我們的假設與想像。因此，我們需要去擁抱生活中點點滴滴的驚喜——擁抱在你眼前敞開的生命奧祕，當功課出現時，不要驚慌，因爲那正是成長與改變的絕佳時刻。

盡你所能地衝破你所抗拒的障礙。那純然意味著以尋常心來面對心中的抗拒。

別忘了，最頑強的抗拒，往往是你最需要學習的課題。

［第35天］

2/4

## 你擁有無與倫比的力量

相信自己是受害者，你就眞的成了受害者。你若對某些經驗信以爲眞，那麼一切終將成爲事實。正因這樣的執迷不悟，讓人不願意向各種可能學習的功課敞開，也無法向所遇見的美好情境敞開自己。在他們的眼裡，只有自己的委屈與解不開的受害者情結。

我們當中有許多人，費盡一切努力想要移除「受害者」的價値系統。當我們這麼做時，將會發現生命中的風景開始改變了。事情總是如此。當我們開始以不同的角度來相信時，我們的眼光和視角也會跟著轉變。

相信自己有能力正確看待事件的人，最能體會這種狀況。縱使我們知道，人生有太多事物不在我們的掌控之中，但也別忘了，我們有思考的能力、有感受與選擇的能力，當然也有為自己與我們的人生負責的能力。我們正在一點一滴地發掘我們的創造能力與愛的能力，不只是愛他人的能力，也包括愛自己的能力。我們也能夠擁抱成長的能力、改變的能力，以及往前行的能力。不要妄自菲薄。我們知道自己擁有爭取生活品質的能力，不論外在環境與條件如何，我們也總能承擔一切責任。當然，有時不如意事十之八九，甚至難免陷入四面楚歌的困境，但我們已經學會去超越這些險阻。我們學習轉身去看見生命中的美好、恩賜與禮物、等著我們去修習的功課，以及充滿奧祕、甚至不可思議的魔力特質與元素。

踏上自由之旅的途中，或許我們會停下腳步。如果我們相信自己是受害者，請務必調整步伐與看待事物的角度。現在，我們的行程開始轉換方向，將我們帶往另一個地方、欣賞另一種風景。我們知道自己擁有能力，也知道自己擁有選擇權。我們不需要正確無誤，但我們要掙脫枷鎖，重獲自由。

瞧，你多強啊！

［第36天］

2/5

## 學習與未完成的計畫和平共處

不論你的計畫是縫一件衣服、讀一本書、寫一本書、蓋一棟房子或在旅途中掌握一些功課，請學習與這些未完成的計畫和平共處。不論你手上正在進行什麼樣的工程，或你正好處於不需要趕著完成的狀態，也或許你不需要按著完美的步驟去做，或整個過程鬆散而百無聊賴，都沒關係，讓自己在當下的境況仍享有平靜安樂。長久以來，我們總是憂慮煩躁，剝奪了自己快樂的權利，非得等到看清了事件的全貌，學習了該學的功課，將每一個細節都顧好之後，我們才會感到快樂。但那意味著我們花了漫長時間在等待功成圓滿，對我們而言是多麼難以承受的壓力。

讓我們學習享受每一個過程、享受置身於不同階段的當下。回想一下，當最初的一個想法開始在你心裡萌芽的剎那；回想一下，即便當你尚未開始之前，那些埋在土裡的種籽歷經蟄伏，然後開始蠢蠢欲動的整個過程；再回想一下，那些躍躍欲試、興奮期待的開始，以及進程中的每一天、每一個階段。我們當然會經歷灰濛濛的陰鬱天候，環顧四周，無比荒涼慘淡，人生好似卡住，甚至突破無望。但當我們所構築的計畫、功課與人生，按部就班地依著我們的節奏成型時，我們也會爲此而興奮雀躍、滿懷期待。

享受此時此刻的快樂。

就在今天，享受每一個創意勃發的過程，享受你正在構築的人生、你自己與你手上所進行的計畫。

不要非得等到一切就緒之後，才願意享受你的工作與人生。

在每一個追求與努力的過程中，就要細心品嘗與享受快樂。

［第37天］

2/6

# 不再追求完美

花些時間，從我們的內在、從他人身上、以及從周遭的世界去留意一些正確的事。有時，我們因急著想要修正而習慣性地去挑毛病。我們不只是緊盯著有哪些錯失，甚至不斷想要找出不盡理想的地方。這個問題本身，已足以將我們置於緊張不安的懸崖邊。然而這麼做，究竟有什麼不好？

有時需要盤點、清查庫存，有時也需要學習與成長。只是當我們雙腳踩踏在自己、他人或生命中一些難以自拔的泥淖裡，處心積慮尋找錯誤與過犯時，我們便無法享受靈性的成長和喜悅。我們實在不需要爲了成長或進步而讓自己置身於動輒得咎的狀態中，不停地挑出自己犯了哪些錯誤，甚至對自己評頭論足一番。這些指指點點令人受不了，而且會帶來傷害。我們要修習的功課與教訓，總有一天會來到我們面前，不但向我們清楚顯明，而且是自然而然地翩然臨至。屆時，成長也就自然而然地發生了。

饒了自己吧！你需要一個喘息的空間。

捫心自問，什麼是對的，什麼是好的，什麼是真實的，什麼是美麗的。

有時，真正的功課和教訓並非從探究錯失中發現。

有時，真正的功課和教訓是重新發現這個世界一切安好。而你亦然。

［第38天］

2/7

# 爲自己而體會愛

想要尋找愛，首先必須要找到你自己。你會發現，整個宇宙都將熱烈回應你對愛的一切想望。你看見人們如何對你展露笑容嗎？去感受他們的溫柔、他們的深情與他們的敬意。你睜眼看看，當你學會愛自己時，整個世界如何以愛來回應你。

你周遭的世界恰好映照出你對自己的感受。持守心中多年的信念，使你深陷分離與阻隔的錯覺中。是否該愛自己？你對此躊躇困惑，也因此充分反映在其他人眼中。然而，你並非孤立無援，也不疏離；你從來就不是被切割的一部分，不，你是整體構造的其中一員，緊密地與整個生命合而爲一。

走出去，去擁抱與你連結的那部分。去擁抱生命。找時間坐看太陽升起時，嗅聞松柏的香味，觀賞一塊種滿蒜頭的園地，感受蘋果園所傳遞的寧謐景象。用心覺察吹拂到你雙頰上的微風，滴落在你髮上的雨珠，以及雙足所踏的土地。

保持開放。不吝於持續愛自己。在這片充滿生命力的宇宙中，你是不可或缺的一員。

當你與自己和平共處，在平靜之中成長時，你將見證生命比過去更美好、更慈悲寬容。

當你決定要好好愛自己時，你將發現宇宙向你映照出更多更多的愛。

［第39天］

2/8

# 聆聽內在的聲音

我們內在的聲音，那份悄然安靜的內在引導，將成為人生路徑的指引，也將幫助我們創造自己的命運，使我們活在平安與和諧中。

許多壓力其實來自充耳不聞，來自對內在聲音的不信任。許多困惑的緣由，是因為我們總在聆聽與接受指示之前，便迫不及待地採取行動。當我們抗拒、逃避、甚至掩耳不聽內心深處的微聲提醒時，許多痛苦於焉而生。我們實在好奇，到底要如何相信自己？我想，更適切的問題應該是，我們為何不再相信自己？

你是否察覺到，我們的怒火、激憤與最強烈的恨意，往往發生在當我們相信他人更甚於相信自己時。確實，有時候一些激勵和敦促來自我們的外在。整個宇宙充滿生命力、魔力、感應的能力，祂會一路指引我們方向。但那些答案必須與我們的內在產生共鳴，而且隨時從內心深處衍生——我們的心、我們的靈魂，以及我們內在的聲音。有時，我們需要聆聽他人的聲音，直到我們能熱烈地聆聽並相信我們自己。

這是需要練習的功課——學習安靜地聆聽，直到我們學會如何聆聽自己的聲音，進而將我們所聽見的好好詮釋與理解一番。學習聆聽我們內在的聲音，學習將這些聲音對準我們的內心與靈魂，這是生命中重要的功課；它一點兒也不浪費時間，更不只是生活中的偶發事件。那是我們之所以置身此地的部分原因——為要完成我們某部分的命運、使命與目標。

唯有當我們聚精會神地聆聽與相信自己，並容許我們的內心與靈魂來指引我們時，

我們最優質的工作成效，以及最美好、最快樂的時刻，才可能臨到。

這些又善又美的事之所以降臨，是因為我們允許自己成為全然與自己和好、與自己相愛的人。

［第40天］

2/9

## 「想要卻不可得」乃是人生常態

即便你無法擁有你想要的，也要隨時敞開你的心懷。確實，朝著生命中的魔力與各種可能性保持敞開的心懷，是容易的，因爲我們手中掌握了自己想望的事。然而，要在不可得、得不著時仍能保持心懷開放，雖然挑戰大、難度高，卻是無比適切與重要的功課。

我們必須做好心理準備，即使在最無憾的旅程中，仍可能有狀況。有時，計畫趕不上變化；有時，不可預期的意外打亂或改變了原訂的安排。這些計畫之外的狀況，可能造成機會錯失、關係結束，甚至在人生旅途中出現一些障礙與挫折。當然，這是我們所看見的現狀，也是我們所理解的失望沮喪的現狀。面對「想要卻不可得」的現實，我們很受傷。發生這種情況時，我們或許傾向將所有感覺系統關閉，也一併把心封鎖起來，把一切所學習的功課拋諸腦後。

無論如何，請你隨時敞開心懷，並且是有意識地去做這件事。當然，你可以選擇轉身就走，你也可以選

擇置之不理或將自己封閉起來，但其實你大可不需如此。現在就是一個轉變的關鍵點。如果你選擇敞開心胸，即便你無法得到一心渴求的想望，但請你相信，奇蹟終將為你鋪展開來。

永遠不要忘記，即便此刻你無法心想事成，仍要時時提醒自己，敞開心懷。

不久，你將看見許多驚喜與轉變。

只需踏出這一小步，你將親身經歷這份學習與功課如何幫助你，並在你的人生發揮功效。

［第41天］

2/10

## 從別人的控制中重拾自由

學習認清「被動式攻擊」的殺傷力。學習認清別人暗藏的動機，尤其當他們試圖要掌控或操控你時。當我們被控制時，我們可能會感覺自責、理所當然、或甚至虧欠。在渾沌不明的狀態下，我們可能會不假思索地認同別人的要求，卻在滿足別人欲求的同時，對自己「為何如此」不明所以。然後，我們開始為了許多不確定、不平衡與困惑的情緒而悵然若失。

眞正要修習的功課，與他人無關。問題在於我們如何回應。如果他們的行為舉止、力氣能量強烈地影響了我們，那是因為我們的內在有些地方需要被療癒。我們內在的某些部分仍處於混沌不明的暗處，仍飽受一些傷痕累累的陰影與舊事折騰，譬如罪惡感或恐懼。不過，一旦我們如實面對並進行自我療癒，很奇妙地，我們將知道該如何處理他們的能量、如何回應他們「被動式攻擊」的行為，也有能力去回應他們亟欲掌控的企圖。走過這一遭之後，我們便能生出感謝的心，謝謝他們的介入，啓動了我們的療癒，也幫助我們成長。

每一件發生於旅途中的事，都是過程中不可或缺的部分風景。

每一件發生的事，都可以成為我們啟動療癒程序的元素。

每一條路，都指向成長與精進。

［第42天］

2/11

## 樂於付出和奉獻

小心嚴防貪婪——對金錢、資源、愛的貪求。貪婪會不知不覺腐蝕你的心，然後在不經意間接管我們的人生。貪婪和恐懼，是兩個阻礙我們與宇宙、以及宇宙之愛建立連結的絆腳石。

放下對匱乏、貧困與毫無作爲的恐懼，放下這些長久以來使你無法跨步往前行的窒礙。如果你需要對症下藥的問題是恐懼，那麼，無止盡的擁有與賺取並無法眞正解決問題。建議你環顧四周，帶著關愛正視你的人生與周遭的人們。只要你毫無所懼地敞開心胸去面對，將發現自己現在所擁有的一切，早已足夠有餘。

重返你的內心。不要讓恐懼和貪婪主導你的人生旅途，要讓愛來引路。讓你的人生旅途充滿樂意為他人服務的熱忱與想望，為有需要的人貢獻你的天賦、你的療癒與才華。隨時回到你的內心深處，把榮耀與真實的事謹記在心。告訴你所愛的人：「這是我的付出與貢獻，我如此行，是因為我的心指引我這麼做。」

宇宙是何等豐盛滿溢。投入你的角色與職分，讓自己參與在宇宙之愛中。回到你的內心深處。發自內心去付出與貢獻，整個宇宙將以仁慈來回應你。

［第43天］

2/12

## 用美點綴生活

以繽紛色彩、質感、香味與對你而言充滿美感和有意義之物，來充滿你的生活、你的世界。不要忘了，我們與所置身的環境緊密相連。存在於我們世界裡的物品和顏色，不但充滿活力，而且饒富意義，深深影響了我們。一旦我們明白與它們之間的關係有多深，那麼如果我們擁有一個屬於自己的獨特空間，下一次在選擇擺放家裡或工作環境的物品和顏色時，便會更加謹慎與顧慮周全，因為這些物品與顏色會反映出我們對自己的感受，也會向我們傳達對我們而言真正重要的是什麼。

物品自有其能量。在我們擁有的當下，這些物品便開始有了能量，而我們的態度也賦予了它們能量與意義。所以，請愼選你要擺放在周圍的物品，因爲它們將陪伴你左右，不停地對你說故事。

請以富含美感又深具意義的東西，來點綴並充滿你的世界和生活。環顧四周，看看你用了什麼物品與色澤來美化你的生活起居和工作環境？有沒有什麼是你特別想要就近放在身邊、放進櫃子裡、或藏在口袋裡的？這些物品可以如何描繪有關你、有關你即將面對的事、有關你在這趟旅途中的位置？

選擇會令你發自內心微笑的物品與顏色。

〔第44天〕

2/13

## 拒絕承接別人的負面觀感和話語

尊重自己或他人的話語和思想的力量。有些時候，我們的觀念、發想與靈思，或源自他人、或從外在進入我們的思想體系裡。但如果我們不夠小心，別人很容易便有機可乘，將他們的想法和意圖偷渡到我們的思想裡，甚至不知不覺將他們的誓言或謊言灌入我們的心思意念中。這些謊言包括：「你根本就毫無創意。」「你的心完全封閉。」「你看起來實在不健康。」「你若想要成功，非得靠我不可。」「你根本就不配擁有成功。」「你其實不配得……」你看，我們總在不經意間，深受別人的想法和話語所影響與牽制，甚至把這些話當成事實，進而將這些想法牢牢根植於我們的價值體系裡，任由別人對我們的觀感來掌控我們的人生和信念。

我們其實大可對他人的謊言拒絕到底。我們可以不去相信他們所說的話。好好檢視一下，留心觀察你的內在，有沒有一些他人加諸於你的負面話語？有沒有一些不經意間內化了的謊言，至今仍根深柢固地影響你和你的人生？想想看，有哪些話語和觀感，仍在你的思緒中不斷迴響？那些言論衝著誰而來？再請你謹慎檢視與聆聽，如果這些言論都不屬於你，請堅決將它們拒於門外！

話語是有力量的。不要隨意讓別人的言論進入你的腦袋裡。當你對別人說話或發表評論時，也請你慎選使用的言辭和內容。

〔第45天〕

2/14

## 將愛化爲文字

寄出充滿愛意的信給所愛之人，這麼做，對我們自己與接收的對象都是個收穫滿滿的經驗。花時間執筆書寫並表達我們的感受與關愛，這過程本身就深具價值。不過，還有其他寄出情書的方式。這種方式和書寫一樣，都需要花費時間與專注力來完成，只不過紙筆或許派不上用場，唯一需要的是全神貫注的思緒。

有一種看不見卻千絲萬縷、穿越宇宙的能量，與我們深刻地產生連結。你是否曾經留意，有時你根本沒見過、也沒與某人談過話，但說不上爲什麼，你就是知道那個人對你生氣或心懷不悅。你可以感受到對方的怒氣，即便你根本沒有與對方在同一個空間裡一同經歷一些事情，但你就是可以感知一切。原因無他，思想是有力量的——尤其帶著強烈情緒性的能量。如果我們的所思所想不但嚴厲且帶著恨意，那就像透過連結的線路寄出一封充滿怨恨的信件。那幾乎是一種感知的攻擊！

既然如此，爲何不改傳送充滿正面情感能量、充滿愛意的思想呢？我們可以隨時且有意識地運用我們與他人的連結來傳送「愛」。傳送正向的思想、祝福、平安的信息，並在危難關頭時獻上我們的協助與陪伴。我們可以選擇用祈禱的方式來傳送我們的關心，也可以單單以念力來爲對方設想一份祝福或積極正面的思想，輔以滿滿的能量，然後以愛的線路，傳送出去。

當相知相愛的人出現在腦海中，或者是某個你並不認識的人——可能是某位置身其他國家或世界某個角落的人，抑或某位正歷經一些特殊困境的人——你不確定可以如何伸出援手，那就寄出一封充滿愛的信吧！

你滿心關切的愛，將深深觸動對方的心，而你的祝福也會奇蹟般地回傳給你自己。

[ 第46天 ]

2/15

# 尋求宇宙的幫助

你從遙遠之地來此，在你需要時，開始慢慢學會向人求助。你也學會向神祈求。此時此刻，你已開始踏入跟宇宙的關係之中，那是一段充滿活力、精采而活潑的關係。因此，你可以隨時敞開心懷，向宇宙尋求幫助。

和宇宙對話吧！可以的話，張口對祂大聲說話。你可以說：「讓我看清楚、指引我前行、帶領我、幫助我。這是我的想望，這是我的需要。」對祂表達：「指示我該遵循哪個方向前行？該往何處去？該如何做？」是的，你可以跟人說，你也可以向神說。祂／他們都是我們所居住的宇宙和世界的一部分。即便如此，仍鼓勵你朝向宇宙大聲說話。說完之後，請留心聆聽你內在的聲音。靜聽內心要對你傳達的話語，並且相信你所聽見的聲音。你所需要的答案，將以不同途徑、不同源頭與不同方向來回應你。倘若那些答案對你而言是正確的，你的心會知道，你會清楚地感知那份眞實無誤的踏實感。

跟宇宙說話，尋求祂的幫助，接著平靜地聆聽你的心。

因為潛藏在你內心深處的安靜聲音，往往就是宇宙對你的回應。

〔第47天〕

2/16

# 答案或許就在眼前

我記得當時已經很晚了。我才剛抵達新墨西哥州的奇馬約。街頭昏暗，燈火不明，路標和地址難以辨識。我在那一帶來回兜轉了好幾個小時，遍尋不著我要找的地址。最後在灰心沮喪之下，我把車子停好，走出去，打算找個人問問看。有人停下腳步，但無奈表示他無法幫上任何忙。我已經計窮力竭了。環顧四周，我瘋狂緊盯著眼前的郵筒。天啊！出乎我的意料之外，我雙腳所站之處，正是我尋覓已久的地方。

有多少次，我們在焦慮與絕望中賣力揮舞著求助的雙手。我們幾乎確信所有亟欲尋找的答案、體悟以及片段的資訊，似乎永遠不存在。然而，我們遍尋不著的答案，往往就在眾裡尋他千百度之後，奇蹟似地出現在眼前的燈火闌珊處。那是因爲我們的某個部分，我們的心，深知我們要往哪裡去、知道我們的需要爲何，也知曉我們的下一站在何處。我們的心會帶領我們往正確方向走去。我們的靈魂會催促我們踏步往前行。我們的直覺與本能恰似雷達系統般，會按著步驟，一步步帶我們平安歸家。

去感受你的緊張。去感受你的灰心喪志。但要繼續保持眼目明亮、心胸敞開。

答案可能比你所想的更接近。說不定答案就在眼前！

［第48天］

2/17

# 與能夠賦予你正面力量的人為友

我們大部分人都需要身邊的人賦予我們力量，幫助我們感覺自己有能力可以漸入佳境、保持平衡、充滿盼望。我們實在需要周遭有人對我們說，我們可以做得到。或許他們不是以言語來告知我們，但他們對我們的信任，使我們得以抬頭挺胸，勇往直前。當我們看著他們時，我們所看見的回應，盡是我們自己的力量。

但也有些時候，我們可能會遇見一些自視甚高的人，極力想要說服我們相信，唯有他們才擁有力量，唯有他們才能掌握我們想知道的答案，唯有透過他們，我們才能把事情看得更清楚。若沒有他們從旁協助，我們根本無計可施。這些人從不相信我們；他們只相信自己。這肯定並不是所謂的「賦權」學習與過程，而是一種訴諸命運的手段，想要藉此創造「非你不可」的依存與掌控，但通常那是一種極不健康的相互依賴。

當你想要與人建立關係時，請選擇那些對你有信心、知道你正一步步持續往前行的朋友，而且他們曉得你正漸入佳境。另外有些人則是會幫助你探索自我，使你更相信自己。請多花些時間跟這樣的朋友在一起。

張開雙眼，找出那些能夠賦予你力量的人。你也要學習去賦予你所愛的人力量。

當你環顧四周而身邊竟沒有任何人時，記得，你可以賦予自己無比的力量。

[第49天]

2/18

# 身、心、靈本爲一體

我們的身、心、靈與情感之間相互連結的程度，超乎我們想像。它們合而爲一，是全然一體的。當我們滋養身體時，也同時在滋養我們的思想、靈性與情感。當我們照顧靈性時，也同時在關照我們的身體、思想與情感。如此彼此相連，相互依存，生生不息地循環下去。

你感覺分裂嗎？你常感覺被自己的其他部分棄絕嗎？重新把失落的那部分邀請回來。或許你顧此失彼，過於聚焦其中一部分以致失衡了。有時，你可以成爲世界級的偉大運動員，但卻從未探觸你的靈魂深處。或許你擅長處理各種湧現的情感與情緒，但在情感、意識思維和信念之間，卻渾然不覺其中微妙的變化與關聯。又或者你耗費許多心神關注靈性與心思的需求，卻忽略了身體的需要——你厭惡並輕視它，甚至將它視爲是一種侷限。

從現在開始，我們要學習將這些看似各自獨立的部分，視爲一個整體。盡力來滋養你的靈性，或許是花時間祈禱與靜心冥想，抑或是與大自然獨處。擁抱並實踐你的信念，好好沉澱與澄清那些進入你腦海裡的念頭。好好餵養你的情感與情緒，讓自己從過去的情感中獲得釋放和療癒，做一些可以令你當下保持清醒的事。聆聽身體所傳達的訊息，並給予它所需。身體對你而言不該是割裂與分離，或令你感覺厭煩的負累。身體是靈性所創造的形體，是一份用以承載與體驗生命的禮物。

找出一個平衡的途徑來孕育和滋養你所有的部分。你將驚訝地發現人生開始出現奇妙的轉變，你也將親眼見證你所相信的一切，並一一落實。你的感覺不會叨擾你，反之，它們將成爲你生命的燃料，爲你的人生增添繽紛色彩、活力和趣味。你的身體將本能地帶你走進自己最眞實的欲求，遠離你所不喜歡的事物。啓程走這趟心之旅程，走得越久，你將有越多發掘，並深信自己的靈魂。

從保持連結開始。

如果你愛自己，並持續往前走，很快地，你將看見自己各個方面是如何地緊密相連。

［第50天］

2/19

## 溫柔善待你的心

在這趟走向內心的旅程中，你將看得更遠、感受得更深，遠遠超乎你過去的經驗範疇。你的心是敞開的，你的靈性是生動活潑的。你向整個宇宙、生命本質與神爲你持守的一切，保持敞開。正因爲你毫無保留的開放心懷，因此，你不論對任何人、能量、地方與事物，都比過去更加有覺知。你也對隱藏於自身之內一些懸而未決的議題，以及環繞你周遭的事物，更爲覺察。你不但越來越敞開，而且比過去任何時候都還要不設限。

試著撫慰你自己。以愛與盼望的被單將自己包裹起來。你知道這是一件值得感受、值得見證與品味的重大事件。因爲你知道自己將歷經比過去更爲深刻的療癒體驗。大部分時候，這些過程會帶來快樂和雀躍。然而，一顆敞開的心絕非單向的，因此，你將經驗到的感受也絕非只有快樂與雀躍而已。所以，建議你爲自己的心保留更多空間，也爲自己的人生開放更大的空間，同時爲你每一天的生活釋出更多時間，好讓你可以更從容地品味其他不同的感受——憤怒、悲傷、恐懼、鬥志高昂、溫柔、背叛、振奮人心。五味雜陳的情緒與感受，只有開放的心能領受。

> 你比過去任何時候都還要開放。
> 以溫暖和愛，善待自己。無論如何，請溫柔對待你的心。

［第51天］

2/20

## 勇於跨出舒適圈

在遠離愛達荷州的主要快速道路上，我獨坐在一條砂石路旁。我倚靠著一棵樹，抬頭時，正好瞥見一隻母鷹和好幾隻幼雛棲息在樹上鳥巢裡。忙進忙出的母鷹，一邊保護幼鳥，一邊留意觀察我的一舉一動，反應敏捷地回應每一個牠所聽到的聲音。此時的母鷹，以母性的堅強呵護自己的孩子，但等時候到了，牠便會把這些幼鳥一隻一隻推出舒適安全的鳥巢。時候到了，母鷹就得讓孩子們離巢，教牠們如何展翅高飛。

不管我們是否願意，我們經常得面對被迫飛出巢穴的情況。有時，某些預料之外的事情發生了，我們整個世界也應聲改變。或許我們會想盡辦法，奮力掙扎著要回到鳥巢，重返那個我們確定是舒適安全的所在。但生命的際遇毫無預警地狠狠把我們推出去，我們別無選擇，退無可退，只能情急地揮翅展翼，努力學習飛翔。

你看到了嗎？那是何等奇異美妙的時刻！看看自己在這段過程中學到了什麼。即便你疑懼猶存，百般不願，但當你揮動翅膀飛起來的剎那，是何等振奮與強勁有力！當然，過程中難免狼狽地橫衝直撞，甚至不確定自己該信任誰。你試著要去相信別人，但發現終究行不通。最後，你明白了，原來，你需要學習的最重要功課是相信你自己。你學習去聆聽和信任自己內在的聲音，也學著敞開心懷。儘管你仍被千頭萬緒的恐懼所圍繞，但你已經完美出擊。看看你自己的蛻變，簡直判若兩人！

見識到你所贏得的力量了嗎？你向著療癒的能量敞開，同時也對無限創意保持開放。你以熟悉的方式去理解並感受一些超乎你所能掌握的事情，但現在看來，這些理解與感受都如此神奇和稀鬆平常。你的天性與本能完美地融合。你內在的聲音也清澈明晰。或許你仍害怕被拋棄，但現在你應該已經認清自己是如此地被愛。

當生命刺痛你或捅了你一刀，記得，那不是懲罰，亦非虐待。

你只不過是被推出舒適安全的巢穴。展開雙翅，振臂高飛吧！看，你飛得多好啊！

［第52天］

2/21

# 讓愛流動不墜

你無法控制愛。那是不可能的事。一如你無法對著一朵玫瑰咆哮、尖叫，然後祈求它立刻開花、好好開花或以不同姿態開花。

愛是一種能量，一股透過生命經歷和宇宙穿針引線銜接起來的力量，那是主動出擊、生猛活躍的動力。即便如此，我們卻無法掌控愛。愛的本質是不受控制的。即使我們雙手插進口袋，站穩立場、意志堅定地說，「我得掌控愛的每一個進程」，或者說，「我得讓其他人來控制我，因爲我擔心會失去愛」，仍是徒勞無功，一點意義都沒有。

但我們倒是可以這麼做——我們可以打開心門，讓愛自由穿透，在我們之內任意流轉。我們也可以敞開心懷，伸出雙手接受愛。我們可以睜開雙眼，看看周遭所充滿的宇宙之愛，那是我們不曾在其他地方見識過的愛。我們可以喚醒我們的靈魂，重新看見並明白這所有的體驗都是愛的功課，其中包括學習勇氣、信心與耐心。當你感覺彷彿無人愛你時，先學習愛自己。接著，學習表達我們的創意，表達我們的情感，進而體驗一切隨之而來的快樂。每一個階段與學習，都是愛的功課。

我們已經學會讓愛自由流轉，向當下和所有引導我們進入新方向的可能性，保持開放的心態。愛，無疑是一股充滿爆發力的生存力量，這股能量遍及整個宇宙，灌注我們之內。我們從不去引導愛，而是讓愛來帶領我們、指引我們。

> 尊重從你的心而來的指引，然後，你也將尊重愛的指引。

[第53天]

2/22

# 留意從宇宙而來的恩典

我離開華盛頓州的赫溫帶雨林，在滿佈苔蘚的樹木旁暫停。走進摩西公園的那段路，就像一段探索魔幻森林的旅程，令人陶醉。隻手遮天了幾世紀、覆蓋著苔蘚老鬚的參天老樹，彷彿在對我訴說它們的神祕故事。傾倒而下的樹，好似彎下了腰桿，召喚我趨近它、觸摸它、要我坐在樹腰旁歇息一會兒。陽光穿透糾纏在一起的矮樹叢，閃閃發光。空氣中瀰漫著大自然的木屑味，土壤是如此地溫暖而濕潤。大自然的精靈舞動，在林中小徑手舞足蹈地嬉鬧玩樂。鳥兒吟唱小夜曲，時而唧唧叫喚，時而哨聲四起，宛若笛聲，從四面八方湧來。空氣中充滿魔幻的氛圍。

我們可以隨時造訪那些令我們心曠神怡的地方，而充滿魔幻力量的森林，常常提醒我們生命的奧祕。當我們親臨現場時，我們心裡清楚得很，一旦我們離開，我們將把林中所有神奇的魔幻力量一併帶走。

我們將見識到更多藏於我們內在、藏於他人與我們居住的世界的一切生命奧祕。貴人會在對的時間出現在我們生活中，適時地說出我們需要留心聽取的意見。或者，我們正在翻閱的一本書，竟一語道盡我們所需要知道的現狀。我們也可能發現某種賺錢的新途徑。你的舊愛或許因爲追隨自己的理想而選擇離開，而新歡則可能隨之走進我們的生活中。還有那些糾結許久的老問題，或許很快便迎刃而解。也或許，療癒者出現在我們的人生旅途中，爲我們帶來復原的可能性。我們的思緒倏忽閃現新的想法，超出我們的預期之外。這些美好的恩典，都是從宇宙而來。不論我們往何處去，我們可以隨時擁有它們。

跟著我走進令人陶醉的森林吧！相信空氣中的神奇魔力，那是真實不虛的。
不論你往何處去，請把這份力量帶在身邊，
因為你所欲求、所感受的魔力，都屬於你——只要你單純地相信。

［第54天］

2/23

## 善用你眞正的力量

讓你的力量緩緩地、逐步地出現。旅途中，優雅地一邊走，一邊環顧四周。留意看待你所學習的功課，有哪些可被定義爲力量。記得要以內心之眼來觀照。

過去，你或許會以爲當你抗拒情緒、或壓抑情感不讓自己喜怒形於色時，你便是個剛強的人。你一直以爲想要擁有能力和力量，便必須將自己形塑成理想中具有某種特質的人，而非你的原貌，亦非你之所是。然而，你現在已經學會了，唯有當你成爲你自己時，眞正的力量才會油然而生。

你所能發現的力量有千百種——想要成為正派、有愛心、善良之人的力量，想要具備療癒、溫柔待人與安慰他人的力量，想追求對眞理的認識與觀察的力量。你也將發掘，有一股愛的力量，可以讓宇宙為你翩然起舞。

這些力量都是上天給我們的禮物。你已然見識到它們，並對它們瞭若指掌。你知道這些力量是真實不虛的。至於是否要擁抱並善用這些力量，選擇權在你。

［第55天］

2/24

## 尋找一段靜謐的時刻

我們生命中的奇蹟與魔力，不會在我們焦躁不安和心煩意亂時出現。一切與生命相關的奇蹟與魔力，只會在我們安穩、沉靜、平靜與信任時發生。

我們每一個人都有各自喜愛的東西和地方，用來幫助我們進入安穩與沉靜的狀態。我們透過什麼方式來平靜心靈呢？在公園、在都市裡的某個特別地方、或在安靜的房間裡散步？你需要什麼東西來平穩心緒？一條舊絨繩？一顆石頭、十字架、一幅畫、一根蠟燭？善用這些地方和東西來引領你進入內在的平靜安穩。然後，在靜謐之中尋找力量。這股力量來得溫和緩慢，猶如清晨升起的朝陽，或夜空中的閃閃星光。

每一天都騰出時間來追求靜謐時刻，並尋找一個可以讓你感到平靜的神聖角落。

讓你的心思與靈魂全然放鬆。不要對任何奧祕與神蹟之事緊抓不放。

當你將自己安置於沉靜之處時，你一心嚮往與尋求的喜樂、奇蹟和魔力，終將找到你。

［第56天］

2/25

# 學習自我療癒

不知爲何，我感覺胸口悶悶的，有些微疼；隔天，我竟忍不住潸然淚下，開始慢慢釋放積壓已久的哀慟與傷悲。我也曾在其他狀況下，忽然感覺胃部一陣劇痛；過幾天，曾經刻意忽略的憤怒開始浮出表面，原來的疼痛則慢慢趨緩。有時，我感覺頭部像被重擊與捶打般，疼痛欲裂；數小時後，那股曾經令我脫逃不了的恐懼感，猝不及防使我束手就擒。我感覺身體內的能量不斷轉換、移動，並以新的形狀出現；之後的數個月間，我被帶往進入新的循環機制，走向人生中一個嶄新的季節。

其實，有些長期以來所承受的疼痛與疾病，均準確無誤地直指我們身體的某些問題與症狀。它們都是重要的符號，提醒我們，身體已經過度耗損，我們需要接受醫療診治。然而，也有許多我們所歷經的痛楚，是屬於身體之外更深層的症狀與過程——我們內心與靈魂深處的療癒和清理過程。

當我們走過每一天的歷程，周遭條件與環境便會啓動這些療癒的旅程。某人說了些令我們勃然大怒或畏懼害怕的話語，由此引發的感受，恰似我們壓抑了好幾年的某些感受。或者一場對話，竟使我們想起很久以前曾令我們傷痕累累的某段記憶，而我們的身體也開始釋放舊情緒的種種傷痛。有時，當你感覺身體某個部位傳來不同程度的痠楚和疼痛，也有可能是某些情緒即將浮現的警訊。我們需要去承認這些感受，去感覺那些感受所賦予的能量，讓那股能量傳達至你之內，然後留心觀察有沒有哪些需要你去修習的功課，以及需要讓它煙消雲散的痛苦。

如果我們全然投入於一段靈性成長的旅程，那麼，我們的身體將隨即使用任何事物作爲療癒的工具和媒介。請相信你自己，留心諦聽內在的聲音。至於下一步該如何進行，一切將豁然開朗，你會明白的。你會找到療癒和助你一臂之力的重要他者，這些資源將支持你持續地發掘自我，並學習相信你的靈魂。

記得要相信每一天從你身體所傳達的智慧。那通常是靈魂的氣壓計。

［第57天］

2/26

# 體驗黑夜的美

我抵達懷俄明州的黃石國家公園時，已經比原訂的時間晚了。整座國家公園一望無際，我實在無從確定自己該往哪個方向去找個可以下榻的小屋。我甚至找不到任何人求助，或提供我任何可能的資訊與方向。當時的我筋疲力盡，完全搞不清楚地圖上的指標和說明。我發現自己一圈又一圈地兜轉，幾乎快要抓狂了。

忽然，就在樹梢之後，我瞥見明光照耀。太好了，我暗自思忖，那裡應該就是我要找的山林小屋了。我稍微往前開一點，然後把車子停靠一旁。眼前的一幕，讓我看得目不轉睛，驚奇不已，我的心頓時沉靜下來，原先躁動不安的情緒也平靜下來了。

在黃石國家公園之上，就在兩座山峰之間，懸掛著一輪大而皎潔的滿月。我確定此生從未見過如此巨大的明月。挺拔的松木，安靜而堅定地守護一旁。一層薄薄白雪覆蓋在結冰的湖面上。我停靠路邊，屏息觀賞高掛夜空的明月。我必須承認，那是旅程中最令人讚歎和美麗的景致。那是在白天不曾見過的迷人景象。若非走迷了路，若非如此特殊的夜晚，我不可能瞥見教我這輩子念念不忘的明月。所以，我想，或許我並不是迷路，也或許我根本沒有遲到。說到底，或許我眞正在做的就是排除萬難，專注而刻意走這趟美麗的夜遊。

當我們迷失了方向，當前行的路越來越晦暗不明時，正是這樣的時刻，讓我們得以見識一些日正當中時無緣見到的神奇美景。有時，那些在我們生命最暗淡幽微時所修習的功課，終將成爲人生中最不可思議、最引人入勝的壯觀美景。

盡情享受陽光，但也別忘了要相信黑夜。不要只停留在無奈與忍受的狀態裡。其實黑夜是要讓你去體會的，不久，你就會百般珍視它了。

［第58天］

2/27

# 探索生命的奧祕

「我永遠忘不了媽媽第一次帶我去赫溫帶雨林時，對我說的一番話。」一位女性朋友知道我即將前往那裡，隨即對我說了這段話。「我和媽媽當時就在雨林外圍正準備要進去。我媽媽忽然停下腳步，轉身對我說：『這裡有一股魔力哦！』其實，並不是她的話語教我念念不忘，真正令我心頭一震的是媽媽徹頭徹尾的堅決神態，她對自己所說的話是如此肯定，就像她平常對我說『晚餐準備好了』那般明確。」

確實，那裡連空氣都瀰漫著魔力。那是旅途中的一個目的地，且不可避免地會給人這樣的感覺。我們已經把荒煙蔓草稍微清理整頓，所以一路走來無須艱辛跋涉。而那段路果然把我們引至魔力之境——一種充滿神奇魔幻的生活方式，以及充滿神奇魔幻的存在。空氣中瀰漫的魔力不是幻覺，亦非特效伎倆。關鍵在於，我們已經完成工作，如今已在旅途中，既然如此，就讓我們輕鬆愉快的享受，好好欣賞眼前迷人的景致，深入探索生命中的各種奇幻魔力。

慢步行走。走進令人陶醉的美麗森林。環顧四周。睜開雙眼，耳朵保持警覺。不吝與人分享你的所見所聞。通往內心的旅程，是一趟充滿讚歎與驚呼的過程。

「一切古老的故事與樹木，都在殷切等候你。」女子說道：
「當你到那裡時，記得代我向它們問聲好。」

伸展雙臂擁抱生命中的魔幻力量。它一直在等待你的到訪。

〔第59天〕

2/28

# 讓生命走向你

我坐在新墨西哥州奇馬約一間小木屋的房間裡。時鐘滴滴答答，一秒鐘一秒鐘過去，但我的清晨並未隨著時間的消逝而咻地飛過。我幾乎被一股強大的負荷壓垮，感覺無比失落，甚至力有未逮。我不曉得該從何處開始做起。我就這麼坐著，好像被卡住了，動彈不得。

民宿主人琴妮拉在中午時分來敲我的房門。「你還好嗎？」她關心地問道：「來吧，和我一起喝杯咖啡，吃些水果。」她看似不著邊際的善意、溫柔的關心，以及單純的邀請我一起享用咖啡和水果，適時地將我帶離幾近失衡的狀態。

有時，總有一股生命力、或關鍵性的一個行動、或某個重要時刻的轉機，會適時地帶領我們衝破潛藏的恐懼與期待，超越我們的侷限、難以負荷的感受，甚至是難以解套的困惑。其實，我們可以隨時感受心跳，感受生命的旋律與整個宇宙的律動來得如此溫柔、輕鬆、自然。那些點滴感受都在我們之中，也圍繞在我們四周。它們自自然然、不聲不響地悄然臨到，就像一位好友輕叩房門，探問我們一切安然無恙否，關心我們是否迷了路，找不到方向。

人生的每一步，自有其目的、意義與節奏。生命旅程中的每一步、每一個感覺和每一個步驟，都是另一段旅程的延續，也是通往內心深處的必經之路。

如果你迷失了方向，找不到生命的步伐與節奏，不要擔心。

只要內心保持敞開，它們自會登門造訪，親自找到你。

〔第60天〕

2/29

## 以平常心看待人生的起落

登上頂峰時，你看到了什麼？高山與低谷。當你站在山的頂峰時，大概不會有任何「不過就是如此」的想法。或者當你開車途經炎熱而塵埃漫漫的山谷時，也不會想說「大概就是這樣了」。你知道永遠可以找到比當下更爲「高峰」或「低谷」的處境。你當然也知道眞相與事實兩者同時並存，而且各自都可以找到更爲極致的狀況。

人生並非「不是這個、就是那個」的情境。不要費力地想把所有事情都推向極致，只能容許美好、愉悅、喜樂或舒適存在。因爲當你不小心跌落谷底時，你將因此一蹶不振，然後悽慘地以爲人生就只剩下痛苦、哀傷與悲劇。如果你執意想要說服自己，人生就是「全有或全無」，那麼，你的生活就是徒然浪費力氣與能量。

環顧四周，將眼前起伏的地貌與景致盡收眼底——低谷、海洋、平原，當然還有高山。以上皆是，以上皆有，這才是人生的全貌！

**享受一覽無遺的風景。**

# 3月

## 一步一步來，
## 是抵達目的地最快的過程

〔第61天〕

3/1

# 從內在尋求療癒

她是奧色治人（Osage），信仰薩滿教。她在亞利桑那州的瑟多納有塊地，緊鄰知名地標教堂岩。土地上有一根圖騰指標、火坑，以及一座可通往她家的小橋，附近是開滿花與堆滿石頭的花園。一條小河流經她的土地，心靜的人都能聽見潺潺流水聲。草地上林立著圓錐形帳篷，是專爲特殊儀式後，供辛苦投入的參與者休息的地方。

我就是在類似的一場節慶後，第一次見到她。後來我再度返回那裡與她聊了一會兒。她非常歡迎我再回去那裡。事實上，她總是張開雙臂熱烈歡迎曾經造訪過的人，再度返回那塊土地上。她從未提及那是「她的地」，總是稱它爲「這地」。她說，「這地」屬於我們每一個人。

「你不需要展開這趟旅途，」她告訴我：「你不需要爲了尋找適合發展靈性的地點而到處遊歷。你一直以來尋尋覓覓的一切智慧、體悟與靈性之地，都在你之內。」

旅行是件樂趣無窮的事，讓我們有機會遊歷人生中不曾到過的新地方。我們不需要在車子裡堆滿行李，也不需要上路到處去尋找心中的想望與目標。我們一心尋求的力量，本在我們之內。那是自在、喜樂、智慧、沉靜、療癒與平靜之處。我們經常造訪之地，正反映了這些心靈特質，也重新強化並提醒我們，這些元素與特質一直都在那裡。我們所探訪之地，不過是反映我們內在的一面鏡子，是我們自身的另一個延續。

我們所尋找的療癒與神奇力量，不在某處。它們一直隱於我們之內。

［第62天］

3/2

# 正視你的過往

看重你的過往，以及所有你曾學過的功課。把過去經驗的重要性一筆勾銷，並帶著批判的眼光來檢視過往的歷史，是輕而易舉之事。我們很容易就看到缺陷，所看見的總是離不開「早知道……」的框架，也離不開「理應可以做得更好」的懊惱。但我們卻經常忘了，我們之所以能將過去已然發生的事看得如此透澈，恰恰是因爲這些事已經發生了，也因爲我們已經從這些事學到了功課與教訓。通常那些令我們懊悔莫及的事，也最能使我們把往事看得透澈清晰。

好好珍視並看重你從往事中所學到的功課。每一個課題都是走向下一個學習的必經途徑。出現在你生命中的每一個人、每一件事，都在形塑你、磨練你，使你成爲今天之所是。過去那些曾在你生命中出現過、與你交會過的每一個人、每一件事，都在幫助你更深地向著生命、神、他者與你自己敞開心懷。即使過去的某些經驗對你而言是個錯誤，但對你整體生命的塑造來說，仍是重要而不可或缺的一部分。有時，那些經驗形塑了你生命中至爲關鍵的一部分，因爲它們在本質上爲他人帶來悲憫與同理心。而通常那些最令你痛心疾首的事件，也最能讓你將療癒、幫助與希望帶給身邊的人。你的過往，教導你如何去愛——愛他人，也愛你自己。這些已然發生的事，幫助你成爲神聖之愛的橋梁，成爲這世上一股美善的正向力量。

當你驀然回首時，請帶著體恤和溫柔的眼光來看待那些曾經歷過的往事。

請以靈魂的雙眼來面對。

請將每一個寶貴經歷，視為必要的返鄉之路——帶你回到你的心，你的家。

〔第63天〕

3/3

## 珍藏並分享你的經驗

將過往的經驗集結起來，當成無價的珠寶來珍藏。旅行的目的並非要監控你或約束你，而是要幫助你學習。你無從指導與引導你的靈魂，反之，是你的靈魂在指導與引導你。它帶著你蹚過河水，漫步走過青草地，穿越幽谷，登上頂峰。它也帶著你小心地走向蜿蜒的崎嶇小路，再闊步朝向快速流動的四線道高速公路。它帶你到擁擠的小咖啡館、到紛擾喧鬧的都市、到人煙罕至的荒僻旅店，在那裡，人們眞誠無私地交心分享，互訴他們所學到的功課。

讓你自己去擁有並接觸這所有的經驗。不要自我設限，也不要任意評斷你曾歷經的冒險之旅。每一個歷程都無可取代，也無比重要，因爲正是那些昨日，形塑了今日的你。你的心會指引你，帶領你朝著你該走的方向往前行。不要擔心是否會半途迷路，或走偏了原定的軌道。不要擔心會犯錯，也無須憂心是否在錯誤的時間抵達錯誤的所在。

將這些經驗集結起來。好好走過一遍，然後從每一個經驗中選出一些寶石。當別人在訴說他們的故事、他們的探索旅程、拿出他們的珍奇寶物給你看、並告訴你他們所學到的功課時，請留心諦聽。然後，當你與其他人坦誠交心、共享心靈感觸時，也請你敞開心懷，快樂地細數這一路走來發生在你身上的事。

擁有經驗，才能稱之為生活。分享彼此的經驗，才能稱之為愛。
允許自己沉浸在這兩者的美好與樂趣之中。

〔第64天〕

3/4

# 一步一步穩穩的走

一步一步來。那是我們所能做的，也是我們必須去做的。

是的，你可以爲自己即將前往的目標擘畫未來願景，但你總不可能一步登天。你需要的是一步一腳印地往目標慢慢前進。那正是你接受指引的過程，也考驗你如何回應你所接受的指引。

願你的信念堅定剛強。你的信念將保護你走過這一步與下一步之間舉足踏步的考驗。當你的信念夠堅定，即便前行的道路充滿不確定與未知，你將不致疑懼滿佈，或懷疑自己是否可取得足夠的指引與資訊。你知道自己一定做得到，所以面對眼前的旅程，你按著時間的進程與節奏，採取簡單的步伐，一步一步走。你身心愉悅地走，因為你確信自己並非孤單無依，你一直蒙受指引。你有足夠的信心相信，指引你信步走來的每一步，終將把你安全引到目的地。

一步一步來。那正是你抵達目的地的途徑與過程。
你所踏出的每一步，一直是被引導的。

［第65天］

3/5

## 過發自內心想過的生活

有時，生命會來到一種光景，我們發現自己疲憊得幾乎走不下去了，只能勉強自己打起精神去面對需要完成的事。但我們若經常以這樣的方式來執行工作，長此以往，我們將與自己的心漸行漸遠，也與我們的想望、本能與健康的意向背道而馳。最終，我們將與賴以為活、賴以為愛的本質，離得越來越遠，也必會與快樂分道揚鑣。

我曾經有好幾年時間深陷在失去兒子的悲慟中，但我知道自己需要回到現實生活。為此，我必須強迫自己踏實地投入生活的常軌與節奏之中，因爲我知道這麼做，有助於爲我自己與我的女兒建構新生活。我以純粹的意志來執行這項計畫，而我必須以高度的意志力來面對心中的掙扎，努力戰勝數度想要放棄的念頭。經過一段時間後，我發現「勉強自己往前走」已成爲一種慣性動作。在旅途中的某些時刻，曾幾何時，我已忘了何爲放輕鬆，渾然不知如何相信自己的心、相信自己的想望可以承載我走過這些煎熬和試煉的過程。我越來越心力交瘁、疲憊不堪。我對勉強自己、催促自己往前走的意願，開始感覺又累又厭煩。

我慶幸自己另有發現。原來，放棄使用意志力來勉強自己踏上人生旅途，是個安全無慮的選擇。我曾經攀登高峰，也曾站在巍巍山頂之上。我重新活過來了。我曾經從最難忍的低谷中苦撐過來，因此讓自己好好放輕鬆，相信並追隨心中想望，本是理所當然之事。再度放鬆並享受人生，歡慶自己還活著，是一件好得不能再好的事！

如果你總是靠著意志力在執行一些事，那或許是因爲你生命中有些不得不完成的事，等著你去落實。這樣的努力可以幫助你存活下去，幫助你修習一些人生功課，也幫助你來到目前這個安身立命的境地。然而，我必須告訴你，這樣的努力已不合時宜，這樣的旅程毫無快樂可言，而且它也不是走向內心的旅程。

讓你的想望和喜好取代意志力，讓你的心與靈魂引領你往前行。

然後，全心相信它們會稱職地扮演好引領的角色，也對它們所帶領的方向深信不疑。

讓那些發自內心深處的理想生活，使你重獲喜樂與滿足。

［第66天］

3/6

# 觀照你的感官覺受

他是個英俊挺拔的男人，也是一名演員。有一次，他分享道：「最近我身上發生了一些事情，和我的性生活有關。在某些時刻或某些地方，我向來習慣隨『性』地做愛。就是如此。我不會將性愛和染病的恐懼聯想在一起，雖然我知道那是我必須關切的後果。但我知道的是，我的性慾已經根深柢固地與我的心連結在一起。」

請除去對性愛的羞恥感，大方擁抱你所有的感官。重視你與生俱來的所有感官——觸覺、嗅覺、味覺、視覺與聽覺。同時也重視你其他的感官——你的直覺、你的靈性、你對圍繞著你轉動的世界所衍生的心靈反應。另外，也需對色彩、質感、香味和聲音保持開放與警覺。向你所有的能量，包括性慾，保持開放。請你留心觀照，看看你所展現的愛與自身的存在，是何等美麗。給自己機會去學習以感官、以肉體或類似對你實際有益的方式來表達愛、接收愛。

請除去對性愛的羞恥感。相信你的身體，也相信你身體之所愛。

我們是個全人，無法將靈肉分離。既然如此，那就擺脫拘謹、放開心懷吧！

好好去發掘屬於你自己的性慾與渴望。把性慾與你的心連結在一起。

［第67天］

3/7

# 眞正的服務，是從喜悅和愛出發

服務是一把鑰匙，且是無比重要的那一把。服務也是通往喜樂與愛的鑰匙，更是旅途中不可或缺的黃金鑰匙。長久以來，我們一直誤以爲服務意味著爲每一個人做每一件事。我們也一直想像，服務意味著艱辛、繁重、沉悶，彷彿我們正在做一件自己不想做的事，而且服務的對象也絲毫不願意接受幫助。這實在是一幅令人灰心挫折的畫面。

而今，我們要以迴然不同的角度來重新定義「服務」。服務是充滿喜悅的。它是一種態度、信念，一種看待我們自己與生命的方式。我們這一生，其實就是一種服務。我們的存在本身，也是服務。服務從自身之愛，自然而然地衍生與勃發。一切的源頭，從我們對自我的探索開始。我們開始認識自己是誰，然後進一步去發掘自己想做的事，乃至被引導去做該做的事。那些爲我們帶來滿足和喜悅的事，也一樣會爲他人與這個世界帶來意義非凡的服務。反之，勉強自己去做違背心意的事，只不過徒然使我們自己與周遭世界變得冷漠、一成不變與無動於衷。

服務交織著愛與喜樂。服務也讓你成為你自己。浸淫在個人之愛裡，服務將自然而然地由此出發。

服務是自由地付出，自由地接受。而今，你所做的將真正有助於他人。

［第68天］

3/8

# 洞察夢境所傳達的訊息

一位婦人告訴我她最近做的夢，這個夢境似乎頗困擾著她。她問道：「你覺得這個夢境想要傳達什麼呢？」

「我不知道。」我誠實回答。「更何況，我怎麼看這個夢並不重要，重要的是你自己怎麼看待這個夢。這個夢境想要告訴你的是什麼？」

我們通常會做兩種夢——白日夢與睡眠中的夢。這兩者都以一種強勁有力的方式來呈現我們的意識層面。睡眠中的夢，也就是那些在我們沉睡時伺機舞動於心思意念中的影像，隱約透露了我們的生命、成長、未來、過去、療癒等連結的線索，都是有跡可循的。這些夢境或許顯示了一些曾經被壓抑的情緒與感受。這些夢境密碼也可能是鋪成生命預言的點滴片段，甚至可能是一些真相的符號，是我們即將要修習的功課。

而我們的白日夢也同樣重要，不可忽視。我們每一天的生活，都不斷在與我們的期待、想望、欲求和內心的盼望（我們打從心底裡對未來的期待與計畫）打交道。我們或許不會將這些隱於內心的夢想說出來，有時，我們甚至不曾察覺、或不曾發現自己正將這些美夢套用在我們的日常生活中，就像我們常把睡夢中的內容忘得一乾二淨般。

事實上，有一股力量容許我們對自己的夢境更加覺知。夢境中反覆出現的想望、恐懼、盼望、欲求，到底向我們傳達了什麼樣的訊息？把夢境說出來，可以將我們與內在的意識層、更高的潛意識層連結起來。

把夢境說出來，也能將我們與創造力連結起來。走進我們的夢境中悉心觀照，將帶領我們發掘無窮的創造力——打造我們的生活與計畫的創造力，以及建立宇宙所需要的強大創造力。

不論清醒時或睡眠中所做的夢，都擁有能力。耐心尊崇你的夢，耐心表達你的夢。

［第69天］

3/9

# 跟著你的願景走

願景與夢想不同。願景是從靈魂深處湧現並透過內心表達的一幅圖像。願景是一抹微光，照明、指引我們的步伐。它同時也是未知之事的一記快閃亮燈，可能告訴我們一些關乎今天或十年後的預言。願景通常在我們的靈魂汲汲搜尋著人生地圖之際、或思索著該往何處去時、或告訴自己的心如何尋得那地時，悄然臨至。我們的意識越清明、方向越明確，便越能爲自己的人生調整方向，並打造最高的願景。

你想要什麼？對你來說，什麼樣的感覺是自在而踏實的？你認清自己在做什麼嗎？請清晰簡潔地回答這些問題，然後放下。有時，當我們無夢可做時，我們得要仰賴自己的願景走下去，讓這盞微光來照亮我們的路徑。我們也需要學習從內心深處看待這些願景，然後學習相信這些願景，學習打造這些願景，容許這些願景來彰顯其本質。當路途黯淡無光時，學習與這一小撮微弱光源和樂共處。

讓你的願景帶你歸家。



［第70天］

3/10

# 不被流言蜚語所傷

流言蜚語是充滿誘惑的娛樂消遣，但卻會對別人和自己帶來傷害。有些流言無傷大雅。我們侃侃而談其他人的經歷，輕鬆愉悅地聊著，並未對任何人造成傷害。但其他一些流言則是帶刀帶劍的言論，這些話語根植於憤怒、嫉妒、背叛，甚至惱恨。有時因爲感覺被剝奪和欺騙，我們受傷了，於是我們也想要傷害別人。

你曾否站在某人面前對著他射飛鏢？你會從某人的背部對他捅一刀嗎？我想你不會。但你是否想過，當我們在背地裡說長道短時，做的正是同樣的事。那些流言蜚語猶如飛鏢和刀劍，使人傷痕累累。話語，尤其是包裹著情緒的負面言辭，其實都帶有能量，有時甚至潛藏破壞性的能量。當我們傷害他人時，也傷害了自己，使雙方兩敗俱傷。面對憤怒、傷痛、背叛或嫉妒等感受，在它們尚未藉著流言蜚語散播之前，我們必須先好好處理。

在這趟旅程中，你必須學會明辨一些危機。流言，就是其中一種。

先療癒潛藏的負面感受，如此一來，你一張口便能說出愛的言語。

〔第71天〕

3/11

# 享受瞬息萬變的景致

我們動不動就暗自思忖：「我想要如此感受，直到永遠。」然而，睜眼看看外面的景致，一切變換得如此快速，超乎你我想像。

行駛在高速公路幾個小時的空間中，觸目所及的景致，從綿延的山脈，到寸草不生的沙漠，一路下去再看見令人驚異的森林與礦產豐富的岩石台地，景致變換得令人眼花繚亂。在一日走過的空間裡，我們也同時見識了勇氣、信心、絕望、孤寂、憤恨、療癒和喜悅。如果有一個正確無誤的真理，那就是：這是個瞬息萬變的宇宙，正不斷地歷經恆常而持續的進化。

同樣的道理也發生在我們生活中的每一分鐘、每一小時、每一天。我們總是不斷在改變與移動。每一種情緒感受、態度與經歷，宛若一幅又一幅風景，將我們帶往下一個階段。把這些元素放在一起，你看到自己擁有什麼呢？一趟偉大的旅程，一個充滿興奮的旅行，皆引領你走向某個不虛此行的目的地，而你在那裡的每時每刻與存在，都顯得意義非凡。

既然外面的風景急速變換，不如學會浸淫在這些景致之中。

［第72天］

3/12

# 你擁有重新定義生活的能力

走這趟通往內心的旅程，其中一股會在旅途中尋得的力量，便是重新定義我們的信念。我們重新學習以嶄新的眼光與方式來看待事情。

一般而言，我們對生活的各個領域已設下既有的定義，尤其是一些重要的領域，譬如工作、愛情、金錢與我們自己，只是我們未必有所察覺。我們所歷經的經驗，有助於讓既有的定義浮上檯面，進而幫助我們看得更透澈，看看我們原來是如何定義這些生活領域。這過程就叫做「成長」。這樣的成長，這個重新定義的過程，將自然地發生在我們的生命旅途中。而除了等它自然發展，我們也可以有意識地主動出擊，爲重要的生活事件進行檢驗與定義。

問問自己，現階段的你，是否正嘗試改變對某件事或某個人的定義。或許是針對工作夥伴的關係，也或許是一段愛情關係、一個計畫、或某個令你覺得沮喪的問題。你可以找到重新定義這些問題的力量，藉由這樣的努力，你將得以縮小或減輕你的痛苦。

我認識一位心理治療的專家，他曾教我一套方法，可以運用在任何我們想要去定義的課題上。做法是：在一張白紙上寫下你現在所相信的每一件事，其中特別要含括那些負面消極的議題或困擾。內容可以包括所有的「我不能」與「爲何不能」。這些紀錄，都是你當前對這些問題的定義。

另外再取一張白紙，寫下你想要如何重新定義這些領域，以及你認爲自己可以投入和參與的努力。面對這些議題與挑戰，寫下你想要如何完成、你期待如何完成，以及你認爲最接近眞相、與最可能完成的所有細節與內容。

點火將之前那張寫滿舊定義的紙燒掉。待灰燼散去後，願你的眼目明亮。保留那張新的定義。接下來，留心檢視新的定義如何進入你的生活，影響並形塑你未來的生命。

你曾經對生命、愛情、神與你自己有一番既有的定義，

但現在，你不再需要讓這些舊定義來框架你、侷限你。

你可以自由地重新定義，並且創造你所選擇的生活。你可以自由地以嶄新的眼光來面對生活。

［第73天］

3/13

## 成爲一個充滿創意的人

面對周遭世界，你若越能保持敞開與連結，你將益發成爲充滿創意的人。你將在個人成長，以及如何活得更美好這件事上，成爲更有創意的人。你也將在解決工作問題與玩樂的事上，更富有創意。你會更樂於嘗試新事物，不論是學習一種樂器（如長笛），或用石頭蓋圍牆，或騎馬，或動手在自家花園打造一座日本庭園。你將發現自己更懂得如何與所愛的人一起解決難題，而且更願意嘗試以迥異於過去的傳統方式來解決問

題。你將驚覺自己比過去更具有洞見，並且重新發掘過去那些被你忽略的資訊和各種療癒的來源。當你積極投入並參與各種活動時，你將發現生活比過去更海闊天空，而且更有彈性。

你將聽見宇宙對你有更多的囑咐，你的想像力也將隨之益發豐富與奔放。接著，你將認識從直覺、從內心深處而來的微聲叮嚀。你會看見潛在的各種可能性。正因爲你向著心敞開，同時接受內在聲音的指引，因此，你始終清楚自己該在什麼時候做什麼事。

當你和宇宙、生命與自己有越多連結時，
你將打開更多創意之門，成為一個獨具匠心、精采豐富的人。

［第74天］

3/14

## 有意識地自我觀照

觀照自己。這不是個神聖不可侵犯的告誡，而是召喚你好好省察自己，那是旅途中頗有助益的工具。

當你深陷在某種行爲、狀態、地方、想法、感受、工作或一段關係的泥淖中難以自拔時，請你好好自我觀照。當你已經費盡力氣嘗試各種你所知道的管道、感受與舊方法，卻仍免不了要面對老問題的控制時——你眞的很想要擺脫這些困擾，甚至爲此而努力嘗試新方式——無論如何，請好好自我觀照。當你感覺失望，一切看似毫無改變與調整的指望時，或者你覺得束手無策，環顧四周也求助無門時，請好好自我觀照。

進行自我觀照，可藉此幫助我們以客觀中立的角度來面對自己，這種不帶批評與斥責的方式，可以形塑成一股改變的強大力量。如果你已經屢屢嘗試要改變卻總是不得其門而入，或根本毫無成效，那麼，請好好自我觀照。留意你所說的話、你的思想脈絡、你的感受、你的行爲舉止與反應。不要試圖壓抑，也不要自我批判，就只是安靜地向內觀照與檢視。視你的需要來做這件事，一般而言並不會花太久時間。

**自我觀照與檢視，然後留意你如何從中成長和蛻變。**

［第75天］

3/15

## 學會向夢想道別

有時，我們需要學會說再見。有些道別可能來得突然、來得毫無預警，令我們措手不及。有些則是預期中的道別。有時，說再見反倒是一種解脫；但另一些時候，別離可能帶來深不可測的傷害。我們與東西告別，我們也向人、向一些地方說再見。當然，我們也向一些不合時宜的信念與行爲告別。

在旅途中，我們偶爾也需要對某些事物告別，譬如我們的夢想。

夢想何等寶貴。我們的夢想跟我們的心思意念和內心，融合爲一。如果有一天夢想死了，而我們必須放手，那肯定是個無比傷痛的過程。然而，如果我們處理得不夠謹慎的話，那些緊抓不放的已逝夢想，恐怕會持續破壞我們的生活與內心。我們會試著繼續將一些人、事、物放置在夢想的空位上。不要小看了這樣的想法與行動，因爲那些早已死去的夢想，將因而掌控我們的生活、封閉我們的內心。長時間和早已灰飛煙滅的夢想相依相存，會把尋找新願景與打造新夢想的大門，砰地關上。

如果因爲昨日的夢想而模糊了我們今日與明日的雙眼，那麼，或許該是時候辦一場告別式了。輕輕拾起你最難以割捨的夢想，那份你最崇高的指望與目標——從過去便已醞釀，但至今仍未實現的夢想——溫柔地安放入土。告訴這份夢想，它是何等寶貴，至今仍被你視爲珍寶。與此同時，你也告訴它，該是時候說再見了。將夢想埋入土裡，掩埋起來，然後擦乾你的眼淚。

**昨日夢已逝，讓自己全力面對並擁抱今日的新盼望、新夢想！**

［第76天］

3/16

## 你可以不堅強

我們敞開心懷的目的，不是爲了要成爲別人的精神支柱，也不是爲了要掩蓋腦海中的某些東西。我們敞開心懷，純然是爲了要去感受我們最眞實的感覺。我們敞開心懷，是因爲我們如此脆弱、誠實與溫和。

我們總是表現得很剛強，自信自滿又自負。我們常這麼說：「我可以處理這些事」、「這不是什麼大問題」、「我可以繼續走下去。」然而，許多我們所歷經的情境，包括我們現階段正在面對的狀況與過程，都可能在我們心中留下傷痕。有些裂縫或許細小，但有些則大得難以彌補，使我們傷痕累累。那可能是我們生命中的某些重要他者沒有及時陪伴或缺席了，抑或他們並未按著我們所期待的方式表達支持，也可能是有些人不自覺地欺騙了我們，或故意背叛我們。我們可能會說：「我想我可以處理」、「我了解」、「他們有自己的問題要面對」、「我選擇原諒」等等。

是的，人人各有自己的問題，而我們也確實做到了原諒。但現在，該是時候學習對自己溫和、對自己慈悲、對自己有更多理解、體恤與寬恕。

我們敞開心懷，並不是爲了要忽視那些已然鑿刻的裂痕。我們深知神掌管一切，於是我們舉起手，緩緩地以手指來遮擋每一道裂痕。是的，傷痕依然在那裡。是的，我充分感知它們的存在。

**是的，我已經準備好要療癒我的心。**

［第77天］

3/17

# 永遠都要懷抱希望

那是愛達荷州的一個美麗城市。環繞高速公路四周的湖泊清澈而蔚藍，我把吉普車開到路邊，忍不住停車凝視眼前這片美景。空氣清新，整個城市充滿明亮、清淨、活力十足的氛圍。這個城市名叫「希望」，果眞名副其實。

我沒有在那裡待太久，因爲我不需要。但我需要的是開車經過，稍微停留一會兒，以記起其他一些重要的能力，並藉此在旅途中有能力去發現、探索與珍惜。希望，對我們而言亦然。它通透清明猶如空氣，無形無體，難以捉摸，即便我們不曾擁有，但我們都知道它。希望其實很簡單、很輕盈、很清楚。我們的內心與靈魂，經常需要希望之光透進來，使我們得以繼續走下去。

即便我們在生命中的某些時刻無法如願以償，我們仍可勇於敞開，聚精會神地守望——原來，希望已從另一個方向出現，閃動著微光，就像這座迷人的城市吸引我的目光一般。

珍視希望。它可以為靈魂注入喜悅與活力，為日子注入輕盈與亮麗。

［第78天］

3/18

# 跟你的心保持連結

我走進瑟多納一間度假小屋的辦公室。我把房間鑰匙歸還櫃檯，拿出相機，特地拍了一張瑪麗安的照片。其實我們僅僅認識與相處了八天，但說不上爲什麼，我就是覺得自己與她似乎有一種極爲深切的連結。我們一起走過一些或許一輩子都難以忘懷的經歷。這些歷程，改變了我的生命。

當我們相擁道別時，我告訴她不要流淚，不過她還是忍不住潸然淚下，而我亦然。「你隨時都可以與我聯絡，」她說道：「我隨時等著你。」我完全知道她所指爲何。她的意思不是要我透過電話與她聯絡（雖然打電話給她不是個問題），我深信她的意思是要我在心底裡與她聯絡，把她召喚到我的內心深處。

有好長一段時間，我們與人或與地方的連結是來自某些特殊的地方，而非源自內心。我們的連結，可能是出於需要、恐懼、有待完成的事業，或純粹出於拒絕離開——嘗試想要另闢蹊徑，尋找可以重新連結之處。也或許，我們可能從未感覺與周遭的人有任何特殊的緊密關聯。

而今，我們來到一個迥然不同的時刻。這是讓你與自己的心重新連結的時候。打開內心，好好聆聽。是不是有人想對你說些什麼話，即便只是一兩句，卻是此時此刻你最需要的提醒？當你日復一日地過，你的腦海裡可曾閃過任何人的身影，某位你當下最想要聯絡的對象？

**不要對你所知道與所感覺的事物不屑一顧。學習對你的內在聲音保持開放，並遵循它的指引。**

只要我們的連結是由心出發，愛便不受時間與空間的限制。

〔第79天〕

3/19

# 回到你的身體之內

不論何時，只要你發現與自己漸行漸遠，甚至抽離片刻——從當下，一躍而至某個遙不可知的未來——請趕緊回到你的身體之內。

當我們感到恐懼或發現自己置身於痛苦的境況中，我們會本能地暫時遠離我們的身體。我們可能會自我封閉，逃避我們的意識，暫時放下或忽略自己。

有時，在危機解除或塵埃落定前，讓自己無感與麻痺，是自然不過的反應。至少，麻痺無感比深刻感覺要容易些。只不過，把我們的身體與情感系統徹底關閉（消失）這種面對困境的模式，並無法帶我們走向內心深處的旅程。隨時保持一顆敞開的心，意味著為自己好好活在當下，盡一切可能、一切需要去感悟與體會。我們需要學習深刻地感受每一件臨到我們身上的事。

告訴自己，你現在是安全的。你已經知道如何擁有自己的能力。你知道如何好好珍愛自己、照顧自己與扶持自己。你也知道如何相信神與宇宙在危難時，必會挺身助你一臂之力。更重要的是，你知道自己值得信任。你現在是安全的，你的安全感已足以令你放心去感受所有事。

有意識且刻意地返回你的身體之內。感受你雙足的存在，感受你的頭、手臂、腿。感受你的心，聆聽自己的心跳。揉揉你的肩膀，按摩一下你的雙腳。

你現在已經充滿力量，並且有能力與自己產生深刻的連結。

返回你的身體之內。返回你的人生。

［第80天］

3/20

# 正面迎向你的情緒和感受

有時，我們會自我欺騙，尤其是在我們感到難過、困擾或害怕時，我們會追逐一些讓自己好過點的事物。於是當我們走投無路又處於恐懼之中時，便會想要緊抓住任何可以暫時停止痛苦的東西。找一份工作，多賺點錢，找個人結婚，談一場戀愛。我們暗自思忖：「只要能找到我需要的東西，我就會快樂，我的痛苦也會跟著停止。」

有時，找到解決問題的方法，確實可以改善我們的生活品質。如果有一天暖氣爐壞了，我們有足夠的錢可以維修。找到我們所愛又愛我們的人一起生活，也是使我們感到快樂的重要部分。擁有一份既樂在其中又有意義的工作，會使我們感受到美好的自我價值與成就。然而，當我們處在痛苦中，不論痛苦的緣由爲何，那療癒痛苦的出路，從來不在我們自身之外。外在的條件再好，也無法使內在的感受消失或遠離。即便我們賺取或獲得了想要的一切，那種找不到力量與勇氣去面對的痛苦感受，仍舊在那裡。

療癒痛苦的唯一出路，是去感受它，然後釋放它。你的痛苦，一直都是你的痛苦。你的懼怕、困窘與憤怒是如此眞實，每一種情緒都是你的，並不會倏忽消失。去感受你的情緒，從中學習功課，然後放手讓它們離開。

走向內心之旅的每一個步伐，都要抬頭挺胸，勇敢前行。

當宇宙送上禮物時——可能是愛人、金錢、或一份好工作——請好好享受。

然而，你要了解，通往真正快樂的終極祕訣，無法從外在事物獲得，而是從你的內心深處。

因此，去感受所有感覺，並且學習去面對與自我療癒。

［第81天］

3/21

## 向四季的循環請益

向大自然請益。學習大自然的節奏、四季與循環。看看大自然如何在寒冬時蟄伏冬眠，善用時節來修身養性，儲備元氣，蓄勢待發。看看大自然如何在春寒料峭之際，循序漸進地悄然冒出點點綠意與繽紛花色，在隨之而來的萌芽成長季節裡，欣欣向榮。看看大自然如何毫無保留地奉獻所有，傾全力演出，在進入轉換顏色的蕭瑟秋天之前，把整個夏季時分揮灑得淋漓盡致，不留一絲遺憾。留心觀賞大自然如何從絢爛回歸平靜，回到她的內在深處，在下一波蠢動之前，先休息並稍待片刻，讓自己養足精神，恢復元氣。

大自然周而復始的四季循環，也同樣深藏於我們內在。有時，我們需要積極採取行動，投入並奔忙於各種創造、勞動、參與和付出之中。但有些時候，我們也需要爲這些規劃埋首鑽研並安靜準備。我們不可能持續付出和奉獻，卻無暇讓自己休養生息。時候到了，第一片尖細嫩芽便開始破土冒出，春天最起始的記號，已然在我們生活中出現——也許那標示著個人成長的新階段，或是一段愛戀關係的新階段，或我們所創建的工程終於開花結果了。

每一個季節、每一個時刻，都引領我們走向下一步。

生命中的每一天都有其目的與價值。

好好孕育你的每一個行動、創造與勞動，同時珍視每一次進入安靜的時刻。

你越向大自然學習，便越能從自己身上學到功課。

孕育並相信你靈魂深處的季節更迭。

［第82天］

3/22

# 不要被愛掌控

以愛爲名，進行各種掌控與操縱，是令人痛心的事。這麼做不但使加害者感到很受傷，也會使受害者心碎。

很多時候，以愛爲名的掌控行徑，是在不知不覺、甚至毫無意識的情況下發生。通常，執行者習慣藉此方式來滿足自己的需求，而他們所編織的理由並不是重點。一般而言，同情那些在不自覺間掌控他人的人比較容易，而同情那些惡意又粗暴地濫用愛的人則顯得困難許多。最重要的關鍵是，當你被如此對待時，你如何回應？另一個重點則是，請確保你不以愛爲名來掌控別人。

敞開你的心，看清眞相。釋放自己以得到自由。如果有人利用你的愛來掌控你，或因爲你對愛的渴求而以此來操縱你，請務必認清事實。但假若你正如此掌控著別人，也要如實承認並認清現況。一旦你看清事實，你便能釋放自己，得到自由。

有許多事，都與釋放我們的心和靈魂有關。你所需要做的，就只是單純地面對並承認眞實情境。至於其他部分，時候到了，自然會水到渠成。

愛是無價的。
唯有不附帶任何條件的自由，才是真愛。

［第83天］

3/23

# 安慰自己和別人

我正開車經過蒙大拿州，準備前往位於印第安保護區的一座城市。此行的目的是要親臨成立於一九二八年的一家老旅館，其中引起我注意的是享譽盛名、據說具有療效的泉水。當我下了高速公路，轉進路邊街道時，感覺到一種從未經驗過、從四面八方所醞釀而成的特殊氛圍。

附近的山丘地都是高聳的土堆，覆蓋著一層暖綠的苔蘚。沒有陡峭的峻嶺，只有可親的圓頂山丘，一波未平一波又起。光是這些景致，便足以令人感受一股溫柔的能量悠然升起。那是一股比愛更強烈、比慈悲更深廣的感覺。我感到被撫慰、被擁抱，彷彿被大地之母溫暖地擁入懷中。我的身體徹底放鬆，我的靈魂展翅上騰。我感到前所未有的溫暖，被呵護照顧、被撫育滋潤、被深深安慰。

慰藉與安適，是我們有需要時可以常常造訪之處。雖然某些地方和東西確實可以有效地安撫我們，但最本質之處往往不在他方，而是在我們之內。或許有些人會以爲慰藉與安適不過是浪費時間的玩意兒，但我們現在已經明白了，在撫慰之中，有一股沛然莫之能禦的力量，那是一股療癒的力量。我們不再需要克制慰藉與安適，或刻意逃離被撫慰的溫暖感覺。我們可以爲了自己的需要而去追求，我們也可以把其他人帶到那裡。

什麼事物令你感覺舒適與被撫慰？什麼事物令你感覺安全、溫馨、溫暖與被愛？

哪些地方？哪些對象？哪些場合？

學習撫慰自己，使自己感到舒適自在。學習接受撫慰，同時也學習給予安慰。

任何時候，只要覺得有需要，請去到可以令你身心安適之處，想住多久就住多久。

那裡所賦予你的療癒力量，將使你的人生更美好。

〔第84天〕

3/24

# 你擁有面對挑戰的力量

生命與你之間並非互不相關，也無法被任意抽離。很多時候，事實遠非我們所想的那樣。生命中，恆常有一股力量與生命力，在推動、引導、指示與鼓舞著你。你與生命合而爲一，而且蘊藏著生命的能量。

去做一些可以使你活力充沛的事，也讓你的靈魂好好充電。盡情享受陽光，沉浸於絢爛色彩和美妙音符之中。沉醉在大自然裡，那是個可以令你身心復甦、重新出發、煥然一新的世界。不要爲艱難的任務或行將臨到的一天而憂心忡忡，也不要爲即將到來的工作、愛情、遊戲、問題與選擇而擔心受怕。如果你讓自己重新得力，重新復甦與恢復元氣，採取行動的能力將如泉水般自然湧現。

環顧四周，留意觀看。你看見了什麼可以去做的正確之事嗎？你曾見哪個方向是正確的道路嗎？相信那最微弱的閃閃亮光。順從內在強烈的渴望，順從在那裡的指引。至少要嘗試一次。然後再試一次。很快的，你將發現，你能與自己和睦共處。

你將得到所有的指引、能量、觀點、創意、力量與需要，去執行各種職責與任務。

而且，你將得到沉浸其中的能量。

〔第85天〕

3/25

## 去嘗試你從未做過的事

在我還來不及思考那是怎麼一回事之前，我正快速走在克羅尼海灘的沙地上。忽然，毫無預警地，我竟開始跑了起來。我拔腿狂奔，這輩子從未跑過那麼長一段路。氣喘吁吁的我，不但沒有不支倒地，竟還跑出了興致與能耐。我卯足了勁，跑了一段再一段，直到我感覺自己疲累不堪，回頭一看，竟已經跑了一點六公里。這是我人生中跑最長的一段路，過去我頂多只跑過大約四百公尺。

其實，一開始我並非刻意想帶來這樣的突破。我感覺自己被困在這個區域，動彈不得。快跑甚至從未列入我要完成的目標中。一直以來，我只把規律的走路當成訓練身體的生活模式。這一次無意中的快跑行徑，確實使我驚訝不已，因為我從來就不是個熱衷運動的人。由於慢性病等健康因素，我從幼年到青少年階段，從來不曾接受或參與過任何體育相關的訓練或運動。及至年長，有好長一段時間，我鮮少關注自己的身體。

大部分時候，我以輕鬆的方式進行一些體適能的動作，保持身體的基本活動。不過，跑步從來不是我的選項，或至少我從來沒想過。

後來當我在路上散步時，我發現自己根本怯於多跑幾步，就連嘗試跑一跑都不敢。我甚至懷疑自己之前的那個經驗，會不會只是僥倖的成功？不，絕不是。因爲我又開始拔腿開跑了。一次又一次，不間斷地跑下去。而今，跑步已成爲我的例行運動，而且是我眞正享受其中的運動。

有時，我們被困在某個特殊的場域裡，那種逼迫之苦，使我們以爲想要突圍而出，根本是癡人說夢。在那樣的困獸之戰中，我們甚至看不見眼前的障礙。站起身來，敞開自己，不要再自我設限。昨天看起來完全不可行的計畫，或看似永遠超乎你所能掌握的事物，或許明天、下個月、明年、或甚至今天，便可能成爲你可輕易駕馭的事情，成爲你能力範圍內的舉手之勞。這樣的意外發現，可能以大驚喜的方式倏忽出現在某個你從未想過的地方。你的突破之旅，也可能發生於你一直以來不斷掙扎、不斷努力的地方。

人生不只有逆境與挫折，亦非總是靜止不動。

不管你置身何處，都要對周遭的環境心懷感激與敬意。

但不要駐足停留。時候到了，就容許自己往下一個階段走去。

當你發現自己突圍而出時，好好為此慶賀。

留心聆聽發自內在的微聲提醒，那轉瞬即逝的念頭彷彿在對你說：

「即便過去你從未做過這件事，但為何不可以是你呢？去試試看吧！」

［第86天］

3/26

# 每一步都算數

科羅拉多州的卡頓伍德，有家飯店的宣傳單上印著幾行字：「一張照片，不是在某個時刻下被拍攝，而是它留住了那一個時刻。」

我耗費了不少時間，才搞懂這個重要的事實。我用了好多年的時間，嘗試將人生維持在完整與完美的狀態，彷彿這是個堅固完好的東西，可以隨著我的意思將它安置在任何特定之處，讓它在那裡好好待著。直到多年以後，我才慢慢領悟何謂「時刻」與「當下」。

我們的生命在許多方面仿若電影的膠卷，由一個又一個獨立的鏡頭與個別時刻組合而成，每一個時刻都將我們引入另一個時刻。如果試著想要緊抓住已逝的時刻，著實是一件浪費生命的事。就在你起步急起直追之際，它們轉瞬即逝，消失得無影無蹤。那就像是你在不對的節奏下猛地躍向那個時刻——所謂的未來——而它卻尚未來到。

活在當下，意即活在你此時此刻所置身的狀態下。

那是所有快樂、滿足與愛得以尋獲的時刻。
記得讓每一個活著的時刻都算數。

［第 87 天］

3/27

## 憤恨使每一個人都受傷

憤恨只會讓我們受傷嗎？不，憤恨也會使他人受傷。

當我們容許憤恨的情緒持續醞釀燃燒，甚至化膿腐爛，我們也同時將負面、卑劣、傷害、惡意的能量感染給別人。一旦我們有意識且強烈地散佈這些惱怒的情緒，我們將使周遭每一個人都感受到劇烈的痛苦。尤其當我們與身邊的他者關係越緊密，不管對方是我們的工作夥伴、朋友、愛人或家庭成員，我們的憤怒所加諸於他們的衝擊將更巨大，就連我們自己也難免深受影響。

因此，如果你正對某位與你親近的人感到憤怒，不管他是同事或親人，先想想這份怒氣對他與對你自己所造成的傷害。一般而言，你對越親近的人所懷的怒氣越大，所引致的破壞力與傷害力也將越嚴重。你可以蓄意破壞他人的計畫，想方設法阻撓對方，讓他一蹶不振。即便你沒有大聲宣揚憤恨的言語，即便你可能嘗試隱藏心中真正的怒氣，但那股憤恨的能量，仍將持續在空氣中蔓延，傷害彼此。就像我們需要專注於消除空氣中的有毒氣體，以維持空氣清新，我們也需要努力淨化工作場域和家庭氛圍，不讓憤恨的有毒氣體持續升騰，戕害我們。

記得，當我們心懷怨恨、嫉妒與狂怒，我們與他人的連結和關係，將使我們傷痕累累。

讓我們釋放他人以得到自由吧！讓我們釋放心中的憤恨吧！

如此一來，我們不但放過自己，也讓彼此的心靈都同獲自由。

［第88天］

3/28

## 擺脫「我不配」的盲點

從錫安國家公園一路開往猶他州的布萊斯峽谷，是一段滿短的路程。我對這條路並不陌生，過去已經開過好幾次。不知爲何，路途中的某一段，儘管太陽高掛、晴空萬里，每一次只要經過那裡總是會飄雨。雖然肉眼難以察覺，但一小朵烏雲似乎早已蟄伏一角，幾乎每一次，就在某個特別的轉彎處，頃刻間，雨水便嘩嘩落下。

有時，同樣的景況也會發生在我們生活中的某個領域。有個信念總是讓我們卡住，使我們擺脫不了生活中的某個問題，不管後續的旅途如何陽光普照，每每行經該處，就免不了風雨如晦。是什麼樣的烏雲籠罩著你呢？會不會是你正努力建構的計畫？

有些信念，諸如「我的選擇恐怕錯了」、「我做了個糟糕的決定」、「我錯了」，可以成為你沉重的罩頂烏雲。這些隱隱然的信念，並不易察覺。我們所能留意的，是滯留在此的痛苦或焦慮，那是緊緊尾隨著我們的一朵烏雲。而我們竟然繼續靠這些錯誤的信念，來創造並維持我們的烏雲。這是我們鮮少看見的盲點。

我們所要學習的功課，或許無法幫助我們做出更好的選擇，或成為更好的人。但這些功課很簡單，不過就是改變你的信念。做些新的決定。幫助自己發掘一些更新、更美好、更陽光的信念——關乎你自己與人生的信念。相信自己所做的決定都是最好的。

你是誰，無關緊要。因為你一直都很好。

〔第89天〕

3/29

## 緩步走向寬恕自己

「我從來不曉得原來我有多麼不滿、多麼怨恨自己。我從來不曉得我一路走來，竟累積了那麼多羞辱與自我輕視，一直到我開始眞正原諒自己，才慢慢去感知那些負面感受。」一位女性朋友如此對我說道。

自我珍愛、自我寬恕、自我接納，這一切都與自我批判迥然有別。許多人長久以來一直活在自我批判之中，理所當然地逆來順受。我們誤以爲自己注定要承受這些負面感受。除非我們眞正做到自我寬恕，否則我們永遠無法理解那確實是我們最需要學習的課題，而這些練習對我們的生命品質，是何等美好、何等重要、何等極致、何等無與倫比！

長期以來，我對寬恕這件事是懷著戒心且有所顧慮的。我總以爲，寬恕意味著批評。我知道批評是不對的，所以不該這麼做，也因此，我誤以爲寬恕是不必要的。但問題是，不論對或錯，我早已對自己進行過嚴厲的自我批判了。而今，我需要的是寬恕。

自我批評將我們撕裂，使我們跟其他世界分隔成我們所不願見到的景況。當我們原諒自己的時候，我們得以讓自己與這世界、與神、也與自己重新和好，重新產生連結。我們可以爲曾經犯下的錯、那些做得不盡理想的事，以及那些我們覺得應該可以做得更好的事，寬恕自己。如此，我們便能超越我們對自己的評斷與控訴。

緩步走向寬恕。愛自己，原諒自己，接納自己。

看看你的自我連結有多深。

看看你可以多麼地自由自在，並且一直持續下去。

看看你現在感覺多棒！

［第90天］

3/30

# 從靜默中得到力量

對安靜之事要敏銳。對喧鬧之事也要敏銳地察覺它們如何與你的能量、你的時間和你的情緒，相互牽連。你將以一種前所未有的方式，與你自己、與宇宙、與神、與他者，緊密連結。否認這些相互牽連的力量，意味著否認這些連結與關係。

在我們的意識中進行一場靜默的拉力，可以是一種提醒，告訴我們需要怎麼做。我們或許會忽然想起某個久未聯絡的老朋友，心裡想著或許該打個電話給對方，但我們卻猶豫了，最終沒有採取任何行動。「別傻了！幹麼現在做這些事呢？」我們如此告訴自己，因而打消了念頭。然而，極有可能那位我們惦記著的朋友，此時正向我們大聲求救。換個場景，或許我們正面對一個不曉得如何解決的難題，困惑持續擴大，令人煩躁不安，也擾亂了我們的生活節奏。或許我們的本能開始悄然提醒我們，該是時候展開行動了。

現在的我們，已經和過去不一樣了，我們變得更加不可思議、更加輕鬆自在，也與我們的行動更加合一。可以確定的是，我們無須再按著日曆或時鐘來做事，而是專注於那些靜默的拉力，意即與我們的能量有所連結的力量。當我們意識到這些驅動力時，我們便能相信自己，自然便知道下一步該做什麼事、何時去做，如此一來，我們便能與宇宙、與我們的靈魂和平共處。

何人何事與你有所關聯？你認為自己該怎麼做？

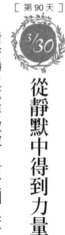

現在，就開始採取行動，移往下一步，下一階段。

你的心會將你帶往何處呢？



〔第91天〕

3/31

# 沒有壓力才能做得好

有時，我們需要一些壓力促使我們往前進；但有些時候，我們恐怕給自己太多壓力了。我們老是想著：「我必須要去做。我必須做得更好、做得更快。」我們開始相信，唯有透過憂慮、懼怕與不斷向自己施壓，才能完成任務——不管這份任務是心靈成長，抑或做出某個特殊的決定，或完成某個艱鉅使命。

事實上，那樣的施壓並無法幫助我們把工作做得更好、更快，反而會使你倍感壓力與憂懼，進而攔阻了你的滿腔創意。有時，壓力太大會使你與當下徹底抽離。壓力也會抑制你的生命力，遏制你內在深處湧流的生命。那種壓力經常在你的心思之間製造噪音，擾亂心神，使你再也聽不到內心的聲音。

是的，我們肩負責任，我們活在時間的框架與限制之下，我們對他人有需要承擔的承諾，因此，我們有時得在一定的時間內完成一些工作與任務。然而，往往是在心情放鬆的情況下，才得以把十萬火急的工作完成；往往是在平靜安穩的情況下，才能清醒地做出最緊急而重要的決定。強迫自己在壓力重重之下快馬加鞭往前行，不論去往何處或與誰共處，都將事倍功半，甚至無功而返。我們需要建立一些原則，來幫助我們免於一步步陷落在緊張、懼怕與憂心的情境之下。當環境的壓力越大時，我們爲自己而活、把握當下的需求便越急迫。

把緊繃的情緒釋放掉吧！放下你所有的情緒，並把通往內心的路徑都清空。你亟欲尋求的答案，時候到了便會出現；而你的任務，將順利完成。

讓自己輕鬆一下。

釋放一些壓力！

# 4月

# 遇到阻礙又難以排除時，記得另闢蹊徑

［第92天］

4/1

# 此路不通，那就另找出路

我在新墨西哥州的奧荷卡林特溫泉遇見一位婦女。她的舉止言行溫柔而開放。我們聊到有關儀式、奇蹟與改變等話題。「我和我丈夫都非常渴望有自己的孩子，但我無法懷孕。」她娓娓道來自己的經驗。「有一晚，我決定去一個專爲猶太婦女沐浴淨身的公共水池。我感覺這個決定充滿神奇力量。但就在我決定前往時，你所能想到的各種阻礙一一出現，使我幾乎出不了門。當我排除萬難走出家門後，我竟然迷路了，只好打道回府去把地址找出來。最後，我終於到了沐浴的地方，而那只是開始；我知道我需要到那裡。果然，那一晚，我激動得全身顫抖。空中彷彿佈滿閃爍的電光，令人震懾。我記得當晚是滿月，我完成了所有的宗教淨身儀式，然後回家。就在當晚，我懷了我的女兒。她今年已經七歲了。」

我們走過的路徑，難免阻礙重重，充滿路障、柵欄、繞道指示等等。有些地方需要越過、繞道或往地底下通行。有時，路障提示我們「禁止通行」，意味著此路不通，這道門關上了，請另找出路。另一些時候，路障可能提示我們，你所選擇的這條路非常特殊，如果你仍執意前行，那麼，你得努力嘗試，並且專注且用心地走。我們需要提振能量，卯足勁，讓全世界知道我們眾志成城，勢在必得。我們要做好準備，迎接並戰勝一個又一個橫擺於眼前的障礙。

你最渴望擁有什麼？必要時，你願意爲了達成目標而準備好通過各樣挑戰與障礙嗎？你願意接受宇宙的考驗嗎？你願意專注地、義無反顧地朝著遠方勇往直前嗎？

有時，前行的道路障礙重重。清除通道，便成為旅途的任務之一。時候到了，就要學習放手、屈服，然後另闢蹊徑，找一條不一樣的路，編織不一樣的夢想。時候到了，就要學習往前行，必要時也得越過阻礙，只因為夢想是導電體，需要接受神聖的能量與愛的充電。

[第93天]

4/2

## 取用靜心冥想的力量

我在開往南加州途中，瞥見一處靈修靜心中心，名叫「精神磐石中心」。我轉進中心的停車場，看見許多人在廣場上非常緩慢地移動著步伐。這些參與者顯然在進行某種「走路」的靜心練習。

靜心冥想可幫助我們放輕鬆，將心靈與身體連結起來，使身心靈合而爲一。我們當中許多人長期以來總是放棄自己，忽視我們的情緒與身體的感受。我們總是爲他人而存在，現在，該是徹底且完全地爲自己而存在的時候了！

靜心冥想可以幫助我們稍稍從周而復始的生活常規中暫時抽離，或是放緩腳步。在呼吸之間，我們要刻意呼出所有的負荷、壓力與恐懼，然後吸進光明、美好、平安與愛。我們慢慢地放緩心思和身體的頻率，直到我們達到徹底沉靜的境界。靜心冥想可以更新我們，使我們的生命澄澈清明、煥然一新。

靜心！花些時間吸進平安、呼出恐懼，然後把你的靜心帶回你的生命之中。

慢行！學習為自己安住當下，比過去更完全、更徹底地為自己而存在。

你可以改變你的生命，慢慢地進入一種行走、覺醒與從容靜心的生活節奏。

［第94天］

4/3

## 創意一直在你身邊

創意是一種力量——一種生猛、躍動的眞實力量。那同時也是愛的力量、生命的力量，更是一份來自神的禮物。而你與這份力量緊密連結。

在工作中、在玩樂中、在愛之中，打開你的創意力量。去做些你所嚮往的美事吧！創作你自己看了也喜歡的東西。創作不但能取悅你，也能使你的作品加分。創意以各種姿態和形式出現在我們的生命中——烹飪、設計、演講、繪畫、寫作、或在沙灘上蓋一座沙土城堡。至於你要如何選擇，端賴你自己。

「年少的時候，我很熱愛拍照。」有個男士對我說：「但是有一天，我父親在極度憤怒的情況下把我的相機摔爛。他罵我說攝影沒出息。那是二十年前的事了。從那時起，我就沒有再拿起相機拍照。當然，我後來還是重拾相機，現在已經無法叫我停手了。」

誰說你沒有創意？抬頭挺胸，大聲告訴他們這大錯特錯。大膽地擁有你的一切創意能量。讓你的創意充滿療癒並自在奔放。

重視你與創意之間的連結。

不管你選擇何種方式來表達你的創意能力，請珍視它，因為那是你對愛的表達方式。

［第95天］

4/4

# 耐心等待時機成熟

留心觀察那些衝浪高手，看他們正準備找機會衝向大海的動作，看他們如何等待浪潮，等待一個最佳轉身的動作，等待一個最佳時刻，等待一個最佳浪頭，讓他們乘著浪潮頂端，俯衝急奔而去。有時，浪來得極快。有時，他們得在一旁踏著浪耐心等待一段時間，在下一個絕佳浪潮迎面衝來之前，只能守候與觀察。

回到現實生活中，我們也需要如此練習，學習駕著我們生命的浪潮，往前俯衝。學習等候，只在最正確的時間點採取行動。學習等待，直到你的理性、感受、身體與整個宇宙都給你足夠的直行訊號之後，再開始行動。是的，你有份想要進行的工作清單，不過當你擬定好這份清單之後，將你亟欲進行的計畫視覺化，你會發現，自己已然啓動強大的動力。你已經激發宇宙來助你一臂之力，幫助你心想事成。我們需等到一個相較之下更爲完美的時間，再採取適切的行動——打一通電話，或完成某個任務。

時機不對的行動，無法使目標更快速達成。到頭來，不過是瞎忙一場，徒然浪費你的精力，最終還是把你送回大海去，重新等待下一個「對」的浪潮。專注於你的目標，卯足勁，往大海衝去。然後，耐心等候絕佳時刻，使盡絕佳力氣，等下一個對的浪頭到來，把你自己送出去。

正確的浪頭終究會來。

當它來時，抓緊你的衝浪板，一躍而衝，不顧一切地騎乘巨浪，盡情享受。

[ 第96天 ]

4/5

## 所到之處皆是美好風景

我住在新墨西哥州時，發現自己不停地、幾乎像磁鐵般被吸引到奧荷卡林特溫泉。那個地方的消費不高，泡澡僅需八塊美元。但說不上爲什麼，我就是覺得在那裡讓人感覺很安全、充滿療癒，而且在心靈層次上，我感覺自己和那個地方很親近。某些時候，當我在那裡漫步時，幾乎可以感覺到一股電流流竄全身。當我第三次造訪時，發現有個小小的標示隱藏在停車場一旁，於是我開始理解自己爲何會有先前的感受。原來這座古老的溫泉，是美國原住民的聖地所在。我在那裡所體會的一切感受，其來有自，而且都是眞實的，因爲我雙腳所踏之地，正是一塊聖地。

發展一份神聖感。發展一份對你而言神聖的感悟。當你走過這些歲月時，容許自己在生命深處創設一處可見、可感受的聖地。很多時候，我們所遊歷的地方、眼目所見的一切，都是神聖的，只不過我們的思緒消解了那些念頭。生命中的神聖之事何其多，只是我們沒有意識到要與它們緊密連結。當你體驗生命之際，留心聆聽靈魂深處的聲音。對你而言，什麼是聖潔與神聖的呢？讓自己找到與它們連結的管道，並浸淫其中。

停止叨叨絮絮。尋找片刻寧靜，好好體驗。詢問你的靈魂，請它向你顯明何謂聖潔。等你留心體悟時，將驚覺一股電流流竄全身。你的靈魂將會注意到這種感受。學習去感悟、去觀察，進而意識到這正是旅途中的美麗風貌。

心誠則靈。
你雙足所踏之地，正是聖地。

［第97天］

4/6

## 爲自己而存在

學習爲自己而存在——徹底以一種全新與欣喜的方式，爲自己而存在。爲自己完整地活著。爲你的思想與感受而存在。遵循你的內心與身體的指引，溫柔地存在。學習在成長與旅途的每一個步伐中，全心全意爲自己而存在。

珍視你自己，重視你之所是，珍愛你的思想意識、你的感知領悟，以及你的成長脈絡。長久以來你經常忽視自己的需要，因此在面對「自己是誰」、「自己如何感受」、「自己相信什麼」等課題時，你或許早已無感了。過去，你曾經相信這種無意識的感知可以使你安全無慮，保護你免於觸景傷情，讓你不需要去面對一些亟欲逃避的感受。你曾一度覺得人生本應如此，並對此深信不疑。但現在，你重新學習以另一種方式來生活與存在。我們不只爲了存活而已。這樣的生命狀態已無法滿足你的內心與靈魂。現在，你已經嘗過何爲深刻地生活，因此，你要活得更完整、更快樂滿足。爲此，你必須好好爲自己而存在、爲自己而活在當下。

當然，你也爲他人而存在。爲他們的靈魂、他們的感受而置身當下，也爲他們所要對你說的話而存在，但更要特別爲他們的內心而存在。如此一來，當你爲他人而存在時，你將不再害怕失去自己，也不再擔心是否會忽視自己的需要。你現在已經可以放心去做了。你不再因爲他們的需要而被消費或被掏空，也不會陷入他們的生活與工作中而動彈不得。如果你眞正爲自己而活，你將清楚自己可以爲他人奉獻多少，界限在哪裡。

爲了生命而好好存在——爲了滿天星空而存在，爲了清晨唧唧歌唱的小鳥而存在，爲了大地和雙腳踩踏的草地而存在，爲了你手中所觸摸與感知的雪片而存在，爲了宇宙所有神奇魔幻與奧祕之事而存在。

**最重要的是，為了自己而存在。**

如此一來，你為他人而存在的生命，將自然地到來。

［第98天］

4/7

# 你最抗拒什麼？

對整個旅程保持開放，包括旅程中的每一個部分。

有沒有一種感受、一個人、一個念頭、一份計畫，是你想要逃避的？你的生命中是否有些角落，是你拒絕面對或敞開處理的？是不是仍有些人事物，是你寧死不屈、而且堅決說「不」的？如果聽到這些聲音：「我已經決定要這麼做了，所以我把這部分的對話都關閉了。我不會考慮這部分……」把這些念頭拋諸九霄雲外，別理會它！這些都是抗拒的聲音。

對每一件事都保持開放的心態。

對你最有價值的功課，極有可能來自你最抗拒的事。

［第99天］

4/8

# 用童心體驗冒險

那是個寒冷的夜晚，我人在亞利桑那州的瑟多納。一場毫無預警的暴風雪突然襲擊這座向來溫暖的城市，短短時間內，地面已經累積了厚厚一層雪。供電的線路中斷，我居住的小屋，暖爐無法如常運作，低溫使我感覺又凍又冷。

我跟自己說：「太好了！我在瑟多納的最後一個晚上，得獨自在黑夜中與身體的低溫奮戰！」我隨即穿上一身厚外套，又把自己包裹在棉被裡，步履艱難地走到附近的電話亭，打電話給朋友吐苦水。

這位朋友告訴我：「換個角度想吧！假裝你現在只有四歲，拿著你的手電筒，然後把所有的枕頭和被單集合起來，在床上搭個帳篷。好好享受你的冒險之旅！」

乍聽之下，我怔住了，也有點遲疑，但後來我決定試試看。我真的在床上弄了個帳篷。我感覺暖和了起來。原先盤據心中的怨懟一掃而空，我變成一個天真的孩子，珍藏了一段美好記憶。面對人生所出的考題，不管條件多麼糟糕，我選擇在生活中放鬆玩樂、尋找趣味，然後伸展雙臂去享受與擁抱。不久，我便沉沉睡去了。隔天早上醒來時，暖氣恢復運作，燈亮了，風雪也停了。地上覆蓋一層厚雪，眼前出現令人讚歎的鐵鏽色岩石台地，整個城市看起來美極了，恍若仙境。我又學到了另一個功課，多麼務實又簡單的功課。

換個角度和觀點，享受你的冒險之旅。

讓你心中的孩子出來玩耍。

［第100天］

4/9

# 好好照顧自己

要比過去更懂得照顧自己、保重自己。那是你的心提醒你去做的事。告訴自己，那段不斷逼迫自己、失去自我、從不呵護疼愛自己、溫柔善待自己的日子，已成爲過去。懲罰、批評、壓抑與否定自己的種種行徑，不能再控制你，也無法爲你帶來任何你尋覓已久的成長與結果。你越對自己窮追猛打，你越是冷酷無情地追求完美，所得到的結果是，你越發覺得自己糟糕透頂。

好好愛自己吧！要對自己溫柔、慈愛、友善、體貼。每一天都花些時間面對自己的需要，一如你總是想辦法滿足你所愛的人一般。善待自己並不是浪費時間，亦非置其他事情於不顧。唯有當你對自己好時，你的生命才會以神奇的轉變來回報你。你的人生將因而積極成長，你也將感受到美好。

好好照顧自己，是個再簡單不過的舉止，卻會帶來驚人的結果。
你越懂得照顧自己，越是善待自己、保重自己，
你與宇宙以及神之愛的連結，將越緊密。

［第101天］

4/10

# 留心周遭人事物的能量

我在加州山區小城丹麥村的一家店鋪停留。這間奇特有趣的小店裡，塞滿了各式各樣的時鐘。時間在那個狹小空間裡顯得格外急切，滴滴答答、分分秒秒地提醒人們時間的流逝。有些時鐘用唱的，有些是小鳥鳴叫，另一些則是純然滴滴答答地走。「如果你同時轉動這些時鐘，並給予它們夠長的時間，它們將會一起奏出和諧的旋律。」店員甚有把握地告訴我。於是我留心聆聽，果然如他所言。

我們都是能量，同時也是振動。一旦我們敞開心懷便會發現，跟著周遭的節奏流轉，是多麼輕而易舉的事。但倘若我們自我封閉、自我放逐，情況就完全不同了。既然我們已經選擇要保持開放敏銳，並且敞開內心與靈魂，可想而知我們必然會與周遭的振動連結，滴答滴答地同步運轉與前進。我們的能量場將彼此觸碰，融為一體。我們將開始去感受，甚至有時會帶來視覺的感官體會，經驗那種從周遭環境傳遞而來獨樹一幟的東西、旋律與振動。

專注留意這些能量的轉動，小心選擇與判斷，看看你決定跟誰一起生活、一起吃喝、一起玩樂。也許有些時候你在處理他們的能量時游刃有餘，但有時你或許會覺得力有未逮。如果你偶爾感覺自己幾乎失衡了，極有可能是我們所接觸的能量與我們之間有所衝突。

要對出現在這段旅程中的人保持覺知。

留心觀察什麼樣的人深深吸引你，什麼樣的人被你深深吸引。

感受一下當你被愛的能量包圍時，是何等不同凡響。

［第102天］

4/11

## 聆聽靜默之聲

開車進入黃石公園後，我把收音機關了。夕陽西下。公路兩旁的高山彷若一幅裱框的畫，躍然眼前。山頂覆蓋著白雪，每一個山峰頂端都觸碰到白雲，無限美好的夕陽映照出變化多端的蜜桃粉色與橙黃色。雲朵開始隨之起舞，恍若暮色時出現的繽紛色澤。蓊鬱的常綠灌木在道路兩旁排成綠色線條，有些樹木高高聳立，有些俯身低垂，有些彎下腰來，彷彿在偷窺或召喚經過的旅人。松綠木的特殊香氣，頓時充滿車中。

我開了一整天的車，一直開著車上的收音機，好讓自己不但享受音樂、排遣孤單，而且可以隨時保持警覺。現在，我把音樂關了。當我開著車子時，我讓完全的靜默充滿整部車子，充滿我的思緒，充滿我的靈魂深處。不久，夕陽的絢麗色澤幾乎讓人手舞足蹈起來。樹木與高山以它們的能量、節奏和振動來充滿我。

有些特別的聲音頗具療效——音樂、好友的聲音、孩子的笑聲。但有時候，我們其實需要拒絕這些聽起來悅耳的聲音，轉爲去聆聽靜默。靜默也可以非常療癒。

太陽下山了。當我開車經過黃石公園大門時，了悟到一件事：原來，所謂靜默之聲並不寂靜。因爲每一個活生生的物種都在輕聲吟唱屬於牠們的歌。只要你的心思、靈魂與內心是平靜的，便得以聽聞這些聲音。

學習聆聽靜默之聲。聆聽周遭的世界。

靜默，將為你吟唱一首悅耳動聽的歌。

［第103天］

4/12

## 避免過度依賴某些人或物

我們都有各自尋求資源的對象。有時，我們可能會轉向生活中的某人求助，譬如家人、朋友或愛人。我們也可能轉向大自然尋求支援，譬如高山、樹木、海洋、河流、太陽、月亮與星宿。無論如何，我們不再需要侷限於向特定的一個人或一種資源尋求愛、能量、安慰或指引。

有些人走進我們的生命中，短暫停留只為在某個特定階段給我們一些幫助。另外有些人則打算進來長期逗留。有些時候，在我們大半的人生中，我們對所愛之人付出了極深的承諾，他們也順理成章成為我們尋求能量與愛的源頭，而我們之於他們亦然。事情好像就該如此發展下去。

能擁有這些人成為支持我們的特殊資源與貴人，當然很好；但如果讓某個個人成為我們唯一的支援，則可能後患無窮。因為這麼一來，我們可能會開始對他需索無度，使他疲於應付、心力交瘁。我們也可能變得過度依賴。最終，不管對方是男性或女性，難免因受不了而離開。我們也將因爲過度依賴某人或某些事物而變得患得患失、焦躁易怒。爲此，我們可能因爲各種緣由而與我們尋求協助的對象發生衝突。在這過程中所發生的憾事，可能導致我們之間關係破裂，甚至分道揚鑣。因此，有意識地了解我們的需要、知道如何滿足我們的需要，便顯得格外重要。另外，至關重要的是，不要認爲有人應該爲我們的需要負責。

向一個更為開闊、更為豐富的資源敞開自己。那個源頭便是神。神供應的是整個宇宙。

當我們定睛仰望神與宇宙時，我們轉向無止盡的源頭敞開自己，並從中尋求愛、能量、教導、支持、資訊、指引與撫育。

某些對象與地方或許可以在旅途中幫助我們，但神永遠是我們愛的源頭。

[ 第 104 天 ]

4/13

## 按著你的所有，慷慨地付出

要學會在關切、付出或行動上，不超過自己的能力所及而做得太多。這些都是過去我們所學習的功課，我們已經練習過，也掌握得不錯。我們曾經需要學著去檢視我們的付出，因爲我們的行爲是出於勉強與被要求，而非心甘情願，其中也未有任何愛自己的想法與認知。不過，這一切都是過去的事了。

現在已截然不同。我們可以信任自己，知道何時該停止，也懂得判斷什麼時候我們的付出非但沒有幫助，反而造成破壞。我們可以信任自己，知道不該行動時就要按兵不動，因爲如今我們已經和自己緊密相繫，我們已經聽得到自己內在的聲音，也走在正軌上。

自由地付出你的時間、心意、喜樂、智慧，不吝與人分享你的經驗、強項、希望，同時大方分享你的不足以及過人之處。你也可以同時分享你的金錢、恩典、笑聲、盼望。還有，最珍貴的，莫過於分享你自己。

按著你的所有、你的所能，毫無保留地付出，宇宙將恩賜並滿足你一切所需。
毫無保留地給予，宇宙也將毫無保留地賜福予你。

〔第105天〕

4/14

## 讓放輕鬆成爲習慣

我們常常出於單純的習慣，而將自己壓得喘不過氣來，使得自己身心緊繃，然後再以此態度來面對我們的生命。當我們在做一些事時，總是本能地繃緊全身，或許是肩膀和脖子僵硬、駝背、肌肉痙攣或呼吸急促。但是，請記得，任何工作，唯有在輕鬆自在下才能做得好。

學習放鬆心情。重新設定你的身體，讓每一個部位都被釋放，使身體輕鬆自在。容許自己回歸最自然的姿勢與排列組合。學習放輕鬆，直到所有的移動、動作、言說與存在都從這個輕鬆的源頭，自然、從容地發揮出來。尋找一些適切的活動來幫助你強化這部分。熱水澡、蒸氣浴、指壓按摩、曬太陽、走路、靜心冥想。訓練自己去覺察身體在進行這些活動時有何感覺。將身體所發出的訊息與感覺銘記於心，然後不斷練習對你有成效的輕鬆活動，直到你可以重啓這些記憶，並讓輕鬆自在的感覺延續一整天。

在日常生活中，分階段讓自己休息片刻，藉此檢視自己所承受的壓力指數。你若覺得身體某個部位緊繃或有壓迫感，花一點時間刻意放鬆那個部位。以視覺化的方式，想像一股自在暖流，流經緊繃與疼痛的身體部位，讓那些壓力、緊繃感與窒礙不通的感覺，從頭到腳都被釋放、被紓解、被滋潤。你的身體渴望休息與放鬆，它想要感覺舒適自在，它極度想要好好自我療癒。

將思緒中所有與壓力相關的念頭一概清空，讓它們跟著你的身體進入輕鬆、自在與平靜之中。讓你的思緒越來越沉靜。接著，安靜地接受每一個念頭與想法，再釋放它們。將舒適自在與療癒的能量，像新鮮空氣般吸進身體裡，吸進你的心思意念中，進入身體的每一個細胞裡。然後，呼出你的壓力、緊繃、不適與懼怕。不要壓抑真實的感受與想法。接受它，然後釋放它。你若把水龍頭關緊，要如何讓水自然地流出呢？同樣的，你若老是繃緊身體，扭曲變形的身軀如何能讓最重要的生命力在你之內暢流無阻呢？

珍視那股在你之內自由流動的生命力。透過放鬆、敞開並邀請它在你身體裡面奔騰，來表達你對它的敬意。

放鬆可望幫助你重新得力、身心舒暢、煥然一新，好讓你可以帶著比過去更強大的力量和精神，去做你需要做的事。輕鬆自在的心境，是更為理想的工作狀態，可以幫助你完美出擊。

［第106天］

4/15

## 創造你想要的生活

你需要什麼？你需要什麼來創造你的人生？你想要生活在什麼樣的環境中？請試著形容那些場景與情節，並想像那些畫面。我們可以心想事成，只不過我們花太少時間去想像。而想像力，是朝向創意的第一步。

你眞正想要什麼？那會是什麼樣的情境？什麼樣的感覺？你現在所做的努力，是不是朝向你殷切想要的未來一步步前進？那段感情與關係？那份工作？那個家？若是如此，那就加油，努力向前邁進。若是不然，請重新想像並創造另一個你想要的未來。

從想像力開始吧！在你的心思意念中，想像你眞正想要的目標，至此，你已經朝向創造的目標一步步趨近了。如果你還不曉得自己要什麼，沒關係，請轉向宇宙尋求幫助。問問神和宇宙，請祂們將最崇高的美意與計畫帶給你。

請求宇宙為你構築心目中真正渴望與需要的一切。

相信宇宙，祂就像一位值得信賴、尊貴而慈愛的朋友。

[ 第107天 ]

4/16

# 你會找到答案的

你尋覓已久的答案，或許就近在眼前。

你曾經問過一些問題嗎？你曾經將這些問題，帶到神、宇宙、你自己與這世界的面前提問嗎？我現在該怎麼辦？接下來該怎麼做？到底什麼地方卡住了？我怎麼會坐困愁城呢？我錯過什麼了嗎？答案是什麼？我需要一些線索，有沒有人可以幫我？

很多時候，提問意味著隱隱然的答案正在尋找你。跟著你的心走，然後睜開雙眼。那些答案，就在燈火闌珊處。

你尋找已久的答案，原來近在眼前。

〔第108天〕

4/17

# 練習相信你的直覺

培養聆聽的藝術——聆聽你的直覺、聆聽你內在的聲音。這些都是通往內心世界的指標。這個聲音和你腦海裡的聲音是截然不同的。內心的聲音總是輕聲細語，腦海裡的聲音則老是大聲嘮叨，講個沒完。

大腦對我們的生活早已設定好一套日程。它毫無顧忌地喧譁不休，它的目光是短淺而侷限的。我們的腦袋裡容不下宇宙的奧祕奇事，也從不將旅途中的旁支小徑納入考量，儘管那些地方可能是我們靈魂的歸宿。腦海裡的聲音總是說：「唯有這條路可以走。」

而內心深處以及由此而生的內在聲音，卻以迥異的方式對我們說話。有時它輕聲低吟，有時則是拉你一把，也有些時候它會毫不猶豫地把你推出去。它伸屈自如，從不僵化，行於當下，而且常爲你帶來驚喜。我們的心會留意哪些事屬於「該做的事」，並找出最佳途徑來完成工作。我們的心也會顧慮到情緒與感受的面向——事情該如何發展，你的感覺如何，以及你靈魂深處的智慧等等。心將我們帶到人生的修鍊場域，讓我們在這裡把該修習的功課學好。

培養內在的聲音。練習聆聽發自內心深處的微聲低語。練習相信你的直覺，那些你眞實無僞的感受，那些你眞正知道的一切。不斷不斷練習，直到你聽得見那些聲音。

耐心等候，溫柔以對。

請學會聆聽發自內心深處那輕柔而值得信賴的話語。



［第109天］

4/18

## 不可知的神奇力量

有時，我們難免腸枯思竭，想不出任何點子。我們進退失守，不曉得下一步該怎麼辦，感覺自己已山窮水盡，但事實卻不然。這段無預警的空白孤寂、令人無措的空茫狀態，其實是無比榮耀、充滿神奇的境況。

有時，當我們向其他潛在、新的可能性保持開放與接納之前，原有的觀點和思緒若能消失殆盡，並沒有什麼不好。假若我們目光如豆，無法高瞻遠矚，那可能是因爲我們的觀點常常受限於過去的種種，譬如過往的經驗，或是過去的人生帶給我們的對比。事實上，我們的未來，壓根不需要被我們的過去所侷限。我們的生命知道該何去何從。我們現在可以重新學習。這不是窮途末路。眞相是，我們已經走到一種全新的境界，由此重新開始。

現在，正是神奇魔幻的時刻。讓宇宙牽著你的手，將你不曾見過的事，顯明予你。

現在，你終於帶著柔軟脆弱的心，敞開胸懷，重新開始。

讓我們為不可知、充滿神秘的未來，慶祝吧！

讓我們預先歡慶那必然臨至的奇蹟吧！

[ 第110天 ]

4/19

# 釋放負面能量

我們的情緒與經驗，有時會將我們帶離當下。有些事情發生了，譬如某人說了什麼話，或者我們聽到了什麼話，某些感受便沒來由地浮現心頭。隱藏在這些感受之下的，往往是一份久遠前的感覺──過去某個事件所遺留下來的感受，那是隱藏於靈魂深處尚未消失的舊能量，占據了我們的身體。

當這樣的情況發生時，我們並未偏離正軌。相反的，我們都置身於需要出現的地方，只不過我們心不在焉，自當下抽離出去。事實上，我們可以運用這樣的時刻來進行自我療癒。

首先，讓自己眞實感受那些感覺。由自己作爲起點，釋放那些能量。說出來。把那些感受和盤托出。按著內心的指引，從你的靈魂深處將那些情緒的泡泡傾洩而出，全然釋放。依照你的需求，不妨多花些時間來進行這個療癒──一小時、一天、甚至一個月。當負面感受逐漸遠離時，你將對自己的狀況欣喜若狂。你已經走上進階旅途了。你學會了一些全新的功課，嶄新的循環已然開啓。你提出了全新的議題，提供了一個療癒和成長的絕佳機會，而這些療癒和成長，最終將成爲興奮雀躍與備受歡迎的驚喜。

是的，有時經驗會將我們帶離當下。但如果我們為了自己而存在，我們終將找到返回之路。改變，讓自己變得更輕盈，進而接受療癒。最終，我們將準備好可以去愛了。



［第111天］

4/20

## 愛自己可以讓一切更好

你是否覺得力不從心？周遭環境是否變得令你無法接受？你是不是覺得自己無力改變現狀，無法讓今天變得更好？別忘了，你身上永遠有一種不會消失的力量，那就是好好愛自己的力量。

是的，有時我們會感覺自己異常軟弱。不管我們如何努力嘗試不同的方式，如何積極排除萬難，但放眼望去，我們就是無力改變生活中的一些現況與條件，我們就是無法改變另一個人的行爲舉止，我們就是無從改變一些職場的狀況。面對拮据的經濟狀況，我們一籌莫展，至少現階段仍是無計可施。看起來，一切生活的外在條件似乎乏善可陳，沒有一樣符合我們的理想狀態。其實，靜下來想想，並不是我們做錯了什麼，我們並未偏離常軌，也沒有錯過或逃避該學習的功課。只不過在人生某個特別的時間軸上，我們忽然陷入灰頭土臉的低谷中，沒有任何具體的行動可以使我們改變這些境況。我們能做的，就是將一切交付予外在的環境，接納所發生的一切，然後安住於那個時刻中。

在那些特別糾結難熬的時刻裡，我們只能採取一個有效的行動，那就是，愛自己。當我們面對周遭的世界，發現自己什麼也不能做時，記得，我們永遠可以學習好好愛自己。當所有力量都被剝奪了，我們還是可以打起精神練習愛自己，並從中得到力量。這是沒有人可以從你身上奪走的力量。

愛自己總能讓事情否極泰來。

當你熬過了某個艱困的時刻，回首來時路時，或許你將如此告訴自己：

「那就是我這一路真正學到的功課——在每一個當下，學習愛自己，並感受那充滿療癒的力量。」

〔第112天〕

4/21

## 你比自己知道的更有智慧

當你持續不斷往前行時，你將在旅途中成長、變得成熟，也將發掘更多特殊的能力、天賦與力量。與日俱增的認知力，便是其中一種。我們開始對一些場景與人物，多了一份比過去更爲深刻的覺察與體驗。

我們開始知道如何去認知某個人、地方或事物，也知道如何去感受那股能量，不只是從它的重要性或外在的形式來理解，而是深入其內。當我們和某人談話時，聊過一陣子，我們便能掌握此人對自身的觀感如何——深陷某種困境、或自覺是受害者、或覺得自己自由自在。我們也會明白，這個地方的能量對我們好不好。我們或許會發現，周遭的能量並不適合我們，無法補足我們當下之所需。當然，我們不會批判。我們只是了然於心。而且，我們也知道要如何採取行動。

唯有當我們敞開心懷時，力量才會出現。我們終將找到愛、撫慰、信心與喜悅的力量。除此以外，這一路還有其他的力量。其中一種可貴的力量，便是安靜的力量——安靜地相信我們所知的一切是眞實不虛的。

敞開心懷。讓敞開的心告訴你它所知道的一切。

學習信任你所知道的一切。

你比自己想像的還要聰明、有智慧。

［第113天］

4/22

## 面對並感受你的恐懼

攀越那道恐懼的圍牆吧！恐懼就像是旅途中一道堅固的磚牆。我們可能會想要往前移動——我們渴望美好的感覺，期待做些新鮮有趣的事，想要過一種不同於以往的生活，希望順利往下一個目的地前進。然而，如果我們對這些嚮往產生了不可名狀的恐懼，便會覺得自己彷彿是在撞牆。我們或許對自己的恐懼毫無所察，但是眞實的懼怕感卻深埋心中，隱藏得密密實實。基於某種不可知的緣由，我們看見的是前方窒礙難行的道路。環顧四周，我們陷於黑暗之中。

也有可能，我們深諳自己心之所懼，但卻拒絕去處理與面對。我們曾經捫心自省，透過自我鞭策，提醒自己要勇敢地忘卻內心的懼怕。當然，生命若能如此努力前行，一定會讓我們收穫滿滿，但也有些時候，我們連跨步向前的力量都沒有，因爲那些根深柢固的恐懼硬是將我們拉住，使我們裹足不前。有時，人生最眞實的力量是來自承認自己的脆弱，並坦言道出：「是的，我很害怕。」

每一次，只要恐懼猝不及防湧現心頭時，不要逃避，請溫柔堅定地與它面對面。讓每一個恐懼浮現出來，進入認知的意識層面中。告訴自己，你知道恐懼就在那裡，然後釋放它的能量，讓它在空氣中徹底消散。不要害怕你將因此發現什麼驚人的東西；告訴自己，那些感覺，不過就是恐懼而已。

過去幾年來，我學會了一種神奇的功課。每每在我感到恐懼時，就是修習這項功課的最佳時機。
我的生命經歷了翻轉與改變。我被賦予勇往直前的力量。
那些我一度以為無法跨越的路障，皆一一坍塌、消失了。
而我所需要做的，不過就是面對這些恐懼，然後去感受它。

［第114天］

4/23

## 讓自己喘口氣，休息一下

學習感謝自己，也感謝他人。知道我們渴望成長與進步是一回事，但持續自我鞭策與激勵他人則是另一回事。或許我們所追求的答案，並不是要我們做得更好、更加努力、或持續加把勁。或許我們所追求的答案，是要我們去肯定並感激我們已然完成的任務和工作。看看我們把事情做得多好，看看我們多麼努力嘗試，看看我們所完成的目標。此外，我們也看見他人如何完美呈現他們的成果。

自我施壓與自我要求，很容易成爲一種習慣，不但使我們否定自我，也難以滿意自己的努力與表現。不管我們做得多好或付出了多少代價，那種不斷要求「還要更好、還要更多、還要更努力」的催促，卻持續增強，向我們施壓。這些聲音使我們片刻不得安寧，使我們覺得自己就是不夠好、不夠理想。

如果這些狀況正好是你的眞實寫照，那麼，你需要的便不只是一杯咖啡的片刻休息。你需要好好放自己一個假！容許自己把那些奪命催促放置一旁，把那些要求你再賣力演出、再多做一些、再多完成一些目標的聲量儘量壓低。即便沒有人看見你的努力，或沒有人感激你的付出，你仍要學習珍視、欣賞你已完成的工作與美好的成果。爲自己的努力，以及你所愛之人的努力，好好鼓掌！試著在一天之內或爲期一週的時間內，不再嚴苛地自我要求，反而告訴自己：「我已經做得很不錯了！」在一天之內或爲期一週的時間內，讓我們不再對身邊的人有所要求，反倒要告訴他們，「你們眞的做得很好！」

告訴自己，你做得有多好！

你將發現自己比你想像的還要棒。

［第115天］

4/24

# 換個角度，就能看見不同的景觀

有時，我們所站之處的些微差異，可以帶來戲劇性的轉變，進而改變我們看待事情的方式。

某個清晨，太陽升起後不久，我爬上瑟多納岩石台地的最高點。其實我已經抵達當地一天了。我先找個位置坐下，從這一頭凝視另一座山頂的樣貌與稜線，再往下俯瞰整座城市。而今，在這樣的早晨，我獨坐於另一個地方，環顧四周，靜心冥想。我當天所坐的位置，和我之前坐的地方僅隔數步之遙，但觸目所及的景致卻迥然不同。我眼前所看見的山頂風貌，層巒疊嶂，與之前的景觀完全不一樣。我俯瞰的城市與腳底下的世界，竟與之前所見天差地遠。

我們真該常常轉換不同位置，好讓我們可以看見同一件事情的不同樣貌。我們不需要採取任何戲劇性的轉變，只需稍微挪動一下位置即可。有時，或許某個懸而未決的議題擋住了我們的視線，使我們對事件美好的一面視而不見。有時，一些憤怒或自卑感，也可能干擾了我們對人事物的觀感。或許，我們只需要一點點的調整或改變，而那遠比我們想像的還要少。也或許，我們只需要一無所懼地面對眼前的事物，並稍稍改變一下我們的情緒狀態，然後帶著充滿愛的眼光來看待。

休息一下。挪動身子走一走。學習轉變你的觀點。

或許你根本不需要改變當下看待事情的眼光。

你僅僅需要改變雙足所立之地。

［第116天］

4/25

# 尋找內心的平靜

嗡阿吽班雜咕嚕叭嘛悉地吽。（我啓請你，金剛上師，蓮花生大士，以你的加持力賜給我們一般和無上的成就。）

嗡嘛呢叭咪吽。（向持有珍寶蓮花的聖者敬禮祈請摧破煩惱。）

——佛教咒語

萬福瑪利亞，妳充滿聖寵。主與妳同在。妳在婦女中受讚頌，妳的親子耶穌同受讚頌。天主聖母瑪利亞，求妳現在和我們臨終時，爲我們罪人祈求天主。阿門。

——天主教《聖母經》

主啊！求祢賜我寧靜的心，去接受我不能改變的一切；賜我勇氣，去改變我所能改變的一切；並賜我智慧，去分辨這兩者的差異。

——《尼布爾禱文》，超越宗派的基督教禱文每個人都以不同的方式，來尋覓與追求他們一心渴望的平靜。不管我們稱之爲咒語、誦經或祈禱，都爲要幫助我們將心思意念與思緒，跟流經宇宙的平安之河對焦與連結——這是其中一種回歸到我們中心的途徑。你心目中是否有一篇最愛的祈禱文、或一首宗教聖歌、或一段幫助你的話語？有沒有一些可以在你迷惘時拉你一把，讓你走回正軌的祈禱？或者一、兩篇心靈小語，可以把你的思緒帶往靈魂深處的寧靜之境？

珍視那些觸動並療癒你的心靈的祈禱文，那些聲音與思想將幫助你跟寧靜建立聚焦的關係。好好尋找並珍視你所虔心相信的信仰語言和祈禱文，那些思想觀念對你有所助益，也會使你與生命的中心緊密相連。這麼做也將幫助你進一步發掘你與宇宙的連結，以及與生命之流的關聯，這些都是美好且必然會發生的。而今，你與你的生命都在軌道上緩緩前行。別擔心，你所需要的一切指引與恩惠，已爲你預備妥當。

---

尋找一個能讓你的內在獲得平靜的宗教儀式，讓這些宗教儀式使你與宇宙的神性產生連結。祈求平安。以一種對你有效的方式來祈求。

---

［第117天］

4/26

## 改變，無處不在

我們周遭的生存條件與環境不斷地在進步和改變，一如這個瞬息萬變的世界，轉變，成了恆常不變的定律。我們所居住的宇宙，生機勃勃，充滿生命力與爆發力，而且持續地在演變。因此，改變，是大自然、宇宙與上帝將我們從人生各個不同階段推向命定的動力。我們被引導進入下一個要修習的課題、下一個充滿歷險奇遇的旅途。我們不需要否認這些改變，也無須害怕、逃避或對抗。無論如何，改變是不可避免的。那就像我們所居住的地球，持續不斷地在運轉與變化，而我們亦然。

在宇宙之舞和宇宙節奏中，尋找一個可以共舞的位置。容許改變的發生。當你的生命不斷開展之際，好好與它共事。有時，改變以迅雷不及掩耳之勢發生，一如火山爆發般令人措手不及。但在其他狀況下，改變來得緩慢從容，一如風雨慢慢地把峽谷雕塑成橋梁。

學習相信身體所傳遞出來的暗示、訊息、警訊與興奮的歡呼。當我們觀測烏雲密佈的天空時，我們知道暴風雨將至。我們在所置身的地球上，學習研究並預測地震等自然災害。由此脈絡看來，我們的身體就像個功能齊備的氣壓指標，預測我們的靈魂，以及它在恆常改變與演化的宇宙中所站的位置。

此刻的你，全然敞開，比過去任何時候都還要敏銳易感。改變來了，就在這裡。你可以在空氣中感受它的存在，你也可以在你之內感受它的到來。

感謝你的身體，它幫了你不少忙。

為宇宙將為你成就的事，心懷感激。

然後，感謝神，因為改變，你將因此更靠近愛。

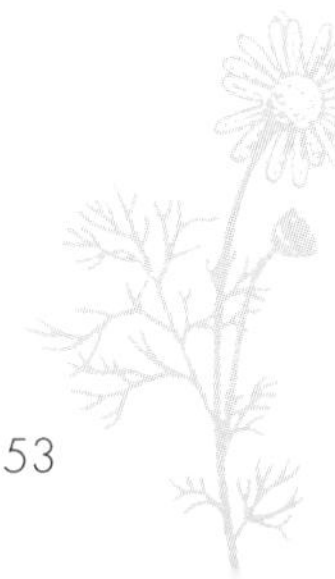

［第118天］

4/27

# 愛，使人得到自由

所謂愛，其中一項最大的挑戰，就是自由。在我人生中的大部分時日，我總以爲，愛意味著克制與約束。「我若愛你，我就不能做這些事。你若眞的愛我，就不該做那些事。」當然，有些時候，我們需要爲愛而做出選擇。然而，愛從來不克制、不限制，愛也不侷限或固步自封。那是我深信不疑的信念。

愛，理應帶來「自由」這份厚禮。眞正的愛，教導我們容許所愛之人去做他們所選擇的事。愛，教導我們鼓勵所愛之人自由地去選擇與決定，鼓勵他們去追求自己未來要走的路，鼓勵他們用自己的時間、按著自己的方式去學習他們的功課。

處處掣肘、處處受限的愛，不是眞愛。那代表的是缺乏安全感。當我們所在乎的人做或不做一些事時，我們或許會坦誠告知自己的感受，我們自己也可能會按著別人的選擇而做決定。那是我們的權利與責任。但倘若我們常常以愛之名而行限制之實，則肯定無法激盪出更多愛；相反的，恐怕只會激發更多控制與約束。

所謂愛，意味著人人都有選擇追隨自己的心、追求自己人生道路的自由。

如果我們眞正去愛，我們的選擇將與愛的目標互相契合，

而且來得如此自然而然、自由自在、毫不勉強。

當我們給予別人更多自由時，我們也同時給了自己自由。

〔第119天〕

4/28

# 不忘犒賞自己

花些時間給自己一些獎勵與犒賞吧！讓這項學習成爲一種刻意與反覆練習的習慣。

我們大部分人都在家庭中長大，或與一些從未好好犒賞我們的成員一起成長。即便有好行爲，也可能從未獲得任何獎勵。當我們做自己、單純地成爲自己時，我們也從未因此而接受過任何獎勵或無條件的愛。雖然我們當中或許有不少人會因而立志改變，刻意往另一個方向努力，以致變得常常犒賞身邊的人，卻往往忽略了另一件大事，忽略了還有一個無比重要的人需要獎勵與犒賞——我們自己。

當我們達成某個工作目標時，在心裡恭喜自己是一回事，但要實際上刻意而特別地獎勵自己，則是另一回事了。那是需要時間練習的功課。到底還要再活多久，我們才會醒悟過來，知道需要好好善待自己呢？到底還要累積多少善德，我們才會明白自己配得獎勵與犒賞呢？或許現在就是最佳時刻了。就從今天開始練習建立獎勵自己的好習慣。

如果我們從未給予自己任何的獎賞與肯定，長此以往，我們的靈魂將爲了發憤圖強，爲了在人生、愛情與職場上力求完美而變得筋疲力竭。如果永遠被嫌棄不夠好，如果所謂的獎賞總是看得見摸不著、老是在遙遠的彼岸，那麼，我們的熱情終究會慢慢消退。如果你發現自己開始抗拒勤奮工作、抗拒把事情做好、抗拒追求靈性成長，原因可能出於你長期以來對自己已然完成的工作，疏於自我獎勵。如果你感覺這世界幾乎從未以任何形式的獎勵來肯定你的付出，那可能是你從未在自我獎勵這件事努力過。

停止自我懲罰與自我壓抑。不要讓別人懲罰你的工作、懲罰你的日子、懲罰你美好的一生。反之，你該好好獎勵自己。讓自己偷得浮生半日閒，厚待一下自己，也做些取悅自己的事。買點東西送給自己，哪怕只是一份小小的禮物。或者，你也可以偶爾揮霍一下，帶自己到某個地方走走——回到自己的故鄉，或飛到另一個國家。做些好玩有趣的事，投入一些充滿神奇與令人興奮的事，去做那些會使你的心忍不住高歌、靈魂迫不及待要騰空翱翔的事。有時，讓自己盡情享受那些自我獎勵的好事，或是你現在正在做的事，也不失爲一種犒賞。總之，就是要把獎勵自己內化成爲一種態度。

常常獎勵自己。

或許就在你成功完成某項特殊任務時，或是當你歷經心力交瘁的療程之後。

在那些備受挫折的時刻，要記得獎賞自己的耐心與毅力。

有時，單單因為做自己，也理當獲得獎賞呢！

［第120天］

4/29

## 安慰，讓心返回安全堡壘

緊隨安慰而來的，是滋養薰陶、眞實無僞的接納與愛。安慰不需要花什麼大錢，因爲它源於內心，而且直探內心。回顧一下自己接受安慰之後的心情，想想當你自我安慰時，或是當宇宙安慰你時，那種感覺有多好！當你對他人付出關切與安慰時，看看那些人如何回應你對他們的安慰。一個領受安慰的人，會感覺煥然一新，感覺被療癒，而且很踏實。當你被撫慰了，那些令人困擾的痛苦與壓力將煙消雲散。你睜開眼睛，感覺置身當下是如此欣喜之事，同時也因爲能與自己在一起而倍覺喜悅。你打從心底確實知道，一切都雨過天晴了。最終，你將感覺自己安全無虞。

當我們年紀還小時，爲了破皮的膝蓋、受傷的感受、被傷害的自尊而投向我們的母親、祖母或阿姨的懷中，只爲讓這些皮肉傷或內心的傷痛好過一些。而今我們長大了，我們仍有另一位母親也可以勝任這份職責。有人稱她爲撫育與女性面向的神。其實，在宇宙中，祂無所不在，而且就在我們每一個人之內，那便是慈愛、溫柔與平靜。而她的安慰，確實帶來不同凡響的慰藉，也使每一件事都漸入佳境。

安慰可以療癒人心，為靈魂帶來深刻的喜悅。

安慰足以更新力量、活化生命力。

安慰使你敞開奔放，仿若日光將花瓣的香氣與美麗展露無遺。

單純地給予安慰，將令你與周遭的人都快樂起來。

[第121天]

4/30

# 你就是自己的療癒師

從傳統療法到另類療法，醫治者與醫療能量之間，可以藉由許多不同的形式與身分，進行各種不同療法，其中包括按摩師、催眠師、針灸師、藥理師、中醫師。每一位醫治者各有不同的療癒方式，他們在對的時間與空間裡，各自身懷絕技，總能爲我們帶來療癒功效。只不過，傳遞療癒能量的能力，並不受限於那些在醫院工作的醫療人員，也不侷限於傳統中國針灸領域上的佼佼者。

我們每一個人都有能力向他人和我們自己，傳遞療癒的能量，不論我們的專業爲何。我們每一個人都有喚醒這份力量的能力，並透過我們的工作領域，發揮所長，造福周遭的世界。那位在餐飲店工作的男士，對每一位顧客的背景瞭若指掌，每天見面時總不忘給他們一個溫暖、眞誠與充滿療癒的笑容。那位從事室內設計的女士，願意多花點時間認識與了解她的客戶，藉此讓房子的顏色與物品擺設的設計，充分反映出主人的靈性追求之道。好朋友與家人則善用他們與生俱來的直覺和話語，溫柔地鼓舞並賦予彼此力量去完成挑戰。這些身邊的重要他者，可以善用他們的思想來傳遞療癒的訊息，更能善用他們獨特的身分，舒緩一個僵硬的脖子和痠疼的肩膀。

方法與途徑多得不勝枚舉。事實上，我們每一個人都可以發揮創意，找出可以將我們的療癒能力納入日常生活中的方法。必要時，不妨諮詢你最喜歡的療癒師，問問他們的意見與想法。在這趟旅程中，隨時保持開放的心懷去發掘與認識新的療癒師，或是結合不同的方式，找到對你有療效的其他可能性。但是，請記得，不要預先設限誰才能將最佳療癒帶入你的人生中。別忘了，你自己就是療癒師！

療癒的能量，是愛的能量。

學習讓這股能量穿透你之內，自然流露。

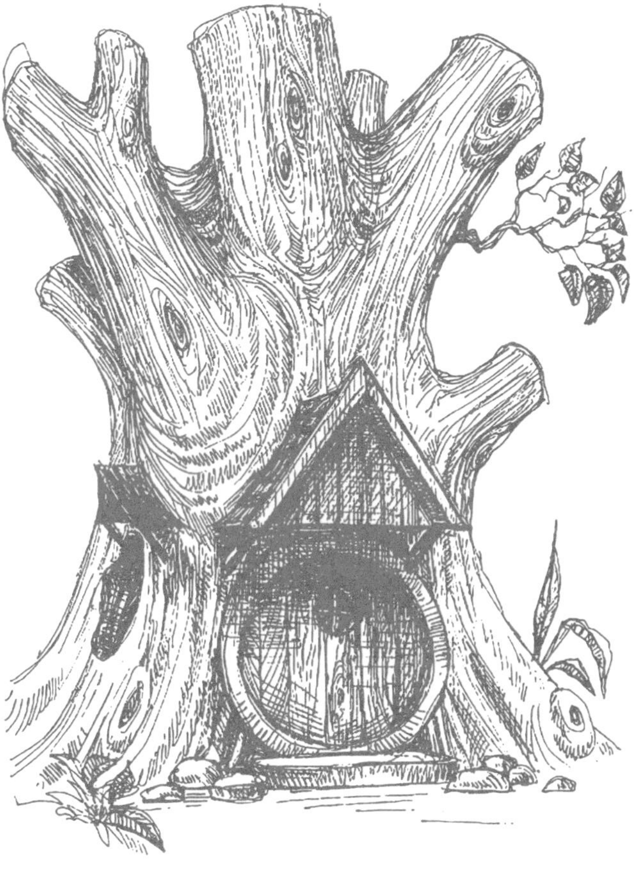

# 5月

# 憤怒是路標，指出哪些路可以走，哪些路不該走

［第122天］

5/1

# 清理有害的信念

一不小心，碎片可能會扎進我們的身體裡；同樣的，舊情緒和舊信念也會成爲扎進我們內在的碎片，殘留而成爲毒素。人生旅途中，我們或多或少撿拾了一些殘渣碎片——我們下意識所選擇的信念，我們在毫無安全感下所體會的感受，以及從周遭傳遞而來的毒素。現在，是進行清理的時刻了。現在，也是療癒你的身體、情緒、精神與靈魂的時刻。

什麼樣的信念與情緒是你要去面對和療癒的？此時此刻，請你檢視自己的生命狀態。你在想什麼？你說了些什麼？有什麼議題老是不斷出現在你的生活中嗎？你在議論誰？你記得什麼？誰又重返你的生命中？什麼樣的感覺令你深受傷害？那些感受很熟悉嗎？你什麼時候曾體會過這種感覺？

把這些問題，包括你的感受與思想脈絡都分辨清楚後，請釋放它們。讓這些能量遠離，讓它們離開你的身體。當然，你也可以選擇不斷抱怨或叨念個不停，但這麼做無益於清理這些負面能量，就像不論你說得再多，也無法將殘破碎片從身體裡取出。有時，當你試圖將碎片取出時，難免感覺一陣刺痛，不過，別擔心，不會痛太久的。而且，不久後你就會感受到長痛不如短痛的舒服暢懷。

很多時候，排除舊毒素的過程可以非常和緩與自然，就像一朵花或一棵樹的成長，只需要一些陽光、雨水，再加上足夠的沃土和一些修剪、除草，便可大功告成。

成長可以是一個和緩溫柔的過程。成長也可以是樂趣無窮的事。

吸入新鮮空氣，吸入新的能量。

呼出你的塵封往事——那些感受、信念與毒素。放手讓它去，同時也讓你自己徹底被更新與翻轉。

［第123天］

5/2

## 從周遭人事物中看見神性

老婦人看起來相當年邁，大約有九十歲了吧！我們從她的外表看見的是年邁老者的羸弱與衰微，但她的生命力卻無比旺盛。她坐在咖啡館裡，和一位較年輕的女士一起享用早餐。年紀較輕的婦女說道：「我想你已經歷過許多風雨，尤其在你丈夫過世以後，你的日子一定不好過。你是怎麼熬過來的？」

老婦人咬了一口麵包，緩緩地回答道：「我其實還好。每一件發生在我身上的事，都更加拉近了我和神之間的距離。」

「這是什麼意思呢？」年輕婦人好奇追問。

「這就是我的意思啊！」老婦人回答：「其實，我經常在許多人事物上瞥見神。在人的身上、在這個世界，也在我之內。所以，現在我只是稍微再往前靠近一步，如此而已。」

我坐在她們後方，一邊吃早餐，一邊為這段無意間聽到的對話而欣然微笑。每一個宗教信仰都各有其語言，也各有其參考架構。但殊途同歸，都將我們帶往生命神聖的步伐與節奏中，見識存在於各個領域的神聖者，而祂永遠存在於他人身上、我們之內以及整個宇宙的受造之物中。

與你周遭世界保持連結與暢通的關係。深刻明瞭，我們都同源於一、也同歸於一。

最終，連結我們的是神。

一如我們所熟知的，將一切萬有緊密聯繫在一起的，是那位神聖者。連結一切的，始終是愛。

〔第124天〕

5/3

## 帶著微笑說再見

在這段旅程中，我們不斷與其他靈魂相遇，與他們互動，交換能量，使我們得以在彼此的成長路上相互激勵，也走得更穩健踏實。我們一同學習不同的功課，一起分享所有，也分享彼此的愛。但終究會來到不得不說再見的時刻。有時，道別的時間來得太突然、太意外或毫無預警，令人措手不及。當然，也有一些道別是事先知曉、預先安排好的，可以讓人有個心理準備。事實上，時間長短並不是重點，真正重要的是，我們如何處理告別這件事。

我們可以以敞開的心扉來完成這項功課，對我們從這段關係中學到的東西，向對方道謝。我們也可以選擇將心封閉起來，痛苦地說，怎麼又是一段痛徹心扉的失去！我們可以帶著信任、信心與愛來道別，並相信是我們的心把我們連結在一起，使我們在這過程中得以緊密相處，得以爲我們所擁有的生命歡慶，帶著正向心態往前延續未竟的旅程。當然，我們也可以另做選擇。我們可以帶著粗糙冷酷的判斷，指責我們之間到底出了什麼錯，以致彼此的路漸行漸遠。其實，我們都可以帶著敞開的心扉說再見，一邊承認、一邊眞實地感受我們的悲傷、我們的歸屬感與我們的快樂。或者，我們甚至可以用逃避的心態來道別，百般無奈地說，這就是人生。

有時，總會來到要說再見的時刻。時候到了，我們無從選擇，但我們可以選擇如實說出內心深處想說的話。

> 有時，我們並非道別，只是說「下次再見」。

〔第125天〕

5/4

## 你想要的改變，當下就已發生

停止等待改變你人生的某個時刻會適時來到。反之，要珍惜當下。一棵在沙漠中生長的仙人掌，一年只開花一次，但它絕不會把其他沒有開花的時間視爲一種浪費。那些沒有開花的時刻，不但必要，而且重要，因爲那些時日，對每一棵仙人掌的生命與成長而言，都如此美麗動人。

每一個時刻都算數。那些安靜的時刻。那些無聊與孤獨的時刻。那些分享的時刻。那些發現新事物時的興奮與喜悅的時刻。那些莊嚴偉大的時刻。還有那些痛苦的時刻，尤其當我們感覺難過、憤怒或心煩氣躁的時候。每一個在時間軸上所歷經的時刻，都同等重要。不要老是費力地枯等或企盼某個東西、某個人或某個事件來改變你的人生，或冀望由外在的人事物來定奪你的未來，或滿足你一生的渴求。反之，要記住，每一個來到你生命中的時時刻刻，都會帶來改變、進步和翻轉。

我們大部分人對神聖偉大的靈性經驗都善於津津樂道，並對此發現驚奇不已。當然，這些都是改變的重要時刻。然而，那樣的時刻畢竟不常發生。眞實的狀況是，每一個時刻都可以是最適切的靈性體驗，也是改變的重要時刻。所以，請珍惜當下。不消多久，你將看到這些時刻所綻放的美麗與力量。

讓每一時刻都充滿意義與價值。願你生命中的每一天，都成爲你所渴望的靈性體驗。改變與蛻變的力量全在你之內。你所期待的生命，就在此刻發生。決定你命運的地方，就在這裡。

珍惜所有的時刻。

擁抱每一時刻的美好與重要性。

［第126天］

5/5

# 讓思緒澄澈清晰

重視你的想法、意識層面的能力，以及澄澈的思維。這一切都涉及內心的敞開，而這意味著不打折扣、不低估意識層面的能力，並且敞開我們的心，同時拓展我們的意識層次。這份禮物與好處，都從敞開我們的心開始，進而讓心思與想法變得澄澈清明。

當我們透過感受、表達與釋放舊情緒的方式，來清理通往內心深處的途徑時，我們也同時將通往思緒的途徑一併清理乾淨。我們的身體與思緒是連結的，一如我們的身體和心是一體的。一個受到約束的身體，會使思維變得模糊膠著，一顆堵塞不通的心亦然。如果你的內心緊閉封鎖，那麼，任憑你再怎麼努力，也無法讓自己的思維能力保持縝密，只是徒增挫折和困難。

「停止鑽牛角尖。」那位年邁智者溫柔地提醒我：「你正在傷害自己的大腦，你的思維也將因此而變得混沌。放輕鬆。不要把自己逼得太緊。敞開你的心。你會發現，你的思緒將撥雲見日，越來越清晰。別忘了，你的思緒連結著你的心啊！」他再度點醒了我。

你若感覺烏雲罩頂或困惑不解，苦尋不著答案與出路，請不要把自己逼得太緊。挪動一下你的身體，先清理身體的能量，然後嘗試敞開你的心。你將體驗到美好愉悅的結果。你會驚覺，當你停止奮力嘗試或強迫自己時，你的思維將變得清澈無比，你也會免去那些強迫思考與強迫提出不同觀念的思維模式所產生的挫敗感。不妨試試看，讓澄澈的思維神奇的到來，就像水到渠成般，自然出現。

思緒與內心緊密連結。因此，請重視意識與澄澈思維的力量。

重視一顆敞開的心所帶來的力量與智慧，藉此珍視你的思想，以及這份思想所帶來的力量。

[第127天]

5/6

## 拋開偏見，去做你沒做過的事

我的個性有堅持與武斷的傾向。比方說，在面臨不合我意或不愉快的經驗時，我通常會堅持己見地回應道：「我不會讓自己再經歷這樣的事！我永遠不會這麼做了！」如果我遇到一些令我擔心或無從理解的狀況，我會讓自己置身事外，甚至連想都不想。有時，在我還不確定是否對我有幫助之前，我便已經不假思索地告訴自己：「這些對我而言是行不通的。」武斷與偏見，很多時候不但自絕道路，也將我們的人生排拒於機會之外。

不過，到頭來，宇宙會挑戰我們的偏見和想法。就在我們對一些事情的來龍去脈懵懂不明之際，我們或許會發現，自己竟然投入一些始料未及的事物，而且樂此不疲，同時還聽見發自內心的微聲提問：「你現在有什麼想法嗎？」當我們毫無保留地敞開心懷時，將驚覺自己已投入一些過去從未想過也從未做過的事，並且享受其中，不但樂於分享，也樂意去體驗和經歷。

敞開你的心懷。敞開你的心思。對生命以及它所賦予你的一切保持開放。讓那些充滿偏見的武斷思維，瓦解消失。

［第128天］

5/7

## 該生氣時，不要憋著

生氣，在困惑難解與煩躁不安的情緒排行榜上，居高不下。我們想要成爲善良與充滿愛心的人，但內心沒來由產生的騷動，總是讓我們的聲音不自覺地變得尖銳。某種感受與情緒潛入我們內在，糾結起來。它有可能是某個舊議題、舊怒氣，我們或許不曾眞正意識到它的存在，或未在足夠安全的環境下去充分感受這份情緒。它也可能與過去無關，純粹是現階段的狀態；今天剛發生的某件事，而我們選擇以生氣來回應。

我們或許會想：「哦，不！這不是我要的。」然而，否認生氣不會爲我們帶來愉悅與快樂。隱藏怒氣或把怒氣塞到深不見底的角落，都不是有效的解決之道。我們還是可能不自覺地將這些怒氣轉移到自己身上。總之，不去感受怒氣，便無法讓憤怒消失，而怒氣所帶來的負面能量仍會根深柢固地在那裡，然後出其不意地給我們的內在重重一擊，甚至轉而攻擊他人。除非我們如實承認自己確實怒不可遏，並且去感受它、釋放它，否則我們將被這些怒氣牽制，搞得身心失衡，時時都憤恨不平。我們實在需要容許自己去充分感受我們的情緒，包括怒氣。

只是，容許自己去感受怒氣，不代表縱容自己陷入狂暴、血脈賁張之中，或是對周遭人爲所欲爲、口出惡言。我們都要學習找到優雅從容而有尊嚴的方式，來表達心中的怒氣。先把車子停好，搖下窗戶，然後放聲大叫。找個寂靜無人的空間或安全的角落，大聲把內心的感受說出來。你也可以用文字書寫出來。又或者吶喊吧！也可以考慮去健身中心揮汗運動，那也是個不錯的選擇。

有時，憤怒可以是個導引與指標。你若善用它，它便可以幫助我們選擇與判斷，指引我們哪個地方可以去、哪個地方不該去。怒氣也可以幫助我們在生活中往前行。以合宜的方式來感受並表達怒氣，可以進一步將我們帶往內在蘊含力量之處。

如果你真實感到憤怒，不要壓抑，就讓自己生氣吧！

然後讓這股怒氣從你頭上發洩出去，離開你的身體。

一旦完成這個過程後，你將頓覺輕鬆不少，

而且你會知道自己下一步該怎麼做，通往你內心世界與內在聲音的路徑也將暢通無阻。

有時，你確實該生氣，因為那或許就是你此刻該做的。

[ 第129天 ]

5/8

## 從愛自己開始

無論如何，總要愛自己。即便你可能感覺周遭的世界令你厭煩，或你向來信靠的人竟一個個離你而去，甚至你開始懷疑會不會連神都棄你於不顧了。無論如何，你仍要好好愛自己。

當你感覺整個旅途似乎靜止不動，所有過去神奇的感受消失於無形，而你卻被突如其來的困境圍繞，僅能呆坐一旁時，你仍要愛自己。當你對事情的進展爲什麼會這樣感到不解且憤憤不平時，仍要愛自己。不管發生了什麼事，不論你置身何處，仍要愛自己。儘管你對自己將何去何從充滿不確定，或甚至不確定是否有個可容身之處，你仍要愛自己。

> 環境會改變，此時此刻將成為過眼雲煙，但神奇之事終究會返回，一如喜樂與信心會回到你之內。
>
> 你將感覺與自己、與神、與宇宙、與生命，緊密連結。
>
> 但首先要做的事，乃是愛自己。最終，你所渴望的一切美好將隨之而來。

[ 第130天 ]

5/9

## 相信你走的每一步

你現在所開展的旅程，每一步都要走得踏踏實實的。我們從來不是以巨人般大躍進的步伐，從這地奔向那地。我們是慢慢地、點滴累積地往前行，緩緩歷經每一種感覺、每一個信念，一步一步走來，不疾不徐，充分體會每一個當下的感受。

有時，我們祈禱奇蹟臨到，然而，我們心中眞正的想望是希望一步登天，最好有個捷徑能讓我們快速抵達目的地。其實，一個再簡單不過的接納，然後重返旅路，踏實地走每一步，往往可以將我們帶到我們所需要、所渴求的奇蹟。就在那裡，我們瞥見了眞實的一面。眞正的奇蹟，是有人始終爲我們守候：那是接納的奇蹟。一步一步地走，海闊天空，我們隨處都可去。

一步一腳印，踏實地走好你的旅程。相信你腳下所走的每一個階段。

只要你能接受最快的方式是一步一步來，對你而言，就沒有不可能完成的事。

[ 第 131 天 ]

5/10

## 越難走的路，越要穩穩的走

並非每一個我們所經過的路段，都鋪設得平順、寬敞、好走。我們當然期待每一段路都能像高速公路那樣筆直順暢，但有時，我們難免走上崎嶇不平的道路。而且那樣蜿蜒顚簸的路段，甚至可延續好幾公里遠。

沒關係，那是正常不過的事。即便路途難行，並不代表你迷失了方向，也不代表那些凹凸不平的路段會永無止盡。別擔心，你仍在前進中。

放輕鬆。擺動一下肩頭。準備好，你可能仍需在人生旅途中騎乘。不要忽略路面的顛簸不平，或假裝它們不存在。人生旅途未必都是一帆風順的康莊大道，也並非所有路段都能按著我們的期待鋪設。必要的時候，就讓自己的速度慢下來，但切莫停滯不動。

請耐心接受旅途中的各種境況。

你所行經的每一路段，該如何就如何，你一定能平穩地走下去。

[ 第132天 ]

5/11

## 找到適合自己的放鬆方法

我們的身體跟周遭世界以及我們內在的世界，以不同的方式相互呼應。我們的身體就像海綿般，可以海納百川，不但能夠吸收療癒的能量，也會吸取並陷入各種壓力與焦慮等負面能量中。有些人早已習慣讓身體處於壓力之下，卻從未發覺這個陪伴我們一生的身體，長久以來承受了多少傷害、肌肉有多麼緊繃，又有多久無法放鬆了。

呵護你的身體，與你的身體連結，讓身體學著把積壓已久的壓迫感說出來。在一天之中，找個時間好好檢視一下身體到底哪些部位受傷、哪些部位疼痛、哪些肌肉緊繃太久……。我們都知道，壓力會影響人的全身，而身體有某些部位正是壓力特別喜愛累積的地方，久而久之，這些部位開始變得有壓迫感、僵硬且感覺疼痛。脖子、肩膀、下背部，常常是身體偏好儲存壓力的部位。當你越來越了解自己的身體，與它越來越熟絡之後，你會很容易發覺那些累積壓力與焦慮的部位。

然後，學習放輕鬆。探索不同的選擇，譬如療癒按摩、自我催眠、靜心冥想、泡熱水澡、在蒸氣室裡坐一會兒、運動伸展、視覺想像，或找時間做些讓自己感到快樂的事。如果你努力發掘出一些讓自己身心放鬆的方式，你就可以找到自己喜歡的放鬆法則，不但勝任有餘，而且可以負擔得起。

如果你已經吸納太多壓力，放自己一個假吧！讓你的身體大量吸收療癒的能量。愛自己，要愛到能幫助你找到身心放鬆的出路。

［第133天］

5/12

## 擁有一處可以啓發靈感的所在

有時，我們很容易陷入繁瑣雜務中而把自己搞得焦頭爛額，忘了抬起頭來欣賞這個世界所賜予我們如此美麗與充滿靈思的一切。我們也將靈感與鼓舞的力量，一併忘了。

我最愛的啓發靈感的地點，就在科羅拉多州有著「世界最高海拔吊橋」稱號的皇家峽谷大橋旁的一個小站。從這個小站可以眺望整個深谷，是俯瞰峽谷、山峰與一大片平原的絕佳景點。這讓我想起猶他州的布萊斯峽谷，也有一個可以眺望大峽谷的地點，就叫作「靈思點」。從那個占盡地理優勢的地方放眼望去，螺旋狀的峽谷地勢，紅橘交織而成耀眼明亮的峽谷顏色，被周遭的砂岩與硫磺頂峰圍繞，引人入勝的壯觀美景盡收眼底、一覽無遺。

什麼事能讓你靈思泉湧？去發掘屬於自己的靈思點。當你浸淫在靈性的制高點時，你將看得更多、看得更詳盡、看到更多美麗的事物。花些時間，以更宏觀的角度來看待生活中的許多事。留心檢視，看看自己多麼平靜祥和、充滿靈性，而且備受鼓舞。看看自己帶著何等的活力、熱忱與熱情，返回現實生活中。

不妨去拜訪一些可以振奮靈魂的地方，藉此幫助你看到生命中更大幅的圖畫。你也可以在自己的家、你所居住的社區、你的國家，找到一些屬於你自己的所在。往你之內尋找一方天地，找到內在最神聖的靈思點，好讓你的靈魂與心得以安住在那裡，洞見生命中更大的藍圖。這個靈思點，同時可以將你自己與你的觀點落實於現實生活中。這個靈思點，讓你與自己的靈魂以及周遭世界，建立緊密的連結。總之，好好尋找撼動人心的靈思力量。

激發靈思的地點，無處不在。
開放心扉，環顧四周。當你開始尋找靈感時，它們就會讓你尋見。

［第134天］

5/13

# 寬恕自己

你經歷過寬恕自己的感覺嗎？你不覺得那種感覺很美好嗎？你不需要害怕或抗拒去進行自我寬恕這件事。寬恕自己不代表你必須因而承受譴責。寬恕自己意指釋放自己，使你重享自由。

不管承認與否，我們一生中必然累積了許多罪惡感。我們可能爲了曾歷經的一些事或處理的方式而自責，我們也可能累積了一些對自己的怨恨，甚至可能拒絕原諒自己，心想：「當我開始面對自己的過錯而原諒自己時，是否意味著我原來很糟糕、我原來做錯太多？」不過，在需要時卻堅持不肯寬恕自己，只會將我們帶往一個身心不健康的狀態。

寬恕自己，意味著你有能力遠離令你感覺不好的地方。你可以勇敢結束一段索然無味、毫無意義的關係，你也可以避開令你感覺痛苦與哀傷的環境。寬恕自己，意味著你不再爲自己曾經做過的一些事、或那些「自以爲犯下的錯」而懲罰自己。你可以放過自己，不再爲所犯下的錯而苦逼自己。你也不需要剝奪自己的快樂、欣喜、愛與接納。你大可放心地對自己說：「是的，我做錯了。我知道這麼做是不對的。我也不喜歡這樣。這麼做眞的錯了。」然後，寬恕你自己。

如果你做了一些錯事，請寬恕自己。即便你什麼錯事也沒做，也可以寬恕自己。然後感受並體會寬恕的感覺，何等美好！

寬恕自己，使自己重獲自由。

［第135天］

5/14

# 給驚喜預留空間

在我的旅途中，經常遇到意外的驚奇。有時，那些驚奇甚至充滿歡樂。有些備受推崇、必會帶來快樂的好去處，我到訪後，卻發現不過爾爾。有些時候，那些人人讚不絕口的地方，卻讓我感覺又洩氣又困惑。我想盡辦法要從經驗中得到一些值得體悟的功課，卻徒然空手而返。我爲此納悶不已，不知自己爲何無感。我就是感覺有些地方不對勁，不解爲何對他人能引發種種感懷，對我卻無法引起任何共鳴。

然而，其他地方、其他經驗，那些我不曾預期、不抱任何期待的地方，卻往往使我驚喜連連，超乎想像的美好。那些地方吸引我的靈魂，使我傾心著迷，開啓了我的內心，深深觸動我，並以一種前所未有的方式改變了我。至今想起，仍令我驚喜顫動。

心懷期待本是一件自然又美好的事。但更要擁抱驚喜。不要讓你的夢想與期待左右了你對眞實的了解。相信你的看法與洞察力。要對你眞實感知的一切深信不疑。如果實況遠遠不如你所預期，仍要相信。如果某些事觸動並開啓了你的心，使你的生命結實累累，充滿愛與喜樂，那更要相信。

不要讓你的預期或偏見，影響或扭曲了你的真實體驗。

你可能會在一個最不抱期待之處，發現連連驚喜，使你流連忘返。

［第136天］

5/15

## 輕盈自在的享受生活

沉重的時刻——身體、精神、靈魂與內心的沉重，已成爲過去。我們大部分人所體會的沉重感，都曾牽絆我們，但現在已成過眼雲煙。此時此刻，該是讓自己輕鬆自在的時候！

「他簡直判若兩人。」她說：「那些曾經困擾他的事物，如今已經不再使他糾結。現在和他在一起，常令人感覺如沐春風。」她欣喜地形容這位與她結婚三年的丈夫。事實上，他們在婚前已經交往了很長一段時間，就在一次嚴重的心臟病發作之後，大難不死的丈夫竟徹底改變了，生命經歷大翻轉。他們決定攜手走進婚姻。在丈夫離世之前，兩人一起度過生命中最幸福甜蜜的三年婚姻生活。那三年是如此美好，因爲他已經學會享受生命，珍惜愛的價值。

我們實在不需要等到某個生死交關的重要時刻，才學會敞開心扉、享受生命。我們也不需要等到體認世事無常之後，才學會生命應該輕盈躍動。我們現在就可以做到。我們知道、也相信，我們可以帶著一顆敞開的心，翻越人生中的每一個階段，自由自在地去愛與生活。

把難以負荷的沉重感丟到一旁吧！

尋找一些輕鬆的目標，朝向欣喜雀躍的方向前進。

只要你肯俯身聆聽，你的靈魂與身體將牽引你往前行。

輕盈地信步慢行。盡一切所能輕聲說話，笑臉迎人。

在旅途中，輕盈地走。

［第137天］

5/16

## 你之所言，便是你之所信

我們可以把內心深信不疑的事物——我們所言、所想像的圖像、所講的話，一一召喚成眞。這是其中一種我們正在學習的力量。

人生的許多舞步，亦即宇宙的節奏，往往不是我們所能掌控的。雖然我們無法預先編舞，但至少可以反求諸己，以我們的力量，尋求內在的指引。我們藉由自己之所信，來完成這部分的追求。如果我們相信自己需要對抗整個世界，以爲我們彼此是分離與對立的，那麼，我們所面對的大部分人事物，無形中都將成爲我們的假想敵。我們想像他們蓄勢待發，準備對我們展開攻擊，甚至使我們受傷；奇妙的是，這些假設與想像都極有可能成眞。

我們的信念——對自己應得的一切後果，以及對神的認知——將在我們的冒險旅程中，一點一滴地改變。但我們仍可以努力參與並調整我們的信念，重新創造一個我們殷切期待與喜歡的世界。

你的信念是什麼？聆聽自己的聲音。聆聽你的想法，聆聽你所說的話，聆聽你如何回應。聆聽你談論別人的內容，談論人生該如何的內容，談論那些經常發生在你身上的事物。聆聽你談論自己能做、不能做的事。事實上，你之所言，便是你之所信。你聽到自己怎麼說，就會怎麼相信。而這一切，或許是你早已習慣去感知的事情。

現在，不妨試試看去相信一些不同的內容。試試看向宇宙與神求問，請祂們改變並導正你的信念。在創造並翻轉自己的世界這件事上，請更積極地主動出擊。大聲說出你嶄新的信念。胸有成竹、自信滿滿地說出來。把這些信念一一寫下來。

相信你配得關愛。相信宇宙之愛等著你去領受。
你將開始見證，你所相信的一切必會成真。

［第138天］

5/17

## 快樂唾手可得

要如何讓自己快樂？這是一個我們經常忘了捫心自問的問題。

有沒有哪些事是你可以爲自己而做，好讓自己開心快樂、步履輕鬆愉悅或會心一笑的？有太多人鮮少如此自我提問，有些人甚至從來不曾這麼問過自己。也許我們曾經問過，但卻從未認眞回答。反之，我們捨近求遠，另尋他途，試圖從生活中、從當下的環境與條件下尋找出路，卻不曾花時間好好問自己，如何使自己欣喜快樂？如何讓自己感覺舒適自在？最終，我們開始百般思量與不解，人生爲何如此艱難？爲何如此難以忍受且一無所獲？

發掘並找出讓自己快樂的途徑，可以幫助我們面對並跨越生命的重重難關。如果我們認眞地反求己心，誠實地在內心深處尋找答案，這樣的探索，將可幫助我們走過生活中最寂靜無聲的時刻，也可以幫助我們沉穩地做出更大、更饒富意義的決定，在職場上也對我們的工作有極大的助益。

什麼事可以使你快樂滿足？這是個再簡單不過的提問，但如何回答，卻能帶來意義深遠、非比尋常的後果。好好自問自答，然後付諸行動，而這通常是我們的出路——這條出路將帶我們往下一步前進，這條出路也將成爲我們最感興趣的方向。我們將一步步選擇自己的前途與命運。而我們最終極的命運，其實是選擇快樂滿足。

什麼事可以使你快樂滿溢？要常常這樣問自己。

好好想想該怎麼回答。

或許你將發現，答案就在唾手可得之處。

[第139天]

5/18

# 愛全部的自己

不只接納自己，還要包容自己，對自己有耐心，並且容忍自己的本性與不足之處。總之，好好愛自己。

我曾經在人生的某個階段，對自己完全沒轍，簡直無法容忍我自己。我試著去談論如何愛自己，甚至大聲喊著「我愛自己」。那些話說起來很動聽，但卻華而不實，一點也不符合實況。我必須從基礎做起，從根本上去經歷，一點一滴練習愛我自己。這個功課成了我人生路途的下一步。

想要活得奇妙精采，你與宇宙的連結，以及你如何愛自己，都成了必要元素。一切的根本，是先聆聽內心深處的聲音，唯有如此，你才能確定自己將被帶往何處去；聆聽你的思想意念，唯有如此，你才能看清自己真正之所信。想要相信並敞開心扉，首先你必須先體驗何為「愛自己」。

你曾經放棄過自己嗎？請釐清這一點，讓自己看得透澈，並且真實的去感知，然後再學習去經驗如何「愛自己」。學習愛自己處理事情的方式，愛自己獨特的學習之道，愛自己的成長，愛自己看待事情的眼光與角度。愛自己曾經去過的地方，曾經走過的體驗。愛自己曾經做過的事。愛自己現在所置身之處，愛自己現在所做之事。愛自己之所見、所聞、所感。愛自己雙眸的顏色，愛自己頭髮的顏色，以及自己那顆澄澈明亮的心。愛自己的朗朗笑聲，愛自己流淚的樣子。愛自己的過錯，也愛自己所做的一切美善好事。一切都愛。愛自己所有的一切。

下一步，請愛自己。

宇宙會將這份愛，如實映照在你身上。



[第140天]

5/19

## 不怕犯錯

不要害怕做錯事。那種惶惶不安的恐懼，會讓你一錯再錯。害怕犯錯的心態，使我們無法享受每一個過程，甚至會阻礙我們自由地發揮創意，使我們失去動力，無法再創作出更好的作品。

做錯事、笨手笨腳或做得不甚理想，有時不但無可厚非，而且是必要與重要的過程。因爲藉由「錯中學」，我們才能學會在下一次做得更好。萬丈高樓平地起，不管我們正在做什麼或正在學習什麼，總得從某個起點開始。回頭看我們的過去，我們不也是從蹣跚學步、跌跌撞撞中，才慢慢學會每一件新事物的嗎？如果我們不曾在過去的某個點起步學習，跌倒了再爬起，那麼，我們或許無法走到今天這一步，也無緣享受今日的美好果實。

不要猶豫，勇敢的跳進來接受挑戰與任務，盡己所能，竭力完成。別再擔心犯錯而躑躅不前，現在就讓自己把工作做得盡善盡美。如果做錯了或做得不盡理想，你還有機會重新來過。當你帶著愛投入工作時，你不會失敗的。因爲你永遠會有所收穫，你會更認識自己、更認識生命、更認識你的職責。

要愛自己，愛到有足夠的空間讓自己不斷嘗試，也讓自己有機會犯錯。告訴自己，你不需要追求完美。重要的是，讓自己充分享受每一個學習的過程。就從現在的位置開始，盡你所能去做。就在此時此地，你將經歷新的學習，而且一切會漸入佳境。

或許一開始你並不曉得，對你來說，最佳途徑為何。但你若持續嘗試，直到步入常軌之後，你將會很快掌握祕訣。

〔第141天〕

5/20

## 用香氣療癒疲憊的身心

我在前往北加州途中，停在一家加油站準備加油，喝杯咖啡，再繼續上路。加油站員工問我：「你知道世界最大的芳療產品生產商就在這個城市嗎？」這位員工的告知，提醒我嗅覺的力量如何影響我們的感覺。我們都被各種不同的氣味所圍繞，但除非是特別有害的毒氣，否則我們一般會對這些吸進肺裡的氣味，以及它們對人體的影響，聞而不覺。我們往往也低估了特定氣味的力量，可以如何爲我們的身心帶來療癒。

培養你的嗅覺感官，讓它們活躍起來。善用這些力量幫助你獲得療癒。桌上放置一束在貝殼裡燃燒的白色鼠尾草。火爐裡傳來燃燒雪松卷片的特殊香氣。點燃一把香，讓撲鼻香氣瀰漫空氣中。泡澡時滴幾滴薰衣草精油。淋浴時噴灑些尤加利精油，那股滲透到肌膚與空間中的馨香味，與氤氳的水蒸氣交融，久久揮之不散。你也可以在床頭櫃上點一根香草蠟燭，或爲自己營造蓊鬱森林、清新微雨的味道。海洋的空氣，有點濕濕黏黏的鹹腥味。紅衫木的鋸木屑，散發出濃郁的木頭香氣。還有一種記憶中的味道，那是童年的滋味——烤箱裡的麵包、櫃檯上剛出爐的巧克力蛋糕、烤盤裡誘人的雞肉。此外，你還記得我們所愛之人身上的味道嗎？他們的頭髮、衣服，還有他們身上清爽獨特的古龍水味。

珍惜你的嗅覺感官，珍惜那些讓你找回自己的香氣，
它們將你帶回記憶深處，帶回感受與情緒，也帶你到周遭的宇宙與世界。
善用你的嗅覺感官，幫助你去發掘那些對你有益的事。
讓自己被宇宙間的各種美好香氣圍繞，讓它們幫助你走向療癒之路。

［第142天］

5/21

## 聆聽動人的音樂

奧林匹克國家公園露營區的一名女性員工，對我發出動人的邀約：「有些夜晚，當泡水池關閉，所有客人都回到他們的小木屋，我們園區的員工會在這裡點燃營火，大家圍成一圈，同聲歡唱。你可以在這場營火

晚會中好好聽此音樂。歡迎你一起來。你會有一個美好的時光。」

整個宇宙也如此對我們發出邀請。我們有常常留心聆聽這些感人的樂章嗎？或是因爲某些原因而裹足不前，不敢參與其中呢？我們不需要老是站在陰影裡，羨慕地看著別人沉浸在音樂中，或在一旁觀望大夥兒盡興玩樂。不論是一群朋友到卡拉OK高聲歡唱，或純粹享受一段充滿愛與歡笑的美好時光，只要在生活中一聽見音樂響起，不妨隨著音樂搖擺，讓自己的身心融入其中。我生命中某些最美好的時刻，便是與深愛的人圍繞在鋼琴旁，一起彈奏並創作各種動人的樂章。事實上，那也是我生命中最難忘的時刻，我不再憶起內心的恐懼，反之，我能以滿懷的自我意識跟圍繞身邊的人一同放鬆享樂。

音樂無處不在，但需要你安靜聆聽。把音樂找出來，歡迎你隨時加入。不用擔心你是否能好好掌握一些音調，或你是否把歌詞都記得滾瓜爛熟。你受邀來參加營火晚會。來吧！一起大聲歡唱。你將找到生命中最動人的時光。

［第143天］

5/22

## 快樂生活的藝術

讓我們假設一種情境：我們身邊有位長時間陪伴我們的朋友，這位朋友從旁監看我們，所以我們的一舉一動、生活作息都逃不過他的雙眼，然後他如此評論：「哎呀，太糟糕了。真的很恐怖，實在慘不忍睹。你到底怎麼搞的？你其實可以做得更好啊！你現在的表現實在差強人意。你到底是怎麼了？你為什麼要這麼做？」顯然這位朋友對我們的表現不甚滿意。但我們是否想過，我們經常不自覺地在旅途中帶了這樣一位朋友與我們同行。

現在，我們假設另一個不同的情境。讓我們想像身邊有個笑臉盈人、忠心陪伴的夥伴。這位朋友無論遇到交通問題、遲到耽擱、大排長龍等任何令人心煩氣躁的事，都能一笑置之，即便遇到挫折亦然。當然，這位朋友從不對我們冷嘲熱諷，也不會在我們深感痛苦時嘲笑我們。這位夥伴性情溫柔，不但滿懷悲憫與同情，而且擁有一顆敞開的心。此外，當我們受到傷害時，他還會幫助我們學習以笑臉來面對生活中的挑戰。這位朋友已經掌握了快樂的藝術、生活的藝術，以及在生活創造快樂的藝術。

讓我們把一位懂得快樂生活藝術的朋友帶在身邊，讓這位好友幫助我們學習掌握快樂生活的祕訣。

〔第144天〕

5/23

## 相信內在的指引

相信並以行動接受你現在所獲得的指引。

我們生命中的某部分，看起來就像綿長且鋪設完好的高速公路，我們可以清楚地知道自己前行的道路與方向，因爲我們擁有全景的角度。其他時候，我們或許感覺自己正開在一條漆黑的道路上，只有車頭燈探照前路。車上的我們，只能勉強看清前面數步之遙的路況。

如果你無法看得遠，如果你只有微弱的燈光照亮前行路徑，請不要擔心。把車速放慢，聆聽你的內心，指引會隨即臨到。然後，相信你所聽到的聲音。從最微小的行動開始，一步一步來。且聽且走，按著你所接收到的指引，持續不斷地走下去。然後，再度返回你的內心，你將聽見下一步指引。有時或許是馬不停蹄的即刻行動，有時則是刻意駐足停頓，有時你需要沉靜片刻，稍事等待，讓自己準備好聆聽下一步指示。

相信並以行動接受你現在所獲得的指引，後續還有更多指示將緊隨而來。

〔第145天〕

5/24

## 從儀式中體驗平安喜樂

我到方濟會修道院訪視，在那裡停留一會兒，走走看看。我買了一個鑰匙圈，回到車上後才發現拿錯了車鑰匙，心想大概是在換新鑰匙圈時搞錯了，於是我走回修道院，到販賣處的櫃檯找負責的員工。就在那時，一位神父走近，參與了我們之間的對話。他的頭髮幾乎掉光了，頭顱周圍正好圍了一圈稀稀疏疏的頭髮，身著飄逸的黑色袍子。「當我遺失一些東西時，我都會這麼做。讓我來示範給你看。」這位神父熱情地爲我指點迷津：「我會向聖安東尼求助。」

下一刻，神父已在那裡轉圈圈，自顧自地拍手，興奮地開始禱告：「聖安東尼啊，聖安東尼啊，請幫我在四周圍找找看。有人把東西搞丟了，找不到。」接著，他停頓了一下，定睛看著我，對我咧嘴笑道：「現在，你會找到車鑰匙了。」果不其然，我們竟在三十秒內毫不費力地找到了車鑰匙。說也奇怪，車鑰匙就躺在櫃檯的某個角落，而那個地方我們明明已經翻找了兩次卻遍尋不著。不知爲何，我們就是沒發現車鑰匙的蹤影。

如今，我在尋找車鑰匙這件事上，得到一個美好的新啓發。我親眼見證一位滿懷喜樂的人，像個孩子般毫無顧忌地在宗教儀式裡表達出單純天眞的喜悅，不僅幫助了自己，也使身邊的人受益。

對你而言，有沒有什麼意義非凡的儀式，能激發隱藏在你之內的快樂、天眞情懷與信仰？你允許自己無拘無束地進行這些儀式嗎？當你還是個孩子時，哪些儀式能帶給你安慰？你還記得那些過程嗎？盡情地投入這些令人喜樂的儀式吧！無所顧忌地進行這些儀式，並試著與他人分享，就像那位熱心神父爲我做的那樣。

儀式將我們與信仰搭上線，那是帶著具體行動的信仰。

儀式也是我們與神搭上線的提醒。

因為儀式帶領我們回歸神，也回歸自己。

［第146天］

5/25

## 擁抱生命的奧祕

擁抱生命的奧祕。你不需要把大腦裡的所有知識與道理都掌握得一清二楚，也不需要對所有事情都追根究柢，更不需要一份指示清單或一套法則來提供規範。其實，你眞的不需要掌握所有的答案。

讓自己從容地體驗生命吧！必要的話，不妨緊握把手；但如果可以，就盡可能放開雙手，伸向空中，盡情享受騎乘的舒暢快感。好好沉浸在旅途中的所有感受——去感受心中的恐懼、歡樂與興奮；感受風吹亂了頭髮，陽光灑在肩膀上的溫暖；感受生命的活力泉源向你湧來。留意檢視圍繞在你周遭的生命力，它們無所不在。

看看橫擺於你面前、充滿魔幻卻也曲折開展的生命旅途。用心去感受由內而外泉湧而來的感知。緊抓住這份內在的洞悉與覺察，也盡一切努力把握住辛苦得來的收穫。

擁抱生命的奧祕。擁抱你的奧祕與一切奇妙體驗。

［第147天］

5/26

## 滿足於當下擁有的一切

有一天當你醒來時，環顧所有，或許會驚覺，你尋覓且期待已久的目標，已經緊握在手中。

這麼說吧，你當然不可能得到腦海裡告訴你該去擁有的「所有東西」，因爲有些東西是計畫之外的。但你要清楚覺察自己的夢想——追求快樂、愛與平靜的夢想，以及渴望自由的夢想。

你將超越表面的錯覺，直探核心。你將破除舊有、充滿自我設限的信念。你將醒悟過來，知道過去已然發生，無可挽回，然後看見今天的美好。你也將發現自己笑得多，也哭得多，但卻更可帶著笑臉面對一切。

你將以平靜、自信與希望的心態來面對明天。你知道自己雖然不能掌控未來人生的際遇，但你卻擁有生命中各種狀態下的可能性與力量。那些長久以來纏繞在生命與內心中的掙扎糾結，將一點一滴地遠離。你現在已經安全無慮，可以安心與自己和平共處，也可與你在這世上的立足之地和平共處。

有一天，你將了悟心中最深切的滿足。
而那一天，就是今天！

［第148天］

5/27

# 你擔心的事通常不會發生

該是時候停止懲罰自己了。該是時候停止以恐嚇之名來猛敲自己的頭了。

通常，故事的情節是這樣開始的。首先，無名的恐懼開始進入你的思緒中，我們的思想照單全收，開始運作。「有不幸的事要發生了。有些恐怖和會造成重大創傷的厄運已經在醞釀了。」接著，我們快速瀏覽那些曾經發生過的創傷經驗，進而做出結論：「是的，沒錯，毀滅性的大災難即將發生了！」

然後，我們當下蜷縮著身子，滿懷驚懼與恐慌。我們終日惶惶不安，擔心會有可怕的事情發生，並且深信它眞的會發生。我們開始對想像中的憂慮信以爲眞，相信這些厄運就站在家門口，伺機而動，隨時準備把我們撂倒在地，偷走我們的快樂、平靜，以及我們在宇宙中的位置與節奏。

我們的恐懼是如此根深柢固，於是它奪取了掌控權，對我們爲所欲爲。事實上，我們擔憂的事不盡然會發生，也未必會發生。而它最終之所以發生，或是按計畫如實發生，只因爲我們強迫自己去經歷這些憂心恐懼的事。

是的，我們都可能歷經許多可怕的事，並爲此深感遺憾與受苦。但我們爲何要放棄此時此刻的美好，來爲尚未發生的厄運擔心受怕呢？好吧，即便這些令人憂心忡忡的事最後果眞發生了，但我們若提早植入這些恐懼，只不過是讓我們爲此多受苦一次罷了。

去覺察與認知你的恐懼，然後放手讓它走。釋放那些負面能量，請它們離開。不要再以此恐嚇自己。生命週期與機遇或許不盡公平，但卻值得我們信任。我們所度過的每一天、每一個季節裡的每一個時刻，必有一條路通往平靜和快樂。

絕不容許任何「萬一……如果……」等假設性的憂懼，摧毀真正的平靜與快樂。

［第149天］

5/28

# 接受宇宙的幫助和指引

有沒有哪些對象或事物是你力量的源頭？哪些對象或事物是你緊密維繫與連結的？當你日復一日地過生活，請仔細檢視你自己。你從何處取得那些幫助你、支持你、給你能量且賦權予你的力量？這一切都來自同一個人嗎？你是否同時擁有許多資源？你是否將神和神性視爲自己最終極的力量源頭？

生命中總有些時候，我們會不自覺地將某個人當成我們唯一的資源。不過，那樣的時候已經過去了。當然，我們的人生至今仍有一些特殊的對象，時刻爲我們提供特定的支持與幫助，而我們現在最重要的功課之一，就是學習拓展我們的連結網絡，從單一個人，拓展至整個宇宙，伸展雙臂去擁抱所有等著要給我們愛與支持的源頭。如果我們所尋求的資源僅止於某個個人、一份工作、某個地方、某種情境，那麼，我們難免要面對許多難題。展開探索的觸角，多方伸展，尋求不同資源的支持，那是標示著成長的記號，也是我們得以持續完成旅程的重要指標。

當然，我們需要重視並珍惜那些在你生命中不斷溫飽你靈魂、潤澤你內心的人；我們也要用心珍視生命中的重要他者，他是你如此親近的夥伴，恆常支持與幫助你。然而，不要因而限制了你與其他管道的接觸。將你的心向著躍動的宇宙敞開，也向著神聖之愛敞開。

你要認清一個事實：如果你無法從一個人身上或某個地方取得你所需要的資源，那是因爲宇宙認爲，還有其他人或事能爲你的需要與成長，提供更爲適切的支持與幫助。

哪些是你緊密維繫與連結的對象或事物？你是否願意與宇宙相互連結？

敞開你的心、你的大腦、你的靈魂，讓宇宙教導你何為神聖之愛。

不要再倚靠一個人來滿足你所有的需求。

向一個無限的支持與能量源頭保持開放。向宇宙敞開。

［第150天］

5/29

## 告別過往，讓生命旅程繼續往前走

溫柔而滿懷慈悲地讓往事如煙而去。你不會遺失愛。你也不需要緊緊抓著不放。如果你已經從過去學到功課和教訓，而且繼續啓程往前走的時間也到了，那就讓往事隨風而逝吧！趕緊回到當下。找出那些早已守候一旁、等著你去發掘的東西。如果我們費力緊抓著昨日的教訓、對象與感受，我們將因此而心力交瘁、困惑不解，並且憂心忡忡。

該流淚的時候就讓淚水盡情決堤。用心去感受哀傷的過程，有助於幫助我們經歷生命的蛻變與翻轉。然後，該是時候告別了。爲過去的經驗與歷程心懷感激。爲那些你所學到的課題——更深刻地認識自己、認識愛，心懷感激。等一切撥雲見日以後，就揮別過去，走向今天。

停止接受失落的信念，開始相信生命的美好。
讓已逝的往事如煙消散。
揮別過去，走進現在。

［第151天］

5/30

# 放聲大哭，開懷大笑

她笑得連我都被感染，也跟著咯咯笑個不停。「你總是這樣笑容滿面嗎？你真的時時刻刻都這麼快樂嗎？」我好奇探問眼前這位女士。

「我的心是敞開且受到療癒的。」她說道：「我常常開懷大笑。但我得承認，我也哭得不少。」

一顆敞開的心總能感受一切它需要感受的。受傷時，盡情的流淚哭泣，哭完之後，眼前的烏煙瘴氣也就煙消雲散，一切變得豁然開朗，你將看得透澈明亮。淚水可以洗滌我們的雙眼與內心。難過時，想哭就哭吧！

盡你所能地笑口常開。和朋友們把臂歡笑。面對新的發現、收穫與成長、富有新意的觀點、人與人之間的親近、各式各樣分享與學習等，並不需要嚴陣以待，或把場面搞得太嚴肅。大部分的真相都是在歡笑聲中發現的。於是，緊密連結的關係於焉形成，愛也就緊隨而至了。

放聲大哭，開懷大笑。放手讓生命將一切奧祕都向你顯明。讓愛一路相隨，讓它找到你、迎向你，透過你的笑聲和淚水去探觸你所面對的事件與感受。幸運兒不是贏得彩券的人，那只是僥倖；當我們願意敞開心懷並掌握生命的奧祕，我們才是眞正的幸運兒。

一顆心是否敞開，笑聲與淚水是記號。

[第152天]

5/31

## 過眞正想要的生活，是你的權利

在瑟多納時，當我從令人汗流浹背的小屋開往我承租的房間，我感到前所未有的興奮。我的激動不完全是因爲剛剛所經歷的體驗，而是我發現自己長久以來不自覺地自我設限——限制自己的選擇，限制自己的自由。而今，我終於給自己一個機會，讓自己活得更自由自在，無拘無束。我是爲此而感到興奮與激動。

你是否也曾限制自己的選擇，經常提醒自己，僅存的選項只有這些，沒有別的了？你是否曾經限制自己的選擇，說自己已經看遍也做遍了世界上所有該看、該做的事？你是否常常侷限你的生活與人生，然後不解地問，爲何人生得處處被限制？

讓自己重獲自由吧！容許自己更深刻地體驗與嘗試生命的極限與可能性。你活著，是爲了要好好過生活——過得圓滿、精采豐富與充滿熱情。旅行，不僅止於各種療癒、心靈洗滌或靈性成長而已。旅行的收穫，遠比這些更多、更深。你擁有身體、感受、熱情與思想。你在這裡，是為要將這些不同層面的豐富內涵帶入你的生命中，讓彼此連結，完整而充實地把生活過好。

享受宇宙的豐盛與美好。

你正坐在一桌美味佳餚前，請盡情享受這場盛宴。

別站在一旁監督、觀望與自我設限。

投入其中，盡你所能好好體驗與享受人生。

# 6月

# 旅途結束前，別說「我永遠不再……」這類賭氣的話

［第153天］

6/1

# 讓身體來帶領你

我們的身體，知道如何爲我們提供前行的方向。

我們常聽到人們這麼說：「我比較傾向……」或「我比較不贊同……」。當我們往中立與平衡靠近時，我們的身體便會提供幫助並指引方向，使我們看見自己眞正要的是什麼。我們確實會傾向某個特別喜歡的方向，或刻意偏離某個立場不同的觀點。我們花了太多的時間，迫使自己的身體去適應它亟欲逃離、抗拒或退縮的環境、能量場域和生存狀況，然後又困惑地問，爲何身體總有一種受傷與不舒服的感覺？

當我們越尊重自己的身體，身體便會更知道如何幫助我們釐清方向，長此以往，身體也將逐漸成爲我們人生旅途中最自然的嚮導，反映出我們內心與靈魂深處的欲求。我們越是學習信賴自己的身體，我們將越懂得以自然的節奏、循環與生活作息來順應身體，與它和平共處。

學習敏銳地覺察身體傳送給你的微妙指引和訊息，這些內容包含了身體喜歡什麼、抗拒什麼，以及身體傾向引領你往何處去。學習觀察身體如何一步步指引你往前行。也請你學習對身體說話。詢問它，它要什麼，然後讓它來指引你。要對身體心懷敬意，好好聆聽。

當我們與身體有更深的連結，我們與自己的心和靈魂也將緊密聯繫，最終同被神聖者指引。當我們越加練習聆聽身體的聲音，那麼這些指引與連結將更自然與輕易地流動。

相信身體的智慧，因為它常常反映靈魂的智慧。

〔第154天〕

6/2

# 停下匆忙的腳步

爲何匆匆過每一天、每小時、乃至一輩子？倉促永遠無法讓我們趕上自己，我們將一再錯過，並且倍感壓力。匆忙的生活意味著不信任宇宙的自然節奏和秩序。放慢你的腳步。當你踮起腳尖，向著自己的生命與永恆翩然起舞時，請走進宇宙的節奏裡，也走進你自己的律動中。

當我們來去匆匆，那種感覺就像舞步與音樂無法配合一般，我們也因此無法與自己同步。接著，我們的身體將隨之感到緊綳與壓力。由此，我們也就失去了享受生命的機會。我們倉促來去，匆忙奔走，盲目地奔向下一個定點或任何地方。我們趕得太急了，以致當我們終於抵達目的地時，甚至不會找時間好好玩樂一番，因爲我們又要急著趕往下一個目的地。

走進充滿音樂的時刻，那是靈魂的律動。這份律動將引領你走向心中嚮往的目的地，帶你穿越所有亟待完成的任務，接著再帶領你前往靈性成長、療癒、成就與喜樂之地。

因為你來去從容，所以，你將玩得更盡興、更開心。

［第155天］

6/3

# 當你批評別人時，你討厭的其實是自己

「不批評別人，眞是個重要又實際的課題。」有位朋友說道：「每個人都難免會做一些受人評斷的事，然而當我們開始批評別人時，我們將會花大部分時間來做這件事。」

這位朋友所言甚是。但要做到不批評論斷，何止是重要又實際的課題，簡直就是靈性層面的問題了。

我過去經常花很多時間評斷別人。或許那是源於我的偏見與認知，我以爲這世界分成兩大部分，非黑即白，是非分明；我認爲評斷別人，有助於我保持清明，將兩端的不同之處看得更透澈；我也覺得批判評論是我的職責，捨我其誰？但現在，我對這件「重責大任」和我自己，有了一番全新的體會。原來，我之所以評斷別人，是因爲我害怕、缺乏安全感、自覺渺小無力。原來，我之所以評斷別人，是因爲我怯於去愛、無法接受愛，而那是緣於我無法接納自己本來的樣貌。更重要的是，我終於明白，批評論斷並不是我的職責。因爲當我評斷他人時，我也評斷了自己。

是的，還有許多議題需要我們持續去練習。我們當中許多人終其一生都各有不同的習性，但是，評斷對此一點幫助都沒有。反之，評斷會限制我們，同時也會帶來譴責。人們說：「我的過去不堪回首。我錯了。我的人生錯得一塌糊塗。」不論我們置身何處，一旦評斷出現，我們便被判監入獄。

評斷來自我們的大腦與理性，自由與愛則源自我們的內心。當我們超越批評論斷時，我們便如釋重負，重獲自由。讓我們學習以愛的眼光來看待自己——檢視你是誰？你此時在哪裡？你曾經在哪裡？然後也學習以愛的眼光來看待別人。當我們終於可以自由自在、滿懷著愛地接納他人時，我們也同時接納了自己。

評斷築起圍籬。
超越你的評斷批判，你將重獲自由。

［第156天］

6/4

## 讓喜樂找到你

這些覺受，曾經發生在我的旅途中。靜謐無聲，難以覺察，我渾然不知它的存在。我徹底放鬆，自在舒適地與自己安然共處。我開始享受獨處，接納自己，接納人生，熱愛生命，由此，我找到了喜樂。

這些覺受，也將發生在你的旅途中。

喜樂是一份禮物。它的出現，近乎無聲無息，不等你準備好，它就翩然而至，一如我們還在酣然熟睡之際，那些灑進房間的曙光。喜樂的出現，讓你無從預知。持續去做那些會爲你的人生帶來療癒與成長的事。

繼續愛自己，繼續走你的道路，繼續愛下去。

別擔心找不到喜樂。

儘管走好你的旅途，喜樂會找到你的。

［第157天］

6/5

# 不需向別人證明你的好

你不需向任何人證明什麼。你甚至不需向自己證明什麼。

一股亟欲想要證明自己的慾望，在潛意識中蠢蠢欲動。而一切想要證明自己的慾望，源於我們的恐懼、緊繃與壓力，以及「需要多做些什麼」的想法。伴隨這些想望而來的，通常是一種緊迫盯人的信念——我們不夠好，因此需要做些什麼來彌補缺憾與不足，好讓我們得以在這個世界上占有一席之地。我們可能覺得自己需要博取一些地位，掙得一些屬於我們的權益，好讓我們可以繼續待在這個地方，就好像我們一直都被監督、被評頭論足、被打分數似的。

你實在不需要向任何人證明你自己。按著你原來的樣子，就已經很好了。你精力充沛，朝氣勃勃。你擁有獨特的天賦與才華。你在人生中所持續學習的功課，都是正確且充滿意義的。

放下想向別人證明自己的渴望，

這些對象可能是父母、過去在你人生中出現的人，以及現在在你生命中的人。

你這麼做，是否是因為想要證明給自己看？
答案很簡單：學習肯定你自己。按著你現在的樣子，愛自己、接納自己。
然後，站穩腳步，在宇宙天地之間找到屬於你的位置。

［第158天］

6/6

# 卡住時，轉個彎就可以了

一些再簡單不過的來回走動，也能改變你的能量。當你的大腦開始陷入疲憊狀態，起來動動身體，走一走。去散個步，或洗個澡，倒杯水喝，或到健身房去伸展筋骨。當你這麼做時，你不只是活動身體，而是正在改變並重整你的能量場。

聆聽身體對你發出的訊號。身體會說出它的需要和想望，以及什麼樣的動作對它有益。如果你依從，身體將自然而然地做它認爲對的事。伸展你的雙腿，拉拉你的手臂。到戶外去走走。深呼吸。打電話給朋友。靜心冥想。說個笑話給同事聽。總之，你不需要讓自己卡在不舒服的能量中，更不需要在此時此刻讓自己成爲情緒的受害者。

我們學到也擁有的其中一個能力，是移動、重新對焦，接著重新安排我們的能量。當我們發現自己深陷某種情緒、或反應、或思維模式時，當我們感覺自己被一些事糾纏或情緒亢奮時，我們可以透過轉換能量來省下許多自我糾結的時間，讓自己不致一直想著要如何改變環境而苦苦掙扎。時候到了，就要起而行，並從中發掘你該做的事——可以是小改變，也可以是大轉彎。

當你卡住而寸步難移時，請對自己溫柔些，因為你可能需要一個全新的角度與觀點。按著你的需求，學習改變並重新安置你的能量。

[第159天]

6/7

## 永遠別說不可能

在我的旅途中，曾經在好幾個不同的國家公園投宿。一般而言，那些度假木屋的環境和設備都不錯，但氛圍與擺設卻和我的期待有些落差。我需要的是更小的空間、更安靜的環境。在行程中的某個階段，我告訴自己：「我再也不要投宿國家公園了。」不久，我發現自己竟窩在華盛頓州的奧林匹克國家公園住宿區。不過這裡是我住過的所有國家公園木屋中，最精緻、最寧靜、最療癒的地方。我忍不住自我解嘲，當初還信誓旦旦地說永遠不再住國家公園，差點就讓我錯過了如此美妙的經驗。

請千萬不要說「永遠再也不……」這類的話。這樣的語句，設定了一種抗拒心態，讓人去質疑人生和命運，並且將希望之門狠狠關上。

「永遠不」是個充滿武斷與批判的詞彙。「永遠不」意味著思想上的自我設限，但其實「永遠不」經常包含「很可能……」的意思。

當我們說「永遠不」時，有時只因爲我們預先評斷了一件我們不曾經歷過的事。另外一些時候，當我們說「永遠不」時，則是因爲我們曾經對某個對象、某個地方有過不愉快的互動或經歷。在這樣的情境下說「永遠不」，意味著我們預期所有類似的經驗都應該是不愉快、不舒適的，而這代表我們並未保留一個改變的空間，或準備好去經歷一個嶄新與不同於以往的體驗。

鑒往知來，總要從過去的經歷中學到功課。

相信你自己。相信你的經歷，包括那些看起來對你毫無果效的經驗。

而且，永遠別說不可能。

向宇宙保持開放。

［第160天］

6/8

## 保有溫柔與慈悲的特質

開車進入猶他州，途經錫安國家公園，我開始感覺到一股奇特的情感，源自地上，也源自我之內。那種難以言喻的感覺，如此微弱、可親而輕盈。整個傍晚，不斷有鹿從樹林裡走來，打從我身旁經過。那一幕使我記起某件事。在「動物藥靈卡」（Medicine Cards）中，鹿象徵溫柔與愛。那股溫暖的感受再度從地上騰然升起，透過空氣傳來陣陣溫柔、慈悲與愛的氛圍。

整個宇宙都在提醒我一些事。在我之內，有個所在，那是我曾經發掘過的地方，一個充滿溫柔與慈愛之處。某個在我人生旅途中曾經造訪之地，充滿試煉與考驗，充滿移動、事業與各種經歷。在庸庸碌碌的生活中，溫柔早已遺落某處。現在是時候重拾那些一度遺失的東西了。我也從中再度被提醒，要以溫柔和慈愛待人，也要以溫柔和慈愛待己。

溫柔、慈悲與愛，比旅遊景點更值得造訪。
這些是我們可以隨時帶在身邊的美好特質。

［第161天］

6/9

## 相信生命自有安排

相信生命，意味著我們可以信任——信任生命的本質，以及瞬息萬變的節奏。我們相信蛻變、轉化與目標。相信生命，意味著我們不再受到過去的牽絆。不管我們曾經做了哪些事、做了哪些決定，此時此刻，我們讓自己可以自由地信任自己。我們信任自己的感受，信任自己的所知，信任自己有能力思索下一步需要完成的事。相信生命，意味著我們信任自己所學到的功課是眞實有益的。這些功課很有價値，而且帶著神的旨意，即便有時學習過程意味著受苦。

相信失敗，意味著我們將焦點放在哀傷、痛苦、悲劇，以及無法從某些境況中逃離的狀態。相信失敗，意味著我們總是對被剝奪的東西或對所犯下的錯誤耿耿於懷。我們嚴以律己，包括嚴格批判我們自己與我們的生活。相信失敗，意味著我們卡住，而且動彈不得。即便面對不再屬於我們的人事物，我們也緊抓不放，因爲我們實在害怕會失去更多。

你相信失敗嗎？或者，你願意選擇相信生命？

相信生命意味著沒關係，放手吧！

我們可以相信自己從何處來，將往何處去。

而我們當下置身之地，正是我們需要駐足之處。

請選擇相信生命。

［第162天］

6/10

## 沐浴在夏天的陽光下

學習沉浸在夏季這美好溫暖、繁花盛開的時刻。

夏季並非永遠存在，所以不要叨叨念念而破壞了它的美好。忘了剛剛過去的冬天，也不必冀望未來將至的秋天。讓自己浸淫於美麗而豐富的夏季時光。

我們或許習於生活在較寒冷的季節，以致忘了如何享受陽光、溫暖與專屬於夏季的玩樂，以及那些隨之而來的美妙時刻。人生中的每時每刻都無比重要，人生中的每時每刻都是靈性的體驗。如果想要充分享受歡樂，我們需要學習享受美好時光，也需要學習面對驚濤駭浪。大部分人善於逗留與跨越生命中的嚴冬，現在，該是時候學習不一樣的功課了。

脫掉身上的厚外套，戴上草帽，沐浴在溫暖的陽光下吧！明天的功課留待明天再去煩惱。

今天的功課，就是學習享受美好的夏日時光。

［第163天］

6/11

## 誠實看待自己的情感

你內心深處最眞實的感受是什麼？在生氣之際、在盛怒之下、在麻痺之中，我們告訴自己：「沒關係，我不在乎。」然而，你是不是眞的覺得害怕？受傷？被遺棄？再往更深處探索你自己和你的情緒，因爲那可能是你不曾深入探觸之處。以一種前所未有的方式，誠實面對自己。探尋喜樂與內在深處時，要溫和、輕柔、溫暖與誠實。因爲前往內心的途徑，是如此脆弱而不堪一擊。

有時，你實在不需要那麼勇敢，也不需那麼堅強。你也不需要常常胸有成竹地說：「這個我可以處理。我之前還遇過比這更糟糕的狀況呢！」

如果必要，就生氣吧！如果眞的怒不可遏，就去感受那份盛怒吧！必要時，偶爾就讓自己麻痺無感吧！然後找個機會，讓自己再往心裡頭走去，一路探索，直到最深處，看看那裡有什麼？好好觀察一番。記得，即使明知脆弱、可能受創，也值得冒險。

愛自己，也愛你所有的情感。盡你所能，誠實的對待自己。

然後，緩緩說出你最眞實的感受。

[ 第164天 ]

6/12

## 累了就休息

累了，就要休息。當生命感到疲軟無力的時候，歇會兒，找個時間讓自己充充電。

能量不是你所能擁有的東西，事實上，那是你的一部分。當你不斷付出、付出、再付出，持續給予而毫無所得時，電量終將耗盡，你將身心枯竭，無力再續。你不需要以低電量的狀態繼續苦撐，因爲我們現在已經知道如何活得不一樣了。

花時間好好休息，讓自己煥然一新、興致高昂地重新出發。休息，不是浪費時間。認眞充個電。選個使你精力充沛的方式，可能是親近大自然、聽一首歌、好友的聲音、睡個午覺、洗個熱水澡、喝一杯茶、看最愛的節目、欣賞一部讓你又哭又笑的電影、散散步、去跑步、禱告、讀一首詩或一本與你的靈魂深度對話的書籍。

由能量源頭激發出的行動，相對來說輕鬆得多，值得你繼續探索，好好走下去，努力去達成。

讓你的工作與愛，都來自充滿生命力的靈魂。

[ 第165天 ]

6/13

## 信任成長與改變的過程

對自己要有耐心。找出問題的解決之道或做任何事情都需要時間。學習新功課，也需要時間。越重要的課題，越需耗費時間、孜孜不倦地去找出方法。

我們確實活在一個科技年代，但我們的靈魂卻一點兒也不科技。我們的靈魂仍與大自然緊密連結。我們的成長與改變，一如大自然的四季更迭。讓我們學習自然界的法則，探究她的季節輪替與循環，然後進一步認識，原來這些不斷來去的季節與循環都存在於我們之內。而改變的過程，恰似種下一顆種籽，你滿心期待看著種籽破土而出，發芽成長，然後開花結果。

你想要發展什麼呢？一份計畫？由內而外改頭換面？有沒有什麼新事物是你正在學習或努力想要做的？有沒有某個根深柢固的毛病、壞習慣是你掙扎許久想要徹底戒除的？有沒有一段你朝思暮想、很想好好開始的感情或友情？或一段令你想要擺脫的關係？

成長與改變的過程，每一步都意義非凡，而且無比重要。打從我們發現這個觀點開始，或踏出改變的那一刻起，一直到長時間對這個觀念的醞釀、呵護、澆灌等過程，每一個步驟都不可或缺。你是否開始留意自己這一生中已經蓄勢待發的一些改變？你是不是不斷思索、談論但卻遲遲尚未採取行動？這個階段也非常重要。記得，你正在醞釀、呵護與澆灌一顆改變的種籽。

大自然需要花些時間才能將自己改頭換面。

每一件事物也需要花時間才能好好發展。

對自己有耐心，對你的人生亦然。請信任每一個成長的過程。

［第166天］

6/14

# 對過程表達敬意

我在春天展開的旅程中，環顧四周，思量著每一個造訪過的地方都讓我收穫滿滿。總有人在對的時間點與正確的地方，對我說了一番我當下正需要聽到的話。有時，這些收穫是大聲而清晰地被告知。有時，就在不預期之間，某個清楚的提醒輕柔地浮現，使我開始想要好奇探問，是不是有些隱藏的功課或目標等著我去發展或學習呢？每一件我所看見、我所經歷的，最終都強化了我對神與宇宙的信靠，也深信內心的力量將引導我前行。畢竟，我是在剎那的靈光閃現後，決定了這趟沒有計畫的旅程，然而，我卻一路走向神奇美好的冒險之旅。在旅程終了的返家途中，我不僅學到要去相信旅途的過程，還學到了如何在過程中保持敬意。

在你的旅途中，不只要相信過程，還要對此過程中的點點滴滴充滿敬意，甚至是發自內心的崇敬。尊重你的感受。它們會以不同面貌適時出現，充滿療癒，甚至將你帶往前所未有的新發現。尊重你的親身體驗、那些你曾造訪之處，以及你曾經過的不同美景。尊重每一個採獲金銀珠寶的過程，對每一個滿足你靈魂深處的寶藏表達敬意。

某些時候，當你面對不可知與充滿不確定的未來而不知所措時，也請你尊重這黑暗陰鬱的時刻。當你的人生與旅途持續開展時，尊重每一個時刻。不要在過程中抱怨或碎念為何如此、為何那樣。不要限制你的成長該如何發生，因為成長的機會無處不在。

學習尊重別人的旅途與步伐，也學習尊重你自己的。

［第167天］

6/15

# 「不知道」沒什麼大不了

有時，我們不知道自己要什麼，不曉得下一步該怎麼走，或根本無從想像下一階段的人生會是什麼模樣。這沒什麼大不了。如果你的答案是：「我不知道」，那就大膽說出來吧！清楚明確地說，然後平靜面對自己的「不知道」。

有時，我們之所以「不知道」，是因爲接下來即將面臨的挑戰與困難，有別於我們過去的經驗，以致無從知曉。即便我們知道，也無從感同身受，因爲那些是全新、全然不同的經驗。那是不折不扣的驚喜！

有時，我們之所以「不知道」，是因爲對現階段的我們來說，太困難、太令人困惑了。無從理解的狀況會將我們從當下抽離，使我們憂心忡忡、焦慮不安，不知該如何掌控或做些什麼努力，好讓事情可以順利完成。確實，在某些情境下，知道太多，反而讓我們恐懼，不僅超出我們的負荷，甚至使我們脫離現實。

有時，我們的靈魂知道該怎麼辦，只不過還不到讓我們的意識與頭腦去認知到一切的時候。有時，提前知道會讓我們錯過那些必須親身經歷的體會，錯過親自發掘與尋找答案的過程。另外一些時候，練習信任的過程、練習親身體驗的過程，以及最終相信這些體驗的結果，都會使我們豁然了悟，發現屬於我們自己的眞相，而這些比「知道」更為重要。

從「我們不知道」移動至「我們即將學到」，是個值得信任的過程。

那正是我們成長與改變的歷程。

「不知道」沒什麼大不了。讓我們一步步進入「知道」的領域，也沒什麼不好。

無論如何，一切功課不外乎讓我們相信：時候到了，我們自然會知道。

［第168天］

6/16

## 你必須設下界線

你這一生，是不是經常對人言聽計從、甘於受人牽制與擺佈？當我們隨意放棄自己生命的自主權，而交由某人來掌管時，我們也同時放棄為自己尋找快樂、幸福、滿足、成長與做選擇的責任。

渴望被呵護與被照顧，是合情合理、健康與正常不過的事。身邊的伴侶確實可以使我們的人生更為輕省，也可以替我們分擔許多負荷。我們身邊總不乏助我們一臂之力的人、朋友與愛人。神聖者愛的膀臂，往往就透過這些人以及我們所愛之人向我們伸展，同時給予我們一切所需的支持。如果想要獲得幸福滿溢、喜樂滿足的人生，敞開心懷並大方接受和擁抱這些支持，便成了不可或缺的重要元素。然而，接受幫助和支持，以及受他人掌控，兩者之間截然不同。將自己「託付予愛」與「託付予掌控」，可說是天差地遠。

放棄掌控的自主性，或許在我們毫無察覺時便已悄然發生，但它所帶來的影響是極爲強大的。我們開始相信自己正一點一滴失去自由，開始相信可貴的自由不知何時已被奪走了，我們甚至爲此而感到窒息，覺得深受壓迫。

你的界線應該由你自己來設定與描繪，不要將這份責任假手他人。你本來就該爲自己的選擇、自己的來去、自己的幸福、自己的路途負起全責。如果你發現或感覺自己已不知不覺將自己的力量、自己的自由棄權並交付予他人時，請把這份自主權要回來。請爲自己負責任。你不需要再對別人言聽計從。那些受人擺佈、任人掌控的日子，已經結束了。你可以繼續被愛、被呵護，但卻不被任何人所控制與操縱。你可以在不受掌控的前提下，自由接受愛。

讓自己得到自由。唯有當自由存在時，愛才能真正存在。

致力於建立平起平坐的關係與情感。在這樣的前提下，你才能找到真愛。

［第169天］

6/17

## 表達時，不要加入批判的言論

在說明與批判之間，存在一個天壤之別的世界。

當你「說明」某件事時，你是單純地敘述事件的來龍去脈——「我正在歷經……過程」、「我已經做了……」、「她已經做了……」、「我有……的感覺。」但當你「批判」時，你的言談間多了態度與感受在裡頭——「我正在歷經……過程，所以我感覺自慚形穢」、「我已經做了……，所以我錯了」、「她已經做了……，所以我想她的狀況可能不太好」、「我有……的感覺，所以我一定是個壞人。」

說明，可以使整件事的脈絡顯得清晰明確，也能幫助我們往前行。你可以隨心所欲地報告和分享那些發生在你生活中的大小事，但請盡可能不要加上批判。所謂批判，通常離不開限制、圍困，以及對他人與自己的責備、控訴。批判說明了你是誰、你在哪裡，以及你所做的全都錯了。那樣的狀況減少了移動的空間，甚至使你沒有接納的空間。批判壓縮了成長與精進的自由。

不帶批判的說明和分享，不代表我們對正在發生的事深表贊同，也不代表我們對一些事無感，更不表示我們得對所有發生的事忍氣吞聲、逆來順受。只不過，當我們能做到「只說明而不批判」時，我們便能做到接納。而接納會釋放我們，使我們得到自由。接納，是所有成長與改變發生的起始之處。

哪裡有免於批判的真相與接納，那裡就有愛。

創造屬於你的愛的世界。

[第170天]

6/18

# 憂慮阻擋了快樂

憂慮無濟於事。憂慮無法阻止任何一個即將發生的災難。在憂慮的當下，唯一被阻擋在外的是我們的快樂。我們的憂慮便是恐懼。我們常說：「我會一直擔心，一直到事情解決了，我才能鬆一口氣，才能重新享受。」如此看來，憂慮對我們無疑是在自我懲罰，那是無法原諒自己的表現，而無法愛自己，也就無法信任任何人。

或許我們以爲，憂慮可以爲我們排除一些煩擾，但那是不切實際的假象。有時，憂慮反而爲我們帶來無窮盡的煩擾，因爲我們自顧自深陷恐懼之中而不可自拔，以致連最基本的責任和行動都承擔不了。我們若因爲憂慮與懼怕而對自己的生活和人生視而不見，恐怕只會爲自己引來更多不必要和不堪設想的後果。

我們要學習的課題是相信。當我們相信或信任時，就會放手讓恐懼離開。我們有十足的把握，那些想要與需要的一切，終究會來到。我們也相信，即便我們迎來的是麻煩與困難，也終究會獲得度過難關的力量。當我們相信時，我們可以在起步尋求目標之前、在欣然瞥見美好的未來之前，先讓心靈平靜下來，然後再急起直追。

憂慮與恐懼，恰是愛的反面。

請以一種前所未有的態度來愛自己。

愛自己愛到足以讓你不再憂慮。愛自己愛到足以讓你平靜安穩。

［第171天］

6/19

## 困惑時，讓心指引你

如果你感覺困惑、孤單，不確定下一步該往何處去，那麼，請你返回你信賴的所在——你的內心深處。不論你面對的是什麼樣的難題：工作、金錢、愛情、玩樂，請回到你的心。

浮現在你生命中的議題，可以藉由心來解決。你將被引導，你的心將以溫柔、安全、充滿愛與眞理的方式，帶你走上一條最適合你的理想之道。你覺得心煩意亂嗎？你是不是覺得納悶，爲何事情無法盡如人意？你確定這地圖是正確的嗎？你對下一步的方向有把握嗎？你是否猶豫該怎麼將過去一團糟的事理清頭緒？

答案不在你的腦袋裡，答案藏在你的內心中。答案不假外求，雖然我們偶爾也會從他人身上接受指引。你所尋覓的答案、指引與出路，需要令你感覺安心，也要能引起你內在的共鳴。你的心是中心點，也是你的情緒、理智與靈魂的平衡點。放心，你的心是安全的所在。

返回你的心。

它將帶你回家。

［第172天］

6/20

# 調合陰性能量與陽性能量

我步履艱難地走上瑟多納的岩石台地。我之前見過的一位婦女，已經告訴我一到山頂要尋找什麼目標。我想我找到了：一塊由大自然雕塑、渾然天成的石頭雕像。石雕的左側，看起來像個女人，是佩戴著項鍊與胸罩的埃及女皇。從右側看過來，則是男性造型。我幾乎馬上就找到了目標——兩種側面造型的雕像，兩張臉孔，一男一女。

有好幾年時間，我刻意否認神、宇宙與我自己的女性面向和特質。我誤以爲我的力量、能力都該從其他地方、其他面向取得。我厭惡自己的陰性特質，對此憤憤不平，以身爲女人爲恥，因爲我以爲那意味著軟弱無能。但這趟旅途開啓了我的認知，使我有些不同的領悟。原來，不論陰性或陽性，兩者之中都蘊藏著力量，且這兩方面都同時存在於我們之內，皆同樣可貴。

我們的力量、勇氣、保護力，以及做決策的能力、組織力、計畫力、建立秩序與選擇的能力，再再反映我們的陽性能量。我們的創意、感性、情感、柔弱、直覺與呵護、照護的本能等，無疑是陰性特質所展露的智慧。尊重並尊崇陰與陽的能量，珍視藏在你自己、宇宙與周遭所有人身上的陰陽特質。兩者皆重要，且無可取代。陰陽特質都該受到信賴。學習與它們和諧共處，相互激盪出融合之美。

登上山頂，環顧四周，觀察陰陽的平衡與和諧。

願如此平衡也能生動地落實在你的生活中。



［第173天］

6/21

# 迷路時，先停下腳步

沒錯，這裡就是你要走的方向——就是這條路，它會指引你走向今天該到達之處。

我經常在旅途中短暫停留，告訴自己，或許我永遠也不可能去到我尋覓已久的地方。但每每如此思索時，那處以爲找不到的地方便會忽然出現在眼前。這樣的經驗，屢試不爽。原來，我早已憑著本能與直覺找到這些地方了。我已然去到我需要去的地方，去到那療癒的所在。

我們內在有個部分完全曉得我們需要前往之地，也理解我們眞正想要出現之地。說來奇妙，我們內在似乎已內建了一份地圖，雖然我們的肉眼與意識層面的思想看不到、辨不出，甚至無法確知它是否存在。

如果你感覺迷惘而不知所措，失落與困惑將你層層圍繞，試試看在當下，慢慢找出你眞正需要前往之處。如果你還無法確定前行的目標，請先停下腳步，深呼吸，環顧四周。你看到什麼了嗎？

沒錯，就是這裡了！

或許你早就來過。

［第174天］

6/22

# 原諒內在小孩的恐懼

不管我們為自己付出多少努力，不管我們在自我療癒這件事上多麼用心，我們內在總有某些部分仍停留在四歲的孩童時期，記憶著當時的我們如何與某個特殊對象互動。或許還有部分的我們，每每面對某些特殊情境時，仍會感覺冷漠僵硬、恐懼害怕、無力軟弱與被棄絕。

或許表面上看來，我們衣冠楚楚、一表人才，擁有不錯的專業素養。只不過，在這些體面的外表之下，我們恐怕仍是那個四歲的孩子——充滿畏懼的四歲孩子。或許我們對此難以啓齒，但請學習放輕鬆，找回自己本來的樣貌——一個有能力、敏銳、創意、有競爭力、聰明且充滿智慧的成人。

好好端詳這些四歲的孩子。請對他們溫柔、善良、憐憫。原諒他們如此擔驚受怕。他們之所以如此軟弱，其來有自，而且理由正當、可理解，甚至有些原因令人肅然起敬。只不過，這些緣由都是長久累積才演變成今天這樣的狀況。但是，請回到我們所置身的當下。

我們已經長大了。我們越來越強壯，也越來越自由。我們可以走出去，可以放聲說話，可以開懷大笑，可以暢快說出自己的感受。而且，我們不會被拋棄了，因為我們已經懂得如何靠自己好好活著。

留意你內在的四歲小孩。

或許這個內在小孩從未徹底離開你，但你可以不讓他來擔綱主角。

［第175天］

6/23

# 心在安靜中出發

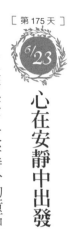

我永遠忘不了夜半時分的黃石冰河湖泊。一輪皎潔明月高掛夜空。我從未見過如此巨大圓滿的月亮，懸掛在湖泊之上。一大片的湖泊都結冰了，像一面鏡子映照著周邊群山，如此絕美，連松樹也靜止不動。就在那樣的時刻，我瞥見了靜謐──沉靜、毫無所動的靜止──我由此領略了這種「安靜」的力量是何等不凡。

「要安靜，要知道我是神。」這句來自聖經的話語，對我們而言並不陌生，但我卻發現自己對這句話的眞意知之甚少。這裡所謂「安靜」，與孤獨、孤單是截然不同的。安靜也不是指關掉收音機或輕聲細語。

事實上，安靜是一個地方。你可以在沙漠或山林間找到。你可以在自己獨處時或在群眾簇擁時，找到這種安靜的時刻。無論你置身何處，無論你正經歷什麼樣的過程，你亟欲尋得的安靜，無處不在。安靜，藏在你之內的某個角落。慢下來。深呼吸。平靜一會兒。讓自己與安靜越來越親近，然後，花些時間學習安靜的力量。

從安靜之地出發，正確的行動力於焉產生，你將由此找出自己的下一步。

從安靜之地出發，你將移動進入當下。

你將由此找出你的力量，神也將在這裡找到你。

[第176天]

6/24

# 找到接受與付出的平衡

一旦你發現自己有這樣的需要，就要即刻去尋求療癒，尋找一種讓能量與靈魂重新得力的出路。當你的身體、心智、情感與靈魂都需要好好休息與接受療癒時，你不需要勉強自己不斷去付出、去做或表現得彷彿自己很堅強。

好好去尋求與支持你的自然平衡。聆聽你的身體，聆聽你的靈魂，它們會將自己的需要以及何時需要的細節，告訴你。如果你不確定自己所需為何，請發出提問。詢問你的身體需要什麼?詢問你的心接下來要做什麼?向神與宇宙發出求救與提問。

尋找對你而言最正確的平衡。對你的需要保持覺察。當你感覺壓力越來越大、被棄絕、不協調且急需得到療癒時，請趕緊尋求協助。好好關照與呵護自己，直到你重新覓得平衡的美好與踏實。

吸氣，接受。呼氣，給出去。你的自然平衡就像呼吸那般理所當然。當你吸氣時，你將生命能量都吸進身體裡。呼氣時，則是將你的資源分享出去。你若沒有好好吸氣，你就無法期待任何呼氣。療癒亦然，它始終離不開我們的生命力與能量。你若沒有領受與接收，你便無法付出和給予。

找出接受與付出的平衡，意即那些對你有效的能量接收與付出。

讓平衡自然而然地出現。看看你在這當中之所是，之所為。

當你讓自己的生命力保持充沛與躍動時，看看你現在感覺多好！

［第177天］

6/25

# 讓靈性成長與現實生活同步

我們的許多成長都涉及靈性層面。有時，我們騰空飛揚，我們的靈魂也凌空飛至天堂，探觸生命最神奇的奧祕，航向深層的靈性領域。那本是值得追求的境界，但我們也需要學會返回人間，往下扎根。即便高聳入雲霄的百尺高樹，也需要牢牢地扎根土裡。越往靈性高峰攀爬，我們越發需要學習讓自己扎根於土地裡。我們的根，需要深入土地中。

學習去探觸那些從土地裡長出來的東西。走在草地上，坐在地上，感覺土地的存在，感覺泥土上一切躍然生動的能量，這麼做，將使你深受激勵與鼓舞。

你是靈魂，同時具有靈性，但別忘了你也有個身體。請記得關照你的靈性，但也別疏於照顧你的身體。努力與生理需求連結，也努力與土地上的能量連結。其實，你只需要透過最簡單的方式來讓自己與地球深刻連結——將日復一日的瑣碎事務，與你的身體以及宇宙的節奏連結起來。

在靈性上好好成長，同時也要讓你的靈性扎根於日常生活與世上的繁瑣事務中。那是你扎根在地的樣態，也是你如何珍愛身體、與身體連結的具體行動。在靈性上好好成長，但要讓你的成長反映並重視你所含括的生活。一如飛機的機體與製造，要能完成並落實一架飛機的概念，還要讓飛機得以在空中飛翔；你的身體也塑造了所有的樣式、形式與靈魂的自由。但翱翔空中的飛機，也會有著陸的時候。

當你的身體與靈魂需要返回人間時，要學習表達出來。花些時間讓自己站穩腳步，如此，你便能再度展翅飛翔。

[ 第 178 天 ]

6/26

## 帶著愛與祝福道別

在旅行途中，有時會來到一個分叉路口，一路隨行的伴侶或許想要獨自去觀賞某些山水景致、去累積一些特殊的體會、去學習一些不一樣的功課，因而不得不分道揚鑣。這是個艱難的挑戰，甚至是個不容易的選擇。

有時，有伴的旅行未必是最理想的首選。當然，我們依舊可以陪伴他人一起旅行，但或許我們得為此做出一些犧牲、付上一些代價。我們可能要放棄自己的行程，被動地跟隨他人的步伐。我們也可以要求或堅持要對方跟著我們的行程走，但大部分時候，勉強配合我們的伴侶必然會讓人感覺無聊與煩躁，那是可以理解的。反之，我們若被如此要求，恐怕也會顯得不耐煩。所以，有時我們需要學習放手，有時我們需要學習道別。

這些出其不意的交叉路口，經常會帶給我們無盡的驚喜。它們可能會迫不及待就出現眼前，也可能在好幾年以後才姍姍來遲。一路陪伴身邊的伴侶，可能是一段友情、事業夥伴、愛人或家人。雖然抵達這些交叉路口時，往往會令我們嚇一跳，但一般而言，也不盡然是個意外。通常那是旅途中很重要的功課。

盡情去體驗所有的感受。縱使你可能爲此暫時感到不悅，但要盡你的努力，在最短時間內清理心中的積怨與怒氣。帶著對彼此的祝福與愛，好好道別。對身邊這位一路陪伴的他/她，心懷感激，感謝這位伴侶使你學會了許多不同的課題。記得，你對任何人所發出報復性的詛咒，最終仍會回到你身上。所以，離開時不要口出惡言。

儘管爲你的失去而哀傷感懷，把心中傷別離的話盡情地說出來，然後讓彼此走向必須獨自遠行的旅途。緊緊依偎不放手，無法爲你們的關係帶來任何助益，不如讓彼此自由自在地規劃前行之路，各自標識自己的地圖與旅途，各自擁抱與享受屬於自己的命運和前程。

讓對方實現自己的夢想，自由自在地走上通往收穫滿滿的康莊大道。

你自己亦然。如此，你將自由自在地往自己的美好道路走去。

[第179天]

6/27

# 看見困境的出口

當我開車沿著北加州的紅木高速公路行駛時，忽然感覺一股壓力與焦慮從四面八方湧來。我原要取道另一條路，那條路風景比較少，但可以更快抵達目的地。但最後時刻我忽然改變心意，決定開往綠樹成蔭的另一條道路。

數以萬計的美國紅杉木，高度達數百呎，向空中伸展。有些杉木挺拔聳立，有些樹俯身彎曲，因而得以瞥視高速公路。有些樹木間的根脈緊密相連、盤根錯節，就像密不可分的家庭，有些則獨自站立。如此綿延不絕，放眼前行的方向，我被一排又一排的綠樹包圍。這些樹木所傳遞的力量與訊息，越來越眞實，以致無從規避。那是一種沉著、耐心與成長。它們在那裡早已聳立數百年，耐心地看著人世間的浮沉來去，似乎沒有任何事能攪動或煩擾它們。年復一年，它們默默成長——穩健地、耐心地、平靜地、沉著地成長。它們歷經風霜，也看盡紛擾，已然知道不需煩惱。困境總有出路，改變也會發生，人生也會持續不斷地越來越美好。

我從未看過任何一棵樹匆匆來去或憂心忡忡。它們在這裡聳立良久，久到已經足以練就一身好功夫。

從紅衫木身上學到寶貴的一課，讓它們來教導我們耐心與沉著的力量。

生命持續往前走。世事無常，人心丕變，時間不斷往前推移。

我們活在故事裡，也有說不完的故事，無論如何我們都可以沉著應對，而且知道一切安好。

〔第180天〕

6/28

# 覺知你的感受

你不需要爲自己的感覺做任何努力。你只需要明白你的感覺，然後相信它。它們不過是感覺。情感的能量是重要的，所以不要阻擋、不要遏制、不要否認或壓抑任何感受。感覺需要被釋放與排解，需要被珍惜，而我們也需要被重視。

但你眞的不需要爲此而做任何事。你不需要以具體行動來回應每一種感覺。你不需要掌控每一種情緒反應，或任由情緒來控制你。爲你的感覺「做些什麼」是傳統的思維，也是一種控制的方式。其實，你只需要純然去覺知你需要感受的感覺。更重要的是，讓自己徹底而完整地意識到自己所感知的情感。當你決定要表達這些感受時，務必以負責任的方式來表態，然後放手讓你的感覺離開，釋放那些情緒的能量。

至於下一步該何去何從，你很快便會知曉。你將知道下一個功課已近在咫尺。你自然會知道如何採取最正確的步驟與行動來應對。

面對你的感覺時，你要做的只是好好去感受它。

［第181天］

6/29

# 表達你眞實的情感

有時，我們選擇不告訴別人自己的感受。有時，我們甚至不告訴自己。

在這趟旅途中，我們經常會遇到一些令人氣惱的事，使我們感到憤憤不平、生氣或恐懼，情緒的能量開始在內心累積。如果我們不花些時間去處理與整頓這些負面情緒，這些感受便會成爲一個阻礙，阻擋了深入內心的管道，也阻擋了我們與他人、與神性之間的連結。

我們或許以爲，把一些感受埋在心底不說，是一種禮貌。我們或許以爲，大部分的念頭、想法與情緒感受都微不足道，若要一一抒發與表達，未免太小題大做，甚至是浪費時間。當然，就某個層面而言，確實如此，有些情緒確實不值一提，但大部分感受其實值得說出來。我們需要花時間去感受，然後進一步釋放對我們而言意義非凡的念頭、想法與信念。

你是否正面臨一段進退維谷的感情？你是否置身於某種無法討論的膠著窘況？這些感覺是不會憑空消失的。被壓抑的感覺能量終將浮現，阻礙我們的連結，直到我們願意花時間去面對與處理。我們或許不會告訴別人自己當下的感受如何，但我們其實比自己所想的更敏銳，我們的身體與情緒會去回應那些被我們否認、輕視的話語。

許多人透過實驗，大力使用肯定式的技巧，試圖幫助我們過得更好。同理，如果我們在說愛自己的同時，卻讓一堆自責的感受深埋內心深處，那麼，我們將持續表現得彷彿我們一點也不喜歡自己。除非我們痛定思痛，決定要將這些感受都清理乾淨。

你感覺如何？哦，不，我想問的是，你眞實的感受如何？請盡一切所能，常常如此捫心自問。然後花些時間去感受和釋放情緒、想法與信念。

你與自己連結。你與周遭的世界連結。

現在，請讓你的連結線路保持暢通。

［第182天］

6/30

## 你與宇宙、神性的連結

過去，我與宇宙的關係非常不一樣。我與整個世界互不相干、勢不兩立且是疏離的。我對神的想像也很不同，我習慣將神視爲坐在寶座上、袖手旁觀的君王，與人世間的一切眾生保持距離。當然，現在的我仍然把神當成無比崇高的創造力量，但那些橫擺在我們當中的隔離已經逐漸化解、改變並轉化成某些全新的元素。現在，我看神、神的能量與神聖之愛，都是眾生的一部分，也是所有生物賴以爲生的氣息。

過去，我習於將世界視爲個體與不同零件組裝而成的東西。過去，我習於將人視爲徹底疏離而且遠離神的無能之人。每一件東西、人物與行動之間，都各自表述，毫無關聯。然而，我現在所看見的，卻是一個充滿人與神聖者之間有所關聯的地球。我現在所看見的，是一個由神聖者的線頭所編織而成的密密麻麻的宇宙脈絡，緊密連結著過去、現在與未來的一切。這是一個生氣勃勃的宇宙，充滿神奇的魔幻力量，與宇宙之愛、神聖之愛緊密連結。

讓自己進入與宇宙的關係之中，那是比任何情感都還要生動、主動與活潑的關係。你將知道自己與世界以及其他一切事物都緊密連結。知道宇宙之愛、神聖之愛，是如此真實。而你，更是其中不可缺少的重要元素。

# 7月

# 有個地方在召喚你，你將找到屬於自己的療癒之地

[ 第183天 ]

7/1

# 擁抱生命中的每一個階段

我費了好長一段時間，才慢慢接受自己要戴老花眼鏡的事實。坦白說，現在每一次拿起菜單或電話簿時，我還是禁不住訝異，曾幾何時，我竟然需要戴起眼鏡才能看清楚那些文字與數字！有時，當我攬鏡自照，我期待看見自己青春年少的身體與臉孔，因爲我記得她。那個熟悉的她，仍舊在我之內。

現在，我開始學習擁抱老化。每一個十年，標誌著一個階段的生命流轉，也帶來自身的挑戰、喜悅、哀愁與課題。我正在學習去相信每一個生命週期所託付予我的功課。我不害怕老化，因爲我深知這過程就像我曾歷經的青春期一樣，意義非凡、無比重要。

「我媽媽才剛慶祝她的七十歲大壽！」度假小屋的一位婦女說：「我和我姐姐問她要什麼禮物，她說她想要一套泳衣，因爲她最近迷上滑水運動，而且滑水對她的背部有幫助。」

對你而言，年紀漸長這件事，意味著什麼？

年輕、年老，其實無異。

每一時刻，都是生命的時刻，都是你人生的一部分。每一個生命週期，自有其功課要修習。

必要時，大方把老花眼鏡拿出來。但當你這麼做時，記得要開懷大笑，自我解嘲。

還有，要讓每一個過程、每一個時刻都踏實度過。

［第184天］

7/2

# 你的目標和期待是什麼？

你為何無法讓自己快樂起來？曾經有人告訴你不能得意忘形、不能讓生活過得快樂嗎？不論是誰散播這些「不能擁有快樂」的言論都無妨，關鍵在於，你至今是否固執地堅信不疑？

是的，人生中有太多狀況無法按著我們的想望和期待去做，也有太多必須做的事和必須完成的任務。甚至有些時候，我們為了達成某些特殊的目標，不得不作些犧牲。然而，當然也有一些狀況是（或許比我們所想的還要更多），我們可以隨心所欲過日子。在這些時刻，我們的想望就會變得異常重要了。

深入你的內心，問問自己最想要的是什麼？什麼事物令你感覺美好？什麼情境會為你帶來無窮歡樂？是否有任何東西令你在獲得的同時，不得不做出長期的犧牲？發揮你的創意精神，環顧四周，看看你有沒有想到什麼管道和方法，可以讓你自在地追求內心的渴望與夢想？你還可以如何努力，好為自己創造更多貼近想望的人生？

追求自我滿足的人生一點也不自私。當我們如此嚮往與付出行動時，我們也同時在教導別人，可以如何從人生中尋得更多目標與期待。

讓你的想像力起飛，釋放自己，重獲自由。

讓你自己瞥見那幅完整的圖畫，同時感受那股令你欣喜雀躍的情感。

然後，駐足片刻，停頓、微笑。你正準備從神的手中抓取你所想望的一切了。

〔第185天〕

7/3

# 呵護破碎的心

我在華盛頓認識的一位女士，送我一份禮物——一顆美麗的心。那是她藝術家兒子所完成的作品。這顆心是由無數碎裂的馬賽克拼湊組合而成，上面佈滿修補的裂痕。

這位女士告訴我：「這是我兒子做的。我希望你擁有這份禮物。」我向她致謝，至今仍隨身帶著。這份禮物恆常提醒我要保持內心的敞開。

讓你的心保持敞開。小心呵護你的心，免得你被人生各樣困境難倒而緊閉心扉。當你關上心門時，你的悸動、熱情、信仰與活力亦將消失殆盡。

對你所接觸的外在世界保持開放。如果那裡不盡安全，你會知道的。但無論如何，就是不要緊閉心門。有時，你要做的，只是轉個方向。不要擔心你的心是否會因此破碎，有時那是必然會發生的後果，甚至我們必須言明在先，那是敞開心扉所要付出的代價，但卻值得爲此冒險。如果傷害眞的發生，請容許你的心接受療癒。受傷的心被彌補和療癒後，將可以重新敞開。

記得那個馬賽克作品。

讓它提醒你，經過修補和療癒之後，破碎的心依舊是完整的藝術作品。

[第186天]

7/4

## 給自己一段獨處的時間

我們需要學習放輕鬆和舒展身體的方法。找些輕鬆有趣、充滿療癒、撫慰人心且唾手可得的事情來做。沐浴在日光下，或坐進澡盆裡。啓程前往鄰近的溫泉泡湯，或在你所住的地區來個礦泉浴。攀登一座高峰或山丘，從最高處往下俯瞰一切。

讓自己獨坐並沉浸在靜謐的空間中，越久越好。讓自己安靜地獨處一段時間，越久越好。如果需要，就起身在周遭走動一下，然後回到原來的地方，再度沉吟獨處一會兒。不要只做一次就停止；要持之以恆地定期嘗試。讓自己得到充分的休息與放鬆。給自己一個舒展身心的機會。長此以往，你很快就可學會在短時間內讓自己輕鬆自在。

當你嘗試學著放輕鬆時，請專注於自己的意念，也專注於自己的感覺。讓自己成爲一個客觀的旁觀者，冷靜觀望，不帶任何論斷與責難。此時此刻，有什麼想法進入你的思緒中嗎？你覺得如何？你感覺到什麼？

盡你所能，深入你的意念與感覺中。盡你所能，安靜獨坐，越久越好。
當你的身體完成所有這些步驟之後，它自然會告訴你下一步該如何。

［第187天］

7/5

## 每天都在感恩中醒來

我一早醒來，發現自己置身於陌生的地方。我不但不感到痛苦，反而覺得有一股新鮮感在我的血管裡流竄。我爲自己還能自由呼吸、還生龍活虎地活著，感到前所未有的快樂、平靜與興奮。我對這種感覺並不陌生，但卻從未讓這份感覺長長久久地停留。而今，我深信這份對生命的感動，將恆久地深藏心中。事實上，這份感動正是驅動我走上這趟旅行的初衷。

讓興奮雀躍之感，在你之內流動不息，令你神清氣爽、充滿療癒、恢復活力。那是一股躍動的生命力。用心感受這些力量在每一吋血管中流動。你所感受的激動，迥異於過去幾年來所承受的痛苦。那是全然不同的感覺，然而卻是我們與生俱來需要去感知的。對你而言是如此，對我、對我們每一個人亦然。那是你在學習與成長過程中所付出的承諾，也是你由此所領受的收穫。

請持續將陳舊、負面感受和過時的信念清理掉。讓我們用心去追尋、療癒和探索我們的靈魂深處，即便你可能在過程中屢屢質疑這樣的努力是否值得。縱使你可能好奇接下來該往何處去，或擔心這一路會通往哪裡，無論如何，請好好愛自己，也盡心愛別人，然後再回來多愛自己一些。愛自己，直到你親身體會並感受到那股生命力，讓這份充滿激動與雀躍的新能量在你之內潺潺流動。

用心跟著你的成長過程，直到有天清晨醒來時，問問自己：「我現在是否有任何奇妙的感覺？」

然後仔細尋找答案。

答案不外乎：快樂。

［第188天］

7/6

## 每一個靈魂如何感動你

大多數時候，我們經常得等到一段感情終了後，才豁然了悟那段關係對我們的生命有何意義。然後，我們才明白那個重要他者如何一路相伴，啟蒙了我們，直到將我們帶往旅程的下一站，使我們得以開展並學習下一個目標與功課。由此過程中，我們也發現自己如何轉換身分，從受助者的角色，轉而成爲幫助對方的人。

有個晚上當我正準備就寢時，忽然瞥見了一幕畫面。我看見眼前一幅再清楚不過的情景，那是我和每一個朋友一起跳舞的畫面。我打從內心深處清楚看見每一個靈魂在我生命中所留下的具體有形、影響深遠的痕跡。每一時刻、每一個與他人的互動都無比重要，包括無聲的互動、鮮少關切的交會，以及意義非凡的關係。每一時刻——受傷難過的時刻、欣喜雀躍的時刻——都對我們有所助益。無論如何，我們最終得以彼此交流探觸、互相激盪。我們參與了一場錯綜複雜的舞蹈，而那些不易掌握的舞步，使我們的靈魂彼此鼓舞，一同學習與成長。更難能可貴的是，我們在一來一往的周旋擺動中，總能適時遞補彼此的位置，因爲這支舞已把所有舞步與節奏編得恰到好處。

我幾乎瞥見我們隨著音樂，愉悅而優雅地舞動並牽引對方的身體，爲彼此深刻的連結而興奮不已，也爲彼此互相惕勵、幫助彼此學習靈魂的課題而感到快樂滿足。這些靈魂的課題包括勇氣、愛、寬恕、溫柔與愛自己。

看看每一個靈魂如何探觸你的心，再看看你如何探觸了他們的心。

請你的心引導你，以誠實、愛與責任來面對每一段邂逅與關係。

尊崇愛的神聖性，尊崇地球上所交付予你的功課，以及那些幫助你修習功課的重要他者。

［第189天］

7/7

## 留意宇宙給你的提醒

有時，宇宙會給我們一些警訊。

我在新墨西哥州的高速公路上奔馳，與前面的車輛保持安全距離。突然，前方司機爲了避開前面的大水窪而緊急煞車，我下意識地跟著急踩煞車，但我後方的車輛因爲跟得太近而閃避不及，猛地撞上我的後車廂。我趕緊下車，仔細檢查車子損傷的狀況。我的車其實還好。肇事車主是位女士，她車子的防撞桿凹陷了一大塊。所幸無人受傷。於是我走回車上，心想大概沒事了。但當我發動引擎繼續接下來的行程時，我開始若有所思。顯然，剛剛發生的意外插曲，激起了某些盤旋在我心中的事情。

幾週過去了，我開在一條雙向快速道路上。我的後方是一輛載著好幾部車子的大卡車，我的前方有好幾台車子，這些車子的更前方則是一部校車，大家的車速大約維持在時速九十公里。

忽然，我看見前方車子的煞車燈亮起。原來是更前方的校車停了下來，讓一名學童上車。我和前方的車輛都安全煞車。但這時我猛然想起幾週前才發生的意外事故，我學到了教訓：有時我可以安全煞車，但我後方的車輛卻未必。

我抬頭看照後鏡。後方那輛滿載車子的大卡車似乎慌亂無措、費盡九牛二虎之力想要煞車。我下意識趕緊將車子駛離並停靠路邊，讓後方卡車有較爲充裕的時間和距離來煞車。隨著一聲輪胎摩擦路面的尖銳煞車聲，卡車終於停在適才開在我前方的車輛正後方，不偏不倚停在我原來的位置。如果我稍不留神，且沒有即時將車子駛離，那麼，我們一整排車都將追撞在一起，而校車內的孩子們……後果將不堪設想。

有時，意外的發生是毫無警訊的；但有時，宇宙會輕輕推我們一下，給我們捎來一些小小提醒。

我們不需為此變得緊張兮兮或偏執，也不需把每件事都繪聲繪影地下註解。

但我們大可相信自己有能力去覺察我們所瞥見的暗示。



［第190天］

7/8

## 路途總有崎嶇難行時

在旅途中面臨坑窪、繞道或一段崎嶇難行、遍佈石頭的道路時，不要沮喪埋怨，也不必感到驚詫。你要做的只是稍微放慢速度，多點耐心。告訴自己，那並不是整個旅途的全貌和常態。那不過是旅途中的一部分，但卻是一段通往內心與靈魂深處的旅途。即使我們有時活得喜樂洋溢與自由自在，我們仍需持續不斷地學習、成長、感受與體會。即便有時看似一帆風順，但人生之路總有蜿蜒曲折的時候。

快樂，不代表時時刻刻都雀躍興奮。快樂，也不代表我們所經過的道路總是寬敞順暢。快樂，意味著用心品嘗所有需要去體會的感受。然後，不管路線或方向如何改變，我們都誠心接受並擁抱旅途中變幻莫測的一切。

體會所有感受。

當速度放慢或稍事安頓時，留心感受心中浮現的恐懼與挫折。

你或許無法隨心所欲地快速移動，但別擔心，旅程尚未結束。

而且，你並沒有做錯什麼。你不過是把速度放慢，如此而已。

更何況，你依舊持續往前行。

[第191天]

7/9

# 全神貫注學習一件事

在威拉麥狄國家公園裡的布賴滕布希休養中心，一位女士告訴我：「我只爲了一個理由來到這裡的度假木屋。我把小提琴帶來了。我告訴自己若無法用這把琴拉出一首通俗的藍草樂曲（美國民俗音樂的一種，也是鄉村音樂的分支），就不離開這裡。所以如果我想離開這裡，我最好現在就開始認眞練習。」

有時，我們需要毫無保留地敞開，沒有任何目標，不管世界和宇宙給我們什麼指示，做就對了。通常在這樣的時刻，我們可以甩開過去，安靜地帶著孩子般的敞開與好奇，走一趟通往內心深處的旅程。

然而，人生旅途也會走到需要聚精會神的時刻，將我們的能量貫注於想要完成的目標上。與其在各種紛擾的思緒和可能性之間掙扎，不如好好做個選擇，然後爲此付出具體行動。我們與大自然的週期同步，也同時把分散的注意力重新聚焦，然後將這些焦點視爲大自然節奏的一部分。

爲了完成此目標，我們需要費點力氣，用心將分散我們注意力的事情或念頭整頓一番。挪開內在的障礙，可以幫助我們更有效地達成目標，不論那是一份任務或特殊的工作，或學習拉小提琴之類的個人目標。

你心裡有什麼想做的事嗎？你的心是否催促你去學習一些新事物、去完成某些目標、去某個地方走走、去做些什麼事？設定一個目標吧！專注聚焦於你的能量。學習聚精會神，直到目標達成。

**把自己關在小屋裡，除非目標達成，否則不出來。**

〔第192天〕

7/10

## 當下，就是學習的最佳時刻

每一次當我們學到某一門新知識、領略了某個新洞見或發現了一些眞相，我們總會以此來自我批判或嚴肅檢視一番——爲什麼我沒有早點發現呢？爲什麼我如此後知後覺呢？爲何我之前要一直否認呢？其實沒必要這樣，也無須如此自責。我們何錯之有？只不過較晚領悟或遲了一些時日才明白這些功課，如此而已。

我們就是在這樣的時刻、這樣的時候，才會看見這些眞相與眞理。如果我們不斷以「早知道」來怪罪自己，只會徒然將我們自絕於生命課題之外。然而在這扇門之後，還有更多美好的功課等著我們去學習。每一個當下，就是發掘眞理、走上冒險之旅的絕佳時候。

讓自己去親身領略屬於你的經驗。容許自己在學習的過程中，盡其所能地學會該學習的功課。不要再自我批判或責怪自己「應該」更早學會這些課題。當你的生命功課叩門報到時，請帶著一顆愉快、感恩與雀躍的心，開門歡迎它。

當你內在的聲音向你娓娓道來真理的話語時，請務必相信那些沉靜的聲音。

為你能聽聞而心懷感激，然後按著它的吩咐去做。

相信你的心所設定的時間點。這個時候學習這些功課，剛剛好。

［第193天］

7/11

## 爲愛清出一條通道

我從窗戶望出去，瞥見黃石國家公園的「老忠實」噴泉。這個間歇泉汩汩地噴出泉水，使得空氣中瀰漫一層水氣。這座噴泉一如其名「老忠實」，定時在空中噴出數千加侖的泉水，不快不慢，分秒不差。

在通往內心深處的旅途中，我們滿腹的情緒、反應、動作與各種針對生命的回應，也是如此泉湧而來。爲了感受快樂，我們需要一一去辨識與感知這些情緒——憤怒、悲痛、哀傷、煩擾。爲了體會人生與生命中所蘊含各種奇妙好玩的事，我們必須去擁抱這些感受。

我們需要經歷小小的生氣，也要充分體會沉重的傷害，包括那些伴隨著人生際遇所引起的痛苦，以及那些一揭開就撕心裂肺的瘡疤。如果我們執迷不悟，堅持只要快樂愉悅的感覺，那無疑是封鎖了通往內心深處的道路。換句話說，我們把所有蠢蠢欲動的情緒感受，粗魯地一概忽視與否決。

所有的情緒感受都很重要。每一種感覺都需要去感知與認清，每一份能量都需要被認可和釋放。當我們這麼做時，便是爲愛釐清一條通道。所有凌駕於愛的情緒感受，都在幫助我們清理內心的障礙，好讓這顆心得以純淨而自由地感受喜樂。

相信你的情緒所引發的一切感受。

你並未偏離旅途。這些情緒感受正引領你走向尋覓已久的路途。

那是通往內心深處的旅程，讓這些旅程自由流動。

你的心將持續閃爍發光，一如「老忠實」噴泉那般篤定。

［第194天］

7/12

## 讓宇宙來領路

去感受、洞見生命的力量和宇宙的心跳，如何引領你、指示你，帶你上路。是的，有時我們確實需要不間歇地往前行，提振我們的意志力，並透過務實的行動融入其中。但那樣的時刻都是稍縱即逝的。那種神奇魔幻的激勵狀態，迴異於我們當下的瑣碎生活。不過別擔心，即便我們駐足思索、滿腹狐疑、好奇探問、心力交瘁與混亂迷惑，無論如何，宇宙就在那裡，等著要使我們甦醒，讓我們重獲力量，拉我們一把，使我們可以志氣高昂地走在祂所指示的道路。

如果你身心俱疲，那就好好休息。如果你悲傷難耐，那就痛快的哭一場。如果你口乾舌燥，那就喝一大杯冰涼的水。如果你覺得毫無希望，那就好好去感受這種感覺。要了解，那不過是一時片刻的情緒抒發而已。如果你困惑不解，也要好好去感受。不斷去感受，直到你豁然開朗，如此一來，你的欲求、希望與意義便能有所突破。你完全不需要步履艱難地追求意志力，也不需把自己逼得太緊。

好好休養生息，直到你覺得自己被療癒了，再從容邁開步伐上路。讓宇宙來幫助你吧！打開靈魂的雙眼，好好端詳啓程的方向。充分去感受即將前往之地。好好去感知下一步該怎麼做。看看宇宙的神奇魔力會如何牽引你。雖然偶爾仍難免疲憊不堪、困惑混沌，但這股力量會繼續幫助你。你已經跟自己、跟宇宙的生命力量和神，建立起緊密而根深柢固的連結。

安靜片刻，讓思緒從喋喋不休的埋怨中走出來。更新你的身體，讓你的靈魂重新整裝待發。將周遭所有的療癒能量都裝進你之內，然後踏實地啓程。

**讓宇宙來為你開路！**

[第195天]

7/13

# 欣然接受意外的發生

我開車途徑亞利桑那州一座令人膽戰心驚的森林，那是恐龍曾經出沒、咆哮狂吼的野地，然後再橫越美麗的沙漠。一片皚皚澄澈的白雪，覆蓋於滾滾黃沙與矮樹灌木之上。眼前這幕大自然的鬼斧神工，如此壯觀，我目睹這一切，驚詫得無法言語。

大自然巧奪天工的痕跡，無處不在。龍捲風橫掃大地，颶風重創沙灘，閃電在空中肆無忌憚地飛舞，沙塵暴瀰漫空中。大自然使木頭石化，將大樹轉爲美麗的水晶石頭，歷經大自然的點石成金，長成亮紅色與橙黃色的化石模樣。大自然醞釀了好幾個世紀，以石頭、風、雨和從其他石頭滴落的涓涓水流，來鑿刻橋梁。有時，大自然一時興起，也會將白雪送到沙漠上。

生命中總有許多意想不到的事會發生。有些事是意料之中，而且有跡可循。但也有些事是沒來由發生的，讓人來不及反應。無論如何，每一件事的發生都有個模式，藉此塑造我們、也透過生活來調整我們的步伐，重建我們的命運。有時，我們可能會被一場突如其來的創傷風暴擊垮，深受影響。也有一些時候，類似事件的發生可能徹底轉變我們的生活模式與品質。

我們不需要去了解所有細節。或許，我們根本就不該試圖去掌握這些。我們不必惶惶不安地爲各種災難預做準備。有時，正是在我們不知所措、驚訝不已的狀況下，方才學到人生最重要的功課。

即便是暴風雪，也讓它過去。盡一切所能，讓自己保持平衡。

記得要保有彈性，像森林裡的樹葉般隨風搖曳。

相信那些僥倖發生的好事隨時會降臨。也是在這樣的時刻，我們瞥見沙漠降下了白雪。

讓命運帶著你往前走！



［第196天］

7/14

## 向大自然探觸永恆

當地一間書店的員工是我的朋友。我們與眼前無邊無際的太平洋，僅僅相距六公尺。夜幕低垂，我們坐在長凳上，稀疏的星星與月亮反射的一抹微弱銀光，柔和地點亮漆黑的夜空。我倆喝著咖啡，一同凝視大海。「我喜歡海洋，」朋友說道：「我需要看海。那是大自然提醒我關於『永恆』的方式。」

有時，我們過度放大生活瑣事，以致放眼望去，看到的盡是微小的景象——難處、議題，以及今日待辦事項。當然，這些時刻都很真實，是每日生活的重心，本來就應當專注而認真地處理；但是，我們偶爾也需要往後退一步，才能看見更大的一幅圖畫——伸手可及的海闊天空。

如果可以，請造訪一些能讓你憶起永恆的地方。

觀賞山脈，觀看星宿，走進古老的紅杉林，駐足觀看一望無際的海洋。讓大自然與生命提醒你有關「永恆」這件事，並對你的靈魂詮釋何謂「永恆」。

［第197天］

7/15

## 別再找自己的麻煩

停止自我挑剔。不要老是覺得自己不夠好，也不要擔心萬一別人知道我們的內在動機後，會如何看待我們。讓我告訴你，這是他們會看到的眞相：你有一個可愛的靈魂；你是神美麗的孩子。

自在地成爲自己。學習接納自己臉上的斑點、腰圍，以及所有的一切。你不需要老是正襟危坐，行事規規矩矩，或擔心別人會看到你不夠完美的地方。把那些不夠完美的部分，大方展露出來。無論如何，都要好好愛自己。放輕鬆，讓自己成爲你之所是。當你這麼做時，你的人生將樂趣無窮，而你也將成爲別人欣喜歡迎的一份禮物。

那些自在接納自己的人，包括自己的缺陷與優點，總是充滿療癒能力、人見人愛，與人相處時有趣又親切。看看所有大自然的鬼斧神工：一座峽谷、一朵花、一隻鳥、一座高山或一條森林小徑，哪個部分是完美的開始、不完美的終結？不，一切自然奇景與生物樣貌，都是完美與不完美的組合，最終組合而成最美好的風貌景致。你，不也該如此嗎？

放輕鬆。別那麼沉重。讓自己輕盈起來吧！
把所有的羞辱和恐懼拋諸腦後。
這幅圖畫如此完美，而且好得不得了！

［第198天］
7/16

# 多繞點路又何妨

入夜之後，我才抵達奧勒岡州的威拉麥狄森林。冷不防地，我發現自己置身在交叉路口。往右邊，是個上鎖的大門，牌子上寫著「歡迎徒步旅人」；往左邊，則是開放的道路，告示牌上寫著：「大自然聖地，只開放給登記訪客。」

我盯著兩塊牌子看了許久，然後決定開向左邊的岔路。一路上，我沒看到任何類似度假小屋的房子，於是開始感到不安，覺得自己恰是告示牌上警告的尚未登記的訪客。我將車子後退，返回剛剛的交叉路口，轉了個彎，然後離開。兩個小時後，我還是找不到休養中心。疲憊的我，邊開車邊擔心萬一汽油耗盡該如何是好。此時此刻，我努力想起自己曾經學到的功課——焦慮只會吸引更多焦慮。我試著放輕鬆，以圖示畫面想像自己找到休養中心的小屋，而且還拿到鑰匙，可以直接進房，躺到床上準備就寢。我將此畫面視覺化，直到腦海裡可以清楚見到那些景象。

不久，我發現自己繞回剛剛那個交叉路口。我心想：「我不是故意的！真沒料到會這樣！」於是，我再度開往左邊那條標示著「大自然聖地」的道路，意即只開放給登記訪客的方向。我一路往前直駛，拐了個彎後，就是這裡——一個停車場、夜晚值班的辦公室、一名工作人員將房間鑰匙交給我。二十分鐘不到，我已躺在床上安然就寢。

有時，我們或許以為這樣就夠了，但我們往往需要再稍稍往前多走一些。
我們需要越過心中的恐懼，越過不確定感，轉個彎，否則我們看不見前方樣貌。
如果我們總是跟著行程走，何妨給自己一些額外的推力，
繞過一個彎，便能找到尋覓已久的目的地。

[ 第199天 ]

7/17

## 掌握你本該擁有的權利

我和友人面對面坐在亭子裡。我百無聊賴地一邊把玩著蘇打飲料的空罐子，一邊和他討論有關權利的議題。忽然，他把我手上的空罐子一把搶走，開始把罐子丟高再接住，如此反覆丟擲。他說道：「看吧，我如此輕易就把你手上的權利奪走了。看看你剛才是怎麼交給我的？」

我看著，對眼前的狀況驚訝不已。我何以如此輕易便放棄原屬於我的權利呢？原來我對周遭世界竟無力抵抗至此嗎？

友人笑著看我，停止把玩手上的空罐子。他進一步說：「放輕鬆，那只是假象。那並不是你眞正的權利；那不過是個空罐子。所以，並不是任何人都可以把你的權利奪走。那不是實況，不要信以爲眞。」

我們每個人都擁有無止盡的權利源頭——思想的權利、感受的權利、保護自己的權利、敞開心門的權利、愛的權利，以及溫柔、誠實與慈悲的權利。我們每個人都擁有清明、信任與跟隨自己內心指引的權利。

就某方面來說，走向自由的旅程非常重要，甚至與我們的關係同等重要。或許我們長久以來一直相信，我們的工作與愛情關係，已在天平的兩端漸漸失衡。也許我們已經開始相信，別人知道的比我們還多，或者相反地，我們開始相信自己掌握了所有的答案。不過，永遠不要忘記，沒有人可以掠奪或擁有我們的權利。雖然有些時候，一些看起來比我們更有權利的人可能會看著我們，假想我們就是幕後掌握權利的人。

別忘了，如果你毫不猶豫就放棄你的權利，或任意決定由某人來掌控你，你將爲此而埋怨、搞破壞，甚至在背地裡以卑鄙的小動作來平衡彼此的關係，好讓自己感覺似乎已奪回某些主導權。其實，我們可以找到其他更適切的方法來面對失衡的關係，並幫助你得到療癒。

**讓自己立於公平的基礎上。**

[ 第200天 ]

7/18

# 發揮幽默感

我經常在旅途中打電話回去給我的朋友。在我外出旅遊時，這位朋友負責照顧我的寵物麥斯，牠是一隻非洲灰色鸚鵡。我打電話時總不忘問道：「麥斯還好嗎？她的狀況如何？」

友人回答我：「嗯，你們家的麥斯有點困惑。我把她帶到天井去，她對著每一隻飛過來的海鷗打招呼。我看她似乎非常不解，爲什麼那些海鷗對她不理不睬，都沒有給她任何回應。」

我的鸚鵡讓我忍俊不禁，我的這位朋友則令我捧腹大笑。我身邊有許多經常爲我帶來歡笑的好友。我們在一起的時候，總是笑聲不斷。學會開懷大笑，學會發掘幽默的地方，不只是件有趣的事，更是旅途中最強勁有力的工具。

幽默感，是個值得珍視的特質。人生不需要太灰暗，追求靈性也不需要搞得那般嚴肅與沉重。同樣的，認眞工作不盡然表示只能正襟危坐。學習睜開眼，看看人生中幽默的一面，努力把幽默感找出來，好好享受這些詼諧好玩的時刻。讓身邊圍繞一群富有幽默感與喜歡笑的朋友。當我們經常與樂天愛笑的人在一起，更多幽默的力量也將不知不覺注入我們的生活中。笑聲是會傳染的，不一會兒便散播開來了。只要經常與一群讓你樂開懷的人在一起，你便能感受他們身上令人想要靠近的魔力、療癒力與魅力。

人生中沒有什麼情境是無法用笑聲來化解的。有時，幽默可以幫助我們輕鬆化解一場難以忍受的窘境。笑聲不是可有可無的東西，在很多狀況下，放聲大笑反而是必要的。

有時，笑一笑是我們急需學會的下一個功課。

［第201天］

7/19

# 修習愛的功課

愛的功課，意指成爲我們之所是。當我們在學習某些課題的過程中，通常不以爲意，甚至不曉得自己所學爲何。有時，我們或許覺得自己根本不必走這一遭；如果早點知道的話，我們甚至覺得根本不需要咬著牙辛苦領略這些教訓。又或許我們在尋常的生活中已練習過了。雖然我們可能不曉得自己到底學到什麼，但至少有一門功課是確定的，那便是：愛的功課。

要具備勇氣、信心、耐心。儘管看起來無人理會、無人關愛，我們仍要好好愛自己。儘管我們已經一遍又一遍重新來過，但你若覺得有需要，不妨隨時再來一次。其他功課亦如是，包括寬恕、慈悲、溫柔、喜樂。每一個課題都是一門愛的功課。

對許多人來說，問題不在於我們是否從未在生活中經歷愛，關鍵在於我們始終不明白何爲愛。我們必須明白的是：這不只是一門關於愛的功課，這功課本身就是愛。

請用心體驗你的感覺。在面對你所置身的各種情境、經驗與情緒時，認眞去掙扎、拉扯與體會。那些眞實的掙扎不是附加的人生目標，而是你的人生方向、命運與存在的意義。所以，請不要倉促走過，而是要用心去經歷生命中每一個黑暗幽谷與困頓晦澀的時刻，且滿心相信，光明將會到來。當你終於走過以後，請稍安勿躁，心中要踏實地相信：你已經上路了。你正在軌道上前行。

你與愛，深深連結。你與神，深深連結。

你現在所修習的，正是愛的功課。

〔第202天〕

7/20

## 將無用之物變成創意作品

有好幾年時間，我把兒子的衣服、他最愛的文章都保存在幾個箱子裡，放置在家裡的車庫。雖然那些衣服已經穿不下了，但說什麼我都不願意丟掉或送人。某天，有個念頭忽然進到我的思緒中。當時我正和一位女士談話，這位女士著迷於縫製拼布、拼布的布料、織法與拼布的創意藝術工作。她告訴我，自己如何利用家人老舊的藍色牛仔褲做成一塊拼布，這些布料最終編織成一條大被單，讓家人重溫曾經伴隨他們生命歷程的能量與記憶。最終，這不只是一塊拼布，它已遠遠超越了一塊拼布所能承載的意義了，因爲每一塊布料所傳達的能量，爲家人帶來了無可取代的撫慰與回憶。

這個概念來得正是時候。我的兒子已經離世好幾年了，他的形體早已不在人世間，但他的靈性存在與能量卻是如此眞實。我何不將孩子的衣服製作成被褥呢？拼接成這條被褥的每一片布料，都是讓我惦記且珍惜的記憶，也帶給我無盡的安慰。

我們從何而得這些絕妙想法？有時是從別人身上、來自世上某些事件的指引、或是宇宙的觸動。有時，也從我們的想像衍生而來。我們與創意是連結的。那是宇宙穿越我們的一股能量。如果我們與自己的內在緊密結合，那麼，我們的直覺將引領我們，教導我們何時該做何事。如果我們愛自己，我們也將相信自己有能力以行動來回應這些引導，並以滿滿的自信迎接這些指引。

**珍視你與創意的連結。擁抱你的想像力。宇宙會告訴你何以如此，教導你該怎麼做，並一路扶持你。**

［第203天］

7/21

## 帶著敬意工作

我們需要珍視人生中看似微不足道的簡單任務，也要珍視那些發揮專業以賺取收入、滿足成就感的工作，並以我們的專長為世界作出貢獻。生命中有太多需要完成的工作——我們對他人的責任與義務、我們專業的參與和承諾、我們在群體中的責任和義務。事實上，工作本身蘊含著價值與榮譽，我們在完成這些職責與目標之際，也同時提升了生活的品質。

當我們滿心歡喜地完成人生職責時（不管是爲了自己或爲了滿足對他人的承諾），我們都得與宇宙的作息、職業生涯的週期和節奏，相互連結。你可能從未想過，許多重要的靈性課題與工作之間是密不可分的。所以，最好不要將工作視爲逃避生活的藉口，而是要帶著敬重、愛意、歡喜的心態來面對，甚至以這些美德作爲靈性旅途的絕佳工具。

工作可以將我們帶入人生的週期與節奏之中。工作也可以將我們帶往服務的方向，同時帶我們返回內心與靈魂深處。在工作時，我們不必將自己與投入的工作隔離，我們可以將所學的一切帶進職場，然後在工作中繼續學習更多寶貴的功課。

記得，要尊重並珍視你的工作，以及所有屬於你的職責——從最無關緊要的工作，到任重道遠的任務，都要一視同仁。洗碗筷、摺衣服、整理落葉或主持商業會議，每一個任務都無比重要。

珍視工作。允許工作將你與生命週期連結在一起。

［第204天］

7/22

## 規劃一趟旅行

我在新墨西哥州的奧荷卡林特溫泉遇見三位女士，其中兩位年約五十歲左右，另一位則是大約六十歲。

她們在溫泉的蒸氣池裡玩水嬉鬧，看起來充滿活力又快樂。「我們住的地方離這裡兩小時路程，一年會來這裡聚會兩次。這個地方實在充滿療癒，使我們煥然一新，生活也跟著改變。」

有沒有哪些地方是你想要去造訪的？工作之餘，你可曾爲自己規劃一些休閒娛樂的時間，意即那些可以讓你自由發揮的時間？你是否曾爲自己安排一個較長而悠閒的假期？你想過要如何度過週末嗎？

休假和旅行，同樣重要。這些規劃使我們有機會離開原來的地方，出去走走，到從未去過的地方看看，好好休息，使我們的心靈燦然如新。旅行通常離不開成長，也深切影響與改變我們的生活。休假和旅行爲我們所經歷的一切或即將體驗的一切，歡慶喝采。美好的旅行，也將與我們的靈性成長齊步同行。很多時候，當我們內心燃起一股旅行的渴望時，那無疑是來自內心極深切的想望，催促我們上路，走向某些嶄新的旅途。

覺察你內心期待旅行的渴望，找到一個全新的視野。
尊重你的想法，因為這份渴望，充分顯明你生命中急切需要探觸的新境地。

［第205天］

7/23

## 別擔心得重新開始

有時，我們需要重新開始——工作如此，愛情亦然；居住環境如此，開創生活亦然。有時，儘管我們百般不願，儘管我們根本毫無打算，也不認爲這樣是公平的，但我們仍要從頭開始。

或許我們剛剛結束了一段戀情、或許我們剛搬家、或剛投入一份新工作、或剛轉換到新職場、或開創人生的新局面，那是與過去我們所習慣的狀況迥然相異的境遇。我們整個人煥然一新，人生也是全新的。我們重新開始了。

有時，我們或許覺得自己彷彿從累累傷痕中開始。我們可能對全新的開始躍躍欲試，興奮不已，但同時也可能感到恐懼擔心。「下不爲例」、「再也沒有下一次了」、「我無法再承受了」、「我不想再經歷一次了。」有這些反應，其實合情合理。我們會逐漸感覺疲累、害怕，甚至充滿不確定感。

尊重你所有的感覺和情緒。將所有的教訓與功課，銘記於心。把那條通往內心深處的道路清空，然後爲改變做出決定。

> 該是有個全新開始的時候了！

［第206天］

7/24

## 單單喜樂

眼前這位女士看起來大約五十幾歲，也或許已經六十歲了。她已從大都會的職場上退休，目前在蒙大拿一個小鎮的咖啡館「瑪利亞餐廳」擔任服務生。她看起來，像是個獨居女士；她看起來，彷彿生命已然走過各種失望、歡喜與覺醒的千迴百轉。她送來食物，盤子裡是培根和煎蛋，然後對著我燦然一笑，說道：「這眞是美好的一天啊！」

我回答：「是啊，確實如此。」我看著她，問道：「你覺得自己在這裡快樂嗎？」她思索一會兒，語氣充滿歡喜，答道：「是的，我想我很快樂。」

單單喜樂。清晨時喜樂。一整天都喜樂滿溢。在群星閃爍下歡天喜地。在夢裡、行走與睡覺時，依舊歡歡喜喜。長久以來，我們總以爲自己的喜樂有賴於其他特定的外在條件，或仰賴某種形式下的特殊情境，或受到某個人的存在與行爲舉止的牽制和影響。當然，擁有我們渴望的事物，或跟我們深愛之人在一起，肯定會使我們的喜樂加倍，但我們也需學習另一種喜樂，一種更爲深層的喜樂，同時也是一種住在我們之內，陪伴我們經過各種風雨的喜樂。

雖然宇宙和宇宙之愛可以增添我們欣喜的程度，可以塡滿我們的喜樂泉源，但是我們必須認清一個事實：我們永遠無法從外在獲得喜樂。喜樂源於時時刻刻履行神性的旨意。喜樂源於與每日每時的我們和平共處。喜樂是個選擇，來自我們對生活的接納與擁抱，也來自我們盡心盡力、踏實地活在每一個當下，因爲我們深知，每一天、每一個事件都無可取代、無法重來，而且重要非凡。

喜樂來自相信每一個時刻與當下。那便是喜樂的祕密。

現在就欣然接受，然後帶著盈盈笑意與美言佳語，將這份喜樂傳遞給旅途上的每一個人。

［第207天］

7/25

# 人在哪裡，心就要在那裡

我把地圖拿出來，一邊思索：「我要去這裡，也要去那裡。」「我一定得去這個地方看看，然後再繞到那裡逛逛。」看著那些尚未造訪之地，我的思緒緊隨著興奮期待的心情。我感覺有些焦慮不安，不曉得自己是否有機會到那些想要造訪的地方一遊。有一陣子，我因為掛念著那些遙遠美景，居然忘了環顧四周，忘了好好留意與欣賞當下置身之所在。事實上，我腳踏之地，正是奧林匹克國家公園的奧林匹克山腳下。

不要急著走在自己前面。確實還有許多美麗的地方等著我們去造訪，許多美好的體驗等著我們去經歷，還有許多好人貴客等著我們去認識並享受與他們共處的時刻。但是，你尚未抵達這些地方。當然，過程中橫擺著許多預期之外的考驗與挑戰，一路上還有許多功課等著學習。但無論如何，你就是尚未到達那裡。

待在此時此刻裡。這個地方、這個時候，已包含你所需要學習的各種經驗與功課。此時此刻已含括你的喜樂在內。活在當下，盡全力好好活著，正是抵達下一個經驗的必要途徑，正是遇見下一個人的必要條件，也是經歷下一段情感與走向下一個冒險之旅的必要過程。珍惜每一個當下。用心去體驗所有感受，觀賞所有值得留意的風景。

把「今天」的功課掌握好，你將因此而準備好迎向明日的旅程與喜樂。

身處當下。這正是你需要置身的唯一地方。

由此出發，萬事都可能！

［第208天］

7/26

## 尋找可以喘口氣的地方

我行駛在內華達州的公路上，眼前忽然出現一行字：「前往天然聖地」，使我突感一陣緊繃與糾結。我跳過第一個入口，然後轉進第二個入口。短短的距離內，整條道路與景致全然改觀，從荒蕪蒼茫、平淡無奇的公路，一變而成爲寧謐祥和的景象。鴨群和天鵝在小小的湖泊中自在優游，四面群樹圍繞，幼小的鷦鷯在水塘淺處啄食。一名約莫十三歲的男孩坐在一旁垂釣，身旁放置著野餐盒。就在那數十分鐘內，我所有的不安一掃而空。顯然，我已經找到一處可安靜休憩之地。

當你感到緊張、恐懼、懊惱時，找機會好好休息，直到你找回內在的平靜。試試看停止你手上的工作，找個時間，花個一小時也好，無論如何，找機會讓自己覓得心靈平靜之地。深呼吸，把周遭世界的寧靜美好通通吸進身心之內。讓你所置身之處，成爲舒緩與安定靈魂的聖地。

療癒與休憩的地方就近在咫尺，隨時都可以找到。睜開眼看看，它們可能就隱身於你的世界周遭。然後，試著從你的內在去尋找。整個宇宙已掌握了消除你內在恐懼與焦慮的解藥，祂將提供你所需要的一切療癒。療癒就在你身邊。

找個時間，即便一小時也好，讓自己徹底安靜地休息。當你發現自己的平靜時刻被中斷或打擾時，再去尋找另一個休憩之地。

［第209天］

7/27

## 你可以示弱

隨著人生閱歷的增加，我們的朋友圈也不斷擴大。我們已經學會判斷可以對哪些朋友毫無顧忌地示弱也不怕被貶斥，哪些朋友則不宜掏心掏肺，以免傷得更重。但有一個人，你絕對可以坦然自若地對他肝膽相照，那就是你自己。

將你內心深處最深沉、最不可告人的祕密，毫無保留地告訴你自己吧！表達的形式有很多種，你可以起個大早，把你最隱祕的想法都寫在日記裡，或在一天之中找個時段獨處，將潛藏內心的天大祕密，從潛意識帶入意識層，因為你需要藉此看得更透澈、更清楚，也需要誠實面對自己。將祕密埋在心裡，或逃避、遮掩與隱藏起來，只會使我們在面對生活時感到欲振乏力，甚至阻礙通往內心深處的道路。內心的祕密埋得越久越深，最終難免使你對許多事物變得冷漠。

每一天都花些時間來覺察你腦海裡的思緒脈絡，以及你的感受。你不需要急於付諸行動。事實上，最絕對而純粹的行動，不外乎徹底的覺察、誠實與接納，這都是使你持續不斷前進、成長與前行的必要元素。

在旅途中，你可以找到真心相待的朋友，能夠安心地向他示弱而不擔心被陷害或輕視。

但更要恆常對自己毫無保留地示弱。

［第210天］

7/28

# 承認你的恐懼

我從未意識到自己曾如此擔心受怕過。或許，我連回頭看那些恐懼都令我膽戰心驚。

常聽人們侃侃說著如何面對恐懼、如何正視恐懼、如何處理與解決恐懼。我們可以怎麼做？試試看這套由專業療癒大師推薦給我的法則。拿出一張紙，寫下每一件令你恐懼的事。盡量花時間慢慢思索、仔細書寫，不要遺漏任何重點。不要害怕你所瞥見的各種實況，有些恐懼可能源於一種未知的狀況，不管需要花多少時間，請盡量抒發並完整地寫下來。

我們不需要列出「如何回應這些恐懼」的清單，我們只需要誠實地承認這些恐懼即可。一旦我們按部就班地完成時，一切道路開始變得澄澈清明。單單是去「承認」我們的恐懼，便足以賦予我們力量。承認我們的恐懼，也將釋放我們得到自由。很多時候，我們被牽著往其他地方去，而那通常是我們需要越過的障礙。

有些恐懼可能很眞實，甚至因爲根植於實況而顯得迫在眉睫，但面對恐懼並不會使我們更害怕，面對恐懼也不會使我們更痛苦。反之，面對恐懼將爲我們帶來平安與力量。眞相不是我們的敵人，唯有害怕眞相才是我們眞正的宿敵。

溫柔地對待自己。願你承認自己的恐懼；願你好好面對自己的恐懼。

以智慧來面對真相，將引領我們更接近平靜。

〔第211天〕

7/29

## 與生命中的阻礙共處

「你的阻礙是什麼？」高爾夫球員詢問他的夥伴。

「我的童年。」夥伴回答。

有些阻礙是肉體的，那些限制可能出現在我們身體的某個部位。也有其他阻礙是情緒性的，或源於某些與童年受虐相關的痛苦、創傷等。另外還有一些阻礙則可能與當下一些議題有關，或許是面對末期疾病、或是因摯愛離世而哀痛。

當我失去我所愛的兒子之後，我發現自己處於某個忍無可忍的臨界點，完全無法等待折騰的哀傷自行煙消雲散。我知道我將終其一生不斷思念兒子，而且我肯定會因爲失去生命中的摯愛而消沉悲傷。我心想：「我再也找不到任何出路了。我要用這一生來等待痛苦消失，好讓我可以重頭開始。只不過這些痛苦不會煙消雲散，而我也別想要重新開始了。」不久後，有一個溫和的想法悄然進入我的思緒中，開始慢慢改變我的生命。

我開始明白，並以一種特別的方式來觀照自我：我讓這個阻礙伴隨我活著，並以此來面對自己的種種。失去的，便永遠地失去了。痛苦與哀傷，恆常在那裡，不會消失。我可以接受這一切，把這些視爲某種阻礙，在此阻礙的框架與限制下，我踽踽前行，讓自己重新再活一次。當我決心將此想法落實爲行動時，我的態度被徹底翻轉。我發現自己開始有能力往前走，也開始能緩緩往前移動了。

我們當中有許多人伴隨著某些阻礙活著。有些阻礙與限制可以在轉瞬間翻轉改變，但其他則不然。倘若如此，不要坐在那裡枯等阻礙自動消失，反之，要下定決心與它們和平共處。以無比的關懷和溫柔對待自己。容許自己去感受與體驗當下的所有限制與情感。伸出雙手擁抱並接納它們，讓這些阻礙成爲你生命中的一部分，也是你人生經歷的一部分。

儘管生命中伴隨著阻礙或限制，仍要持續往前走，讓自己回歸生命旅途。

[第212天]

7/30

## 你會知道下一步該怎麼走

當我抵達瑟多納時，我認識了瑪麗安娜。她和丈夫經營我下榻的度假小屋。

「你一定會喜歡這裡，」她熱情地說道：「你將找到自己所需要的療癒。」

「我要去哪裡尋找？」我問道：「我該往哪裡去？我怎麼確定自己做的是正確的判斷？我該做些什麼呢？」

瑪麗安娜小聲回覆：「那是個地圖上沒有標示的地方。你將找到屬於自己的地方。你會知道的，那個地方會召喚你，也或許是由你來召喚它。總之，你將被帶往你需要前往之地。」

旅途中，偶爾會遇見有人善意地爲我們指點迷津，使我們頓時撥雲見日，知道自己下一步該往何處去。但是，我們也可以抵達一些地圖上找不到的地方，沒有行程規劃、沒有設定好的路線，好讓我們知道如何循序漸進地找到明確的方向。別慌，因爲我們本就該相信我們的心啊！

這是旅途中很重要的地方。這地方告訴我們，從現在開始要倚心而活，那是值得投注心力的功課。這地方也告訴我們，說我們的心值得信任。這是歡愉的時刻，也是相信我們所學、相信我們所知的時刻，更是相信宇宙的時刻，讓我們得以發掘信任的美好。

你不需要按圖索驥。你的心與靈魂將引領你前行的方向。你將學會分辨哪裡是正確的道路、哪些是有用的資源。

學習找尋療癒之地。學習找尋一些對你有幫助的人們、地方、事件與儀式。

不必擔心要怎麼找到這些，也不需要枯等別人來為你指點迷津。

它們會召喚你，也或者是由你將它們召喚到生活中。

［第213天］

7/31

## 你是整體的一部分

環顧四周，細心留意所有的受造之物，看看每一個受造之物與宇宙是如何緊密相連。但也細心留意所有本質性的存有，那些最核心的部分如何存在於每一個生物之間。從最細微的紫色野花到森林裡最高聳的參天紅木，每一個受造物都含括各自的能量系統，爲了存活而擁有各自的能量核心。自然生物如此，我們亦然。

我們與世界的連結，如此錯綜複雜，微妙難解。我們從周遭世界接受能量、滋養與支援。但隱藏在我們之內的，則是愛、喜樂與智慧的源頭。我們愛人的能力，生活、感知與快樂的能力，都發自我們內心深處。

向內觀照你自己。感受你的活力與能量。感受你最本質的內在，那是最純淨的愛。所有你賴以為生、賴以為愛的本質，都存在於你之內。好好培育自己，使自己不斷成長。學習變得成熟，並走在愛的道路上。你可以從旅途中的各個岔路學習功課。珍視你與他人的連結，也重視你與周遭世界的連結。當你奔走於旅途中時，自在地領受，也自在地付出。

找出你在世界上的位置，並且深知你是這個完整宇宙的一部分。

但別忘了，你自己就是完整的宇宙。

# 8月

# 旅途中踏出的每一步，都學習爲自己負起責任

【第214天】

8/1

# 你是富足有餘的

我坐在華盛頓州的奧林匹克森林營地，與一位年輕女士攀談。我倆如沐春風，非常享受那一天的生活。

「人們老是忘了，生命與死亡都是人生的一部分。」她說道：「他們也忘了，年輕與年老也是人生的一部分。我們活在一個凡事只能二分法的社會。這是個在整體面向中失去全觀的社會。」

全觀。所有的一切。男性與女性，年輕與年老，生命與死亡，淚水與歡笑。兩端都是整體中的全面，亦即整體的一部分。「我全都想要……」或許我們對這句話並不陌生。我們可能對自己說過無數次這樣的話：「我全都想要……」

把兩端連結起來，你早就擁有全部了。
你全都有了。這一路走來，你一無所缺。

【第215天】

8/2

# 當你感受到別人的恨意

儘管我們盡一切努力讓自己的人際互動保持淡漠，卻仍不可避免地因爲他人的怨恨憤怒，而將我們寧靜的生活破壞殆盡。我們爲此深感困擾，彷彿被別人當箭靶子來射擊或被丟石頭。如果我們的身心被這些憤恨情緒所牽制，甚至爲此深受影響，那麼，世上再卓然有效的對治憤怒法則，對你而言恐怕仍舊毫無作用。

以下這些觀念對你或許有些幫助。

1.跟當事者談談。把所有事情的來龍去脈理出個頭緒來。如果此法不可行，透過祈禱或發願，將滿懷的祝福傳送給他們。

2.在情感與靈性層面上，學會保護自己。有一位專業的療癒師推薦一些技巧，對我個人非常有幫助。你或許也有自己的問題要面對，不妨試試看。方法是：在一段安靜的時間裡，閉上眼睛，想像自己被四面八方的玻璃鏡面所圍繞。你全然被保護著，你可以自由地往外看，但外面的人無法看到你。站在鏡子外圍的人看著你置身的所在時，他們看見的是自己。至於靈性層面的保護，則是想像自己被一團火圍繞，這團火也同時圍繞鏡面的外圍。

3.深度觀照自己，努力找出情緒上被阻礙的部分，一些懸而未決的議題，或一些令你在能量的取得上、或與當事者的互動上欲振乏力的老舊信念，然後慢慢釋放它。藉由承認、感受與放下這些情緒感受來進行療癒。

4.近距離觀察與檢視。那些積壓在心中的壓力與怨恨，很可能是屬於你自己的部分。釋放它們，然後療癒你自己。

現在，請感謝那位怨恨你的人。

謝謝他使你得到療癒、成長，並持續往前走。

［第216天］

8/3

# 臨在當下

「我沒有能力給你太多物質上的東西，沒有珠寶、鑽石和黃金。但我所能給你的禮物，也就是我有能力送給你的東西，是踏踏實實地與你同在。」他說。

同在，是一份厚禮——好好與我們的朋友、家人、我們自己和我們的人生同在。但願我們帶著一顆敞開的心，有意識地在某個時刻認眞活著。這麼做，將改變他人與我們自己的人生。

長久以來，出於習慣或恐懼，我們對自己、他人與我們的人生，不過學到部分同在。有時，我們甚至不確定自己的感受。我們的專注力與能量都轉移到其他地方、其他對象身上。我們人在，但心可能不在。

我們或許可以找到另一個更爲理想的出路。我們可以敞開心扉，並且知道自己的感受。然而當我們分享自己，同時別人也這麼做時，我們便可能冒上會受傷的風險。我們變得越來越在意每一時刻的同在，以及同行夥伴的感受。

是的，有一些時候，尤其當外在的能量條件不利於我們時，我們不但不適合敞開自己，而且這麼做也不安全。不過，這樣的過程終究會有一些功課讓我們去學習、去感知、去選擇。

學著去釋放所有阻攔你前行與阻礙你臨在當下的機會。學習放手，釋放所有阻撓你爲自己、爲他人而活的障礙。

**將「臨在當下」這個禮物，送給自己與世界。**

［第217天］

8/4

# 點燃熱情之火

好好珍視能夠點燃你內在生命的火焰。任何可以啓發你、使你興致高昂、激怒你、使你咬牙切齒、使你興致勃勃、抑或能夠點燃你內在火焰的人事物，都應該得到你滿滿的感激。你所感受的強烈情感，不管是你深愛或痛恨的，它們都沒有錯。你那火焰般的熱情，將在你所投身的事物上，帶領你、指引你。從最微弱不成熟的觀念，一直到萬眾矚目的大計畫，想想看，有哪些火焰在你之內燃燒得最明亮，那就是從天上照射下的耀眼光芒，緩緩地指引著你前行的方向。

整個宇宙與神，將帶領並指引你，微聲提醒你該怎麼做。這些訊息或透過某人曾經告訴過你的一則故事，或有人曾經提起他們深深著迷的某個地方，或某人曾經束手無策的難題如今引起了你的注意……，這些都是可能的管道，令你豁然了悟。也可能是一部深深烙印心中的電影、一本愛不釋手的書、某個令你恨意難消的東西、一些讓你十分熱愛的東西、或一個令你深感興趣的想法，以及某些讓你忍不住駐足沉思的內容。學習去覺察，並說出你如何回應這些親眼所見、親耳所聽的感懷。你將學習聆聽宇宙如何對你說話。而那些地方，極有可能就是你的下一個目的地。你亟欲尋找的觀念，或許可以幫助你一路順暢無阻，不卡住、不糾結。

當你對自己內在的眞正感受瞭若指掌時，你將知道自己所愛爲何。當你感覺越來越冷漠且無趣時，你可以重新點燃火苗。放心讓自己充分去覺知一切感受，最終你將找到深埋底下的熱情。如果你從不曉得傷心與孤獨的感覺，那麼，你對美好也會無動於衷，漸漸地便失去了感受大悲大喜的能力。所以，請盡可能去感知所有臨到你身上的感覺。每一份感受都有值得你學習的功課。當你緩緩釋放那些能量時，你也將釋放你的熱情。請好好珍視並尊重你的熱情，以及你所感知的方式。不消多久，你將發現自己已經掌握了下一步該怎麼做、何時做的祕訣。

保持敞開，讓熾烈的火焰持續燃燒。
當你清楚覺察到什麼可以啟發你、給予你靈感時，你將認得那光。

[第218天]

8/5

# 尊重生命

我在瑟多納時，參與了一場宗教的淨身儀式。典禮進行中，有一份信息不著痕跡地進入我的思緒裡。當晚，靈修導師感謝那些大石頭——感謝它們發出熱氣，讓它們的熱情從白天發光發熱到夜晚，而那象徵著我們生活中的熱情。導師感謝那些木頭引燃了火焰，使火焰溫熱了石頭——它們付出生命，使我們享受溫暖，也使我們得以完成整個儀式。導師感謝那些水，使我們得以欣然取水解渴。她也爲了生命而感謝神賦予我們生命氣息，以及我們在地球上的一生。

尊重生命。尊重所有的生命。世界轉動得太快了，令我們不自覺地便忘了要尊重所有生命，尊重每一個有生命的個體。我們老是急匆匆地奔忙來去，將生命視爲理所當然。因此，我們需要停下腳步好好思索一件事：所有生命都是神聖的。任何受造之物都是創造的一部分，而同樣的一股生命力量，也如此眞實地推動著我們。藉由這些試煉、考驗、憂心與痛心的歷程，有時甚至包括撕心裂肺的痛苦，我們得以窺見，原來生命本身就是一份禮物。

再多一些時日以後，我們都將遠離塵世。生命既然如此短暫無常，何必耗費時間與心力去憂心那些錯待之事呢？不要爲此而錯過了更重要的課題，免得你最終錯過了生命所要賦予你的美好禮物。

**尊重所有生命。**

尊重與尊榮你自己的生命。



［第219天］

8/6

# 停止與自己交戰

在愛達荷州熔岩溫泉所在的城市，隨處可見安靜且價格合宜的旅館，試圖留住每一位過客停留片刻，泡個天然溫泉後再上路。當地傳說，好久好久以前，當各族戰士與各路英雄好漢抵達此地時，他們都會放下武器，也放下歧見與對立，脫下衣服，袒胸露背，泡進溫泉裡，享受片刻療癒。這片神祕又神聖之地，是個不偏不倚的中立領地。

雖然我們大部分人並不是與其他族群或其他人對戰的戰士，但我們卻經常與自己交戰。我有長達好幾年的時間不斷自我批判，也嚴苛地評斷自己的經驗。當我學會檢視自己的情緒時，我依舊花時間、耗心神來嚴加批判一番。我花許多時間與力氣來生活，也耗盡同樣的時間與力氣來批評自己，並爲所有眞實經驗與情緒感受貼上標籤。我從原來的哀傷，逐漸轉爲恐慌。我因爲不斷經歷憤怒而反覆自我攻擊，毫無疑問的，我已將敵對的標籤牢牢貼在自責與恐懼的情緒上。

而今，我正在努力學習中立的力量。這樣的學習促進我的成長過程，使我慢慢掌握了重要功課。如果我所面對與學習的歷程沒有任何差錯，那麼，我自然會擁有那些經驗、擁抱這些學習。中立態度爲我的學習與功課帶來平靜與自由。

當我們繼續未完的旅程——我們的靈魂之旅——我們也需要學著去尋找「中立領域」所提供的平靜。我們容許自己擁抱經驗，接納我們所選擇的一切，愛我們所創建的一切，擁抱我們被賦予的一切。我們容許每一個自己迫切需要的能量不帶批判地迸發。眞的有所謂好壞優劣嗎？我不認爲。只有能量差別，如此而已。

所以，我們也需要學習讓他人擁有屬於他們的情緒與功課。

發掘中立領域的力量。

那是一塊可以使你得到療癒的神聖之地。

［第220天］

8/7

## 自在做自己

我走到屋外，享受夜晚的寒意。我抬頭仰望星群，凝神看著它們在夜空中閃閃發光。你也該像星星一樣，自由自在地綻放光芒，發光發熱。

誰告訴你要退縮、猶豫不決呢？誰告訴你，你的那些天分、才華、美麗，你那渾然天成、美好可愛且吸引人的形象與特質，是一場錯誤呢？誰告訴你生命要有所保留，不能自在扮演自己呢？或許，一如許多人曾經建議的，我們太容易便將所有焦點集中在我們的缺點、我們所犯的錯與難以啓齒的黑暗面上。也許我們所畏懼的恐怕不是我們的黑暗面，我們害怕的其實是我們的天分、聰明才智、以及那些掩藏不住的奪目光彩。

現在，是點亮燈光，讓夜晚燈火通明的時候，也是讓我們發光發亮的時候。我們對自己已經夠苛刻了，也盡心竭力處理自己的各種狀況了。我們也學會了許多功課，同時學到教訓。因此，所有保留、逃避或隱藏的任何理由都不復存在。辛勞耕種以後，現在，該是時候享受豐收與品嘗果實了。

自在做自己，享受成爲眞實的自己。不要猶豫、退縮。帶著喜樂的心，善用你的才華，好好發揮你的天賦。但願你勇於站出來，吐露芬芳，讓全世界都看見你如何綻放光彩，光芒萬丈！

終於，你可以自由地成為你自己，並且好好發揮你的天賦才華。

［第221天］

8/8

## 探觸生生不息的生命節奏

新墨西哥州的查科峽谷，以一種強烈而深刻的方式，探觸我的內心深處，仿若對我的靈魂詠歎讚頌。我慢步穿越峽谷，一邊觀賞標明北美文明的阿納薩齊文化遺址，一邊瀏覽與體驗那些超過兩千年、錯綜複雜的文明社會所遺留下的珍貴寶藏。當我伸手觸碰那些早已不復存在的文化所殘存的石頭時，頃刻間，我心生崇敬，也倍感卑微與渺小。我嘗試想像並瞥見當時的人們如何在那裡安身立命、工作生活、建立社群之間的互動關係，如何爲他們的目標而努力，以及他們心中的害怕與盼望，一如我們。我很好奇，不曉得他們是否預知到在久遠的將來，他們所賴以爲生的社會將徹底消失而灰飛煙滅？我不確定他們是否明白，他們在整個宇宙的永恆之舞中，即便微不足道，但卻扮演了不可取代的重要角色？

我們很容易在不經意間，便因每天繁瑣的生活而忘卻了本質上的追求，我們也很容易被充斥社會的高端科技迷惑，深陷於商業與各種庸庸碌碌的生活節奏中，不可自拔。雖然如此，重要的是記得那些傳統文化、其他古老文明與過去長久存在的生命——我們在這地球上所學習的功課，以及生生不息的愛與生命的功課。念及此，想到我們是如此舉足輕重又卑微渺小，我忍不住潸然淚下，心懷無盡讚歎、敬畏與喜悅。我的靈魂與永恆的覺知產生共鳴，也與無盡的生命節奏深深連結。

我在查科峽谷流連忘返，遲遲不願離開。我聽到篤定、雋永而明確的聲音，對我的靈魂微聲低語，提醒我可以隨心所欲地返回那些古老而永恆的世界，因爲這些地方現今已經成爲我內在的一部分。

容許你的靈魂甦醒。

容許你的靈魂展翅翱翔。

一直到你探觸了無垠的生命節奏與循環。

〔第222天〕

8/9

# 釋放身體和情緒的毒

我們對保護環境和土地的意識日益高漲，也越來越重視土地裡的毒素與瀰漫空氣中的有毒氣體。同樣的，我們對周遭的事件、人物、地方與對我們有害的物質，也異常敏銳。

我們的身體會對我們說話，細數它拒絕吸收什麼、抗拒什麼、無法承受什麼。我們的身體也會告訴我們，哪些東西具破壞性、哪些食物會讓人過敏，以及我們需要排除掉什麼。很多時候，隱藏於毒素底下的，是陳舊與根深柢固的情緒。所以，當你釋放那些情緒時，你也同時釋放掉毒素。我們的身體渴望清明、純淨、乾淨與排毒。

當然，對某人有害的東西，對其他人卻未必。我的身體今天想要與需要的東西，對你的身體而言，或許是截然不同的。答案在於聆聽——聆聽自己的身體，聆聽它想對你說的話，聽聽它如何回應不同的對象、物質與周遭世界。留心諦聽，你聽到身體對你說了什麼呢？

對毒素保持敏銳。

信任身體傳來的訊息，進而使你得到療癒。

［第223天］

8/10

# 將你從紛擾帶回平靜的所在

尋找療癒之地。發掘那些可以滋養靈魂、帶你返回中心並幫助你得到療癒的人、事與地。

人生不該是一場隱忍與耐性的競賽。或許過去是如此，但今非昔比，不該再這樣了。我們並非置身於較勁之中，看看我們在匱乏下還可以撐多久、還可以走多遠、還可以忍受多大的痛苦。雖然有時我們不得不歷經乾旱季節與旱災，但我們畢竟不是耐得了沙漠氣候的仙人掌。

我們每個人的內在，都蘊藏著一個亟需療傷止痛、可以被療癒以及即將被治癒的地方。那裡充滿寧謐祥和，是一處滋養、滿足、平和、安全、舒適與喜悅的所在。那裡也充滿了愛和包容，是一處寬恕、誠實、敞開、餵養與善良之地。只要你用心尋找，很快就會找到。你將一眼就認出，因爲那本是你朝思暮想、尋覓已久之處。這個地方將把你從邊陲帶回中心、從煩亂回到平靜，至終領你返回喜悅之地。

尋找一塊療癒之地，頻繁造訪這地方。

這地方是你所祈求、也是你所尋覓的。

療癒之地是旅程中的重要所在。

［第224天］

8/11

# 相信你的選擇

當你環顧四周時，你可能感到缺乏安全感，不知道可以信任誰。但請記得，你永遠可以相信自己。

我們常常像個孩子似的，毫無顧忌地伸出雙手，等著有人來帶領我們去某個地方，不論那是哪裡。我們希望有人可以為我們指點迷津，告訴我們下一步該怎麼做。我們總是想著：「人外有人，天外有天，總有人比我更厲害。」但這樣的想法經常是災難的開始。如果我們任由別人來指引我們，不消多久我們便會發現，他們其實並不曉得什麼最適合我們、什麼是我們最需要的。

如果我們放棄為自己的選擇負責，我們可能會變得憤憤不平，有時甚至因為別人介入並控制我們的人生而心懷怨怒。我們需要承擔起自己該負的責任，我們需要發自內心深處相信自己。

有時，我們確實可以從他人那裡獲得一些有助益的提示或指點；有時，我們也可從他人身上看見一些明確的方向。但是，這一切感知需要與我們的內心相互呼應，這一切也必須與我們心中認定的眞理產生共鳴。我們所追隨的方向、下一個階段的步驟與計畫，都必須出於自己的選擇。且不論我們是否理解或明白，這一切都應該是由我們做出選擇。

相信自己，回應自己內心深處的想望。
相信深藏於你內在的智慧與指引。

【第225天】

8/12

# 原諒他人，同時寬恕自己

他是個年邁老者，獨坐在長凳一角，一邊看著來往的路人，一邊幽幽說道：「我不曉得爲什麼我們得不斷地原諒我們的手足。我想，或許因爲當我們原諒別人時，我們也原諒了自己。」

是否有一些人，長久以來不斷被我們批評與責難？如果我們能夠更加留意的話，便會發現，當我們在抱怨別人時，我們同時也在責備自己。如果我們夠誠實，能夠眞誠地自我省視的話，便會警覺到，原來那些經常令我們心煩的事，往往也是我們自己會做的事。所以，幾乎可以這麼說，其他人的言行舉止，正好反映了我們自己的言行舉止。他者成了我們的鏡子。

是的，總有些時候我們會遇到一些人做出不可理喻的行爲，令人忍無可忍。而我們大可站在原地，雙手交叉放在背後說：「我想我看錯人了。我實在不能理解怎麼會有人做出如此荒謬的行徑！」然而，如果我們夠誠實，我們便會明白，我們往往也會做出同樣荒謬的行徑！

練習寬恕。

只有評斷而不懂寬恕，將使我們感到孤立、隔離與被排擠，使我們只能繼續自我批評下去。

去發掘一下，原諒他人將使你感覺何等輕鬆自在。

用心去找出，原諒自己將使你感覺何等美好自由。

［第226天］

8/13

# 回到你的中心

回到中心，那是藏在你之內一處安定、祥和、平靜與連結的所在。

你的中心，是一個你可以信任的地方。它跟你的身體、思緒、內心與靈魂緊密相連。它與眞理、你內在的聲音以及神性不分彼此。你最優異的工作表現與成效，來自此地。你最美好的時間，來自此地。你的洞察力、覺知力與領導力，也來自此地。你做過最好的決定與最幸福的記憶，同樣來自此地。

你的中心，是一個令你感到自信、不需裝腔作勢、充滿彈性與自由自在之地。那是個溫柔與善良的地方，但卻擁有近乎本能般防衛任何攻擊的能力。

你的中心，是一個自然而然便充滿喜悅與平安之地。這地方容得下接納、不加批評責難、且能引導你內心的聲音。這地方對完美時機瞭若指掌，對宇宙的節奏、所有受造之物的生息一清二楚，而且它非常熱愛跟這些節奏和自然界的作息相互連結。

如果你必須離開你的中心去學習一些功課、體驗某種感受或經歷某種新的經驗，趕緊去做吧！取道旁支小徑，努力去完成。但是當你完成目標之後，記得要返回你的中心。

在你準備啟程去任何地方之前，先返回你的中心，從那裡出發。

［第227天］

8/14

# 清理雜物，也清理你的心

簡單的任務可以將我們帶回正常軌道與節奏之中，意即那些我們期待已久的生活方式。

我們多渴望可以早日擺脫一堆待洗衣物與杯碗瓢盆、待繳帳單、清理院子雜草等繁瑣事務。我們有太多比這些瑣碎家務更重要的事，等著我們在這趟旅途中完成。然而，我們需要明白的是，從事日常生活的工作與雜務，並不會使我們遠離期待中的生活節奏，也不會將我們帶離各種生命奇蹟與魔幻能量。這些任務的本質就是節奏，就是魔幻能量。

簡單的任務之所以重要，不是因爲它們需要被處理和完成，而是因爲這些簡單的瑣碎雜事自成一個小宇宙，正好反映出我們如何維繫生活、如何活出意義。這些簡單的任務使我們腳踏實地與現實爲伍，也提醒我們何謂眞實與如何生活。只要我們以正確的心態面對這些日常，它們便會引領我們進入長久以來所尋覓與期待的生活方式。清洗衣物與碗碟、繳付帳單、除草整地……，請帶著敬意來完成這些工作。

恢復並維持周遭的生活秩序，如此一來，你的靈魂也將感受秩序之美。

在周遭世界裡創造美感，如此一來，你的靈魂也將體驗到美。

慢慢的，所有的魔幻能量將一一返回。那些最簡單的任務，將引領你回到原點。

［第228天］

8/15

# 從容轉動生活之輪

當車子卡在泥濘或雪地裡時，我們會立刻想辦法讓車子脫離動彈不得的窘況。有時，我們自己也需要這麼做——用力轉動輪子，好讓車子能在劇烈晃動中往前猛衝。有時在還沒擺脫泥淖之前，我們需要再多費點力不斷地嘗試，直到達成目標。有時，轉動輪子會使我們陷得更深，然後在挫折與沮喪中，我們選擇放手，讓自己鬆口氣。而為了擺脫困境，我們很快便發現自己可以怎麼做，於是我們開始求救或另覓他途。

這樣的情境，一如我們的旅程。我們可能發現自己陷於某種不可自拔、束手無策的窘境，因此在挫折、困惑與恐懼中，費盡力氣轉動輪子。我們一心一意想要盡快逃離這個地方。有時，我們需要經歷轉動輪子的時間，放慢步伐，思索下一步該怎麼做，才能順利通往下一個目的地。也有一些時候，挫折會幫助我們啟動某種動力，使我們循著方向，找到解決問題的出路。注入那股能量，可以提振士氣，並向我們與整個宇宙大聲昭告，我們已經準備好釋放自己了！

如果你發現自己正在費力轉動輪子，請溫柔對待自己。放慢速度，然後再卯足勁，踩下最完美、最猛烈的轉動，那是最有節奏卻也是最強勁的力量，使你重獲自由，然後進檔、踩油門，從容駛離泥淖。

有時，我們需要轉動一下生活中卡住的輪子。
這麼做，有助於在前進時更順暢。

【第229天】

8/16

# 往自己的心去尋求

生命充滿了創造力，你亦然。讓宇宙的創造能量，以活潑生動之姿，爲你而臨在。讓這股力量幫助你，使你發揮自身充滿生氣的創造力。讓這股力量提供你答案、方向與出路，並引導你得到創造力。讓它爲你預備你所需要的元素與材料。

你可曾想過要創造什麼？一段更爲敞開、相知相愛的感情？更多的靈性成長？一份新工作？一本書？一個全新的家？一段友情？一齣戲？一首歌？一塊拼布？一頓大餐？一份預算？開口向宇宙祈求你所需要的協助。詢問宇宙，請祂幫助你尋找你所需要的材料與元素；請祂協助你打造你的願景與想望，釐清你的觀念與想法，然後盡力產出最佳傑作。

你所尋找的答案可能來得很快。當我們日漸成熟，開始擁抱我們與宇宙、我們與自己的連結，我們會發現，人生中許多懸而未決的答案，往往就在靈光乍現之間出現了。如果答案並未立刻現身，請不要勉強或催促。一切你所需要的幫助，終將出現。有時，答案會來得悄然無聲，猶如耳畔的低聲微語。另一些時候，指引來得鏗鏘有力，清晰明確。當你持續愛自己，你將看得一目瞭然，也聽得一清二楚。

深入宇宙的創意能量，你將因此踏入屬於你的世界。

為了深入神與創造的力量中，你要做的只是深入你的心。

［第230天］

8/17

# 讓轉變在該發生時發生

當我們一行人遊歷布萊斯峽谷時，導遊向我們講解那個地表上的巨大裂縫是如何形成的。我的思緒返回一九九四年一月那場發生在南加州的大地震。地震提醒我們有關生命變動、移動與場域轉換的課題。有時，移動是循序漸進、甚至不著痕跡地慢慢展開，一如布萊斯峽谷，一開始乃源於一處細微的裂痕。但有時，移動卻像加州大地震那樣，轉瞬間天崩地裂，快得令人束手無策。面對倏忽臨至的變動，我們無從預知，也無從預先準備。

但有一件事卻是我們可以放心倚靠的。大自然的變動與移動形塑了全新的外形和樣貌，而我們何嘗不是如此？有時，生命的變動以迅雷不及掩耳之勢發生。其他時候，微妙的轉變則在不知不覺間開始，歷經數年時間才完成。然而，當我們的自我覺察漸漸提升了，我們將對這些轉變有更敏銳的覺察力。一旦這些轉變蠢蠢欲動時，我們會洞悉、看見，也會感知到。或許我們無從判斷這些變動會把我們帶往何處，但我們知道有些事情正在進行。當我們越重視並信任生命，我們將越能信靠這些變動，相信它會引領我們往前，在我們的生命中，將我們塑造成為新的樣貌與形態。我們越是保持彈性，便越能歡迎這些變動在我們之內進行改造與重塑，進而讓改變自由運行。

人生總是不斷遷移、改變並移動至下一個階段。這些移轉與變化再自然不過了。

那正是我們進化的方式與途徑。讓那些變動自然發生吧！

你要對旅途中所踏出的每一步負起責任，然後相信你的世界將經歷一個全新的局面與樣貌。

[第231天]

8/18

## 丟掉別人對你的錯誤定義

是誰說你很糟糕、錯誤百出？經過這些年，你依舊任由別人來定義你嗎？

安靜下來，留心聆聽。到底是誰的聲音在告訴你這些訊息？是否還有某人經常這般詆毀你、蓄意破壞你的快樂、阻礙你，使你無從活在自我接納、喜樂與愛之中？

吸氣，用力吸進愛、平靜與喜樂。呼氣，用力吐出所有負面能量與負面訊息。感受這些負面的控制一一鬆綁、分解並釋放出去。感受你的靈魂、心靈與內心越來越澄澈清明。你根本不需要讓別人侵占你的權利、剝奪你的快樂。不要讓自己習慣或耽溺於那些痛苦而陳舊的負面訊息裡，你一定不曉得這麼做對你的殺傷力有多大。

趕緊擺脫那些舊認知，將它們丟了吧！讓它們遠離你的靈魂，就像你會毫不猶豫地將倒鉤與尖刀拔除丟棄一般。將這些破壞性的言論一個一個棄絕，丟得越遠越好。從此以後，你不再需要被這些痛苦的訊息苦苦糾纏，也不需要讓這些痛苦入侵你的生活。你與它們已經毫無瓜葛。

容許自己接受療癒。

尋找一些賦予你力量的新見解，這些見解可使你充滿愛與自由。



［第232天］

8/19

# 命運不在他方，而在此時此刻

我開著車子，旁邊一列火車朝著地平線往前疾駛，開向無邊無際的未來。對我而言，火車象徵著命運。有好長一段時間，有關命運的觀念使我感到困擾。我很好奇，如何才能找到屬於自己的命運與未來。我眞希望自己能明確掌握。我也忍不住揣測，當我終於抵達命運彼岸之後，感覺會是如何？然而，如今命運這議題已不再使我困頓難解。現在的我，已能享受觀賞火車的快樂自在。

命運不是任何遙遠的他方，或某種名聲、威望與財富的高峰。命運不是人生中的某個時刻、某個定點的登峰造極。當然，如果能遇上那樣的時刻，自是好得無與倫比。但命運不只如此，而是遠遠超越這些表象。

所謂命運，就是此時此刻。命運就在我們生活的每一個當下發光發熱，彼此連結，一如火車一節一節無止盡的車廂。命運意味著擁抱每一個時刻，活在當下，珍惜每分每秒，因爲這些過程就是我們的此時此刻。不管那過程是否刺激、有所發現、令人悲傷難過、做艱難的決定、使人困惑或充滿愛意，每一個時刻都是我們命運的一部分。這些命定的時刻，以無止盡的鎖鏈彼此緊密牽連，成爲我們人生的一部分。

讓你的生命踏實地活在每一時刻，並在旅程中與每一個相遇的人，學習一門功課。
命運不是我們將要前往之地。命運已在我們所置身之處。

［第233天］

8/20

## 讓靈魂享有平靜

平靜安穩，無處不在。

如果你已經忘了何謂平靜安穩，那就試試看別的東西，譬如寬恕、信任、愛自己。學習過著安靜等待、仁慈善良、溫柔謙和的生活，直到平靜返回你的人生中。

尋找療癒之地，尋找力量之地。回到生命的中心。深呼吸。吸進空氣，吸進能量，以及所有圍繞你左右的美好資源。要讓你的生命被滿足，一直填滿到你尋見、同時感受到平靜爲止。把事情做好做滿，然後放下過去，跟著內心指引的方向，循序漸進地採取行動。如此練習，直到你尋見、同時感受到平靜爲止。

深呼吸。隨著每一次吐納，釋放你的恐懼。如果你曉得是什麼緣由使你恐懼顫驚，請把原因寫下來或說出來。但如果你的懼怕是沒來由的，那就放下它們，讓它們離開。不要讓自己捲入剪不斷理還亂的糾結裡，有時，那些混亂未必單憑理性便能解決或處理。相信你的身體、你的靈魂、你的心已獲得療癒和釋放。

請善待自己。你內在深處的某個部位正進行著療癒恐懼的工作，它正催促你去做一些事，去感受某些事物。不要把自己逼得太緊，或以懲罰或以恐懼來威嚇自己。這麼做無法驅走你的害怕，反而使你最美麗、最精緻的部分消失殆盡。以溫柔與良善來面對，好好放鬆，直到你的恐懼平息，直到你的平安回來。

當你祈求、渴望與尋找，平靜便會隨之而來。請以極大的熱情來渴慕它，你終將看見、尋獲並得到。

不管你正歷經什麼處境，你的靈魂都可享有平靜。

〔第234天〕

8/21

## 把心打開，讓快樂進來

向所愛之人敞開心懷，向世界敞開心懷，向神、宇宙、生命、所有創造與受造之物敞開心懷。盡你一切所能與努力，敞開心懷。現在，敞開心懷已是再安全不過的一件事。曾幾何時，你誤以爲自我保護的唯一方式便是將心門徹底鎖上。但現在你已經學會了許多。你領略到誠實、慈悲、寬恕與良善的力量。當你敞開心懷時，你不再感覺窒礙難行或深陷困境。你若想要離開，隨時可以走。你可以自由表達你想說的話。你不再需要像過去那樣，小心翼翼地穿戴一身厚重盔甲來保護你的心免受傷害。現在，你已經恢復自由身。自由敞開你的心，自由向著宇宙敞開。

我在瑟多納遇見一位女士，教我操作一種美好且實用的視覺化想像。首先，在想像中描繪你的心。在心的前方，你瞥見美麗的玫瑰花蕾緊倚著心。任何時候，當你想敞開內心時，可以想像一幅玫瑰怒放的畫面，那花兒風情萬種、香氣撲鼻。每一次當你想要離開這想像時，可以將盛開的玫瑰觀想爲含苞的蓓蕾。

向世界、向住在其中的人們，敞開你的心。對所有創造之物毫無保留地敞開。對你自己、對神、對生命亦然。你的生命將因此充滿魔幻力量。當你回首時，你會笑容滿溢。你將納悶，爲何要花那麼長的時間才學會敞開心懷呢？

盡一切選擇與可能，敞開心懷。
以敞開的心，與世界分享。

〔第235天〕

8/22

## 覺察並化解你的憤怒

在平凡的歲月流轉中，你可曾留意自己的怨怒與憤恨可以如何神不知鬼不覺便竄進來？被激怒的情緒，快速地潛入那些緊張的時刻、改變的時刻、生命轉化的時刻——那些我們在旅途中所經歷的點點滴滴。

事情會轉移，也會改變。我們必須將那些阻攔我們朝新的未來發展的絆腳石都清理掉。然而，那些怨怒憤恨卻一路累積，人們開始對我們的改變與調整感到不舒服，我們也因爲別人的反應而生氣，因爲我們認定他們的回應有欠公允，也對我們造成極大的影響。

事實上，怨怒是極其詭詐而難以捉摸的東西，它是一股有著少許邪惡的能量，善於阻礙並毀損我們的靈魂與內心。可怕的是，它總是盡一切掩飾之能事，以正義之姿出現。怨怒提醒我們，我們需要它來自我防衛與自我保護。它也說服我們相信，我們早該好好使用它。然後，怨怒也不忘警告我們，如果將它釋放與排除的話，後果堪慮。看清楚，這一切都是謊言與假象，目的在阻礙並絆住我們，並且常令我們感到不舒服。

讓我們進入自己的內在，深入發掘與探究。埋藏在憤怒與怨恨底下的是什麼感覺？背叛？傷害？羞恥？尷尬？被冷落？被遺忘？被誤解？一旦能這樣檢視與反省，你便已經越來越安全了。好好往前走，去體驗你所有的感受。帶著敬意，重新認識你柔和、溫順的個性，並且發掘其他較爲柔弱的性情與感受——那些隱藏在怨怒背後或深埋於憤恨底下更爲纖細的一面。

感受並釋放滿腔的憤怒與怨恨。
與此同時，去覺察憤怒背後的緣由，你將因此豁然了悟。
所有怨怒將會消融化解。最終，你將回到愛的狀態。

[第236天]

8/23

# 靈性體驗

「現在當我看著人群時，我不見問題，但見靈魂。」他說。

這位男士告訴我，他曾經歷特殊的靈性體驗。事實上，他曾有過四次靈性經驗。他從未在高山、海洋或沙漠曠野去尋求這些體驗。他所有的四次靈性經驗，都在尋常不過的同一個地方經歷——位於奧勒岡州的波特蘭市內，一家殼牌加油站的停車場。他敘述事件經過：「頃刻間，我的車子發光發亮，我自己也被光芒籠罩。我的心徹底敞開，我也被賦予力量去原諒每一位我曾經懷恨在心的人，包括我的前妻。」

我們不需要刻意尋找非比尋常的靈性經驗。我們自己，就是靈性體驗——一個充滿靈性的人類、充滿靈性的生命載體。環顧四周的人們。現在，睜開眼，再看一次。你將看見每一個生命，以人身的形式，裝載了各種不同的靈性體驗。

如果你正在尋找一片神聖領域，請把仰望的頭，往下看。

這個地方，正是你的靈性體驗即將發生之處。

不是他方，恰是你雙腳所立之地，你現在置身之所在。

［第237天］

8/24

# 領受旅程想讓你習得的功課

「下一門功課是什麼？」我問。

他說：「如果你知道內容，那就不需要學習了。」

我們經常在某個課程或某種體驗中，絞盡腦汁想搞清楚我們正在學的是什麼？下一堂是什麼課？內容說的是什麼？但是倘若我們一開始就掌握了所有課程的內容，我們也就不需要苦苦學習了。

這趟靈性之旅的學習，並不是要從大腦或課本中學得功課。這是一段發現的過程，曲曲折折、千迴百轉、驚喜連連，但也不乏沮喪惱怒、困頓疑惑、好奇驚歎、跌跌撞撞……，直到我們漸入佳境。為了學習這些功課，我們需經歷某些體驗。而當我們對所學的內容越沒把握、越不確定，我們通常就會學得越好。

你要相信，時候到了，這些功課便會毫無保留地讓你徹底了悟。你只管好好活在每一個當下。讓你的經驗與指引向你闡明。此時此刻，你正經歷蛻變、學習與成長。當這些生命轉化的歷程都完成了，你將豁然明白自己所學習的功課。

總有人會在那裡等著要幫助我們、教導我們、一路指引我們。

至於那些要學習的功課，永遠只能靠我們自己去領會。

［第238天］

8/25

# 遠離讓你疲於應付的負能量

想想你的能量。仔細檢查，好好辨識是什麼樣的力量能使你精力充沛、通體舒暢、煥然一新。讓這些能量激勵你、鼓舞你，使你能量充足。

你是如何讓電池充電的？你會等到電池完全沒電時才充電嗎？你的生活中有沒有一些人或事，經常使你疲於應付？你是否任由他們繼續這樣對待你？

你要往哪裡去尋找充電的地方？什麼樣的對象可以增強你的生命力，使你備受鼓舞、滿懷熱情？什麼樣的活動可使你精神抖擻、心情大好？什麼樣的大自然會對你的靈魂說話？什麼東西可以使你敞開內心，幫助你感覺生氣勃勃，同時大口大口地將生命氣息吸進你的靈魂深處？

做個實驗吧！花些時間觀察並留意那些對象、活動與事物所帶給你的衝擊和影響。你將發現，當你真正改變時，圍繞在你周遭以及環境的衝擊也將跟著改變。

將你的能量場與圍繞你周遭的宇宙能量，調和連結。

學習變得更加有覺知。

以開放的心去擁抱你所體會的任何感受。

［第239天］

8/26

# 接納宇宙的愛和恩典

你是否從不相信「宇宙之愛」隨時等著要賜予你？

當我們回首來時路，檢視這一路走來的風雨起伏，有時難免令我們哀傷與感覺被遺棄。我們看著別人如沐春風地走在他們的人生路上，蒙受祝福，不乏貴人相助，而且一路備受恩寵。轉頭環顧己身時，卻發現自己常被冷落與忽視，所有人事物與世界似乎都跟我們對立，使我們一路跌跌撞撞地蹣跚前行。「宇宙之愛或許是眞實的，但對我恐怕不是如此。」你黯然說道。

睜開你的雙眼，打開你的心扉。請向宇宙敞開你自己。去觀看並留意你被賦予的所有恩典和禮物——那些線索與指示、那些明確的方向，還有及時的幫助與扶持。停止將你的期待和希望寄望於某個特定對象或單一資源，學習讓生命中最美好的魔幻力量爲你鼓舞加油，然後好好體驗你需要細細品味的人生況味。看看那些守護與指引是如何自然地降臨。你什麼都不必做，只需要相信它們終究會臨到你身上。定睛於可掬的笑容、可貴的友情、泉湧的靈感與啓發，去感受你的手臂充滿愛意的探觸。勇於說出你的需要，而且要大聲說出來。將你的言語，導向宇宙天地。將宇宙之愛視爲可親可愛的好朋友。你若如此待祂，祂也將如此待你。

宇宙之愛就在那裡等著你。

學習去認識祂的探觸與節奏，因為那正是生命與愛的節奏。

［第240天］

8/27

# 別讓情緒掌控你的人生

留意澎湃洶湧的浪潮。留意那些拍打岸邊、一波波來回衝擊的海浪，它們奔波於大海深處與海岸淺灘，在我們看不見時，於暴風巨浪之中成形。你明白自己與海浪、與大海，原是共融合一的。

你的情緒感受，一如那些海浪，有時恬靜柔和、風平浪靜，有時波濤滾滾、大浪滔滔。有時，海浪一片蔚藍，有時則呈灰濁濁的顏色。這些驚濤駭浪或源於凶猛的暴風雨，或是出於遠方的狂風吹襲。我們無法做什麼，只能任由它們來去自如，傾瀉而出，然後讓它們慢慢復歸平靜，轉爲下一波風浪。其實，一切情緒都與我們的信念緊密相關，而這些信念通常已被牢牢嵌入你的靈魂中。「我被遺棄。我被孤立。我已被隔絕於神和愛之外了。」這些信念總是如影隨形。然而，你並不等同於你的情緒，你與情緒之間是毫無關聯的。不管這些情緒是滔天巨浪或是否來勢洶洶，不管它如何無情殘酷，也不管它當下如何排山倒海而來，你的情緒從來就不能掌控你的人生。

讓情緒傾瀉而出，不需加以攔阻。

去體驗你所需要感受的一切。勇敢說出平息滔天巨浪的話語。

然後，停頓一會兒，耐心等候，休息片刻，重新安置你的身心，接受療癒。

你會發現自己成長了，也改變了。此時，你已站在學習新事物的路上。

［第241天］

8/28

## 安全感源自如實地接納自己

不管置身何處，一旦你無條件地接納自己，你將驚訝於自己已能開始感覺舒適自在。

我們或許已經習於自我欺哄，讓自己誤以爲我們所需要的安全感來自外在的條件與環境。我們需要特定對象或到某些地方、身邊需要某種東西或事物，或得按著某種特殊方式過活才能使我們有安全感。然而，我們需要釐清一個事實：仰賴自身以外的某個東西或對象，充其量不過提供我們一種虛幻不實的安全感。這種充滿假象的安全感，終究會破綻百出。

不管我們是誰，不管我們置身何處，也不管我們正在做什麼，我們都可以擁有一種眞正而踏實的安全感。這份安全感來自我們對自身的全然接納與包容。這份安全感來自我們對自己的信任，相信我們的心，相信我們的智慧，相信我們與神性和圍繞身邊的宇宙有著緊密的連結。

一旦我們無條件地接納自己，不管我們置身何處，總能隨遇而安、舒服自在。

［第242天］

8/29

## 清理你的過去

我在瑟多納的度假小屋裡仔細檢查一番，也確定自己可以在這個地方完成工作與任務。櫃檯後方坐著一位看起來神清氣爽的女士，她一頭褐色頭髮配上褐色雙眼，外加一臉溫暖笑意與一顆敞開的心，使她看來格外溫暖。我告訴她自己待在此處的理由——我要開始寫這本書。

「或許你會如願做到，」她說道：「但我想那並不是你來此的眞正目的。你千里迢迢來到這裡，是爲了清理你的過去，療癒破碎的心。」

我驚訝地凝視她。我得承認，她所言甚是。

我們經常帶著某種預先規劃好的目的，出現在生活裡的某個地方。我們原本設想要在那裡完成工作目標、建立一段感情或達成某種任務。然而，不知爲何，人生竟然出其不意地來個大轉彎，徹底翻轉我們原訂的預期與計畫。於是，我們發現自己以迥然不同的想法和理由，出現在某個地方。我們最終發現，原來，歷經曲曲折折，千迴百轉，我們來到這裡的眞正原因，是爲了要清理過去，療癒破碎不堪的心。事實上，療癒內心是一項意義非凡的使命，恐怕比我們原來預計要完成的目標更爲重要且刻不容緩。療癒內心是一件非常值得花時間去進行，而且需要優先處理的任務。唯有先完成這部分，我們才能繼續從事原先規劃要完成的目標。

一切服務與愛的最大障礙，是一顆受傷破碎的心。爲了讓生命再度萌生關切與期待，爲了敞開內心勇敢做夢，甚至甘於爲愛冒險，我們都需要先療癒我們的心。好好選擇自己的使命，清楚知道自己的目標，更重要的是，別忘了，最優先要處理的是什麼。

或許你今天在這裡，早已偏離你原先預定的目標與理由。

然而，或許生命中更為優先的目標，是清理你的過去，療癒你的內心。

[ 第243天 ]

8/30

# 擁有創造快樂的能力

你想要什麼？什麼能令你感覺美好？日復一日地生活，年復一年地過日子，我們需要常常問自己這些問題。當你不曉得下一步該怎麼做、不確定如何找到一條適合你的路時，問問自己，你想要什麼？你渴望什麼？什麼能令你感覺踏實而舒適？藉由問這些問題，不斷地自我檢視，你將找到適合自己的出路。

什麼能令你精力充沛？什麼樣的朋友相處起來融洽自在？什麼樣的工作可以激發你的熱情、使你滿心期待？哪些興趣或嗜好令你興致盎然？你期待如何規劃你的時間？我們這一生，已經累積太多「必須」完成的目標，夠了！長久以來，我們不斷對自己施壓，增加太多「應該」完成的沉重負荷，夠了！該是時候另闢蹊徑，找個更爲理想的出路了。

學習去認知什麼東西可以提升你的心靈。我們不只要認識自己所需爲何，還要對自己所想要、所渴望與適合自己的一切，了然於心。首先，當你先努力完成「一心想要」、「令自己感覺踏實美好的事」時，你或許會感覺有些不自在，尤其當你花一輩子的大部分時間與精神，卻都在做一些違背自己感覺的事，你會爲此而不知所措。所以，你需要練習與這份新能量和諧共處。當你決定要讓那些能量使你神采奕奕、精神飽滿時，請先學會自在做自己。透過跟隨你的心，跟隨你的熱情，你將找到屬於你的人生，找到你配得的快樂和滿足。

只要我們能找到使自己開心的處方，
那麼，要快樂的可能性簡直無限多——或許就在工作中、在愛情裡、在遊戲時。
學習與快樂和諧相處。
你只需要選擇讓自己快樂的方式，便能擁有創造快樂的能力。
不要將快樂的時間往後延宕。歡樂的時刻，就在當下。

〔第244天〕

8/31

## 從心出發的服務

發自內心、有禮貌而貼心的服務，才是我們要討論的主旨，那是人生、工作與愛的節奏。看看樹木、花草、山峰與海洋。請你認眞地凝神觀賞，看看它們毫不費力地奉獻自己，爲你服務、爲你付出。它們的生命本質就是服務。我們也由此省思自己的生命，同樣離不開奉獻與服務。讓這些付出從你的生命本質出發，彷佛是渾然天成、再自然不過的一件事。

讓自己投入於成長、愛自己與跟隨內心的學習之中。把自己託付於喜樂、熱情、爲生命與功課不斷感恩的學習之中。讓自己承擔起更多眞誠的分享、眞誠表達自己是誰、自己的所知所感、自己所歷經的考驗等學習。

不要擔心自己在服務與付出的過程中該怎麼做。把焦點集中在愛自己這件事上，如此一來，就能讓服務與奉獻由心出發，所有付出的行動也就自然地源自渴望、喜樂與靈感。珍惜你的生命，這生命不只是你自己的禮物，對別人的生命與整個宇宙，也是一份不可多得的厚禮。

夜空中的每一顆星星，盡忠職守地發亮發光，造就了熠熠生輝、美麗無垠的銀河系。每一顆星星都不可或缺，而且努力扮演好自己的職責與角色——自然而溫和地成爲自己。而你，也在宇宙間扮演屬於自己的角色與職分，你的使命是藉由成爲自己來爲他人奉獻與付出。

奉獻與服務，是你的人生之道。

讓服務由「你是誰」出發，成為從容溫和、再自然不過的事。

將你的天賦與才華，透過你的愛與分享，向世界發光。

# 9
# 月

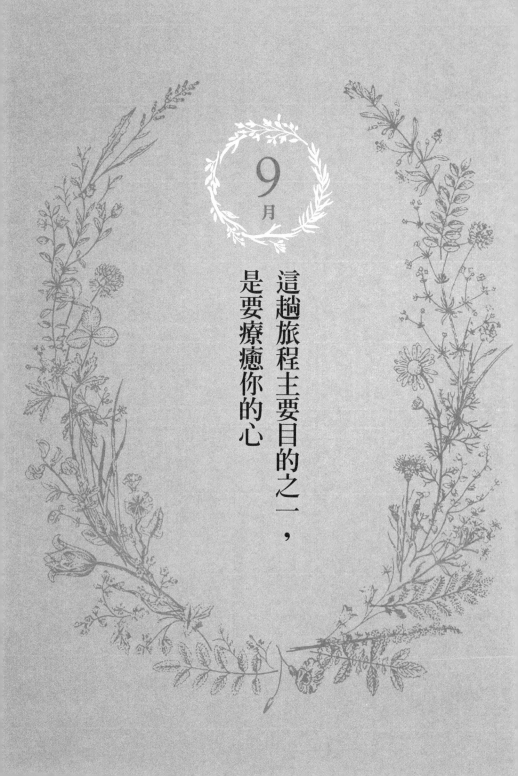

這趟旅程主要目的之一，
是要療癒你的心

〔第245天〕

9/1

# 將能量注入工作中

那面鏡子嵌在陶製的章魚框框裡，看起來不但可愛，也充滿平靜和諧的能量。每一次看到那面鏡子，我就會忍不住笑出來。「你喜歡嗎？」朋友問道：「那是阿諾做的。」難怪看起來那麼賞心悅目。這東西蘊含著一種難以言喻的美好、快樂與甜蜜的元素，那是屬於阿諾的能量。

我們所創造的東西，全都擁有能量。精心烹煮的一頓飯，嘔心瀝血的工作表現，不管成果如何，每一件都蘊含著能量。我們所做的東西，既然投注了我們的心血，自然也就帶著我們的能量——情緒與感受的能量，以及我們所投注的態度。你是否曾在生氣又倉促的情況中下廚做飯？你有沒有想過，這種狀況與滿懷著愛料理一餐，差別在哪裡？單單去完成一份工作，其實還不夠；我們還需要以最佳能量、最積極正面的情感與最佳心思狀態，來完成一份工作。

花些時間仔細選擇你要開展的工作，好讓你清楚地知道自己要投注多少能量、你期待如何擁有那份工作，以及如何反映你自己、反映給他人。要意識清楚、深思熟慮地做選擇。工作任務越吃重，你越需要花時間去建構和發展你的想法。針對一些具特殊意義的計畫與工程，你更需要花時間將你的想法加以視覺化，並以文字記錄下來，好讓你將滿懷的能量注入工作中。讓我們來試試看並驗證一下這些想法，看看它們如何貫徹並落實於你日復一日的尋常生活中。當你帶著愛投入工作時，你可以從身邊朋友或家人的感受中，得知他們充滿肯定與讚許的反應。此外，你將進一步發掘，原來工作可以帶給你無法言喻的快樂與喜悅。

每一份工作、每一份任務都需帶著敬意，一步一腳印地完成。

讓你所付出的心力，都出自愛。

如此一來，你所從事的工作便能按著你期待的方式，真正觸動並改變這個世界。

不管你選擇的領域為何，你參與的工作，都將成為充滿療癒的工作。

［第246天］

9/2

## 說眞話，也聆聽眞心話

聽聽靈魂要對你說的話。它輕聲細語卻不含糊，清楚說出它的要求、它的需要、它學到的功課，以及它最深的渴望。靈魂也會娓娓道來自己的恐懼與夢想、希望與需求。

也請學習聆聽其他靈魂要說的話。你要聆聽的，不只是人們喋喋不休與交換意見的話語，更重要的是學習聆聽他們背後眞正的意思。

「我的兒子十九歲，已經搬離家裡。他老是告訴我們，他渴望長大，迫不及待想要獨立生活。所以，我和丈夫眞的想辦法讓他獲得更多自由。」一位婦人說：「但是最近他面臨一些危機。我第一次聽到他說出這幾句話，簡直難以置信。我兒子竟然說：『不要離我太遠，要常常和我聯絡，隨時給我支持，讓我知道你一直在那裡，也讓我知道你仍然關心我。』現在，我幾乎每天都打電話給他，只爲了告訴他，我愛他，也爲了讓他知道，我從不曾遠離。事實上，他所面臨的危機根本不是重點，他真正想要表達的是，他需要我們。」

你要聆聽的內容，應該超越耳朵所聽聞的那些話語。所以，學習聆聽你真正要表達的意思，也學習聆聽別人話語背後真正想對你說的真心話。

靈魂是會說話的。所以，要安靜聆聽。

聆聽你自身的需求與想望，也要學習聆聽別人的聲音。

即使是小小靈魂所說的話，也值得仔細諦聽。

［第247天］

9/3

## 事情自有其發展

現在，就在此時此刻，事情會撥雲見日，慢慢找到出路。我們習於叨叨絮絮，試著對許多事的形式、表象等加以掌控。我們也努力想要找出解決事情的方法。有時我們願意後退一步，有時卻又蠢蠢欲動，亦步亦趨。我們一邊擔心，一邊卻又忍不住讚歎。事情有時就這麼迎刃而解，而且是漂亮出擊，完美封殺。是的，生命之舞與宇宙的節奏和諧搭配，合作無間。

每一件事都找得到出路，往更理想的方向前進。那背後有一股節奏、一份能量與生命力量在持續地形塑與成長。很多時候，你會猛然驚覺，你其實無須苦苦掙扎、抗拒、掌控、或甚至想盡辦法去了解全局。你最需要努力的不過是活出你的生命、你的愛與你自己。你的靈魂會指引你前行的路。你的內在聲音、你的心也會指引你。讓你的思緒平靜下來，相信你所在之處，也相信你被指引的地方就是最美好之處。你不需讓每一件事都盡善盡美，也不需拚命地掌握全局。平心靜氣地想想，你已經擁有一切所需，也已經做了所有你能做的事了。

你曾有過幾次類似的經驗呢？一開始氣急敗壞又憂心忡忡，老是擔心事情的發展不如預期，最後卻驚呼：「啊！原來如此，我明白了，事情原來就這麼水到渠成了！」現在，就學習如此說，也學習如此相信。

讓你的心看見靈魂已經知道的事：事情終會撥雲見日。

［第248天］

9/4

## 即便是痛苦，也要時刻去洞察

那位女士向我們解釋，她對造訪那個區域的感受和反應。她說，那是個被化學毒素汙染、被人類破壞殆盡的土地。「我並非與那個地方沒有連結，」她一邊思索一邊說道：「只不過當我感覺有所連結時，我的感受盡是與痛苦有關。」

這位女士所形容的，已遠遠超越一塊土地。她所形容的地方，也是我們在旅途中會造訪之地。我們感覺有所連結，但所連結的感受大都離不開痛苦與悲傷。我們或許會觸景傷情，過去某件往事或許仍縈繞心頭，或回應著現在正在發生的某件事情，使我們久久不能自已。

我們不需要再為此而逃避或隱藏，也不需要離開我們的身體，或不斷懷疑到底哪裡做錯了。我們只需要去感受那裡的一切，即便可能會受到傷害。但有時，我們可以從累積已久的有毒信念、感受與態度中，得到療癒。有時，哪怕是透過一則訊息、一趟學習之旅、或採取一個行動，都將使我們自然而然地保持連結。

打開你的連結網絡，並記得保持暢通。
維持緊密連結的代價，意味著我們偶爾會感覺痛苦，
但背後的獎賞與收穫卻是意識的覺醒、受指引的行動，以及一顆敞開的心。

［第249天］

9/5

## 喜樂的途徑

我在新墨西哥州的奇馬約教堂參加一場教會聚會。這間教會和它所設立的神聖醫治場域，曾經深深觸動我，也曾大大療癒了我。今天，我再度造訪此地。我不是為神蹟而來，只是想來一探它的療癒能力，使我的

旅途蒙受祝福。但我卻意外尋獲另一種神蹟奇事，那是喜樂的神蹟。

當我踏進教堂時，發現自己是如此焦躁與陰沉。我發現自己在走進靈性成長之旅時，變得越來越嚴肅，甚至充滿神傷與愁容。就靈性層面而言，我必須接受如此的要求，而且我對此深信不疑。如果我操練得正確，我將能展示並呈現靈性成長嚴肅的一面。

主日聚會結束後，我在教會附設的禮品店逗留一會兒，買了一些紀念品，期待能將這間神聖之家的能量帶在身邊。藉由這些可見的物品，提醒我每一天的生活中都有滿滿的靈性力量跟隨我，無論我置身何處。我也走到另一家緊鄰教會的禮品店，在那裡買了一串「神聖辣椒」（紅辣椒）。然後，我帶著所有購買的禮品到神父那裡接受祝福，那些物品包括：可以掛在牆壁上的木製十字架；送給女兒的玫瑰花壇，這禮物可以在夜間發光，提醒女兒，神不曾遠離；一小袋裝滿教會土地的「聖土細沙」，提醒我在宇宙間的療癒力；一小瓶聖水，提醒我所有的旅途都無比神聖；以及一串神聖辣椒，提醒我要常常微笑，保持喜樂。

這條路其實不需要如此冷漠嚴肅。

釋放內心與靈魂深處的沉重感。

有時，展示信仰的最佳方式，是從學習享受生活開始的。

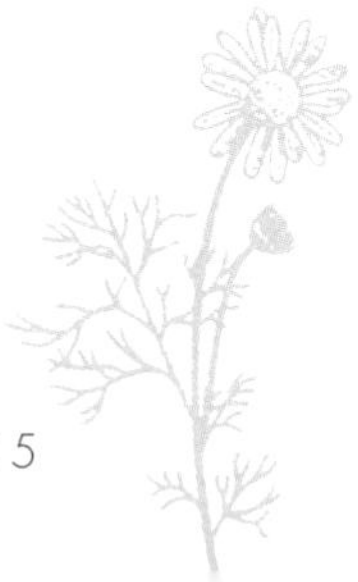

〔第 250 天〕

9/6

# 開拓所有可能性

想想看，你可以爲你的人生、爲愛、爲工作、爲成長，鋪展出多少的可能性。再想想看那些爲了冒險、爲了樂趣、爲了服務的各種可能性。還有，今天、本週、這個月以及這一年所蘊含的各種可能性。想想你所要承擔的每一份職責、你所要面對的挑戰，以及需要你想出各種可能性去解決的問題。你的人生眞的充滿各種可能性。

過去很長一段時間，我們只看見人生存留的一些可能性。當我們面對一些情境時，我們看見的是罪惡感、受害者情結、悲傷與沮喪失落的可能性。我們告訴自己，我們只有一個選擇，或甚至別無選擇，抑或規定自己只能以某種特殊方式來完成任務，而那通常是最艱難、最沉悶的方式。我們因而忽視去想像其他的選擇——選擇喜樂，選擇製造一些更有趣、更好玩、更能享受自如的事件。

你不需再自我設限。你已經學會敞開心懷。現在，請再學習打開你的心靈，環顧四周，看看各種可能性。整個宇宙都與這些可能性聯手搭配，合作無間。只要你尋求宇宙的協助，並容許一切發生，那麼，祂將帶領並指引你進入更豐盛的領域。

向生命的豐盛保持敞開。向所有各種可能性敞開。

當你越敞開，你將發現自己益發創意無限——在職場上如此，在遊戲時、在愛與生活中亦然。

當你越來越充滿創意時，你將看見更多可能性。

［第251天］

9/7

# 讓創意馳騁

讓你的想像力馳騁。長久以來，你對許多事總是有所保留與退縮。你太習於限制自己的創意與才華。或許有人曾經說你毫無創意，或告訴你創意根本沒有價值，你可能就此信以爲眞，進而如此說服自己。

你充滿無限創意。你的內在擁有一個具有創意的自我，渴望玩樂，想要放輕鬆，並期待去創造。讓這部分的你，自由翱翔吧！讓自己放鬆玩樂，與生命、與工作、與各項計畫一起玩樂。

列一個清單，寫下你對創意能力深信不疑的負面觀點——你自己的想法、別人灌輸給你的意見，以及你說服自己的觀念。然後把這張清單燒了。現在，列一張新的清單，寫下所有正確的事，或你相信應該是正確無誤的事，抑或你想要讓這些都成爲事實的內容。不要讓障礙阻攔你，勇敢寫下：你是充滿創意的，你可以創意無限，而且你與宇宙的創造力緊密連結。

當你找到自己與創造力的連結時，整個宇宙對你而言將頓時生動活躍起來。宇宙會幫助你、指引你、啓發你。你將發現自己開始想像一些事物，然後一步步被引領，走上一條可以發揮創意的正確途徑。當你對下一步計畫毫無頭緒時，你可以靜下心來，留意聆聽你的心，然後讓神和宇宙來帶領你、指示你。

創意是來自世界和宇宙的自然傳承。

宇宙創造萬物，而宇宙也需要你協助進行創造。

創造使你跟宇宙、神、自己以及生命節奏，和諧共處。

〔第252天〕

9/8

# 不要活在焦慮的槍口下

在這快速又忙碌的世界，我們是否經常感覺自己總是頂著壓力，在「槍口下」度日？我們每天所承受的壓力會不斷累積，直到我們的身體彷彿眞實體驗到被人用一把槍指著，催促警告說：「快點完成這些！趕快做，否則就慘了！」這些感受對喜樂、創意或一切努力等積極正面的能量，毫無助益可言。這樣的態度不僅會形成壓力，有時甚至會造成無可忍受、不堪負荷的壓力。

有些人長久以來一直在令人惶惶不安的槍口下過活，卻對此生活狀態渾然不覺。但我們的身體卻有意識，也有感覺。我們開始感覺到緊張與壓力，如履薄冰地活在恐懼與焦慮中。有太多人與這些負面感受長期爲伍，以致習以爲常，甚至逆來順受地認爲「事情大概只能這樣吧」！

錯了，事情的眞實樣貌未必是如此。不管是誰用槍口指著你，請你緩緩把槍推開，放在桌上，告訴拿槍的人，任務終究會達成，一切狀況也會漸入佳境。而且當我們不在槍口下工作時，我們會更有創意，並在時間內漂亮完成。更重要的是，別忘了要如實這麼告訴你自己。

我們承認，投入與承擔工作責任是重要的。

我們承認，按時完成職責是必要且重要的。

然後，快樂地承認內心的法則與智慧也同樣重要。

這些美好特質將幫助你有效率地完成所有工作，而且可以享有免於活在槍口下的自由。

〔第253天〕

9/9

## 留一些美好的時刻給自己

花時間細細欣賞這美麗的世界。多駐足停留一會兒，而非只是開車經過。偶爾注意到某個特別的美麗景點時，把車子停好，走下車，讓自己置身其中。好好欣賞眼前的美景，用力聞聞所有的味道，可能的話就伸手摸摸看。用心吸收並感受觸目所及的一切壯觀與美麗，為此感謝宇宙把如此美好的時刻留給你。

此外，請花時間享受你所創造的東西——你的工作、你的人生、你自己。環顧四周，再看一次。花時間欣賞生命中的美麗風景，吸收並享受你所瞥見的一切美好。然後，請跟周遭的人分享這份珍貴的禮物。花時間關注你認識的人，真正去看見他們的美好與價值。接著，真誠地告訴他們，對你而言，他們是如此意義非凡。

對自己與世界保持開放，意味著學習去認識、吸收一切的美好。讓自己成長，也讓自己重新定義何謂真正的美，以及你所感受的美應該爲何。或許你已經很久不曾靜心欣賞美麗的風景了。現在，該是時候把墨鏡拿掉，放寬心領會並感恩周遭的美！

**我們的靈魂因這世界的美好而得到滋養。**

［第254天］

9/10

## 笑一笑，你會感覺好多了

「某日清晨我醒來時，那種百無聊賴的枯燥感又來了，於是我打開電視。那時正播出一部舊電影。一開始，我思忖看一部這樣的電影肯定是在浪費時間。但就在那一小時，我不停地捧腹大笑。當電影播完之後，我的心情好得不得了。」一位朋友與我分享他的親身經歷。

記得要笑口常開。不論我們所遭遇的環境如何，不論我們置身何處，不論發生什麼事，笑，始終是重要且必要的。當我們開懷大笑時，笑容會改變我們的臉部線條，改變我們的外貌。有人甚至主張，開懷大笑可以改變我們的生化機能。

放輕鬆，開開玩笑，自我解嘲一番。有時，笑看人生也不錯。所謂眞實，未必得要常常板著一張臉或表現得陰沉嚴肅。很多時候，我們認眞尋覓的眞相與事實，往往在我們仰頭大笑時，毫不費力便尋得了。

**學習幽默的力量。這股力量將陪伴你長長久久。幽默感會為你的長途旅程製造無窮樂趣。**

［第255天］

9/11

# 釋放被遺棄的記憶和恐懼

有人說，被遺棄的恐懼是一種普遍性的擔憂懼怕。對大多數人而言，這樣的恐懼很平常。當我們相信所愛之人將會離我們而去時，痛苦、恐懼和心碎的感受便會向我們襲來。對大部分人來說，那種恐懼之所以眞實，是因爲生命中確實經歷過某位重要人物離開或背棄我們，不論是身體或情感的離棄。而今，害怕再度發生的念頭，令我們膽戰心驚。

雖然這是普遍性的恐懼，但如果經歷其中的是我們，那種眞實的害怕，便仍只屬於我們自己，外人難以理解。這樣的懼怕需要我們去面對、去感受、去承認，然後釋放。這份恐懼需要被療癒，否則我們的生命就會被它掌控，我們的情感與人際生活也會被它破壞。

有時，我們因過於害怕被遺棄，以致不願意有任何人離開我們——即便是我們不喜歡的人。因爲所有的「離開」，不管對象與緣由爲何，都會啓動似曾熟悉的舊感懷、舊創傷。如果我們不處理，人們就會利用它來對付我們。他們只需要輕輕威脅要離開我們，便足以令我們崩潰，並在當下交織拉扯的感受中，繳械投降。

深藏在被遺棄的恐懼背後，潛伏著另一種懼怕，那是更深層的害怕——我們害怕自己成爲所愛之人離開的理由。有時在我們的生活中，某些重要他者爲了追求自己的人生與方向而選擇離開。然而，如果他們對這個決定感到困惑、有罪惡感、或對自己的離開不甚確定，那麼，他們可能會選擇撒謊來欺騙我們。他們可能會責怪我們，把一切分離的罪名怪到我們頭上，使我們難以承受。而他們的謊言，最後也會根深柢固地潛入我們的內在。

有人曾經對你說過這樣的謊言嗎？請你以另一種說法告訴自己眞相：你從來不曾促使任何人離開，你從來就不是別人離開的理由。如果有人必須離開，那純粹是對方的選擇。

療癒你被遺棄的恐懼。
釋放自己與他人同得自由。

［第256天］

9/12

# 與生命連結，爲自己補充能量

千萬不要告訴自己，你毫無力量。不，你精力充沛，力大無窮。你要學習的是增強自己的能力。起來，走一走，動一動。播放一些能令你精神爲之一振的音樂。伸展手臂與雙腳，活動一下筋骨。離開當下的環境，出去散散步。

你可以看看孩子們怎麼玩樂。遊戲中的孩子，力氣似乎用不完，永遠精力充沛。還記得你仍是個孩子時的感覺嗎？你也曾擁有消耗不盡的體力。我們大部分人也曾經如此，而至今依然精力旺盛。

是的，我們當然也會疲憊，尤其是那些緊湊繁重的工作常令我們筋疲力竭。生命中也會遇到使我們心力交瘁的時刻，譬如因爲失去而極度哀傷的時刻，或者某些身體的病痛使我們必須用很大的力氣去接受治療。有些時候，問題或許不是出在我們身上，而是因爲別人與他們的問題使我們疲於應付。當然，有時是我們使自己彈盡援絕。

如果你沒有感覺到自己的能力，或許是有些東西阻礙了你的能量。你或許想要努力做一番事，卻歷經了一些阻力，可能是一些舊情緒或舊信念阻攔了你的能量線路，導致電路不通。也或許你坐在位子上太久了，導致氣血循環不良。又或許是你不斷地大聲說服自己，認爲自己是無能的，時日一久，你也就信以爲眞了。

清空你的能量循環系統，將任何阻擋你前進的障礙通通排除。

然後站起來走動走動，與生命接上線。

請學習增強你的力量。



［第257天］

9/13

## 擁抱自己眞實的感受

有時，我們以爲堅強意味著不向情緒低頭。但那其實不是眞正的堅強；那不過是否認與壓抑。眞正的力量來自示弱，示弱到一個地步後，我們便可以從中體會到眞實的感受。

我們常告誡自己：「繼續往前走，不要妥協。一切都會過去的。」但現階段唯一可以幫助我們跨越的出路，是透過眞實地去體會與沉澱我們的感覺。我們若耗費太長的時間去對抗或壓抑情緒，我們便得花更久的時間與那樣的心境搏鬥。

除非我們眞實地體會自己的感受，否則我們無法學到功課與教訓。除非我們先讓步，去感受我們的情緒，否則我們無從發現眞正的問題，無從知道下一步何去何從，也找不到出路與跨越之道，更無法眞正地釋放那些情緒。單單「說出」情緒是不夠的，雖然「敘述情緒」確實可以把它們帶入意識層面，也可以帶進生活裡；但談論我們的感覺，與聽從和感受這些情緒能量是截然不同的。

去覺察那些感受，才能進而釋放它們。現在，你的靈魂與整個宇宙可以一同往前進入一個全新的環境，經歷更美好的生命成長。接著，其他值得學習的議題與功課，將自然而主動地湧現，譬如自由、寬恕、接納、愛、珍視我們內在的某部分或我們的生命。如果我們關注並聚焦於自己的成長過程，我們將清楚地看見，這條路的每一步——體驗我們的感受，接納它，然後釋放它——將啓動與激發下一步的成長。很快地，我們會發現自己正在學習一份嶄新的人生功課。我們再度上路了。

> 當我們容許諸多感受穿越自身時，自然會體驗到一股力量。
> 你驚覺那股超越你所想的力量，竟是來自示弱——示弱到令你能夠去體會內心真正的感受。

［第258天］

9/14

## 無能中的大能

有時，我們就是感覺無能爲力。不管我們多麼努力，不管我們多強烈感覺自己的做事風格需要改變，不管我們如何付出個人的責任、自由意志、自我實現與自主自決的努力，不知爲何，我們就是感覺無能爲力。我們兜兜轉轉，卻還是不斷在做同樣的事。儘管我們希望能有所改變，但似乎就是無法擺脫舊有的框架與包袱。然而，那不代表我們不負責任，也不代表我們不能被信任。那不過意味著在現階段，我們暫時無法改變，我們無能爲力，無法讓事情有任何轉機。

到了這個階段，我們或許已經發現了一些眞相。事實上，即便在無能之中，仍有能力。能夠勇於承認自己無能爲力，這過程本身已經是一種能力了。透過談論並表達這個問題，透過承認並接納無能，你正一步步吸引更多幫助。尋求你所需要的協助，坦然承認並接納你的無能爲力。

請溫柔待己。

在面對你的問題、你的無能為力或尋求解決之道時，記得，你一點也不孤單。

讓愛指引你走向你所尋求的答案與出路。

［第259天］

9/15

## 修補心的裂痕

我躺在溫泉澡堂的小床上，用一塊毛毯，將自己從頭到腳密密實實地包裹起來。我躺在那裡時，毛毯蓋住了我的臉，我幾乎感覺得到內心深處的每一道裂痕。我感受到前所未有的撕裂和破碎。我沒有忘記這趟旅程的其中一個目的，是爲要療癒我的心。

你的心可能已經破碎好幾回了。有些撕裂比其他創傷更嚴重，但每一道撕裂與破碎都將導致一道裂痕，使你的能力與意願變得脆弱不堪，以致無法去愛、去相信與接受療癒。

不要把自己封閉起來。不要走開。不要告訴自己：「我的痛苦不重要。我很堅強。人生不過就是如此。」這些都是我們經常告訴自己的謊言，以試圖掩蓋痛苦。即便看似最微不足道的背叛，如果沒有好好表達，或至少沒有誠實對自己表達，最終將對我們的心造成傷害。願意，是一把關鍵的鑰匙——願意去感受所有需要細細沉吟與體會的感覺，願意接受療癒，願意重新再愛一次。

當你更深入地踏進你的旅程時，你也愈發沉浸在你的喜樂、更深入於你的內心之中。想辦法去修復與療癒那些細細小小的裂痕、所有破碎處與裂縫。當你進入更深的喜樂之境，你也將更深刻地經歷許多痛苦、哀傷與失落。不要害怕，不要退縮。那並不代表你將再回到綿綿無絕期的苦恨中，也不代表你永遠無法擺脫那些哀傷與悲痛。

現在就花些時間修復那些傷痕。更深地進入你的內心，幫助你的心，使它接受療癒。把破碎的夢想埋葬起來，同時釋放那些傷害。承認那些歷歷在目的背叛，然後帶著愛，輕輕地、緩緩地，在你的內心周遭塗上一道閃亮美麗的寬恕與愛，以彌補那些傷痕與裂縫。

總有些時候，在走向內心的旅途中，我們需要讓心接受療癒。

當我們走進療癒深處時，如果我們越自由，便越能感知我們的感覺，也越能感受到欣喜快樂。

［第260天］
9/16

# 累了可以休息，但不要放棄

旅行到某個定點時，我們可能會覺得疲憊、身心交瘁與困惑不解。當我們思鄉心切時，所有的山峰、景致、美食、人們與各種新奇經歷，都無法彌補我們內心的思念，我們一心只想著要回家。我們開始納悶：「我在這裡做什麼呢？沒有一件事值得期待與令人雀躍。」然而，另一個我卻對這一切背後的眞相瞭若指掌，開始對我微聲提醒：「哦，是的，有些事確實正在發生，也有一些事值得期待它發生。」

思鄉之情，經常是旅途中的感受之一。有時，那意味著我們已然來到一個轉捩點。曾經有位朋友如此說道：「當我們終於抵達那個關鍵點時，就表示旅程已經展開了。」

爲你自己、也爲你所有的情緒，活在當下。你已經走了好長一段路，千萬不要半途而廢，不要停在這裡。踏實地走過每一個必經的地方和定點，將使你的人生經歷徹底的大轉彎。你已經學習了一些功課，也成長了，你也很努力地療癒你的心，潔淨你的靈魂。你的靈性成長是如此卓越超凡。而今，這一路走來的艱辛與成果，都是爲了使你自己更踏實穩健地走完那未竟的旅途。

其實，你不過是瞥見生命要給你的一小部分而已。你即將穿越一扇門。現在，你的心是敞開的，因此，你將看見、也將探觸並領悟更多生命的奧祕。這正是你遊走四方所累積的獎賞。請繼續用心體會你的所有感受，並且相信那些將你帶往各處的指引。

〔第261天〕

9/17

# 急，不會讓你走得更快

不要爲明天該做什麼、明天那些難解的謎底是什麼，而憂心忡忡或焦慮不安。想要完成一份任務、安然度過一天或一輩子的最佳法則是，踏實地活在當下。

較勁、催促、嘗試施壓等方式，都無法帶來眞正的效果。或許以前可以奏效，但如今已不合時宜。匆忙倉促並不會使整個過程或旅程加速前進。事實上，你若不斷想要趕上自己，你會發現，自己最終仍需回歸原點，回到你原來試圖想要跳過的那部分，從那裡，重新再走一次。

當然，我們也會來到一些需要稍微趕路、趕進度的時候。但別忘了，急匆匆趕路不會讓過程加快完成，只是徒然令我們壓力倍增，甚至腳步錯亂。想要加快進度的正確法則是，讓自己全然沉浸在每一個時刻裡，然後專注聚焦於我們的能量、我們的存在與態度、我們的情感與情緒、我們的思緒和我們的內心。

活在當下。此時此刻，專注聆聽你的心。以溫和與滿懷的愛對待自己。此時此刻，對周遭的指引敞開心懷。這些指引將以活躍生動的方式，把每一個當下召喚到你的生命中。

如果你與你的心、與你自己、與當下同在，
那麼明日的答案，將如今天般，時候到了，便昭然若揭——自然、溫柔且準時臨在。

［第262天］

9/18

## 改變自己的能量，周遭能量就會跟著轉變

當你改變時，那些曾經對你有效的法則與內容也會跟著改變。

這趟旅程的目的，是爲要學習敞開。我們由此學會觀照的責任，學會檢視我們的身體在某種條件下的感覺。由此，我們又承擔起了解的責任——了解有哪些事對我們有助益，又有哪些事是我們可以輕易掌握的，以及一些對我們不再有幫助、也不再有果效的事情。

當我們改變時，我們期待圍繞周遭的能量也能跟著改變。這不只是期待，也是一種需要。我們想要有更美好的感覺，使我們力量增強，而且對我們有具體的幫助。一開始，我們或許會說：「過去我從未覺得這樣有什麼困擾，但不曉得爲什麼，我現在卻變得很敏感。」若然，那麼我們或許正在等待我們的身體與生活回歸到正常的節奏，回到原來該有的生活習慣與常態中。

你比過去任何時候都更敏銳、更敞開。當你有所保留時，你不會有如此深刻的感受，也不會有這些強烈的反應。有時，你甚至對自己的感受、身體如何反應，渾然不覺。然而，你現在已經越來越敞開了，你的身

體、思想、靈性與靈魂，都將深受你的生活所影響，不管是食物、飲品、某人或某種環境的能量等等。你將變得更加熱切。你可能會想要品嘗不同的食物，與不同的對象互動，到不同的地方看看，嘗試不同的穿著，參與不同的活動。當你的能量改變時，你自會熱切期待有不同的能量圍繞你身邊。

當你的身體與情緒告訴你一些不再對你有效的內容時，請留心聆聽。

讓那些陳腔濫調離你而去。

當你的心將你帶往某個新奇之處時，請留心聆聽並接受內在的指引。

[ 第263天 ]

9/19

## 堅定迎向人生的暴風雨

暴風雨轟然臨到，風馳電掣、雷聲隆隆。有時，冰雹重擊，來勢洶洶，令人聞之喪膽。有時，暴風雨甚至釀成災禍。儘管如此，暴風雨並非永久存在。

就像大自然的暴風雨樣貌變幻多端，我們的人生面貌亦是如此，有時狂熱激烈，有時黯淡不明，有時則像是一場溫和清新的雨水。不論如何，人生難免會遇到風暴，我們的靈魂亦然。暴風雨一直是人生的一部分、成長的一部分，也是旅途的一部分。

點亮一根蠟燭，穿暖和點，確保自己處於安全的狀況，然後靜候風雨過去。你要相信，雨後必會天晴。

讓一切歸於平靜。讓一切復歸安全。讓一切喜悅與意義都回來。

就是這份堅定的信心，使你相信你的目標與人生都在軌道上。

［第264天］

9/20

## 現在就去做你感興趣的事

這世上有太多奇妙的事值得我們學習，當然，也有許多人樂於教導我們如何善用這些魔幻力量。有沒有什麼事情或活動是你一直深感興趣卻遲遲沒有採取行動，而你已經對自己講得不耐煩了？有沒有哪些新鮮事，是你一直想學習或探索的？哪些事對你而言會令你興致高昂，感覺新奇有趣？

你對什麼事情感興趣？你可以創意十足地參與其中。你值得爲自己的人生好好學習與成長。尋找一些可以激發熱情的活動，讓這些活動教導你、幫助你學習更多有關自身與人生的種種。放心去做內心指引你去做的事。

我們總是說要努力嘗試新事物，但也只是嘴上說說罷了。現在是付諸行動的時候了。鼓勵你好好享受人生，努力去做你想要做的事。

展開一趟發現之旅。尋找可以激發你興趣的事。用幾天、甚至幾週的時間，聆聽自己的心。

發掘可以激發創意與熱情的事物，將那些想法謹記於心，然後跟隨心的指引。



［第265天］

9/21

# 欣賞你的感性特質

學習欣賞並喜愛你的感性特質。

輕撫盛開的木蘭花瓣。用力吸一口花的清香。觸摸玫瑰花梗，小心探觸玫瑰花刺。用手指輕觸一株仙人掌。好整以暇的坐著，感受腳底觸碰青草的愜意。撫摸一棵大樹，緩緩地以手撫摸它那歷經歲月所累積的粗糙樹皮。雙手環抱一塊石頭，抱緊一點，去感受石頭傳來的溫度與質地。然後，把石頭放在臉頰旁，仔細感受一下那是什麼樣的觸感。換個場景，用你的身體去感受純棉被單與柔軟毛毯之間的差別。說說看，皮膚泡在水中的感覺爲何？當溫暖的晚風輕拂你的臉，感覺怎樣？轉個身，去摸摸嬰兒的雙腳。

學習欣賞你的感性特質。這些特質將使你一步步敞開自己，並向著周遭世界的能量敞開。

這些美好感受將使你向著生命與熱情、對著創意與你的內在本質，毫無保留地敞開。

〔第266天〕

9/22

## 改變，才能讓生命旅程往前推進

你不需要害怕改變。曾經有位朋友告訴我，需要害怕的不是改變，而是一成不變。生命若停滯不前，便猶如一灘死水，戛然而止。

生命本該是一段不斷演進的過程。生命的每一時刻，都持續且悄然地推陳出新、不斷往前推進，比原來的狀態更新穎、更與眾不同、更增添優雅、美麗與完美。你可以相信，那過程充滿見識與洞察力，明確清晰，當然也有著不同情緒。你也可以相信那過程充滿平和、喜悅、歡笑與其他預料之外的插曲。

學習尊重，並愛上持續進化與轉化的過程。事實上，成長就是這麼一回事。我們的成長，本就離不開這樣的過程與軌跡。生命的演進，就是如此。

學習擁抱改變。

〔第267天〕

9/23

## 培養刻意運動的習慣

運動的召喚，從來不是來自健身中心、健康俱樂部、體適能教練或各種減肥書。是我們的身體和靈魂，召喚你起來鍛鍊身體。

我長久以來不斷與運動這檔事對抗。八〇年代當運動盛行時，我很努力抗拒。對我而言，運動眞是件無聊透頂、困難且毫無樂趣可言的事。我總是告訴自己：「這對我沒用。」

當我女兒好不容易把我拖到鄰近的健康俱樂部時，我感覺自己仿若置身全然陌生的異域。我花了幾分鐘時間踩腳踏車，然後像一隻企鵝般晃到一處水療區，我的雙腳麻痺，心臟砰砰跳，肌肉痠痛，汗流浹背。女兒看著我，語氣堅定地說：「是你讓自己成爲這副模樣的。現在該是時候改變了。」

我痛定思痛，開始進行一些基本而簡單的體適能動作，花了些時間才稍微進入狀況。不久，我竟感覺通體舒暢，漸入佳境，而非越來越糟糕。這樣的循環自然而然地發生，且持續了好幾個月。我的身體開始大聲疾呼：「該是時候了！」

這世界充滿許多活絡筋骨、讓身體動一動的方式，可以用來操練身體，同時達到運動目的。你可以考慮把車子停在遠離超市的地方，刻意讓自己走一段路。你也可以一次只提一袋購物袋，從車庫走到房子裡，讓自己多走幾趟。不靠別人幫忙，自己提行李。外出走一走或跑跑步。做仰臥起坐，學習瑜伽，參加排舞。

找一些你感覺不錯且有效的方法來動動身體。坐而言不如起而行，雖然一開始可能不如預期，但請耐著性子持續做，直到你聽見自己的身體對你說出它的期待、它的需要、它感覺好的方式。請你一直操練，直到聽見身體對你說它想要如何運動、想要何時運動。

「聆聽身體」這項功課，你若做得越好，就越能清楚聽見靈魂的聲音。

［第268天］

9/24

# 接受療癒，也分享你的療癒之道

當你需要療癒時，相關的人、想法和資源一定會臨到。他們會從容地出現在你的旅途中。有時，出現的時機如此巧合，使你不禁覺得實在太神奇了。但有時，你或許會拒絕承認，並且說：「應該不可能。這未免太簡單了！」事實上，當你準備好了，你的療癒師便會在你最需要的時候，適時出現。

你可以放膽相信宇宙會將療癒師送到你面前，但更重要的是，你也必須相信自己。有些你所遇到的療癒師與資源未必適合你，因此，你必須相信自己知道什麼才是對的。另外，請記得，療癒師不是你力量的源頭，他們只是純粹幫助你重新取回你的力量。他們帶著天賦來到你身邊幫助你，好讓你能找到屬於你自己的那部分。

時候到了，時機對了，那些等著你將療癒能力帶給他們的人，同樣會出現在你的生命旅途中，一如你的療癒師總是適時出現在你身邊一樣。至於誰得以分享你的療癒能力，請相信你自己會做出正確的判斷與選擇。只要你留心聆聽，你的心必會指引你。

讓自己接受所需要的一切療癒，也讓自己跟他人分享你的療癒天賦。
尋找最適合你的平衡。
相信你自己，以及身體和心靈的智慧，
還有你的心感覺正確的事、正確的對象，以及對你而言正確的時間點。

［第269天］

9/25

## 與愛的節奏共舞

踏入你生命中的自然節奏。

你不需要把自己逼到死角，不需要壓抑自己，也不需要逼迫你的生命或任何流動的能量。

如果你感覺疲憊，那就休息一下，出去散散步，大量吸取周遭的療癒能量。側耳聆聽鳥兒歌唱，聽聽孩子爽朗的笑聲，感受朋友溫暖的笑臉，或者你也可以對一位擦肩而過的陌生人展露笑容。你若卡住或感到糾結，別再苦逼自己非得找出解決方案不可。駐足思索，後退幾步，直到亟欲尋求的答案，從平靜之處與你的直覺中自然浮現。

暫時離開你的壓力和恐懼，笑一笑，讓自己輕盈起來，鬆口氣。改變你的能量。放輕鬆，直到你尋獲那股流動的能量。放輕鬆，直到你找到屬於你的節奏，直到你重新感受到生命的節奏。

踏進愛的節奏之中。

［第270天］

9/26

## 在黑暗的時刻，仍要相信

在我們的旅途中，人生光景偶爾會走到淒涼無望的絕處。黑暗可能籠罩我們。

這是值得期待的時刻。它們通常就出現在生命最山窮水盡時，可能是那些充滿失望沮喪、挫折連連、窮途末路、哀痛欲絕與焦慮憂心的日子。有時，這些時刻來得急，去得也快；但有些時候則久久揮之不去。然而，這些感受與時刻，是人生必經的過程。

既然不能避免，那就好好爲這些時刻做好準備吧！其實，它們並非旅途的終點。這些時刻與過程不過是行程中必經的隧道，最終必會重見光明。不消多久，你將感受到、看到並知道，這一切所爲何來。答案清楚明白。你將會走出黑暗的隧道，迎向光明。

在最淒涼無望的時候，仍要相信。

當你終於抵達隧道盡頭時，你將明白這一路走來種種曲折黑暗之必要。

［第271天］

9/27

# 停止吸納負面能量

當警察在執行任務，如果他們想要保護自己，同時叫嫌犯不准動時，他們通常會高喊：「站住！」我們也可以如法炮製。我們可以對著從他人那裡傳來的廢棄能量喊道：「站住，不准動！」

健康專家高度認同我們的生活中有太多造成壓力的因素，從空氣汙染與毒害，到其他與愛、金錢、自尊、工作相關的各種疑難雜症。其中一個錯綜複雜、導致不良壓力的原因（也是我們經常忽略的部分），就是人們將負面能量傳給我們。我們可以學習對此更有覺知，學會自我保護，不讓自己被他人有意無意傳來的負面能量所影響，不管那些負面能量承載的是他們的怒氣、憤恨、嫉妒或毫不掩飾的恨意。我們不需要去承受這些能量的衝擊，更不可以讓它們來傷害我們。

我們可以叫負面能量「站住，不許動」。我們可以在心理上叫它停止，堅定地拒絕接受或任由它進入我們之內，成爲我們的一部分。假如有某些事眞的使我們感到困擾，我想起有位療癒師曾經傳授的方法，或許可以試試看——把那個人畫下來，或用文字敘述你所面對的問題，然後將它貼在冰箱的冷凍庫裡。

人是能量。思想也是能量。

愛自己並非吸納毒素。負面能量才是毒素。

不要透過傳送負面能量來向別人施壓。

如果負面能量壓榨你，學著說出來，然後告訴它：「不准動！」

［第272天］

9/28

# 寬恕，讓心得到眞正的救贖

有人向我提議：「你一定要去看看布萊斯峽谷。但先別急著去。等你開車去過猶他州的其他地方之後，再去布萊斯峽谷。那裡就像是蛋糕上的糖衣。」寬恕亦然，那確實就是蛋糕上的一層糖衣！

寬恕是個再簡單不過的詞彙，但卻是困難重重、錯綜複雜的過程。如果我們想要找到快樂與喜悅，寬恕便是不可或缺的必要因素。

原諒得太快、太倉促，在還來不及去體會那些需要歷經的感受之前的原諒，都不算完整。建基於否定的寬恕，終究只是虛幻一場，毫無意義。另一方面，當我們已然感知所有情緒之後——憤怒、激動、痛苦與背叛——卻仍決定不原諒，那麼，我們的心將變得剛硬如石頭，使我們越來越封閉退縮。我們將面對一個懸而未決、有待完成的狀況，並且和我們的過去決裂，無法連結。我們與他人之間始終有一份「未了結」的缺憾。我們或許不再跟對方見面，不再和對方說話，也或許會有意無意地想起對方，但我們就是無法獲得眞正的自由，對方亦然。

有時，我們需要尋求別人的寬恕，因爲我們已經嘗試各種方法，卻仍無法使自己感到安心。有時，寬恕會找到我們，並以預料之外的方式轉變我們的心，使我們更柔軟、更敞開，並更新我們的心與人際關係。

有時，寬恕的力量會使我們感到驚奇，因為那是最後一種我們認為需要再次完整感覺的體驗。寬恕，往往使整個過程圓滿告終。那是蛋糕上一層賞心悅目的糖衣。

［第273天］

9/29

## 今天，值得爲自己和別人做件美事

何必等到聖誕節？今天就爲某人做件美事吧！即便不是某人的生日，也可以送一份禮物——一份帶著愛與喜悅的禮物。

感覺灰心喪志？挫折沮喪？與其在你已經糟透的感受裡雪上加霜，不如做些讓自己心情愉悅的事。好好愛自己，善待自己，對自己溫柔，培育自己。送自己一本書、一束花、一件外套或一頂帽子——一個能帶給你快樂的東西。或是去看一部電影，也可以送自己一份免費大禮——散步、洗個澡、享受午後太陽下的悠閒時光。你甚至可以寄一張明信片給自己，在上面寫一些安慰與鼓舞的話語，告訴自己已經做得很好，肯定自己已經盡力了。此外，你也可以將這些充滿愛與鼓舞的文字送給其他人。告訴他們，你對他們的感激與欣賞，且不吝於讓他們知道他們是何等完美。當你將愛的禮物送到他們手中時，你同時也將自己送出去。

有時，人們最需要的禮物並不是有形的東西，而是無形的愛的言語。我的朋友曾經對我說：「我每天早晨都爲你禱告，祈求神祝福你、幫助你。然後我告訴你的天使，請他們從早到晚都要特別眷顧你，並賜你許多喜樂。」那是我這輩子收過最美好的禮物。

你不需要等到聖誕節才送出愛與歡樂的禮物。
將那份愛送給他人與自己。常常送、慷慨地送。
一整年，隨時都可以送出愛的禮物。

［第274天］

9/30

# 成爲愛的療癒者

你奉獻給世界的療癒能量，如此優雅而自然，一如松樹以它的生命與存在來探觸並療癒你一般。喚醒你的感官，它們將以獨特的香氣來充滿你。它們的存在改變了你的能量、安撫了你的恐懼，使你確信一切平安，歲月靜好。

你知道自己可以抬頭挺胸、開心自在地做自己，不論身在何處都能好好成長。因此，你有能力探觸並感動身邊的人，以不傷害或損耗的方式療癒他們。你可以送給自己和這世界的其中一份禮物，就是以療癒者的身分奉獻自己。你不需要勉強自己，更無須施壓或迫使這樣的事發生。當你愛自己、接納自己原本的樣貌時，成爲療癒者便是自然而溫柔的事。

敞開你的療癒能力，那是一種療癒自己與周遭他人的能力。以喜悅的心領受這份禮物，再將它無條件送給你認識的所有人。敞開你的療癒能力，你將會更珍惜你的過去，亦即那些你已經歷與做過的事。

你是誰？你就是愛。

愛所做的，無他，療癒而已。

# 10月

# 在旅途中，所見風景可能和你預期的不同

【第275天】

10/1

# 你準備好了嗎？願意嗎？能夠嗎？

你準備踏上的旅途，路上的障礙是否已清除？你是否已經準備好、非常願意且能夠爲自己所冀望的夢想，付出一切代價？

先決定自己的想望。清楚知道你想要的一切。說出來，寫下來，或與朋友分享你的想法。然後，心平氣和地問自己是否已經準備好、是否願意、是否能夠爲自己所冀望的夢想與目標，付出所有？任何時候，請按著自己的需要，問自己這些問題。

當你勇於說出自己所想望之事時，請觀察自己的感受如何。找找看是否有對立的意見，旅途中是否有任何阻攔與妨礙。近距離地檢視深藏於內心的恐懼、憤怒與抗拒。讓你的感受現身，承認它們的存在，然後釋放它們，讓它們離開。盡你的努力，慢慢地把旅途中的障礙一個個清除，直到你可以清楚看見你的願景，直到你可以清楚聽見你那鏗鏘有力的聲音：我準備好了！我非常願意、也能夠擁有我所想望的一切！我也知道，那正是對我最好的祝福！

你的夢想之路與實現願景的途徑，是藉由走進你靈魂深處的旅途來達成。

你是否準備好，願意並能夠擁有你所冀望的一切？

當你聽到自己如此表達時，你是否真心相信？

當你展開行動時，前路會清楚明確地指引你，而你也已準備好要踏上渴望的旅程。

〔第276天〕

10/2

# 讓未知領你到全新之境

瞧！看看你改變了多少！看看你的觀點有多麼不同的轉變！

曾經，你是如此畏縮害怕，踮起腳尖偷偷窺探前路，亟欲知道卻又不知未來會如何。你記得當時你何等灰心喪志。因爲無從知道未來的藍圖與計畫，那股不確定感與被遺棄的感受，排山倒海地撲向你。

而今，人生將你帶往一個全新之境。對你而言那或許是個新的地方，但實際上它卻是一處舊地。這一路走來，你對自己未來的前景如何，毫無概念，沒有答案。所以你應該做的，是學習信任並追隨內在指引的法則，學習好好感受路上的每一個過程，相信你的願景、你的能量、你的目標、你的所在，以及每一天與每一時刻，讓自己全然投入其中。你應該做的，是讓宇宙以超乎尋常的神奇方式向你顯明，而你也相信祂做得到。其實，你一直在學習這個功課，而且掌握得很好。

現在，看看你對生命的神奇魔力是何等雀躍而期待——驚喜、未知、全然信任宇宙給你的答案、彰顯你的願景，在你迷惘時爲你指點迷津。看看你現在多麼珍惜你和宇宙的關係。這是一份超越你所能想像、無比重要的關係，也是一份既深且廣、充滿包容性的關係。看看你現在多麼欣喜地走向這趟旅途，享受所有的風景，以開放的心愛所愛之人，也愛不認識的陌生人。

你無法看清楚前頭風貌，其實是仁慈美好的事。「無從知道」的未知感，教會你許多有關生命的神奇魔力。這股力量將你與宇宙以及神，緊密連結。

**未知所教你的功課，遠遠超乎你能想像。**

［第277天］

10/3

## 解開心中的遺憾

好好解決你與其他人之間的糾葛。置之不理和懸而未決的事，對敞開的心無疑是最大的障礙，也是平安與喜樂最大的阻礙。

那些盤根錯節的繩頭，總是把我們與往事纏繞在一起。我們最需要做的，是讓自己平靜下來，聆聽內在的聲音。誰是我們怨恨的對象？我們對誰滿懷怒氣？我們被誰傷害？哪些人總是無法和我們好好相處？這一切都是我們未解的難題，也是內心未竟的遺憾。

更深層地往內檢視，探尋你的祕密，尋找那些尚未完成的拼圖，然後去發掘你需要完成的藍圖。很多時候，答案就在呼吸之間——新鮮空氣的呼吸，寬恕原諒的呼吸，愛的呼吸。好好的深呼吸，讓過往一點一點地離你遠去。讓那些過去，在平靜中漸行漸遠，然後爲這一路的學習與收穫，心懷感激。

好好面對那些懸而未決的事。

透過完成未竟之事，療癒你跟他者以及內心之間的連結。

這麼做之後，你將得以自由行動，平靜地往前行。

［第278天］

10/4

## 越艱難的時刻，越要抱持期待

我在新墨西哥州的一間小教堂裡，得到這個神蹟。奇馬約教堂以其醫治能力與神蹟奇事聞名遐邇。有人說，教堂地底下尤其神聖並充滿能量。教堂後方房子的牆壁上，掛著一排異常醒目的拐杖，是不良於行的瘸腿者前來接受醫治後，離開時所留下。那是療癒的鐵證。

四年前，一位把我送到該間教堂的朋友，在那裡親眼見證了發生在我身上的神蹟奇事。當時是我兒子去世後三個月。我不曉得有什麼神蹟可以滿足並醫治我當時的處境。而今，當我坐在教堂後方的椅子時，我終於明白了。是的，雖然我沒有任何拐杖可以驕傲地高掛在牆壁上，但接納的神蹟卻奇妙地醫治了我的心，也改變了我的生命。

很多時候，我們可能汲汲營營地尋求一種能快速改變當下環境的神蹟，好讓我們可以不必苦苦面對那些錐心之痛，或許還可以免去所有哀傷的感受。有時，我們會備受恩寵而享有這樣的神蹟。我們發現，神蹟不僅改變了我們的外在環境，更多時候，神蹟改變的是我們。如果外在的處境太艱難，痛失摯愛讓我們痛苦萬分，使得我們只能小步小步地踽踽前行，請不要逃避，如實接納你今天的感受，擁抱今天的你，也欣然接受你今天的想法。

尋找你的神蹟奇事。永遠期待最好的。

但如果你無法改變你正經歷的過程，那就讓簡單、平靜以及接納的神蹟找到你。

［第279天］

10/5

## 每個時刻，靈性都在成長

長久以來，你可能以為靈性成長、療癒與人生都是沉重的課題。就某些理由而言，確實如此。然而，現在已經不是這樣了。你看過一朵玫瑰奮力掙扎著成長、開花嗎？你看過一棵大樹在百般壓迫推擠下，拉拔自己長高嗎？你的成長足跡亦是自然而然、循序漸進的，就像一朵玫瑰從冒出嫩芽綠葉開始，然後結成蓓蕾，再開成馥郁嬌豔的花朵。你已將自己交付於生命、交付於成長，也將自己交付於敞開的心，並致力於走上這段旅程。足矣！

接下來的步伐與節奏，將在適當的時間，慢慢向你闡明。答案與出路，呼之欲出。你所尋找的願景、指引與導覽，終將臨到。你所需要的生命指南——平靜的靈性覺醒、翻轉人生的沉靜啓發，終將臨到。每一個覺醒，將把你帶往下一個地方。每一個地方，最終都將帶你回家。

不要擔心你該做些什麼事來完成靈性成長的目標。

讓自己放鬆自在。

成長終將發生，而且來得自然、毫不費力。

［第280天］

10/6

## 盤點生活的優先順序

我在投宿的小木屋裡工作，試著把打在電腦裡的文章列印出來。每次要耗費半小時才能印出一頁，而我有一百頁的資料等著要列印。我不斷地起身檢查電腦，檢查印表機，檢查我所知道的每一個細節，只爲探究列印速度爲何如此緩慢。但所有檢查均無異常。忽然，我不小心按到一個控制設定，那是我過去不曾留意的東西。那是掌控優先順序的按鍵，那個按鍵設定爲「低速」，於是我趕緊把它調整爲「高速」。頃刻間，印表機恢復正常的列印速度，快速完成列印工作。

順序太重要了。我們需要學習按著自己所設定的優先順序，專注於我們的能量——雖然表面上我們依舊跟著日常節奏生活——這是我們生活中極爲重要的部分，也是我們正在學習的力量之一。

你的優先順序爲何？對你而言，隨順你的心生活，是不是其中一個優先考量？有沒有哪些使命是你想去完成的？有沒有哪些能力是你想掌握的？靜心冥想、回到自己的中心、活出平衡的生活，是不是你所重視的規劃與安排？愛自己，是不是你的優先選項？靈性成長對你而言有多重要？你如何看待生活中快樂好玩、欣喜雀躍等感受？你的優先順序設定爲高速、中速或低速？

環顧四周，你會找到你要的答案。

你現在的生活正反映你所選擇的優先順序。

如果有些事發生得太慢，試著調整你的優先順序，從低速轉向高速。

［第281天］

10/7

## 重視觀照的力量

我已經掌握了極有價値的工具。這是我所得到最簡單卻力大無窮的工具之一，我稱之爲「看見的力量」。

那其實是一項簡單不過的行動，說穿了就是自我觀照：我做了什麼？我如何以行動反應？我如何回應他人？這樣的自我觀照法則，尤其適合在混亂膠著、不知如何跳脫窘境的情況下實踐。當我感覺壓迫感自四面八方湧來，或感覺自己正面臨彈盡援絕的困局，看不見前景和出路，此時此刻，便是自我觀照的絕佳時機。

學習自我觀照，讓自己眞實地看見並安住在每一個當下的時刻與環境中。把自己視爲中立、不帶任何評斷的觀察者，然後也試著以這樣的角度和心態面對身旁的人。觀察你們之間如何互動，如何彼此回應。觀察你如何思考、如何感受。檢視你所採取的每一個行動。最理想的狀況是，不要說出你所做的每一件事。只需與自己好好相處即可。如此練習，一次、兩次，然後繼續反覆練習。

很快地，你將看見不一樣的狀況：你會看見環境改變了、進步了，變得越來越好。看見的力量是其中一個可以由得我們輕易擁有與學習的能力。這份能力不但幫助我們、療癒我們，有時還能製造神蹟奇事。物理學家已經證實，觀照的行動，對行爲、外觀或任何被觀察的能量影響甚鉅。我們如何觀看別人，包括觀看我們自己，都會帶來非同凡響的影響與改變。

看見，蘊含著力量。

一雙帶著愛的眼睛所看見的一切，力量更大。

[ 第282天 ]

10/8

## 準備好，就邁步離開

該是時候好好整頓、收拾並準備離開了。

你心裡很清楚，這一別，將永遠不能再返回此地、此情、此景，也不能再與這群人共聚一堂了。思及此，不免令人悵然若失。但別忘了要相信生命的循環與節奏。在每一個循環中，讓我們都承擔起自己該負的責任，包括每一個循環的終結，以及另一個循環的開始。

如果重要訊息已傳遞到你的生活中，你就不需再緊抓訊息內容不放；同理，你若已被安然引導至目的地，就不需再依賴導航。你若已學會了該學的功課，也結業了，又何需待在教室裡？

敞開你的心，感謝那些幫助你創造一切理想生活的人、事、物與地方，因爲它們塑造了你，也形塑了你的經歷與體驗。整理好、收拾好，就準備離開吧！請以發自內心深處的愛與感激來告別。

**繼續朝旅途走下去吧！**

[ 第283天 ]

10/9

## 用碎片拼出美麗的人生

有時，我們放眼望去，看到的盡是散落一地的碎片。那是零散而不完整的自己、我們的生活、計畫，甚至是一整段人生。我們忍不住好奇問道，把這些破碎的片斷連接起來的線頭在哪裡？我們如何才能將這些看似不完整的碎片拼湊起來，成爲一幅看起來合情合理、有目的、有意義的圖畫？

其實，每一個完整的背後，都是由一塊又一塊的碎片拼湊而成；每一塊碎片都是完整的。不要擔心這些碎片會如何被拼湊起來，你只管開心地把擺在你面前的那塊碎片掌握好，因爲那是你今天的生命中所需好好處理的一塊拼圖。

你手上握有許多片段，許多精采而美麗的部分。宇宙將幫助你把那些看似獨立的片斷，一個個湊齊。這一切會成爲一面映照眞相的鏡子，將那些完整而美麗的碎片帶回來給你。留心看著你生命中的鏡子。你看見鏡面所反映的碎片嗎？要知道，你所看見的正是你自己。讓那部分的自己體現於你的生活中。

將所有屬於你的片斷都放進來，包括那些活靈活現的部分。召喚你內心的勇士、療癒師、愛玩鬧的孩子。把屬於你內在本質的專業形象、成熟的大人形象、熱情與富有學養的形象都一一湊齊。讓所有的片斷聚攏在一起，不要棄置或拆散任何一個部分，因爲你需要每一個部分，一個都不能少。每一個部分都是靈魂、生命與你自己最美麗的面向。

相信。相信每一個走過的歷程。一切歡欣喜樂都是你的，隨時等著你來詢問與求取。即便還在發展的階段，即便是在整幅拼圖尚未完成之前，你都可以在拼湊的過程中享受一切快樂與成就。別擔心，所有散置的拼圖——屬於你的零星片斷、你的計畫和你的人生——必會全員到齊，整合成一幅完整的圖畫。而銜接這一切的繩索，不是別的，唯有愛。

那幅畫將異常美麗。且讓我們拭目以待！

［第284天］

10/10

## 調整好心的頻率，才能接收到愛

我們的身體、心靈與靈魂，是經過精細調校後的樂器。我們接收訊息、接收引導，同時傳輸能量——愛的能量。

當我們偏離中心時，我們像個雙向收音機，調撥頻率的調整器無法調到正確的頻道上。我們接收得不清楚，也無法清楚地傳送出去。我們聽到也感受到靜電干擾。有時，爲了突破這些擾亂，我們在廣播時會近乎本能地放大音量，甚至爲了讓別人聽到而不惜大聲尖叫。不過，現在可不是聲嘶力竭地破音演出的時候。

你需要找出時間讓自己慢慢返回中心，使自己平靜下來。你需要做什麼？你需要如何感受？哪些療癒資源是你需要善加利用的？你的聲音如何？那些沉穩平靜、值得信賴的內在聲音——從內心深處發出的聲音，鼓勵你去做的聲音——聽起來如何？

花些時間回歸中心，讓自己保持平靜。這麼做並非自私，亦非浪費時間。唯有當我們能清楚地接收時，我們才能清楚地傳輸出去。

我們使用的頻率是愛。

［第285天］

10/11

# 身體蘊藏著我們需要知道的智慧

我們的身體是物質，是我們所呈現的一種物體形式。我們將能量與靈魂，注入身體之內。

過去這幾年，我對於身、心、靈之間緊密連結的意識不斷提升，也越來越重視。我曾經用好幾年的時間堅決否認我擁有身體，也否認身體的重要性。我感覺自己與身體毫無瓜葛、徹底分化，身體之於我，仿若某個離我很遠的東西，是一個隨時要帶著走、與它一起生活的負累與重擔。然後，我開始慢慢留意自己的情緒與疼痛之間的關聯（有時甚至包括疾病），那是身體眞實的體驗。如果我沒有體驗那些感受，聆聽內在的聲音，我的身體便會反彈出所有的痠楚疼痛，直到被我聽到爲止。我們需要找個地方好好釋放能量。如果無法釋出能量，身體便會照單全收，把所有能量都吸收進來，至終轉化爲身體所承受的疼痛。我開始漸漸洞悉生命的改變與身體的改變之間，藏著一種奇妙的連結，一如地球四季的嬗遞與改變。

明白這些道理之後，我開始接受紓壓按摩，努力運動，也慢慢相信身體本具的智慧。我與身體終於連結起來了。是的，我曾經是個靈魂。是的，我有一顆心，我有情緒感受，我有思想意念。但活在一個物質的地球上，我們需要一個身體來承載這一切。我們的身體就是我們的一部分，它就是我們。它知道我們生命中所有的傷痕、曲折與故事，也已蘊藏好我們今天與明天所需要的智慧和能量。

重視你與身體的連結。重視並珍視身體的智慧。
它將告訴你許多有關生命、成長、往事與旅途的故事。
學習聆聽你的身體，它將毫無保留、滿懷愛心地對你說話。

[第286天]

10/12

## 只有你知道什麼最適合你

有時，我們發現自己置身於無法相處的人、無法適應的環境中。不管我們如何嘗試與調適，不管我們多麼想要投入與參與，但感覺就是不對。不適合就是不適合。這樣的情況，恰似一句諺語所詮釋的：硬是要把四方形釘子打進圓洞裡。但願我們硬塞的東西不是我們自己。

我們在面對類似情境時，總是習慣回到舊有思維模式、信念與感受。我們以為，如果我無法融入其中，如果情況不如預期，那一定是我哪裡做錯了。只要我再努力一點，稍微控制一下我的情緒，再用力擠壓硬塞進去，那麼，這個方形釘子——我——應該就可以釘得進去了。

這些時刻，就是我們開始感覺困惑、脆弱、迷惘與不確定的時候。我們甚至會選擇自我放逐。我們的情緒消失了，熱情衰退了。當我們想方設法勉強自己或對自己施壓時，我們的靈魂爲了回應而開始躁動不安。那種感覺就像我們對周遭環境過敏一樣，我們的身體也可能因此而生病或感到不適。有時，我們可能在這過程中耗盡許多歲月，長則數年，短則數小時或數天，端賴我們害怕面對或失去的是什麼。

其實，我們可以按著自己的需要，花時間耐心聆聽自己的聲音，把自己照顧好。但如果我們眞的愛自己，我們應該不至於折磨自己太久，因爲我們知道眞相根本不需如此。如果某個地方、某個人或某種情境與我們本質上不相容，也無法彼此適應，也不用大驚小怪。我們不需爲此懲處自己，自我放棄。我們要做的，不過是從容離開。

相信自己——你的身體與你的靈魂——知道什麼對你最好，什麼最適合你。學習去感受環境、地方或人的能量。如果感覺對了，你將感受到心靈、情感與靈性的祥和平靜。如果情況不對，不要灰心喪志或自暴自棄。轉身離開，去試試看別的事，直到你的感覺對了爲止。

或許一開始你無法確定這事、這地、這人有什麼不對。
但你若認真聆聽你的身體，信任你的心，
那麼，你將學會分辨什麼對你最好、什麼最適合你。

［第287天］

10/13

# 與大自然的節奏同步

停止質疑、憂心忡忡，也停止責怪自己遲到，或更糟糕的，錯過一班船。

「宇宙從來不會因爲遲到而焦躁不安。月亮是否會問自己該置身何處？太陽可曾提醒自己：『哎呀，我得趕快，不然要遲到了！』？」某天傍晚，當我擔心自己無法準時赴約時，一位朋友以大自然的循環生息來提醒我。

抬頭仰望星月映照的美麗夜空，感受那股靜謐，感受地球、月亮、星宿與宇宙之間生生不息的循環節奏。你知道自己與大自然緊密連結，試試看將自己調節進入一個更爲深刻、更爲安全的節奏中，遠遠超越你的質疑與好奇所能想像之境。深呼吸，放輕鬆。讓你的步調與發自內心的已知同步。

相信宇宙的流動與節奏。
你所到之處正確無誤。
你將抵達你需要去到的地方。
你擁有充裕的時間。

［第288天］

10/14

# 清理內心的情緒雜物

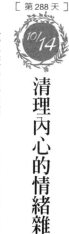

你是否留意過，自己是多麼容易在房子裡堆積物品與雜物？你一路撿來的東西，占據了生活中多少的空間？你曾否留意，自己有多容易就適應了與這些雜物共處一室，甚至將它們視爲環境的一部分？

這樣的狀況也適用於處理我們的情緒。有時，不管我們多麼努力想要保持清醒與理智，但就是會不知不覺地一路拾取雜物，囤積存放。我們很容易就會輕忽那些日積月累、內化成障礙的情緒，甚至低估了這些情緒對生活所造成的衝擊。我們雖然看不見情緒的面貌，但長久以來，我們已習於任由舊情緒的能量在心裡奔騰來去。這些看不見的情緒包括憤怒、恐懼與悲傷。我們與這些情緒相處得太久了，曾幾何時，它們已悄然內化成爲我們性情的一部分。當其中一種情緒輕推我們一把時，我們便本能地將它塞進去，掩藏起來，然後若無其事地繼續生活。但那些感受卻恆常存在我們之內，直到我們有意識地認知到，並將它們一個一個指認出來。這些負面情緒會不斷地影響我們，直到我們願意面對並療癒它們爲止。

找個方法來療癒這些舊情緒與感受吧！或許可以透過寫日記與爬梳你的回憶作爲治療的處方。不管你決定選擇以何種方式展開這段深度療癒之旅，請花時間去覺知你最眞實的感受。自我觀照，近距離地聆聽自己的心聲。你是否聽到聲音裡的焦躁不安？你是不是以一種高度的情緒能量來論及某個特殊對象或地方？容許這些情緒慢慢浮現成形，學習對情緒的起起落落、來來去去等閒視之，與它們自在相處。其實，情緒並不難覺察，到了需要療癒的時候，它們自然會浮現。

釋放害怕面對的恐懼。潛入自己更深層的那部分。承認自己的情緒能量，然後去療癒它。

開始動手打掃房子。

清理情緒所造成的障礙，將使你與靈魂更親近。

［第289天］

10/15

## 坦然面對自己的軟弱

有一種全新的力量，來自於示弱。我們若眞實地體會並思考自己的感受，那麼，我們所擁有的力量一定會更強大。

過去我們或許會以爲，力量強大意味著對自己的感受、想法或自己的本來面貌，絕不輕易屈服與妥協。然而，這樣的態度並無法爲我們累積力量。示弱的力量會促使生命、宇宙與我們自己，持續創造一種可幫助我們敞開心懷的環境，並協助我們更深刻地去感受，幫助我們學習示弱這個課題。

我們越快地坦然面對自己，便能越快地坦然面對他人。我們越快地坦然面對自己，便可越快地經歷自我成長，並順利移動至下一個新目標。至少，我們要學習對自己示弱。首先，學習對自己的想法與感受誠實以對。將感受與想法寫下來、說出來，充分去感受，然後釋放。這麼做之後，你將曉得自己的下一步該何時出發，又該往何處去。你的下一個目的地，將以最自然而明確的方式出現。

學習全然的誠實。對自己揭示內心最隱祕的感受。
那是全新的力量，亦是迥然相異的力量。
那是靈性的力量，亦是敞開心懷的力量。

〔第290天〕

10/16

## 人生偶爾需要刺激一下

雲霄飛車緩緩地朝著制高點攀升，瞬間以時速一百五十六公里的速度往下俯衝，我們聲嘶力竭的尖叫聲，與雲霄飛車一同響徹天際。他們聲稱，那是全世界速度最快的雲霄飛車。我一邊開懷大笑、一邊尖叫，並緊緊抓著雲霄飛車的把手。當雲霄飛車終於停下來，我們正準備起身離開時，現場的工作人員走向我們，探頭詢問：「還想要再坐一次嗎？接下來是今晚的最後一趟囉！」我們大喊「要」，立刻回頭鑽進雲霄飛車裡，任由晚風吹亂我們的頭髮。當最後一趟飛車驚魂結束後，我們坐在位子上大呼過癮，歡呼聲四起。

有時，一些出乎我們預料之外或我們從未計畫的事，就是會不預期地發生。有時，一個事件的發生，就此戲劇性地改變了我們的人生。這些事有好也有壞，可能受歡迎、也可能讓人抗拒，可能是幸運的、也可能極爲不幸。不論我們怎麼描述這些事，它們的衝擊與影響都非同一般。我們將爲此偏離尋常的途徑，走一趟雲霄飛車的旅程。

你也可能因此展開一段深度的生命轉化之旅，那是你的靈魂爲你選擇的旅程。充分覺察你需要感受的一切。允許你的思想念頭不斷流動。當你的路徑將你帶至大彎道時，請隨著你的身體自由擺動。讓你自己徹底被翻轉和改變，享受每一趟起飛的經歷，享受整個旅程的旋轉和轉彎。恐懼時就放聲大哭，開心時就放聲大叫，樂不可支時就開懷大笑吧！

如果你正在坐雲霄飛車，就將那趟旅程變成你的人生吧！

〔第291天〕

10/17

## 別讓挫敗感拖累你對工作的自信

挫敗感是個棘手的陷阱。當我們感覺快被淹沒時，我們所看見的盡是尚未完成的工作，以及這樣的說辭：「這眞的太繁重了，我根本做不來。所以，我想我什麼也沒辦法完成。」當我們說：「我已經忙不過來了。我根本無法再做那件事。現在，所有的壓力和工作都往我這裡推，我已經沒辦法再負荷了。」那往往正是挫敗感迎面而來的時候。那些我們該採取的行動、該做的工作，仍將不斷累積，並對我們施壓。而我們卻持續頑強抵抗，最終，更強大的焦慮和壓力便不斷地攀升。

被淹沒與被擊敗的感覺經常使我們動彈不得，然而，這些感受不過是幻覺。一旦我們釋放糾纏不清的挫敗感，重新返回生命中從容的節奏與步調，那些負面的淹沒感便可輕易消除殆盡。我們只需要說：「是的，我需要去打那通電話，完成這份工作。」你看，這份任務變得如此輕而易舉，人生也從沉重轉爲輕省自在。

有什麼需要完成的事務，至今一想起就令你心煩氣躁嗎？有什麼事緊抓著你不放嗎？什麼原因使你感到被擊垮，甚至卡住了？列一張清單，將它放置一旁，從最簡單的行動開始。當生命不斷開展時，請留心觀察。一次一個行動，按部就班地將需要完成的目標一一達成。你會發覺，原本的壓力已一掃而空，你也返回生活的常軌。

你將被賦予能力、力量與指引，去完成旅途中所需要完成的任務與目標。一開始，以最簡單、最平靜的方式，先承認那些朝你湧來的淹沒感。記得，否認生命的拉扯與張力無法消解任何的焦慮，反倒會徒增壓力。

將自己交付於最簡單的真理。
即便只是簡單如「我們真實的感受為何」這些事實，
也會釋放我們，使我們重拾自由。

[ 第292天 ]

10/18

# 在絕望中看到盼望

我抵達瑟多納時，已是超過深夜十點了。我去到的每一間旅社辦公室都已打烊，閃亮的告示牌則顯示：「沒有空房」。我在便利商店待了一會兒，一邊盤算著該如何是好，一邊的想法則是隨遇而安，相信這片宇宙天地。我很懊悔沒有預先將行程安排好，但我已疲憊不堪，無法繼續開車上路。我已不再奢望自己的旅程是否充滿神奇力量，但求回歸最基本的需求。那一晚，我不求別的，我只要一張可以好好睡一覺的床。

我買了一份當日的報紙，忽然瞥見廣告版面上的一則度假小屋內容。我打了電話過去，但幸運之神並未特別眷顧我。我坐進車內，想著接下來該如何是好。

我看見街角不遠處有一家汽車旅館的辦公室還亮著燈光，有個人坐在辦公桌後面。我走進去，把我的煩惱告訴那位女士，向她求助。她動了惻隱之心，告訴我一間少有人知悉的飯店，大約一小時車程的距離。她說她就住在那附近，我可以跟著她走。一小時後，我帶著萬分感激的心，辦理入住房間的登記手續。我遍尋不著暖爐，但我已擁有一張床、枕頭和被單。

隔天早上，我發現我住的地方位於一處乾燥且滿佈塵埃的高爾夫球場。那一帶是被一片低矮灌木林遮蔽的荒涼山區，杳無人跡。我驅車前往瑟多納，雖然依舊疲憊，但卻忍不住好奇自己昨晚是如何抵達那裡的。

我的車子來到一個轉彎處。頃刻間，我被眼前的奇景深深吸引。我發現自己被一個螺旋狀的紅色台地所圍繞，那紅色台地自然生成鐘、教堂與精雕細琢的通天高樓等奇形異狀。清晨的日光，在天然的紅土雕塑前耀武揚威地舞動，這些雕塑在灑落的陽光下映照出橙黃閃耀的亮麗色彩。面對眼前的景致，我屏息凝神觀賞，心中止不住感激。

有時，夜晚的黑暗與孤絕，會將升起的太陽與嶄新的一天輝映得更加美麗明亮。對比是創造的重要部分。我們的造物主對此知之甚詳，我們的心亦然。

清晨時分，萬事看來是如此不同。
請相信早晨將會來臨。

［第293天］

10/19

## 與其觀望，不如勇敢去嘗試

我離開雷斯岬這個著名的海灘城市，朝著舊金山的方向，準備前往紅杉國家公園。我想要跨越當地地標金門大橋，但不確定是否找得到。車子逐漸遠離山林、群山與海濱，繼之而來的是大都會繁忙嘈雜的交通。不久，我發現自己已置身金門大橋橋下。當我開車行駛於金門大橋之際，感受到一股似曾相識的電流從四面八方湧來，流經全身，使我頓時激動莫名。這種彷若被電流與能量充滿的感覺，和我在新墨西哥州的奇馬約、奧荷卡林特，以及蒙大拿州的平頭印第安保留區所經歷的奇妙感覺類似。我第一次了悟到，原來橋梁也可以是如此神聖、莊嚴之地。

改變的時刻總是神聖的。我們也許不知道接下來的目的地何在，也或許沒有感覺自己的雙腳已然踏在結實的土地上。然而就算雙足渾然不覺，我們卻已跨越到生命橋梁的另一頭。

有時，我們可能突然警覺自己怎麼會置身橋上，完全不曉得自己是如何到達那裡的，也不確定我們是否眞的想要過橋。也有些時候，我們尋尋覓覓、殷切祈求、渴望並期待這個改變的時刻快快到來。

開車越過大橋。你現在不需要對所有細節了解通透。別擔心，所有需要掌握的資訊與知識將會臨到。你一定會抵達彼岸的。現在，請相信並體驗你所走過的一切過程。要知道，這些改變的時刻是無比神聖的。

〔第294天〕

10/20

# 優雅面對旅途上的大轉彎

我們的人生經常不自覺地走到斷崖險境中。一些無預警的事情發生了，某些突如其來的狀況臨到了，頓時間，我們的生命被迫面對戲劇性的改變，縱使那是我們避之唯恐不及、百般不願接受的事。我們徹底被擊垮了。那一剎那，我們感覺自己彷彿被推往懸崖前。

也有些時候，當我們站穩腳步，以平衡與優雅之姿迎接人生倏忽臨至的轉變時，我們會欣然接受這樣的遭遇。我們對此甘之如飴，自動自發、有方向、有力量且聚精會神地面對一切變故。我們隨時準備好要走一趟冒險之旅，放手一搏，期待歷險歸來。

有時，我們感覺被催促與受到壓迫；有時，我們決定靠自己放手一躍。

不管哪一種方式，我們都是安全無虞、備受保護的。

不管哪一種方式，我們都可以相信，我們將在宇宙之愛的臂彎裡，翩然降落。

［第295天］

10/21

# 付出與接受是美好且自然的循環

那是個安靜的早晨。我窩在布萊斯峽谷的飯店房間裡，一邊檢視與整理自己的生命，一邊埋頭寫這本書。我躺在床上，思索、沉思，同時也忍不住驚異感歎。最後，我起來，到餐廳喝杯咖啡、吃個點心，然後開車外出。我告訴自己：「沉浸在大自然裡吧！這趟旅程本是充滿動態與生活化的靜心之旅。」

我開車駛入布萊斯峽谷公園，任由那些巨石、繽紛的色澤、以及峽谷的永恆，感動我、療癒我、撫慰我的靈魂。一小時後，當我感覺較為平靜與精神抖擻之後，我返回車上，駛離公園。沒料到出口處有好幾輛車子堵住了通道。我懷疑前方是否發生車禍，然後發現其他人也紛紛止步。啊，原來是一隻母鹿站在路旁，溫柔地用鼻子輕撫牠的小鹿。母鹿站在小鹿身邊，竭盡所能地給予保護與撫育。

我們之中有一些人對母親的撫育之愛已不復記憶。當然，有許多人仍記憶猶新，一想起便滿心喜悅、無比感恩。當然，也有許多人親身經歷了餵養與愛我們的孩子這份大禮，那是徹底敞開心門的欣喜和感動，沛然莫之能禦。也有一些人學會以另一種方式來付出並接受撫育：他們將這份撫育之情，擴展至家人以外的他人。無論如何，我們大部分的人在這段生命歷程中，或多或少都已領受了這份恩典，體會到撫育的奧祕、敬畏之情與療癒的祝福。付出與接受，是美好而持續不斷的循環，也是通往內心深處的必經途徑。

學習去餵養他人，當然也要餵養並珍愛自己。當我們這麼做時，整個宇宙將重振旗鼓，助我們一臂之力。其他人也會爲你的努力而給予肯定，並以你爲學習的榜樣，一如那些圍觀的訪客，駐足凝視那隻專注撫育小鹿的母鹿。

讓我們頌揚撫育的力量。釋放這份溫柔的愛。

這份愛藏在每一個人心中，等著被看見、被賞識、被帶到生命裡，成為一份祝福。

［第296天］

10/22

# 撫慰曾經受傷的自己

向宇宙敞開你的心，讓祂爲你帶來愛與撫慰，也爲你預備好療癒的能力。讓宇宙引領你進入過去，久到足以令你接受療癒，好讓你在痊癒後，滿心歡喜地往前行。

宇宙之愛所能帶來的祝福，遠比毫無保留、直率的行動更甚。有時，宇宙帶我們走進過去之事，並讓我們待在那裡一段時間，直到我們被療癒。當某件事發生時，我們以強烈的姿態回應，我們的情緒也遠比當下必要的行動更爲激烈。我們或許沒有注意到，但我們心想：「這是此時此刻，這是我對今天這件事的感受。」但隨著我們更有覺知，我們內在的某部分會對我們說：「我也從昨日感受到類似的感覺，但我因爲缺乏安全感，以致視而不見。」

藉由感受自己的過往，讓你得以被療癒。

為自己的行為負責，讓生起的情緒與感受澄澈清明，你將看見宇宙已然成就的事。

宇宙正為你創造一齣療癒劇本——溫和地挑起往事，讓你的心稍微往前跨越一步。

[第297天]

10/23

## 喜樂是你值得擁有的祝福

選擇喜樂，然後珍惜、品嘗它的況味。喜樂不是一種基於外在環境而生的短暫感受，也不是曇花一現、稍縱即逝的時刻，亦非面對周遭美景時的反應。喜樂源於內心深處，仿若瀑布湍急的水流從山邊俯衝而下。喜樂是深藏於你內在的泉源。有時，喜樂甚至與周遭景致形成令人愉悅且驚喜的反差感受。

擁抱喜樂、享受喜樂。即便圍繞你身邊的人當下未必擁有這份特質，但你仍然可以自由去感受屬於你的喜樂。你不必因爲他們沒有喜樂而太在意或表現得無禮，也無須自我貶抑。

你已經完成自己的工作與目標了。你已經決定要敞開你的心。現在，正是你收穫滿滿的時候。

珍惜喜樂，那是你的珍貴寶藏。

既然你找到了，那就是你賺到的祝福，永遠屬於你。

[第298天]

10/24

## 眞誠分享你的見聞

與世界分享你的心。歡喜甘願並開放地將你的所見、所聞、所學，與世界分享。

不需要告訴別人：「我若早點知道，就會處理那些事情。」這麼說會讓人覺得困窘、尷尬，不知如何回應。記得，不要告訴別人你期待應該怎樣把事情處理好。我們最不需要做的，就是傳遞這樣的懊惱給別人。眞誠而開放地分享你自己，分享你的感受、你對一些事情的想法。分享你所經歷的事如何改變你。聊聊你的抗拒、你的痛苦，以及你一點都不完美的做事方式，甚至包括你當下處理事情的方式。

眞誠而開放的分享，將教導周遭的人一個極有幫助的眞理：那些看似不完美、充滿瑕疵與缺陷的生活與處事方式，很多時候，正是現階段對我們最適切的生活。如果有一天我們愛自己、接納自己到一個地步，可以毫無隱瞞地分享最眞實的自己，這樣一定能幫助我們所接觸到的人，使他們也開始相信自己已經夠好了。

> 與世界分享你的心，你能為接觸到的人帶來療癒的力量。

［第299天］

10/25

## 你知道自己有多疲憊嗎？

我們經常不曉得自己的身體所承受的負累，一直到我們想要休息放鬆時，才驚覺自己有多麼筋疲力竭。

或許我們長期以來習於與身心的耗損和壓力爲伍，以致這樣的生活模式已漸漸內化成爲我們的生活習慣。那不代表我們不好或錯了，也不表示我們偏離軌道太遠。大部分的人習慣深入參與各種活動、工作、計畫，並享受各種人際關係的互動。我們熱愛自己的生活，熱衷於我們所做的工作與事物。只不過有時我們真的把自己壓迫得太久、太強。有時，我們甚至沒有給身體足夠的時間好好休息、放鬆，以及真正的放手。

分配時間讓身心休息是一件值得做的事。好好放輕鬆，讓自己身心舒暢，才會有能力整裝待發。即便在我們忙碌之際，休息仍是一件必要且需要的事。有足夠的休息，才可以使我們重新得力。請了解並探觸自己的身體，與自己保持密切的連結。

去發現自己有多疲憊。

然後讓身體親自告訴你，它要如何才能重返精神奕奕的生命狀態，怎樣才能重享愛。

［第300天］

10/26

## 向大自然學習平靜和愛

宇宙如此溫柔、善良、仁慈、充滿才華、生命力與滿溢的愛。你若覺得恐懼不安或逐漸遠離生命的神奇魔力，請不必擔心。那些負面感受不會持續太久，更不會永遠停留。

出去散散步。去觸摸一棵大樹，環抱它，直到你的恐懼慢慢消散。用你的雙腳感受大地。凝神看日出。開口詢問，大聲呼求，祈禱宇宙和神幫助你重新敞開，然後再留心觀看將有什麼事情發生。跟著你的心所引導的方向前進，隨著內在聲音的指引持續往前。你將發現你所置身的境地，會將你帶回你的內心深處。

宇宙會幫助你敞開。祂將竭盡所能、滿懷愛意、溫柔且關心地幫助你。

祂將教導你所需要知道與理解的一切知識，讓你不虛此行，滿載而歸。

宇宙將指引你、帶領你，為你關上一些窗戶，再開啟一扇門，

直到你終於安抵目的地——一顆敞開的心，與一顆和愛連結的靈魂。

[第301天]

10/27

## 你是否把自己逼得太緊？

你在職場上、生活上或靈性成長的努力上，是否讓自己追趕得太辛苦？你是否在人際關係的經營上過於奮力，想要增長見識，或努力地辨識未來前行的方向或下一步的規劃？

我們許多人都需要努力工作，這是不爭的事實。我們從哪裡來、要往哪裡去，這段路途需要我們不斷對自己施壓、催促，一步緊接著一步，絲毫不得鬆懈。至少，我們是這麼想的。然而，人生其實不需要這麼努力。即便是最艱鉅的任務或最微不足道的工作，舉凡任何生活的節奏與內容，都不需要如此壓力重重。

人生旅途中，每一件事的發生都有其自然節奏、法則與順序可依循。是的，我們有起步開展的時候。是

的，我們也有準備前行的時候。但是，我們所享有的欣喜快樂、服務的熱忱與熱切追求的生活方式，都不是從壓力而來的。這些美好的正面特質與能量，應該來得自然而然、輕而易舉，而且遠遠超乎你的想像。停止自我壓迫，不要再把自己逼到死角，如此一來，你將發現那些自然節奏有多麼輕易就可以找到你！

人生的面貌，由不得你呼風喚雨，也從來不是由你一手促成。事實上，你根本無能為力。放鬆、放手、放下，讓一切自然發生。

［第302天］

10/28

## 駛離康莊大道，探索旁支小徑

瑟多納的印第安薩滿告訴我：「你行走在旅途中，但實況卻不是你所想的那樣。不要像鹿，牠們眼目所見只有前頭的目標。你要讓自己盡可能走遍旁支小徑。花些時間，優游於隱藏在主要幹道的路徑。和遇見的人聊一聊，伸手撫摸樹幹，看看你此行的絕美景致。」

有時，我們需要繞遠路，走一走主要幹道以外的小徑，包括那些將我們帶離主要範疇與中心點的經驗、情緒、環境，以及我們進入的全新境地。有時，那些地方往往是我們收穫、學習與成長最多的地方。

如果有一條小路向你招手，或許那裡隱藏著不可錯過的功課：一份需要去體會、療癒與清理的舊感受，一份需要去追求的態度或信念，一份啟示與驚喜。記得，一趟帶著滿滿情感、卻不在安排之內的行程，與他人無關，而是徹底與你相關的旅途，是一趟等著被療癒、等著享有自由與喜樂的旅程。不必憂心萬一遠離中心點，是不是會讓你到不了目的地。好好深入你個人的成長歷程，比任何顧慮都來得重要。更深地進入你的靈魂，將使你的旅途走得更踏實。

每一件臨到你生命中的事都是可貴的教材，用來幫助你去體會、感悟、形塑與翻轉你未來的旅程。這趟規劃之外的小插曲，是一段療癒的成長之旅，也是你靈魂深處的命定與魔力之旅。

抵達下一站之前，我們需要遠離一路走來舒適安全的主要大道。

有時，一段看似不值一走的旁支小徑，正是我們需要去探索的地方。

[ 第 303 天 ]

10/29

## 最美好的還沒到來

讓你的人生不設限，把那些自我設限的種種規範一一解除。有時，我們不免揣測，生命中最美好的部分早已不復存在。我們暗自思忖：「我已經完成最棒的工作與成就了，最美好的時光已經過去，未來還剩下什麼呢？」這樣的想法大大限制了我們。記住，不管是對我們的人生或宇宙，都無須自我設限。

沒錯，你確實曾經擁有許多美好的時光，也遊歷過不少精采的地方，完成許多高成就的工作目標，甚至眞實地擁有令人記憶深刻的非凡經歷。你已體驗過一輩子的愛——友情、親情與愛情。然而，最棒、最美好的那部分尙未過去。不管此刻你是否處於某段關係或工作的結束，抑或部分旅途的告終，記得提醒自己，最棒的那部分尙未結束，因爲最美好的還沒到來呢！

最美好的時光所留下的記憶，當然值得珍視；只是，如果頻頻回首那些往日時光，以致限制了我們現階段的生活，那就是另一回事了。一般而言，這些美好的記憶應該使我們加倍珍惜當下的時刻，並帶著無限創意去開發和參與我們的未來。

每一個階段的結束，都不可避免地與另一段開始緊緊綁在一起。那是自然的韻律與旅程，持續不斷地向未知展開。這些旅程從自身不斷往外延伸，那是誰也無法阻擋的自然法則。所以，請竭盡所能地珍惜當下。截至目前爲止，你已經看見、也已經感受到生命中的許多經歷。然而，最美好的部分，還沒完全臨到。

向所有旅途敞開自己。宇宙如此海闊天空，無比豐盛。你已準備好要被療癒、被撫慰、被賦予更多力量。你也已準備好一次又一次地接受生命豐盛的饗宴。你已準備好在新的地方參與創意的體驗。過去的風景誠然壯觀，然而還有許多美景等著你去發掘，靈魂伴侶等著與你邂逅，生命功課等著你去學習，還有無盡的喜樂等著你去體會。

超越你的限制。對所有等在前頭的美好，敞開你的思維與心靈。只要你相信這是眞實不虛的，它就會成爲你的信念，進入你內在平靜之處。

［第304天］

10/30

# 不要爲生命定格，它時時都在改變

我們生命有循環不息的季節，一如大自然的春去秋來，四季嬗遞。我們不知不覺便從一個階段走向另一個，一路走來，有學習、有成長，也有歡笑與淚水。

我們欣然迎接大自然的四季流轉，並對這樣的過程心生敬畏。我們不會想要在乍暖還寒的初春硬是揠苗助長，也不會因幼苗長得太慢而怪罪它們在秋天甫結霜時便急著枯萎。

我們學會覺察並尊重自身之內的季節循環。答案昭然若揭——最初是輕輕一瞥，恰似草葉上柔軟的嫩芽。我們對即將學習的課題掌握了一些想法、線索與暗示。緊接著是一連串眞槍實彈的體會與領悟。有時我們立刻就能發現兩者間的關聯，有時則無法第一眼就清楚辨認，以致我們繼續過著尋常生活。然後，有一天，我們豁然開朗。那嫩芽已經長成完整的葉片，最終成爲連綿起伏、呈現大地樣貌的青翠草原。我們在生機勃勃中洞見了連結與功課，於是我們學會對這一路所經驗到的感受敬畏有加。我們變得不一樣了。我們改變了。我們徹底煥然一新了。全新的季節，翩然臨到。

正當我們以爲當下的一切將定格而成永恆時，豈知，另一個新的季節又開始蠢蠢欲動。連最後抵達的那個季節，都自然得讓人渾然不覺。你會發現，每一個季節都以過往的根基爲基礎，然後再重新創造屬於自己的全新氣象。

我們內在深藏著季節與循環，一如大自然的四季嬗遞。學會去認識並尊重靈魂深處的季節與循環。

〔第305天〕

10/31

## 當意料之外的事發生，將它當作驚喜

一直以來，每時每刻都有新的變化產生。

總有事情輪番發生。成長，隨時都在發生。我們參與其中，不斷改變、轉化，努力把最後的目標與功課完成，然後蓄勢待發，準備迎接下一個挑戰。總有新事推陳出新。雖然我們未必看得見，也不盡然明白，但事情就是注定會發生。

有時，當我們太早發現或知道一些事，我們的理性判斷很容易進來攪局。我們可能覺得需要掌控全局，或強迫自己去促成一些事，或是做些什麼來讓事情成眞。事實上，宇宙早已以溫和而有智慧的方式，將我們所有的疑懼與本性都考量周全了。因此，祂不讓我們過早知道，免得破壞了原有的驚喜。祂可是打從心底裡不希望我們去破壞呢！

向宇宙敞開你的心，相信某些新事物正在發生。

而且，這些事物比你想像的更加與眾不同、更加美好。

# 11 月

## 如果人生可以樂趣無窮，該如何享受？

[第306天]

11/1

# 你是宇宙中的一份子

許多宗教紛紛教導人與人之間互動的種種，那是宇宙中，每個人和每種行爲對他人所造成的微妙影響。我在新墨西哥州的查科峽谷領受了這方面的教導，至今仍印象深刻。在北美文明的阿納薩齊文化遺址中，可以找到一些標示舊時代的人們所相信、被教導和賴以爲生的連結方式。他們的住處是幢超過八百個房間的圓形建築，環環相扣，每一個房間彼此緊鄰，人們日常生活的食衣住行、遊戲與祭祀都圍繞著這幢建築進行。

遊客中心的展覽介紹中，描述阿納薩齊後代子孫的靈性哲學與信仰：「印第安村莊居民的起居生活，以他們的宇宙爲中心而進行，每一件事都相互連結，以此形塑爲整體的一部分。天空與腳所踏的土地，便是他們生活起居的疆界。所有一切都透過出生與死亡的循環，共享生命的本質。」雖然圓型建築體的牆壁斑駁脫落，阿納薩齊人的身影早已無跡可尋，然而，印第安的群體哲學仍是我們今日人與人之間的連結符號。

花些時間回憶一下你如何與人或物緊密連結。你不只與所會遇、所熟知的人連結，也與這世上當下、過往與現階段的人們密不可分。在宇宙當下翩然起舞的神奇舞蹈中，你是不可或缺的一員。

即便你一人獨居，你仍屬於宇宙這個大家庭的一份子。即便你一個人工作，你也是團隊中的一員。因此，請用心經營你跟遇到的每一個人所建立的連結與影響，並且心懷敬意。留心看看自己之所以成爲現在的你，其實深受身邊人們的影響與形塑；也留心檢視你如何感動與形塑他人。每一個互動與連結，都會攪動一池春水，帶來漣漪效果；每一個會遇，也將形塑各人的命運與未來。

你不再被孤立或飽受分離之苦。
留心檢視並敬重你的每一個連結，珍視你在整體中的位置。

〔第307天〕

11/2

# 人生可以很簡單

傳統的法則老是要我們去做、做、做，催、催、催！總得等到工作完成後，我們才能允許自己好好休息。但是，每每工作告一段落後，我們早已忘了要犒賞自己。請容我重申，傳統的老路已經不再適用。我們已經努力了很久，也學會了許多功課，我們的身體不容我們再如此對待它，我們的心也會跟著反對到底。

何不讓我們的工作變得更有樂趣？不要把自己逼得太緊。學會偷得浮生半日閒，讓你的行動輕而易舉、毫不費力——那是練習聚焦與學習信任你內在節奏的結果。學習讓你的行動自然而輕易地泉湧而出。

當你在工作或專注於某項任務時，但願你的內在聲音與生命引導你進入片刻的安歇。不要擔心工作無法完成。如果你已經盡力地做了，更不要因此而憂心忡忡。必要時，隨時讓自己休息片刻，也學會眞正放手。

當然，工作完成後，更要讓自己的身心徹底得到休息。抽出一些時間好好犒賞自己，讓自己去享受工作所帶給你的成就感與滿足感。下班後，更別忘了放鬆玩樂一下。

當我們信任自己的心時，平衡與和諧便自然來到。
當我們發自內心深處去生活，人生自然變得簡單輕鬆。

[第308天]

11/3

# 你從未失去寄託

有時，人生難免經歷一些轉換與變動，使我們感覺悵然若失。在那段歷經變動的過程中，我們或許感覺生活逐漸失調、失序且失衡，甚至亂了腳步。有時，或許某種舊的感覺浮現，而後又被清理掉，於是我們從中學會了新的功課，繼續往前走向新的領域。又或許我們的焦點分散到新事物上，於是我們找到並體驗另一個全新的課題。有時，我們生活的形式或樣貌會進入一番戲劇性的大變動。舊的畫像需被塗掉，才能釋放足夠的空間畫上新作。熟悉的對象一個個遠離，新人一批批進來。我們可能感覺心痛、焦躁不安，並開始懷疑這趟旅途是否還能持續下去。我們可能質疑，過去那段奇妙美好的人生會不會只是一場夢？我們是否能重獲那些神奇的力量？

沒關係，就讓改變發生吧！當生命風起雲湧地變動時，讓我們學會加倍珍愛自己，更加關切自己的需要。那些神奇力量從來沒有消失，它們一直都在。你不過是經歷一些轉換與變動，那意味著事情正不斷往前運行，而我們都知道，運動本是好事一樁啊！

你現在或許感受到一種找不到寄託的悵然若失，
那是因為你熟悉的老地方正歷經一場轉換與變動。



〔第309天〕

11/4

## 朝快樂前進

你願意讓自己在不間斷的淒慘痛苦中多待一分鐘嗎？我可不願意。你願意在那裡飽受無止盡且不必要的頹喪情境折磨，譬如憂心忡忡、爭吵不休、爲一些無能爲力的事而焦躁不安嗎？我可不願意。事實上，我們根本不需要如此。

我們在這裡，是爲要感受快樂，是爲要盡我們所能吸收所有人生的美好。如果痛苦臨到，讓它快快過去，然後重振旗鼓，繼續朝著喜樂的方向前進。

有意識地朝喜樂前進，是你可以做的選擇。

〔第310天〕

11/5

# 從內心開創你的命運

留心檢視每一天、每一時刻生命能量的動、推、拉與引導。要知道，每一個時刻都是你的命運、你的人生。

你與一股神祕且看不見的生命力緊密連結。讓這股生命力引導你往前行，讓它帶著你、推著你一路往前移動。請努力淨空你與生命力連結的所有障礙——那些舊的情感、舊的信念與殘留的舊時光。

聆聽你的心。它會帶著你、推著你走向需要前行的道路。不，你無法隨心所欲地想看多遠就看多遠，或按著你的習慣想做什麼就做什麼。你走的是一條通往內心的旅程，而眼見爲憑往往會阻攔你眞誠地聆聽和相信，也會使你無法向發自內在的神奇引導敞開自己。你會混淆焦點，誤以爲自己需要去掌控、操作，好讓事情順利發展。你會將自己與過去的幻象混爲一談。你甚至會因而憂心害怕，惶惶不安。

置身當下，留心聆聽你的內在指引。相信你內心的智慧，去感受那股生命力，讓它來指引你、推著你往前行。跟著它的腳步走。擁抱命運與人生。你知道，旅途中所選擇的每一步，都在幫助你創造自己的命運與人生。

但願你的選擇都是發自內心深處。

[ 第311天 ]

11/6

# 每一個時刻都是轉捩點

我們經常殷切等待那些偉大的「啓發」時刻——那些使我們脫胎換骨的激動時刻，那些將我們與我們的生活徹底翻轉的重大轉捩點。這些都是我們一再提起、一再書寫的戲劇性時刻，也是我們在電影裡常看到、在人生中極度渴望擁有的時刻。是的，這些時刻如此美好，教人心動不已。然而，我們要認清事實，類似的生命轉捩點只會在電影裡發生幾次，然後在真實人生中出現幾次，僅止於此。

事實上，我們所過的每一天，都是意義非凡的轉捩點。那是靈性成長不可或缺的一部分，也是生活中無比重要的一幕影像。每一份感受都異常珍貴，不論那是煩悶無聊、恐懼害怕、愛恨情仇、灰心喪志或興奮雀躍。我們所採取的每一個行動，不管是愛的行動或療癒的行動，都有不同的價值與意義。我們所說的、所聽進去的每一句話，我們讓自己親眼看見的每一個景致，以及我們讓自己參與演出的每一個劇本和那些會改變我們的角色，都是生命中舉足輕重的珍貴時刻。

相信並珍視生命中的每一時刻，讓它們成為意義非凡的時刻。

這一切都是轉捩點，都是靈性的重要體驗。

[第312天]

11/7

# 你是深受上天眷顧的

你深受指引，也一直深受眷顧。我不厭其煩地說，正因爲我需要一遍又一遍地反覆聆聽。我聽得越多，就越相信。我越是相信，就越能夠看見眞相果眞如此。

人生總有一些時候，一切風平浪靜，所以我們很容易、也很自然地相信自己深受指引。但也有一些時候或在某段旅途中，即便是在一些最奇妙美好的行程裡，我們環顧四周，然後迷惘地說：「我不曉得該何去何從。」我們沒有計畫，缺乏想法，放眼望去，看不見任何願景。我們早已漸行漸遠到難以望見的地步。

此時此刻，正是練習去落實我們所知的時候。相信，放手，然後盡可能心平氣和地生活。活在當下，將你與生俱來的工具好好磨一磨——你的直覺、你的內在聲音、你的意識與你的覺知。從微不足道的小事開始做起，還有那些正確無誤的小小行動，以及那些對你而言該好好處理的正事。體會你所有的眞實感受，跨越恐懼與害怕的藩籬，讓自己包裹在自愛自重與自我接納之中。

讓旅程向你開展吧！

要相信你備受照顧、也被引領著。

【第313天】

11/8

# 無謂的擔憂會折損工作效率

當你不知道下一步該怎麼做時，不妨讓自己放輕鬆一下。你可以留心檢視，看看當你不再對自己苦苦相逼時，你可以多有效率，生命可以多簡單，人生可以多享受！勉強，最終會轉而成爲恐懼擔憂——擔心工作做不完，擔心讓事情順其自然發展會不會每況愈下，擔心自己不夠好、能力不足……。

讓我們換個不同方式，學習以愛來回應。放輕鬆，往後靠背坐著。從此刻開始，將一切放下。去做些與過去不一樣的事。深呼吸。點一根蠟燭。讀一首詩。燃燒一根鼠尾草。如果恐懼猶在，請它離開。正視它，感受它，然後讓它離開。在你感覺最自然、合理與適切的時候，再帶著無盡的愛，回到你的工作。自自然然地參與，快快樂樂地開創，不論那是人際關係的開展、一頓晚餐的張羅、一座花園的開發或一場會遇的展開。

專注有時，努力有時，輕鬆有時。

看看自己在心情放鬆時所完成的工作成果。

再看看當我們遊戲玩樂、開懷大笑與盡情享受時，所完成的工作成果。

［第314天］

11/9

# 森林裡的靜心旅程

走進更深的森林中。

在樹木間遊走，走向滿佈石頭與木屑的蜿蜒泥濘小徑。瞥見林中精靈以標槍一路標示你所踏足的路徑。留心聆聽小鳥唧唧歌唱，從森林裡傳來的颯颯聲不絕於耳。朝著曲折小徑一路走下去，直到抵達一座安靜的池塘。找個地方，休息片刻。

當你準備好了，可以踱步走到池塘邊，俯視清澈沉靜的水池。你看到了什麼？首先，你可能只看到水面。漸漸地，倒影映照出來了。那是你的倒影。那是你的生命。溫和平靜地凝視水中的自己，深入凝視你的生命狀態。一路走來的生命，看似無風無浪，但偶爾難免有些重要事件攪動一池春水，激起了愛的漣漪、泛起了平安的潺潺水流，並啓動宇宙間的療癒。

環顧己身，生命本是如此。圍繞你身邊的每一個人，對你的人生而言，並非偶然，而是帶著一份意義與緣由。你所造訪過的所有地方，也並非毫無目的。至於那些你所修習的功課，無人能奪去，它們將跟著你一輩子。你所置身之處，正確無誤。在靜止得猶若一面鏡子的池塘水面上，留心凝視你的倒影，直到你能深刻地明白、知道並感受到。凝視得久一點，一直到你得以瞥見眞理、平靜、滿足與神聖的秩序。

再度找個位子坐下，環顧森林周遭。森林裡充滿美麗的、奇異的創造——那些如綠寶石般閃閃發亮的葉片、小朵小朵的白色野花沿著小徑一路盛開怒放，微妙的驚喜使人喜不自勝。用力吸進森林裡的特殊味道，生猛的生命力，麝香的味道，雪松與松樹的清香。深呼吸，直到生命的呼吸以奇異驚歎來充滿你。讓這一切在你之內自由流動，讓這股生命力滲透進入你的每一個細胞，由此，你將感受到平靜、滿足與神聖的秩序。

放心，你是安全的。森林是你的朋友，告訴你一切安好。你睜眼環顧四周。看看最高聳的大樹，看看它如何安然度過每一場驚天動地的風暴，歷經多少歲月的孕育，一毫米一毫米、一年輪一年輪地慢慢成長。你要明白，你也是如此緩步成長，長成今天的你。

如果離開的時間到了，就緩緩起身，尋找屬於你的道路，感受腳底下所踩的大地。這片土地支持你、賦予你力量，以踏實的能量來充滿你。穿越閃爍著日光的蜿蜒小徑，一路走下去，直到抵達森林邊際。

如今，你在光之中。

向樹木告別；

向那段深刻的靜心冥想，以及親眼見證、身歷其境與「你之所以是你」的省思時光告別。

平平安安地離開。

心滿意足地離開。

現在，請走進你生命的光之中。

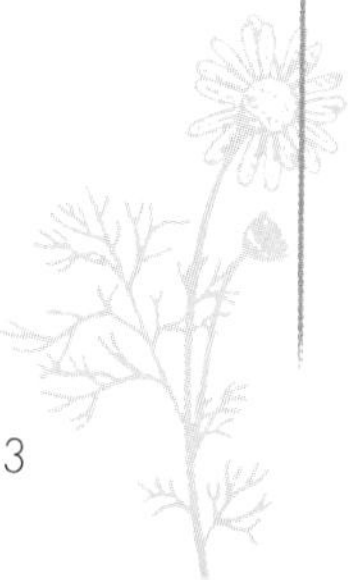

[第315天]

11/10

# 勇敢面對心中的罪惡感

竭盡所能去釋放你的罪惡感。要經常這麼做。讓釋懷罪惡感的練習，成爲生命中最尋常的習慣。

長久以來，罪惡感一直背負著沉重的罪名。許多人堅定地認爲我們不應再受到任何罪惡感折騰，因爲我們實在受夠了，而且這麼做根本無濟於事。或許，我們需要重新省思罪惡感這件事。

罪惡是一種感受。如果你任由它流連忘返，卻從來不去感受它、重視它、釋放它，它將會阻礙你的成長，使你的一切戛然停止。它將控制你的能量，甚至可能掌控你的人生，使你置身在否定與壓抑的生活常軌上。承認罪惡感不會讓它顯得更爲眞實，也不會招致譴責；反之，承認罪惡感將幫助你去釋放它。用文字把你的感受寫下來，或以言語述說。你也可以善用教會的儀式來告解。至少要勇敢地揭開自己的祕密——那個至今仍隱藏在內心深處的祕密。

選擇一個方法表達你的罪惡感，然後看著那感受慢慢鬆動、離開。

那正是我們清理靈魂的方式。

[ 第316天 ]

11/11

## 是否要改變，關鍵在你

有些人長期以來飽受某些困擾與癮頭纏身，譬如酗酒問題或其他成癮問題，以致難以與人相處。不管我們置身何處、不管我們是誰、或是我們有多努力想要擺脫這些問題，至今仍有許多人持續爲此受苦，狀況毫無改變。事實上，能改變的唯有我們自己。

我們已經學到了我們的功課。是的，我們無法控制這些成癮問題，也無法控制別人的問題。或許，急需面對與解決的問題，正是他們自己。我們也已經學會一個課題，而且卓有成效，那就是：我們不需要忍受或吸收這些問題所帶給我們的難處，不需要去吸納不屬於我們的負面能量，更不需要保留任何功課、教訓或回報。我們無須對過往的評價——我們是受害者，我們無能爲力，我們無法好好照顧自己——照單全收。

我們已經恢復自由身，可以帶著慈悲與愛，自由來去。

最重要的是，我們自由了。

[ 第317天 ]

11/12

## 清理舊傷口

「不知道怎麼回事，」一位女士對我說：「最近那些已經遺忘了的舊時記憶，猶如一道河流，不斷流經我的內在，使我糾結不已。我看見人生的一些場景與畫面，然後有些感受開始浮現——那些塵封已久的痛苦、至今仍隱隱作痛的舊傷害、舊傷口。我說不上來是什麼樣的事件引發這一連串的感覺，但它們就這麼自然而然地發生了。」

我們經常周旋於那些舊傷口、舊傷害，那是生命中的其他時刻與舊時光所遺留下來的傷痕。或許這些舊的感覺從未消逝，我們一直有所感知，也意識到它們的存在，知道它們爲何根深柢固地在那裡。也可能我們只隱約或稍稍有所察覺，不斷地感知到某種潛藏內在的傷害，但卻渾然不知其緣由。或許，某個清晨當我們睜開雙眼時，忽然瞥見一些傷害的根源，也留意到某種源自內在的深切傷痛，但卻不知爲何會如此。也可能，我們對那些痛苦沒有任何覺知。更或許，這些傷痛與某個事件有所關聯。傷痛一直都在，只不過被深藏在我們的靈魂深處。該是時候好好清理這些陳年舊事了。

讓那些感覺浮現出來，流過你的意識層面。讓那些記憶隨心所欲地湧現。你並非返回過往，也不是要走進你的舊時光。接下來發生的純屬正常情境，透過這個過程，你的心會找到療癒的出口。

清理你的過去。

把生命之河裡令人痛苦的舊記憶清除殆盡。

然後體驗清澈見底的河流所帶給你的全新感受。

［第318天］

11/13

# 你的信念，決定了命運的方向

我只剩數百公里，就要結束這趟旅程了。但眼前的路曲曲折折，彷彿看不到盡頭。在即將靠近旅途終點之前，我感覺疲憊不堪。我依稀記得朋友告訴我的靜心話語，這些指引在過去數年來幫助我度過許多難關。而今，它再度激勵了我。

「生命力是深藏於你之內的力量。你擁有力量去點燃它、挑旺它，透過你的身體去擴張它的能量。不要壓抑或緊抓不放，那只會徒然侷限了你內在的生命力。別再咬牙切齒地告訴自己不能。不論任何話語，你若反覆不斷地說，而且說得鏗鏘有力，最終就會開始信以爲眞了。先放輕鬆，放鬆你的雙臂、雙腳、脖子與整個身體。你已走了那麼遠的路，跋涉千里而來；相對之下，前頭僅剩一小段路了。

「深呼吸。當你感覺越來越害怕或心力交瘁時，你的呼吸會變得很淺，那會抑制內在的那道火焰，甚至會阻礙生命力去探觸你的肌肉、你身體的重要器官和你的頭腦。深呼吸，挑旺內在的那道火焰。

「現在，花些時間去想像一幅深藏於你內在的核心亮光。從位於肚臍以下的太陽神經叢來觀看這盞亮光。將這幅影像想像爲灼熱的煤炭、或一根蠟燭、或一把火焰。每一次呼吸時，想像這幅愈燒愈旺、愈燃愈亮的火焰圖像，直到你感覺那股重要的生命力開始澎湃洶湧地穿越你之內。

「每一次當你深呼吸時，感受自己被療癒，並且被生命的能量所充滿。感受那道火焰在你裡面發光發熱。深吸一口氣，再長長地吐一口氣。感受你的力量穿越並充滿全身。感受宇宙的力量隨著你的呼吸進入你的身體。感受那股連結的力量，然後燃起你內在焚燒的能量火焰。」

你已走了那麼遠的路，幾乎掌握了所有的功課，完成了所有的目標，並將讓你苦苦糾結的掙扎都一一除去了。當然，你肯定已經筋疲力竭。這一路，辛苦你了。現在，花些時間，點燃你內在的火焰，讓它爲你帶來最需要的能量。

**不要停下腳步。你就快到家了。**

[ 第319天 ]

11/14

# 平靜不在外面，而在你之內

布賴滕布希休養中心有位先生告訴我：「我的生命改變了很多。現在，我努力跟著流動走，試著活在當下，讓自己自動自發。我是汽車維修人員，當我這麼練習後，我的職場生涯變得更順利、更得心應手了。你知道嗎，一年前，我根本不曉得什麼是『回到中心』。現在，我已經完全知道了，並且努力朝這個方向努力。」他環顧四周的帳篷，那是位於俄勒岡州威拉麥狄森林國家公園正中心的自然休養中心。「不僅如此，我還知道如何回歸生命的中心。」他補充說道。

有好多年的時間，我其實也不知道「回到中心」是什麼意思。如果我曾經走向那裡，那一定是偶然或不經意，而非刻意。這是一趟需要時間、需要反覆練習、還要帶著急切渴望的旅程，甚至還需要具備堅定而投入的態度，立志要一輩子待在此中心。不過，花這些時間絕對值得。

學習去體會置身中心、置身平衡的感受。學習去體會偏離中心的感覺。學習說出兩者間的不同。然後練習以最快的速度，重返你的中心。

安靜片刻，放輕鬆。充分去感知當下正在進行的事。讓自己行在軌道上，處於和諧和平靜之中。保持平衡。不要讓任何不安的情緒競相穿越與叨擾你。不要讓脫序混亂的念頭在你腦海裡吵吵嚷嚷。你將感覺身心是密切合作且相互連結的。讓你的言行舉止都發自你的中心。那感覺是如此篤定而真誠。那感覺就像你自己，而不是其他外在東西，同時你也感覺與自己、與最深切的自我、與你的靈魂緊密相連。你的心是敞開的，你的思緒亦然。

這個中心，正是我們尋覓已久的生活方式。努力找到前往中心的方向與道路，並且常常造訪那裡。有些方式可以幫助我們更有效地抵達自己的中心，包括探索大自然、聽音樂、散步、複誦一段祈禱文、進入深沉的呼吸或靜心冥想。

想要找到從未去過的地方，確實不易。

學習去體會抵達中心的感受。

要知道，你的中心就在你之內。請經常造訪此處。

［第320天］

11/15

# 在晦暗不明中，朝著有光的方向走

時間已是晚間將近十一點。我在科羅拉多州的西部山脈附近，獨自駕車行駛在高速公路上。我筋疲力盡地往前開，真希望自己有個目的地，真希望這條路能將我帶往某個可以稍事歇息之處，讓我充飽電後再出發。每當我感覺恐懼不安，或懷疑自己是否判斷失準時，我都會抬頭仰望天空。一彎新月懸掛空中，依偎在兩座山脈之間，彷彿催促我繼續往前行，召喚我繼續往前開。

最後，我抵達月亮所指引和標示之處。那是一個沒有被列入住宿目錄中的度假小屋，就連我抵達的那座小鎮也不在我的地圖裡。那裡有個地上的礦泉沐浴處，當然也有一間可供住宿的房間。

有時，當我在夜幕低垂之際，置身陌生環境或開車途徑陌生道路時，若無法確定該取道何處，我通常會循著燈光的方向而去。月亮通常高高懸掛在某個特定之處，以其微光照亮大地。當然，如果你在都市裡，絢爛燈光所照射的亮度，鐵定比任何光源都來得耀眼。有些路段因而顯得更明亮，也令人感覺格外安全與踏實。

這樣的情境，通常也發生在我們的人生中。有些時候，當我們來到生命的岔路口而不知該何去何從時，通常其中一條路會比另一條更爲明亮。也有一些時候，周遭完全昏暗不明，若然，我們只能以靈魂與心靈之眼來照見前方的路。然而，也有一些光亮是被恐懼、壓力與缺乏信心的負面心態所遮蔽。

放輕鬆。調整你的身體，相信你的心。環顧四周。當你對下一步毫無把握時，停下腳步等一等。不久，你將發現有一條道路爲你而開，而且越來越明亮。你會明白，自己已走在正軌上。

當你站在十字路口前猶豫不決時，選一條最光明的路來走。

那道光將把你帶往下一個目的地。那道光會帶你回家。

〔第321天〕

11/16

## 你已擁有力量去面對想要操控你的人

你害怕去愛，你也害怕失去你的靈魂。其實，你大可不必如此。你不是已經學會這些課題了嗎？那些恐懼都是過去的事了。但那不代表其他人就不再試圖掌控或操縱你，也不代表你從此就放棄掌控或操縱他們，更不代表那些有困擾、有成癮問題、有著未解議題的人，從此不會再走進你的生命中。他們還是會出現的。

然而，那些陳年往事的課題是屬於你的，是你必須面對的。或許你需要花些時間去回想，但你很快就會記起來。請記得善待自己。按著你的能力，慢慢的、小心的開啓那些記憶庫。

問題不在人生與人們有何不同，雖然我們看待人生與他人的心態可能眞的有所改變，但眞正的關鍵是，我們變得不一樣了。我們已經學會面對自己的力量，也學會照顧自己。我們已學會看見自己是個有能力的人。

不要那麼害怕去愛。
當下，正是時候學習去領受內心的力量。

［第322天］

11/17

# 束手無策時，回到你的心

有時，面對生命的諸多無常、突如其來的急轉彎和風暴，不但使我們束手無策，也令我們感到沉重。當一些無預警或痛徹心扉的事情發生，當生活中處處掣肘、挫折連連時，當人生之旅走向一條不是我們所期待的路時，我們理所當然不再相信生命之流。我們暗自思忖：「我從來就不要求如此。這太不公平了！我不要這些。」「這條路通往何處，我毫無概念，但我知道那裡不是我想要去的目的地。」很多時候，我們覺得人生對我們太苛刻，但我們卻總是以自我批判作爲回應。責怪自己不但於事無補，還會讓原已陷入低谷的情境雪上加霜。自怨自艾會使我們聽不見指引的聲音，妨礙我們的行動，也使我們捂住耳朵，聽不見內心的聲音。多可惜啊！這些聲音原是要幫助我們跨越重重障礙，是要將我們帶到下一個階段與目的地的重要指引。

哪怕是歷經風暴、人生的無常、轉彎與重重阻撓，不論如何仍要持續愛自己，好好保重並照顧自己。花些時間，深呼吸，讓自己得到修復，如此才能返回那個充滿自愛自重的神聖所在。去體悟所有感受，然後讓它們離開，也讓自己釋懷。愛自己，直到你聽見內心對你說的話，讓它引領你去做該做的事。愛自己，直到你重新得力，有勇氣以行動去回應那些指引。

愛自己是個充滿力量的工具，也是帶來改變的強大能量。這股能量會將你與創造和宇宙之愛連結，也會讓你與生命內在那些最美好的流動與事件連結。愛自己的力量，更可以讓你與生命的神奇魔力再度連結。

> 不管人生為你預備了什麼樣的課題與挑戰，這條通往生命的旅途，值得你信任。
> 愛自己，將幫助你找到這條路。

[第323天]

11/18

## 與懸而未決的問題和平共處

在某些情境裡、在我們尚未準備好做出改變之前，我們需要有耐心地與某種特殊行爲、問題或狀況共處一段時間。

在意識上，我們清楚知道那是個問題，卻苦於無力解決或改變。有時，我們被迫得耗費較長的時間與它們共處，而那幾乎令人忍無可忍。縱使我們完全明白自己想要改變，也需要做出不一樣的決定，但整個外在的環境與條件仍舊不爲所動，也毫無可以改變的跡象。答案遲遲未到。我們焦慮不安，擔心這般情境是否會永遠持續下去，憂心這些難題是否會永遠找不到解套的方法。當我們與這些問題共處，心中期待解決卻又苦無對策時，我們可能會渴望重返舊時光——想當年，我們的「否認系統」還完整運作，在那些不知天高地厚的歲月，縱使不曉得自己在做什麼，仍奮不顧身勇往直前。

如果你無計可施，不知如何改變現狀，不要急，這沒什麼大不了，先跟這些問題和平共處就是了。是的，有些事情發生了，有些情境改變了，但別忘了，你也正走在一條轉變的路上。

相信那段等候改變的階段，是必要的過程。

相信你想要改變的渴望與動機，已是改變的開始。

相信你當下所採取的每一個行動，都與你渴望的改變越來越靠近。

〔第324天〕

11/19

## 分享你的生命故事

每一個人的生命都有個故事可說，有個值得向全世界分享的精采故事。

藝術家與作家的專長是說故事。其他領域的人，則身懷不同說故事與分享故事的方式。販售漁具的店家不但賣魚餌、釣鉤、鉛墜，還要告訴人們哪裡可以捕獲到肥美的魚。木匠師傅的技藝高超，把一扇自動木門雕刻得如此精美，匠心獨具地述說自己的故事。編織百衲被的人，以碎布連結她生命中某些重要時刻的故事，最終成就了色彩斑斕的藝術創作。

我們每個人不但都有故事可說，並且各自以獨特的方式與世界分享這故事。這故事透過我們的話語、透過我們的工作，也透過日常生活中最簡單的行為舉止表現出來。仔細聆聽周遭人們的故事。發自靈魂深處用心聆聽。帶著敞開的心，不加批判地聆聽並發掘每個故事的美好內容。別忘了要對說故事的對象，表達你的珍惜與敬意。學習尊重、欣賞並感謝你當下所活出的故事。

喚醒你內在的說書人，大方與世界分享你的故事。帶著歡喜快樂與敏銳的洞見來說故事。承諾以滿懷的愛和熱情來分享故事。有時，也可透過你如何活出生命、如何行動與工作、如何竭盡所能開創生命的極致來訴說你的故事。活得自在，活出眞實的你，擁抱並熱愛那樣的你。

發自內心深處，活得踏實精采。
發自內心深處，敞開地分享。
這樣的故事，總能感動並療癒人們的靈魂。

［第325天］

11/20

## 把生活過得有趣

你最近一次玩樂是什麼時候？你上一次盡情忘我地享受人生，又是什麼時候？

年輕時，我們的想像力天馬行空，充滿樂趣。我們看著幼兒坐在地板上用積木蓋城堡。我們看著孩子玩耍，不管手上拿什麼東西都很好玩。只要我們容許自己過得輕鬆自在，我們的人生也可以像玩遊戲般使人感到興奮雀躍。

將想像力重新帶進你的生命中。讓自己活過來，回到活躍生動的生命狀態。睜開眼睛，你會看見雲朵裡藏著恐龍，你會瞥見矮精靈躲在樹叢間，你會在一朵玫瑰中發現天鵝絨。想像擁抱一朵白雲的感覺，然後再去觸摸一棵大樹，最後把玫瑰別在雙鬢上。

讓你的想像力變得生動活躍。

盡情投入去玩「如果……」、「如果……狀況會造成……後果」的遊戲。

如果人生可以樂趣無窮，你會如何享受？

〔第326天〕

11/21

## 珍惜孤獨

在北加州海岸邊，度假小屋的職員帶我走向我要投宿的地方，那是間與主要木屋相隔一點六公里的獨立小房子。這位員工問我：「你一個人住這裡，真的沒問題嗎？」我說是。我確定自己可以。

我與孤獨和平共處的能力，是我費盡一輩子所培養的。平靜的孤獨，與被迫獨處的隔絕，迥然相異。被迫隔離是全然不同的狀況。置身隔絕的情境，會使我們發了瘋似地想要與外界聯繫，儘管百般不願，卻又不可避免地陷入驚恐萬分的寂寥中。

然而，在充滿各種可能性的旅途中，我們被召喚去面對許多意想不到的恐懼顫驚。宇宙不容我們躲在恐懼背後，至少不讓我們躲藏太久。而其中一種我們可能要面對的恐懼，便是獨處。

我們需要去面對、去感受孤獨，進而從中接受療癒，否則我們可能會被掌控、被擺弄，甚至甘願讓自己被任何東西或任何人團團圍繞，以爲這樣便是逃避孤單。如果我們不勇敢面對，原來的孤獨，最終可能變爲單獨監禁。

擁有獨處的時刻。學習珍惜你的隱私。重視你的安靜時刻。學習與你的孤獨安然相處。

在孤獨的時刻，越能自在以對，便越能找到與他人相處的愛與快樂。

擁有獨處的時刻，你將從中學會如何培養愛。

〔第327天〕

11/22

## 你應該爲自己而活

停止自我批判。停止告訴自己每一件你所想、所感、所要與所做的，都是一場錯誤或是不正確的決定。

長久以來，你實在太過猶豫和壓抑了。你的創意、直覺與來自靈魂的聲音，不斷地被你抑制與關閉。

不論什麼理由，我們已經習慣苛求自己，也學會了一套自我批判與自我審查的機制。或許我們從小便在一個令人窒息的環境中長大，家人習於壓抑我們的內在聲音、我們的智慧與對眞理的認知。或許我們對眞相的感知造成他們的不安，因此他們開始要求我們閉嘴，以致我們必須學著在備受壓抑的環境中成長。

現在，我們不再需要處處迎合或滿足別人的需求了，或至少不再以那樣的方式苛求自己。我們不需要再害怕面對自己，或擔心萬一往內探索會不會有任何驚人的發現。我們不需要再逃避面對自己，也不需要再隱藏或不准自己發聲。我們是充滿創造力、充滿愛與充滿目標的人。

該是時候敞開自己，向你最偉大的夢想與渴望，向你最真切的想望與欲求，向你真實的智慧與知識，深度探詢。認識你是誰。聆聽你自己。表達你自己。享受你之所是。你會發現，別人也樂於跟你在一起。

［第328天］

11/23

## 柔軟戰勝剛強

許多旅程都教導我們有關力量的功課。我們當中許多人也已經歷各種不同的力量。有時我們會使用強力，一種頑強的蠻力。當然，我相信大多數人都曾深陷權力遊戲的較勁中，只爲確定自己不是別人的答案。這一路走來，我們可能變得越來越無情、冷漠、苛刻、甚至易怒，誤以爲那是爲自己奪取力量的方法。

其實，這些努力並非力量的象徵。它們所標示的是恐懼。確實，我們這一路走來，不斷學習去經歷、去表達、去釋放我們的怒氣，這已然是取得力量的必經里程碑，意義非凡。然而，我們所追求的力量，與蠻力、冷漠、嚴酷或權力遊戲迥然不同。我們並非學習以那樣的方式來展現肌肉或拳頭。

讓我們敞開心，學習另一種力量——內心的力量。透明，慈悲，溫柔，愛，理解，撫慰，寬恕，信心，擁有接納自己與接納所有情緒的安全感，信任，承諾要愛自己並敞開心懷。這一切，才是我們所追求的力量。那是眞正的力量，是可持續到永遠的力量。唯有這樣的力量，得以創造我們所渴望的生命與愛。在這種情境下所召喚的力量，使我們可以相信，原來，蠻力、冷酷或憤怒，從來就不是我們眞正想要的力量。

放輕鬆。不要再展現你的肌肉，而是敞開心門，讓你所渴望的力量緩緩進來。讓一股清新的力量在你之內自由流動。必要時，要學會自我防衛，但要留意避免去做任何會奪去平安與喜樂的行動。不論你所置身的環境如何，讓你的身體徹底放鬆，讓你的思緒也跟著放鬆，然後學習相信你的靈魂。

你的心將指引一條出路，讓你不只去愛，還要取得能力。

讓這股力量自由而緩緩地進來。

你將發現，你所領受的力量是如此真實。

[ 第329天 ]

11/24

# 讓恩典找到你

那首縈繞心底的詩歌《奇異恩典》，在我漫長的旅途中，不時陪伴著我。我第一次聽到這首歌，是在亞利桑那州一間租來的鄉村小屋裡。斷斷續續的長笛樂音，從空中傳來，如迷人的香氣般令人難以抗拒，一股平靜安穩充滿我的內在。

第二次聽到這首音樂，是在蒙大拿州一家老舊的飯店。這次，每一個音符都清楚多了，撫慰人心的悠揚旋律傳遍整個庭院。

然後，在靠近華盛頓的樹林裡，我再度聽到這首歌，這次依舊以長笛吹奏。當熟悉的音樂響起，旋律充滿整個空氣中，我的感恩如潮，滿溢於靈魂深處。

是的，我想，「奇異恩典」確實一路隨著我前行。我再進一步想，哦，不，不是恩典跟著我，而是恩典找到我。

感恩的力量從來不曾消退。每當你感覺到它或相信它時，要記得大聲說出來。即使在你毫無所感或不想說時，也要說——謝謝。謝謝。謝謝。不久，你將聽到那首歌。這首充滿恩典的詩歌，將以其縈繞不散的優美旋律，持續感動你。

如此恩典，奇異恩典。

〔第330天〕

11/25

## 讓今天成爲療癒日

花些時間進行療癒。花些時間撫慰你的身體、你的思緒與靈魂。

洗個澡。點根蠟燭。讀一本書。出去散散步。接受指壓按摩。如果你想要的話，不妨去拜訪你最喜愛的療癒師。看部電影。買些花。喝杯茶。

有時，我們會爲自己找各種理由來避開療癒——我們太忙碌、太疲憊了。殊不知那正是我們最需要好好照顧自己的時候。聆聽你的心，它有告訴你，它要什麼嗎？聆聽你的身體，它有說它需要什麼嗎？然後，信任你所聽到的。

讓今天成為療癒日。

再花些時間，讓每一天都成為療癒日。

〔第331天〕

11/26

## 創造你想要的願景

如其在上，如其在下。首先發生於心靈中，然後彰顯於外，外顯於肉身中，由裡而外，而非由外而內。

首先，我們先看到願景。我們的靈魂將透過內心的話語與雙眼告訴我們。接著，越來越清晰的步驟一步步緊跟而來，井然有序，一目瞭然。然後，就告一段落了。待願景降臨時，一如有些人所說的，大勢底定，幾乎完成了。

假若你在尚未擬定願景之前便大費周章地努力想要完成一些目標，那麼，你只是徒然浪費時間與力氣。你要學習的，是讓願景先來，而非你先行動。當願景出現了，花些時間在心靈中形塑一番，然後再嘗試形塑於外在的形體中。如果你無法辨識或看不清楚，或許意味著願景尚未確定或不夠完整。你需要花時間去思索，讓一切慢慢聚焦，好讓這些願景在你的心思意念中逐漸成型。

從創造願景著手，不僅可一步步引導我們進入至高的途徑，還能使我們的生活與工作變得更輕鬆簡單。

花些時間，為所有你想要做的事，創造一份願景。讓你的願景來引領你。讓它先向你的心靈顯明，接著，它便會自然體現於外在的情境中。

［第332天］

11/27

## 尋求原諒

你的心是否被一些東西堵住了？你是否因無法避開一段特殊的關係而感到鬱悶？寬恕是個細膩敏感、甚至是難以拿捏的課題，但總有一些時候，我們需要懇求原諒。

我們需要認清一個事實，那就是我們所有的能力之中，其中一種是認清並學習從他人、從宇宙、從神、甚至從自己身上，祈求我們所需要的東西。也許我們對以下這些需要與情境瞭若指掌，也知道如何對外尋求協助——我們知道需要與某人有更多時間相處，我們知道自己需要更多錢、需要更多注意力、需要不同的溝通方式等等。然而，不論有多麼精通於向不同管道尋求我們所需的各種資源與需求，我們對於向別人祈求原諒這件事，或許仍裹足不前，難以啓齒。

對一個人說「我錯了」，是一回事；但要勇於承認不求原諒所可能造成的損失，則是另一回事。沒有得到寬恕，會阻撓並毀損一顆最善良、最溫暖的心，也會破壞最珍貴、最美好、最熱情與充滿靈性的關係。不被寬恕，罪惡感便會在空氣中經久不消，使最親近的人走出各自的生命，形同陌路。

凝聚你的能量。如果眞的必要，請預備好自己。然後走一趟冒險之旅，這或許是你生命中最大的一場冒險。把你的卡片放在桌上，從內心深處勇敢地說出「我錯了」。不要試圖強辯或爲自己開脫罪名、發脾氣，或甚至借題發揮、大動肝火。你需要做的，是尋求寬恕與原諒。

如果祈求寬恕是你當前最需要做的事，
那麼，記得，道歉永遠不嫌多。

［第333天］

11/28

# 把自己愛回來

承諾要愛自己這個決定，或許只需做一次就好，但要落實這個選擇，則需要持續不斷的行動，因爲我們很容易就會陷入不愛自己、無法接納自己的情境。好消息是，我們可以很快、很容易地再度重返我們的初衷。我們或許需要每天做一次、每週做一次，或每一次當我們展開一趟全新旅程時，尤其是那些驚詫連連或滿佈荊棘的途徑，更是需要不斷自我提醒。

什麼樣的感覺是美好的？什麼能爲我們帶來療癒？什麼能加強你的能量或使你深感欣慰？自我剝奪又是爲了什麼？不管我們需要多頻繁地練習，我們總能回到自愛自重的地方。每一次當我們如此練習時，一切行動將變得越來越容易。每一次當我們如此練習時，便可看見自愛自重的獎賞：創造力增強了，做決定時更清晰，與神性的連結更緊密，與周遭世界的連結更滿足。

當我們愛自己時，將使我們更容易修正自己的缺點，更願意承認自己的過錯，也更能夠分享最深切的感受，甚至更有能力去愛別人。我們的靈魂快樂起舞，提振昇華。自愛自重使我們精力充沛，甚至吸引到更多的愛。宇宙也將立即回應我們自愛自重的選擇與決定。

按著你的本相，接納自己、愛自己——你最理想的工作、你最美好的時刻。當你愛自己時，你的喜樂、平安與療癒都將臨到你的生命中。當你這麼做時，你其實給了這世界一份最棒的禮物。你也因此允許他人以此爲典範，於是，他們也學會了愛自己。

陶醉於自愛自重之中。讓自己沉浸其中。

在當中取暖，一如你躺在太陽底下享受溫暖一樣。



［第334天］

11/29

# 只有你能爲自己做決定

願你的心敞開——溫柔、安全、篤定、理所當然地敞開。

不要讓他人決定你何時該敞開心懷，也不要讓他人決定你何時該擁抱愛。這些選擇都太大、也太慎重了，所以，不該讓身邊的他人爲你做決定。切記，只有你自己可以決定何時做、如何做。

生命中曾有些時候讓你對敞開心房有所疑慮，甚至感到不安。痛苦圍繞你，你還沒準備要敞開自己。然而，那些時刻都過去了。你已有所學習與領悟，也比過去成長更多了。你已確定自己是愛的存有。你現在已經知道，自己的愛源自內心深處。因此，敞開心懷不再是危險的事，而是安全的。

整個宇宙都在殷切等待，滿懷欣喜地伸展雙臂，準備好要助你一臂之力，幫助你敞開心門，一如祂幫助花朵在土地上、在豔陽下、在雨水中盛開一般。如果你執意否認你可以去愛的力量與能力，那無疑是棄絕了喜樂。否認愛的本質，等同否認你自己、否認神、否認深藏在你之內的神性。

環顧四周。

並不是你所置身之處讓你感覺安全，而是你的靈魂、你的思緒、你的內心令你感到安全。

這地方，無比美好，而且安全無虞。

打開心房，擁抱生命，開開心心地上路吧！

［第335天］

11/30

# 在不相信中，你不斷受苦

信任。信任。信任。一次又一次，這是重點。看看那些源於不信任當下的完美而衍生的痛苦、悲愴、焦慮和壓力。「我迷失了方向。我偏離了軌道。我感覺哪裡不對勁。我在不對的時間，來到一個不對的地方，做了不對的事。我來到了山窮水盡的絕境。喔，我的天啊！」

其實，你並非偏離正軌，也沒有迷失方向；相反的，你正一步步走在值得前往之地。那是個奇幻美好的地方，遠遠超乎你有限的心思所能理解與明白。透過信任每一個當下都是完美的，你便給了自己一份厚禮：容許自己盡情享受每一段旅程。

不要只是踏上旅途，還要讓自己盡情享受每一段旅程。

# 12月

## 快到家了，是時候和你愛的人分享熱情

［第336天］

12/1

# 成爲一個自己也喜歡的人

跟追求完美的人在一起——完美的健康狀態、完美的教養、完美的體態、完美的掌控一切——是極不容易的事。

請永遠記得，生而爲人，意味著不完美，意味著有缺陷。你是如此，別人亦然。有時，不妨讓自己慵懶地癱坐在椅子上，用錯誤的叉子進食，不顧形象地捧腹大笑，站起來坦率地展現自己，大聲宣告自己已經夠好了。

別擔心別人知道你的眞實本性後會作何反應，我們反倒希望讓大家知道我們是什麼樣的人。想要讓其他人對你有眞實無僞的認識，你便需要更大方地分享自己，活出眞正的自我，而非想像中的你應該成爲的樣子。

自由自在的境界，就近在咫尺。你要做是，只是踏進自重自愛與自我接納中。

當你這麼做時，其他人也會受到你的影響而改變。人們將對你感激有加，謝謝你的指引。

[第337天]

12/2

# 運用吸引力法則實現你的夢想

學習視覺化你一生中殷殷期待與渴求的目標。善用你的心思意念與想像力，連結你的心，一同擘畫一幅未來的圖像與願景。願景有助於開創我們的未來，指引我們走向正確的途徑。如果我們對想要前往的目的地有一幅明確的圖畫，將有助於我們掌握何時出發、何時抵達，並確定自己沒有偏離正軌。

有時，我們發現自己很容易便能使用想像力來創造清楚的圖像。我們可以看見自己以特殊的方式來做事，在某些特殊的情境中自在地發揮所長。我們看見自己正在進行某項特殊計畫，我們對自己胸有成竹，知道這件作品完成後的樣子。我們也看見自己在某個特殊的地方生活，進行某項特殊的工作，或在某個特殊的地點度假。我們對自己想要達成的目標，清楚明瞭。

其他時候，我們的願景可能模糊不清。我們可能只能約略掌握一些概念，大概知道一些事物或地方的樣子。此時，我們便需要更專注在心中想望的焦點，盡最大努力去構築一幅清晰的圖像。鼓勵你爲自己列一張清單，將你所知道可以如何幫助你落實這些目標的方法、步驟與條件，詳列下來。

另有些時候，我們可能完全置身黑暗中，毫無頭緒，不知自己到底該往何處去。那不盡然表示我們到不了目的地，或前方已無路可走，實況未必如此。它意味著我們需要詢問神和宇宙，祈求祂們使我們眼目明亮，知道如何判斷什麼對我們最好；使我們的心澄澈清明，當答案來到我們面前時，能夠覺知與辨識。

學習以想像力來開創你想要的人生。

一開始，花時間擘畫你的願景——一份你期待與渴望的概念。

將你希望目標如何成就與落實加以視覺化，然後讓這份願景引領你走向正確的方向。

［第338天］

12/3

# 唯有放下愧疚，你才能眞正去做想要做的事

當你一路按部就班地跟著生命往前行時，何苦爲此感到歉疚不安？那些不斷嘮叨、挑剔與苛責的罪惡感，都是殘餘剩物——從過去我們不懂得愛自己、不懂得信任自己的那些時日，所殘留下來的性格。那也是過去所遺留下來的無知——過去我們不曉得，原來人生可以如此精采、好玩、輕鬆、自然與樂趣無窮。

如果我們對即將嘗試的新事物、即將前往的新地方、即將展開的冒險之旅滿懷罪惡或焦慮，便意味著你對新的功課充滿抗拒。你性格中的羞怯畏縮，使你無法掙脫那些牽制著你的觀念，使你難以眞正的、徹底的且從根本上好好愛自己，享受人生中的每一個階段。

很快地，你將發現自己被引領到一個特別的地方，那是你當下置身之所在。你所面對的那些令你感到愧疚與焦慮的事物，正引領你展開一趟冒險之旅。

生命如此豐盛。我們可以沉浸在愛自己以及周圍的療癒資源中，悠然自得。我們的行動，我們所從事的

活動，我們的日子、白天夜晚的時時刻刻，都可以輕鬆自然地流動。我們可以按照心的指引去做事，踏實自在，不帶一絲愧疚與罪惡。

認清罪惡感與焦慮，將它們視為一種抗拒。

讓自己踏上一趟愛之旅，而且不容任何罪惡感來破壞旅程。

［第339天］

12/4

# 你說了算

這是個舊課題，但值得不斷反覆練習和提醒。那就是：我們不需要讓任何人來掌控我們的生活、我們的選擇、我們的快樂。

不管我們自以爲對這項功課掌握得多熟練，我們仍得經常面對它的挑戰。總有其他人想要動用我們的私人關係，試圖在幕後操縱一些事。我們被攪入戰局裡，掙脫不出來。有時，我們深陷在「要是……的話」的怨歎循環裡，不可自拔——「要是她肯的話……要是他願意的話，那麼我就會……」我們終於發現，自己不自覺地放棄了許多可以掌控的權利。我們甘心讓自己的人生掌控在他人的期待、念頭與選擇中。

是的，如果我們完全忠於自己而活，那麼，我們將對周遭人的「勒索」有所回應。我們的人際關係會幫忙雕塑我們，教導我們一些事。當然，有些時候我們需要與他人有深刻的連結，我們是這麼地愛他們，以致他們的人生途徑或多或少也影響了我們的選擇。但是，我們不需要讓這些生命中的他者來掌控我們的選擇、我們的行爲、我們的人生。

或許她將這麼做。或許他不會那麼做。但你呢？你要的是什麼？什麼樣的行動與方向，對你和你的人生是正確而合宜的？你要將原來由自己承擔的責任交託給其他人嗎？你確定要這麼做嗎？

有時，不管我們有多愛身邊的人，都該是時候放手了，該是時候讓他們學著走自己的路，該是時候讓你自己明白，走你自己的路本來就是你的責任。帶著愛與平靜，帶著溫柔的力量，走自己的人生路。你爲自己的人生負責，也爲自己的選擇負責。別人如何，與你無關，但你始終該爲自己負起全責。

好好照顧自己，然後再往前踏出一步。學習自愛自重、自我培育，並且尊重自己。

唯有你自己可以決定將來要做什麼。

［第340天］

12/5

## 快樂沒有極限

不管是在工作場域、旅途中、或某個週六下午在市區裡悠哉閒逛，面對這些好玩、有趣與純粹享受的事情時，我們會不會過於謹慎小心並嚴加防範？有時，我們的行爲舉止表現得彷彿在一切樂趣無窮的事情背後，有個額度限制，隨時可能用盡；彷彿樂趣的供應源，嚴重匱乏不足。我們告誡自己不能爲所欲爲，不能支取太多，免得一切快樂好玩的事轉瞬便消逝無蹤。

那確實是我過去長期以來的狀況。

某個週六下午，兒子薛恩問我是否可以讓他到朋友家玩，並且住宿一晚。

「爲什麼？」我問道。

「這樣很好玩啊！」他回答。

「你昨晚才玩得很開心呢！」我提醒他。

他想了想，然後回答：「誰說不能一連兩天都玩得開心呢？」

---

面對人生、面對愛、面對工作，添加點樂趣在其中吧！

然後走出去，再多找點樂子。

---

［第341天］

12/6

## 發現眞正的力量

我們大部分的旅程都跟力量的學習有關。我們想要去學習自己所缺乏的力量——控制他人的能力，有時也包括控制自己與命運的能力。我們最終發現了屬於自己眞正的力量——出發走一趟通往自由與愛的無盡旅程。

這一路走來，我們談論、經歷、也實驗各種力量，包括威權的力量、金錢的力量、聲望的力量、掌控的力量、激憤的力量、生氣的力量、威脅的力量。我們也見識了各種不同的負面力量，包括操縱、騙局、欺瞞。我們也親眼見證人們如何想方設法從別人身上奪取力量。我們看見不乏有人繳械投降，自願將能力交託給別人，自己卻爬進殼裡躲藏，任由別人擺佈。

我們也看見許多能力其實只是虛妄一場。金錢很快就跑遠了，名氣地位轉眼成空，聲望對人生的各種挑戰毫無免疫力，掌控不過是一時片刻的事——待你一轉身，所有局勢旋即復歸原狀。

我們長途跋涉，就是爲要尋找力量，要從中有所學習。在旅途中的某個地方，我們開始看見眞相，發現眞理。然後，我們逐漸被啓蒙，我們的內在安靜地醒悟過來，撼動我們的靈魂，轉化並更新了我們的願景，教導我們一切需要知道的內容。事實上，永恆持久的力量，乃是來自內心深處的力量。

平靜。信心。溫柔。仁慈。慈悲。喜樂。寬恕。撫慰。脆弱。誠實。勇氣。愛。

現在，這一切便是我們所謂的力量。

〔第342天〕

12/7

# 不堪負荷時，就別勉強自己

生活中看似簡單的工作，有時卻可能令人不堪負荷。但不堪負荷的感覺，只是其中一種反應而已。

每天都有繁複瑣碎的職責以及待完成的事情等著我們——要送洗的衣服、家務、保養汽車、付帳單、繳稅、約見客戶、工作。當我們捲起袖子，平靜地從第一個工作開始做起，將幫助我們找到貫徹始終的方法。一旦開始了，我們便會發現，情況沒有想像般難以忍受或無法負荷。簡單的開始，簡單的動作，將一切都簡化了。我們平靜穩定的態度，在當下突顯出一股神奇的魔幻力量。

面對眼前似乎做不完的工作，記得，你從來不會在苦思中獲得神奇魔力與能量。我們或許會枯坐一旁思索著：「到底還有多少事要完成呢？會不會錯誤百出呢？是否可以如期做完呢？」這一切，不過是一種恐懼。我們無法在否認、逃避、忽略我們的感受，甚至忽略不堪負荷的感受中，得到任何神奇魔力與能量。去體會你需要體會的感受，然後釋放它。請帶著愛，一步一步慢慢走。

我們將被賦予能力去完成所有需要做的事。

採取簡單的步驟，不疾不徐，一步一步來。

你將再次找到出路。

［第343天］

12/8

# 把別人給你的負面能量丟掉

我走進小鎮的一家餐廳，坐在櫃檯旁。我是店內唯一的客人，但那裡的服務生並未理會我。女服務生坐在椅子上翻閱報紙，忽略我的存在，但我持續耐心等待。最後，她終於把報紙稍稍放低，大聲喊著問：「你需要什麼？」聲量之大，響徹整間餐廳。

當我離開那家餐廳時，感覺自己好像變得跟那位女服務生一樣，暴躁不耐。我花了些時間反省檢視後才釐清狀況，慢慢拼湊並理解到底是什麼改變了我的情緒。我突然驚覺，原來我被感染了，而且不自覺地承接了她的負面能量——那是徹頭徹尾與我無關的情緒與能量。那感覺就像車子的擋風玻璃，莫名其妙被濺潑了一團泥濘。

大部分的人難免在生活中遇到一些倒楣和糟透了的時刻，包括隨之而來一籮筐要面對和處理的情緒。我們實在不需要讓其他人將他們的負面能量濺得我們一身泥巴。我們不需要接受這些負面能量，更不必隨時隨處把這些能量帶在身上。當你開車時，如果有人將泥濘濺到你車子的擋風玻璃上，你會怎麼做？當然就是擦一擦、洗一洗，然後繼續上路，不是嗎？

我們需要學會分辨哪些感受是你的情緒，哪些事情與你有關。學會去覺察是不是有人習慣將一些負面感受潑灑到你身上。記得，你不需要為別人的事負責，你只要盡快把這些狀況處理好即可。

思想是能量。暴躁的思想與情緒，有時就像一團爛泥巴。
如果某人濺起泥濘，弄髒了你的車子，那就把擋風玻璃洗一洗。
祝福他，然後繼續上路。

［第344天］

12/9

# 要回你的人生

要回屬於我們的人生，將創造更多滿足與喜樂，因爲我們已不必再受制於他人。我們不需要承受任何壓抑，或讓自己難過得近乎窒息。當別人要求我們做事，我們也無須概括承受。我們可以信任自己。我們知道自己需要什麼，知道自己渴望什麼——我們渴望自由。

曾幾何時，那些使我們不堪負荷的重擔、那些爲自己的生活所承擔的責任，並沒有我們所感覺的那般難以承受。一切乃出於我們的信念。我們總以爲自己做不到，自己無法處理，無法相信事情可以完成。事實上，我們仿若爲自己蓋了一座監獄，並以自己不實的信念，自我囚禁。我們開始相信別人比我們更了解自己，更知道什麼對我們最好。我們怯於爲自己的選擇承擔責任，於是，我們自甘放棄屬於自己的權利與能力。

現在，該是時候勇敢踏出一步了，至少要走出因畏懼而自我囚禁的牢獄。告訴自己，我們可以爲自己的生活、爲自己的人生承擔責任。我們可以爲自己所創造的事物承擔責任。我們不必害怕會犯錯或擔心做錯事。如果我們開創了一個不喜歡的情境，我們可以再去開發其他不同的情境與事物。我們可以自由的去開創我們想要的生活與人生。

我們可以自由的要回屬於自己的人生，創造屬於我們的成就與快樂。

我們永遠都可以這麼做。

〔第345天〕

12/10

## 正視被背叛的傷

醫治被背叛的傷害，與做開心和療癒有密切關聯。

很多人對於否認背叛這件事，習以爲常。有時，當我們感覺有人背叛我們，甚至眞的在現實情境下被背叛時，我們總是習於忽視，甚至漠然以對。

生命中確實會發生這樣的事。有時，人們做了傷害我們的事，或使我們陷入低谷，甚至在該保護我們時袖手旁觀。也有些時候，我們被欺騙了。人心叵測，我們本來就活在一個包含各種人性、各種問題的世界。我們活在一個快速移動，但卻未必恆常善良、公義與公平的世界。

我們可能移動得太快速，以致模糊了我們被背叛的狀況與情境。我們隱約感覺事情不對勁，情況有異。

如果我們不去處理過去的背叛，如果我們尚未清理與療癒刻在內心深處的傷痕，那麼，我們根本沒有能力去處理當下正在發生的背叛與傷害。我們內心對背叛特別敏感的部分，會變得麻木無感，甚至可能已被破壞毀損，因爲它沒有機會被探觸、被療癒。我們總是寧可選擇待在自以爲舒適的情境中久一些。我們可能在需要發聲或發洩時，閉口不言。我們可能靜靜待在原地，幽幽地說：「人們就是這樣！」於是，我們的心裂得更深，我們的麻木比之前更甚。而我們內在最美麗、最珍貴的那部分，以及我們的心，全都封閉起來——不只對背叛我們的人關閉，也對生命中所有美好的部分緊閉。

是的，有時那確實是人生的景況。但我們不需要站在那裡，眼睜睜地任由人生如此凌遲我們。我們可以透過療癒那些傷痕，把心門打開。當背叛發生時，讓我們持續敞開內心，由此獲得足夠的敏銳與安全感，自由的去感受、去表達，並採取內心指引我們去做的必要回應和行動。

我們的頭腦與心連結。這份連結無比重要。

療癒背叛，可以幫助我們清楚地保留這份連結。

【第346天】

12/11

# 你需要的不是休息，而是玩樂

去好好玩一玩吧！是的，休息一下，出去走走。當你的頭開始感覺沉重、背部開始感覺痠痛時，請停止手邊工作。去做些你想做的事。去做些令你感覺放鬆、充滿樂趣的事。把所有煩惱放一邊，把它們裝進箱子裡蓋起來，然後盡情享受玩樂。

孩子在學校時，我們會確保他們每一天都有足夠的下課與休息時間，但我們卻忘了自己也需要休息一下，喘口氣。那些糾纏不清的工作與無止盡的愁煩焦慮，使我們在未完成與已完成的工作間拉扯。這些壓力阻礙了我們與喜樂、創意之間的連結，也扼殺了內在流動的重要生命力。

我們不需要讓自己陷在壓力與疲憊的低谷中。這麼做不僅無濟於事，無法改變現狀，更經常造成傷害。你的疲憊，可能源於缺少玩樂和放鬆，一如你缺乏睡眠一樣。你可能會發現，原來你需要的不是休息，亦非睡個午覺或吃維他命C；你需要的是好好出去玩一玩。

盡情玩樂吧！

找時間、花時間，大玩特玩。

或許，玩樂可以供給你需要的能量。

［第347天］

12/12

# 時時充飽你的能量

一如我們盡力要保護與保存地球的天然資源，我們也需要竭盡所能來保護與保存自己的能量。學習對影響你的人、事與活動更加覺察，還要留意檢視你的能量。什麼樣的狀況可以滿足你，使你能量飽滿？什麼樣的狀況會使你感到被榨乾？

當你年紀漸長，你對事情發展對你造成的影響會越來越敏銳；而隨著你的成長，你也會對那些使你枯竭疲困、或一些造成負面影響的人事物與能量，感到不舒服與不喜歡。是的，有些困難與耗盡身心的處境是不可避免的，但我們可以在那些艱難的處境裡學會保護自己。有時，我們需要捨棄一些人、一些地方，以及對我們毫無助益的行爲舉止，因爲它們徒然使我們身心耗損、心力交瘁，甚至耗盡我們的資源。

讓我們學習專注於某些人、事、物、地方，以及對我們的能量造成影響與衝擊的行爲。學習專注於你所吃、所喝的特定食物和飲料，以及某些特定的地方，留意你在吃喝或遊歷時的心情與感受。學習聆聽你的身體、你的情感與你的心。在生命旅程中，隨時做好準備對一些事與人「斷捨離」。當你這麼做時，記得要對自己溫柔些。

學習保存你的能量。
那是珍貴而價值連城的資源。

[第348天]

12/13

# 遇到不確定時，先放手

有時，整幅拼圖尚未拼湊完成。想法、可能性、希望與隨處飄盪的夢想，把我們團團圍住。我們可能以爲發生在人生中的大小事都是偶然的，不帶任何目的。我們所見的，盡是毫無關聯、浮動的水滴。我們試圖去探觸它們，試著伸手抓住它們，好讓我們可以與這些漂浮不定的東西有所連結。我們想要勉強將它們組合起來，拼湊成一幅完整的圖畫，構築成一些看起來合情合理的畫面。

讓那些零星的部分擱置在那兒。讓你自己安然自在地處於當下。讓人生該如何就如何吧！有時，混亂是必要的，因爲在有秩序之前，總是先有混亂。這些散置的零星部分，終究會拼湊成爲一幅完整的圖畫，一幅賞心悅目的藝術傑作。

如果時候還沒到，你便不需要勉強那些部分要集中起來。你也不需要提早知道太多。很多時候，就在不知不覺間，力量便應運而生。即便在放手與放下中，也蘊含著力量——守候與等待的力量，安靜沉穩的力量，以及相信的力量。在將看似毫無關聯的部分拼湊成完整圖畫時，也蘊含著強大的力量。此時，你所需要採取的行動會漸漸浮現與明朗化，準時且清楚呈現。你的下一步動作也會清晰明確。

讓那些零星的部分先擱置在那兒吧！

它們終究會一片片拼湊起來，成為一幅圖畫。

你很快就會看到整幅完整的圖畫了。

〔第349天〕

12/14

## 宇宙爲你而存在

我們住在一個充滿魔力、活力與個人化的宇宙裡，那是一個宇宙之愛顯得如此眞實的世界。

我們不只住在當中，更是其中的一員，我們雙目可見、也可感知地與之緊密連結。一通來得正是時候的電話，一本適時教導我們許多必要知識的書籍，一部傳遞必要訊息與及時引導我們敞開心懷的電影，一個在最佳時機出現的機會，一個因某件事而引發或某個人提起的想法，或浮現某個我們從未注意的事物。

我們越是向宇宙之愛敞開，祂便越是爲我們保留，等著擁抱我們、愛我們、扶持我們、引導我們。我們越是學習看著祂、理解祂，祂便越是在那裡守候我們，直到我們開始驚歎，何以過去竟然從未發現祂的存在。

向宇宙之愛敞開。祂不只是客觀地存在，祂是為你而存在。

起來，躍進充滿活力與魔力世界的臂彎裡。

你也將同時跳進宇宙之愛的膀臂裡。

親身體驗看看它們有多真實！

〔第350天〕

12/15

# 喚醒生命之氣

中國人稱之爲「氣」，日本人謂之「Ki」，但殊途同歸，所指的內容都一樣，那就是能量、生命力，那是生命中一股無所不在的神聖靈性。這些力量，也充滿在你之內。

喚醒你的生命力。去做一些激勵你的事，使你活力充沛。試試看赤腳走在土地上，讓地球的能量進入你之內，使你感到輕鬆自在。把手伸向天空，讓神聖能量降臨在你身上。四處走動，釋放那些阻攔生命的掛礙。去體會與感受。勇敢去愛。開口高歌，揚聲呼喊。

讓自己活過來。用心發掘如何讓自己變得神采奕奕，充滿衝勁與生命力。去感受那股貫穿你之內的生命力，從你的雙腳往上，滲入你的脊椎，一直到你的頭部。去感受那股生命力如何從頭澆灌在你身上，洗淨你的雙臂，到你的身體軀幹，再往下直到你的腳趾，下到土地裡，將你根深柢固地連結於土地上，猶如一棵樹連結於泥土裡。現在，你知道自己已扎根於大地之上。而且，別忘了，你還長滿了枝幹呢！

讓「氣」來充滿你，一直到你感覺自己充滿活力與生命力；

一直到你能為了活在地球上而欣喜雀躍，滿懷感恩。

感受這股生命力，一直到你確定自己與神合而為一，與生命合而為一，與愛合而為一。

感受這股生命力，一直到你看見自己與所有生命緊密相連。

〔第351天〕

12/16

## 成爲自己和別人的天使

我常常想像，我們會不會讓天使過於忙碌了呢？祂們經常得不厭其煩地提醒我們轉進這裡、轉向那裡，警告我們哪裡有危險，急著告誡我們「聽好！小心！」；祂們安撫我們「沒事沒事」；當我們受傷時，祂們還會爲我們感到難過遺憾。我們生命中的天使鼓勵我們心懷盼望與夢想，鼓勵我們勇敢與相信。祂們爲我們指點壯闊山河與美景，照亮我們前行的路途，使我們知道下一站該停留何處。

我們常不確定別人如何看待我們，一如我們對自己也沒有十足的把握。所以，我們需要指引，需要信心與盼望。我們需要知道自己是否行在正軌上，是否有人關心我們。我們需要天使來幫助我們。

我們生命中的天使給我們激勵人心的好話，分享美善的思想，向我們伸出援手，給我們一抹溫暖的微笑。祂們的話語賦予我們力量與安慰，祂們的探觸充滿療癒能力，祂們可愛的臉龐溫暖了我們的內心，祂們向我們傳遞愛與信心。

「我已經學會了，原來『愛』可以很簡單。」有位男士告訴我：「只需要善良、仁慈就行了。」

好好練習愛、善良與仁慈的功課，讓天使的職責輕一些，也讓別人的擔子輕省些。

如果心有餘力，也讓我們成為一位天使吧！

［第352天］

12/17

# 別把事情搞得太複雜

一些簡單而清楚的人生答案，往往可以在內心輕易找到。不要將這些累積而來的人生智慧，侷限於一個或兩個層面；讓它們引導你，指引你走遍人生路。

你是否爲了經濟狀況而掙扎？你被沉重的稅壓得喘不過氣來嗎？不確定該如何幫助你所愛的人？你跟一位朋友之間是否有些問題？你與生意夥伴的關係正陷入膠著狀態，或面臨毫無指望的敵對關係嗎？你與所愛之人是否正處於劍拔弩張的緊繃關係？你和孩子之間也問題重重嗎？與父母之間的關係僵化無解嗎？房東老是拖延該做的事嗎？所有這些生活層面的瑣事，甚至其他更多惱人之事，都會進入你的心中。

你需要找個新的興趣嗎？你是否卡在某個工程或計畫裡動彈不得？你需要新的想法、或充滿創意的啓發與靈感嗎？你需要一個新的居住環境，或重新佈置現在的房子嗎？把這些都帶進你的心中。

讓你的心思平靜下來。放下一切，保持沉靜。你並不需要全盤掌握所有計畫。你只需要提出問題，然後留心聆聽內在的聲音。它將爲你指點迷津，帶你走出迷宮。

不要把事情搞得太複雜，也別想要掌握全局。
答案很簡單：往內探尋你的心。

[ 第353天 ]

12/18

## 牢記屬於你的重要日子

國定假日幫助我們記得一些重要的國家與宗教大事，這些日子已被標註在日曆上。至於「聖日」，則是另一回事。聖日之所以值得我們紀念，並不是因爲這些日子被標示在日曆上，而是因爲這些日子是我們生命中重要的靈性大事。這些是我們靈魂謹記不忘的重要日子——生日，我們的摯愛離世的那天，一段感情的週年紀念日，或是一個改變我們一生、意義非凡的日子，譬如我們開展某項全新計畫的日子、我們停止進行某些事的日子、我們完成某些重要工程的日子、或某個全新開始的日子。

你可以選擇以各種方式來慶祝日曆上所標示的國定假日。或許有些普天歡慶的國定假日，同時也是你的聖日。請記得並尊重屬於你的聖日，那些日子對你而言無比重要。

歡慶假日，同時也要尊崇你的聖日。
選擇屬於你自己的儀式，並賦予高度的敬意。

［第354天］

12/19

# 穿越表象，才能洞見其中玄機

兩位男士坐在餐廳的雅座上，凝神看著牆壁上幾幅「幻眼」圖畫。其中一人開口道：「我花了好幾年時間想要看出隱藏在畫像裡的另一幅圖畫，卻總是看不到。每一個人都說自己看得到，就在畫裡面，我只好相信畫中眞的有畫。」

有一陣子，幻眼圖風靡各地。一開始，畫像看起來就是一張印刷品，通常就像你看到類似壁紙或桌巾之類的複製圖畫。看起來還滿賞心悅目的，但卻又不能算是一幅畫作。這幅畫引人入勝之處，在於它裡頭隱藏著另一幅三度空間的立體畫像——只有當你眞正放鬆目光，帶著迥然相異的眼光與角度來觀看，你才能看見隱藏在內的另一幅立體畫像。

我常覺得這些畫似乎是爲了教導我們一些課題，目的在提醒我們要跨越日常事務膚淺與繁瑣的層面，相信那背後隱藏著某些重要的意義，亦即在那裡面還有另一幅圖畫，唯有我們的靈魂之眼才能洞見。

我們日復一日地過日子，一天又一天、幾個禮拜、幾個月，如此反覆循環。我們所經歷的這些尋常日子看似沒什麼意義，有時甚至令我們疲於應付，令人感到無力。我們深感不安，心不在焉，不免懷疑自己所見的是否就是眼前的一切。如果我們已來到這樣的境況，便該是時候停止用力瞪著看了。放鬆我們的目光和視線，讓那幅隱藏在深處的眞實畫像，自然浮現眼前。

人生持續不斷地往前行，一路滿佈荊棘、壓力和改變，也充滿失望與失意。但這些絕非毫無關聯的偶發事件與過程，也不是懲罰。它們並非毫無意義，反之，許多重要的事件，正在你的生命與靈魂中持續不斷地進行與發生。

學習輕鬆以對。去尋找你人生畫像中的反射與回響，或許內藏玄機。學習凝神專注地看，看得越深入越好。學習以靈魂之眼來觀看與洞見一切。

如同餐廳裡的那位男士，如果我們看不清全貌或不知隱藏在背後的真正意涵為何，這時，我們只需要放輕鬆，然後相信真相就在那裡。

〔第355天〕

12/20

## 走進人群中

「好多人失去了他們的家庭。雖然我有自己的家庭，但我開始發現，自己也是另一個更大家庭中的一員。我開始看見自己與全世界人們之間的連結。」一位男士對我說了這番肺腑之言。

每一個人都擁有自己極其深愛的人，我們稱這些摯愛為家人。我們彼此之間有血緣關係、基因關係，我們與他們之間有長期共同生活、彼此為伴的關係。然而，當我們敞開心懷時，我們將發現另一個更大的家庭組織與結構。

我們與其他未曾謀面的群體也有著一份親密關係，即便他們可能生活在不同的國度與文化中。然而，就算我們生活在地球的不同角落，但我們卻分享著生活中所歷經的共同情感與回應。如果我們仔細研究歷史，便不難發現，我們與前人之間亦有著緊密的關聯。他們所經歷過的困難險境、所學習到的功課與教訓，在許多層面上，都跟我們今天所面對的種種挑戰不相上下。這些課題不斷複製，而那些最真實不虛的答案會持續到最後。難怪它們被喻為放諸四海皆準的「宇宙真理」。

你現在正面臨什麼樣的人生情境呢？不要覺得自己千山獨行，其實你並不孤單。打開你的雙眼，敞開你的心，與另一個更大的家庭連結，讓他們跟你分享他們的故事，分享他們的長處、勇氣、盼望、恐懼與喜悅。停止再去挑剔彼此之間的差異，或讓自己陷入被隔絕與孤立的境況中。出發展開一趟探尋共同連結的冒險旅程吧！

你並不孤單。我們一直都在一起。

那便是「宇宙之愛」。

[第356天]

12/21

# 由內而外，清除你的壓力源

一位療癒專家曾經說道：「壓力可能源自許多不同的事。可能是空氣中的毒素，可能來自食物、工作、金錢或愛。有些時候，焦慮與壓力是舊信念所產生的反應，亦即那些深藏在你思想裡的訊息。」

就實況而言，我們無法消除製造壓力的環境。有些生活中的壓力是不可避免的，那是眞實生活的一部分。然而，某些時候，壓力可以成爲激勵我們進步和成長的動力，甚至有助於釋放情緒與接受療癒，使我們越來越有覺知，變得煥然一新。

雖然我們不需要、也無法消除生活中的壓力，但我們至少可以減低壓力對我們所造成的衝擊。我們可以吃對身體有好反應的食物。我們可以監視在許多環境下所呼吸到的空氣品質。我們可以離開那些造成太大壓力的工作或愛的情境，但如果我們選擇繼續留在那裡，我們便要學習更懂得保護自己。

此外，我們也可以由內而外，調整與轉變一些會產生壓力的信念。「我不能達到預期的標準。我無法完成任務。沒有人會喜歡我。我就是無法相信自己……」這些已然不合時宜的舊信念與反應，早該丟棄。現在，我們理當了解，我們擁有改變這些舊信念的能力。

什麼原因使你的生活壓力重重？
去做些能讓你稍稍減低壓力的事。

盡一切所能，降低周遭環境的毒素，同時也清理生命深層的毒素。

［第357天］

12/22

# 向宇宙萬物表達敬意

這是一股沉靜的力量，在我的旅途中，數次令我驚訝不已。我之前其實聽聞過，但基於某些原因，在踽踽前行的人生中，我漸漸忘了一件事：尊重。

尊重是充滿靈性的力量，一份發自內心的力量，一份與感恩密不可分的力量，但卻又不盡相同。尊重其實是一種態度——對人、對生命，甚至對我們自己。哪怕只是在某個時刻誠心表達的敬意，都會帶來深遠的影響。當我們真誠地表達尊重時，不僅讓別人可以自由地成為自己，同時也鼓勵他們將最好的一面呈現出來。尊重就是尊榮他者、生命，以及我們每一個人與神性的神聖連結。

累積了一些人生經驗後，我們是否就忘了要表達敬意？當你義憤填膺時，你是否決定了某些人或某一群人不配得到你的尊重？你會因為與自己或與某人太熟悉、太親近，以致忘了要練習尊重嗎？放下過去，那些已是過眼雲煙。但是，扭轉未來的力量，才剛開始！

首先，學會尊重並尊榮你自己。尊重你身體的需要、內心的需要，以及你靈魂的言語。尊重別人的生命，尊重生命的厚禮。向你所遇見的每一個人、每一種狀況表達敬意。向宇宙的恩典——太陽、月亮、大地、海洋與星宿，表達敬意。尊崇所有的生物——樹木、野花、翱翔天際的老鷹、叢林裡的鹿、在樹上急奔亂竄的松鼠，以及在你肩膀上發亮的六月鰓金龜。所有這一切都在這世上占有一席之地，你也是。

**發現尊重的力量，持之以恆地不斷練習。讓這項行動徹底改變你的世界。**

［第358天］

12/23

# 療癒，從認識自己是誰開始

但願你對世界的療癒天賦，是從「你是誰」，自然而然地開花結果。

你想要成爲一名療癒者，因爲你渴望成爲世界上一股良善的力量。我們當中很多人對療癒、服務與愛，深信不疑。但除非你知道什麼能療癒你、幫助你、你所領受的眞理爲何，否則你永遠不曉得如何藉由療癒來幫助其他人。

眞正的服務，那些眞正探觸男人和女人內心與靈魂的療癒，只有在我們深切「認識自己是誰」的情境下，才可能發生。這些美好的服務與療癒效果，從來不會在我們嘗試「成爲別人眼中的自己」時發生，也不會在我們出於恐懼、假裝我們是其他人的情境下發生。唯有當我們眞誠地接納並愛自己的過去與現在，眞正脆弱到足以誠實面對自己需要被療癒、被服務的眞相時，我們才有能力將療癒帶給其他人。

當我們愛自己、接納自己時，我們才能愛別人、接納別人。唯有從這個接納的起點開始，眞正的療癒才有可能開始並散播。

愛自己，接納自己。誠實面對那些曾經療癒過你、幫助過你的一切。

由此，你才能將自己的療癒與服務天賦與他人分享。

由此，你的生命將成為世界的一份厚禮。

［第359天］

12/24

# 你想要時才去做，那才是眞正的服務

長久以來，對我而言，服務意味著一種令人厭煩和疲於奔命的苦差事。不管我多麼想拒絕，但似乎別無選擇，只能勉強說「好」。我不想因爲被要求而不得不去做。我認爲服務應是一種發自個人意願的善行，而非被要求得去做的事——不管那是解決任何問題，或滿足各種我隨時隨處發現需要去做的事。

但大多數時候，我所做的善事並未對其他人有任何助益。我經常爲此感到憤憤不平、心懷怨怒、疲憊不堪，甚至覺得自討無趣。如此過了幾年之後，爲了逃避解決別人的問題與責任，我開始逃避人群，自我退縮，也對服務這件事避之唯恐不及。

在我重返服務行列之前，我知道自己需要先改變我對服務的定義。服務不是我做了些什麼，而是一種生活。當我們學會如何愛自己時，服務就是我們所活出的生命態度。

而今，服務對我而言，意味著我們在宇宙中所承擔的位置，而且是如此自然、簡單輕鬆。我們聆聽自己的心，信任那些引領我們的指示——去做渴望做、而且是對的事。當然，如果內心的聲音是否定的，我們也要留心聆聽與順從。

我們愛自己。我們循著被引領的方向前行。我們帶著滿腔熱情，享受我們所要做的事，那就是服務。因爲我們享受生命，於是我們向周遭的人敞開心懷。我們毫無保留地開懷大笑，也毫不避諱地潸然落淚；我們讓自己成爲自己，那就是服務。如果我們要承擔起一份眾望所歸的任務或工作，那就帶著喜悅與愛去完成，那就是服務。我們允許自己置身當下，認清工作與付出的價值，然後一步步往前跨越；不管做何事、何時做，我們都讓自己充分享受其中，而且欣喜雀躍地完成，那也是服務。

如果眼前的工作太繁重，讓人招架不住，而我們又找不到解決方式來完成這份任務，甚至遍尋不著出路，那麼，我們大可說「不」。我們不需因此覺得自己很失敗。反之，我們已成功聽見自己內心的聲音，也成功完成眞正的服務。

我們奉獻自己，付出我們的資源與愛。我們在對的地方、對的人群中，付出時間、笑容與喜樂；而當我們甘心樂意地付出時，並不擔心是否可收到任何回饋與回報，因爲我們專注於付出和給予，因爲我們所做的，是我們歡喜甘願要做的事。

如果服務已經變成一樁苦差事，請重新定義，直到它成為美好喜樂的事。

真正的服務不會讓你與人群、與生活漸行漸遠。

真正的服務會拉近你與神、與自己的關係和距離。

真正的服務會邀請你在宇宙之愛的奇幻舞蹈中，一起共舞。

［第360天］

12/25

## 不要忘記信仰

新墨西哥州有一間教會，據稱其地面具備神聖、聖潔與充滿醫治的神蹟異能。當我坐在教堂的長椅上時，看著人群蜂擁進來，令我驚詫不已。我瞥見有個男人攙扶著生病的妻子走進來，妻子虛弱得幾乎寸步難行，甚至無法自行站立。他們前來祈禱，渴望探觸這塊神聖土地，也急切尋求醫治的神蹟。我坐在那裡，不可思議地觀看與聆聽，也見證他們非比尋常的信心與倚靠的信仰。

人生中總有許多事在考驗我們，使我們緊繃，耗盡心力，有時甚至使我們陷落低谷，失去盼望。然而，在我們最隱祕的內在深處，藏著一塊無比神聖與聖潔的聖地，我們稱之為「信仰」。

不要忘記我們的信仰，因爲那非常重要。少了這份信仰，生命將變得死氣沉沉、毫無意義且了無生趣。我們難免面臨一些灰心失望的時刻，進而怨歎：「有什麼用呢？根本幫不上忙。看起來毫無指望。」我們甚至會在歷經某些生命幽谷時，對神氣憤不已，準備轉身拂袖而去，決定不再相信祂了。然而，信心與信仰就是有某種轉化我們的力量。信仰可以注入喜樂，帶來平安，修復我們的生命，使我們感受一份被接納的滿足。

信仰是個簡單所在，卻是一個蘊藏驚人能力的地方。信仰可以將我們的生命徹頭徹尾地來個大翻轉。或許，信仰未必會帶來我們所渴求的神蹟奇事，但卻會帶來我們所需要的神蹟奇事。建立你的信仰，探觸它，將它緊握手中。

在奇馬約教堂後方的房間裡，其土地正是大家堅信具有神聖與療癒力之處。訪客受邀拾取一些泥土帶回去。我挖了少許泥土，份量極少，只有一點點，裝進小小的塑膠袋裡，放進我的吉普車內。

> 關於信仰，我們其實不需要太多，只要一點點，就能支撐一段長長、遠遠的路。

［第361天］

12/26

## 與所愛的人相處，貴在品質而非時間長短

我離開科羅拉多州，驅車前往猶他州南端的峽谷區。我的旅途中還有許多尚待瀏覽與探訪的地方，以及

一籮筐尚未完成的工作等著要處理。但某件事，或者說是某個人，卻像條隱形繩子般牽引著我。那是我的女兒妮可。

她在亞利桑那州的大學就讀，計畫在考試結束後，前往明尼蘇達州過暑假。我們之前聊過，想要在某個中間點見個面，聚一聚。但現在看看彼此的行程，想要相聚似乎有些困難。我們最後一次見面，已是好幾個月以前的事了。從我所在的科羅拉多州去到她那兒，實在得翻山越嶺一番才能抵達。更何況，我已經開往亞利桑那州了，如果想要回頭的話，則需要再一天一夜的時間。於是，我繼續往前奔馳。

但是，妮可的牽引與拉力，持續不斷在我內心使力。最終，我擺脫不了內在的拉扯，把車子調轉回頭，朝女兒的方向疾駛而去。當我終於抵達她的宿舍時，已是晚間十點。我打電話到她的房間。她好奇詢問我現在開到行程的哪個定點了？我告訴她，我就在她宿舍樓下的大廳。她衝下樓，飛奔而來。我們激動地擁抱與親吻。接下來，我們一起在附近飯店住了三天。她繼續用功寫她的學期報告，然後我們一起到處走走，看電影，吃喝玩樂，也抱頭痛哭，一同分享許多美好的記憶。那是這幾年來，我們在彼此生命中一起度過最美好的時光之一。

當分離的時刻到了，妮可整理她的車子，準備前往明尼蘇達州過暑假，我則回頭轉向猶他州，途徑大峽谷時，停下來欣賞那無比壯闊的奇景，那是我在旅途中一度擦身而過的景致。我感覺身心歷經了前所未有的更新，令我感到活力充沛。我沒有浪費任何時間，反倒賺取了好多發自真心的恩典。

我們汲汲營營尋找神聖空間、靈性體驗與真理。
但其實，最神聖的時刻，就在我們與所愛之人相處時臨到。

〔第362天〕

12/27

# 愛上你的命運

她說話簡潔有力，有時甚至一針見血：「與你的命運墜入愛河。」

我們經常往外尋尋覓覓，想要尋找一些難以捉摸的時刻，或一些其他人也曾擁有過的特殊體會，或某種渴望卻不曾經歷過的情感（至少當下沒有過類似的情感經驗）。我們經常想方設法要到某個地方，而非待在這裡；或想要成為某某人，而非成為自己。我們好容易便會不自覺地埋怨，或為一些無法彌補的過往而懊惱，總以為一定有哪裡做錯了。

答案無他，就是要墜入愛河——去愛上你自己的人生。我們的命運與人生，不在什麼遙不可及的時刻，或發生在某人身上的某個事件。我們的命運與人生，此時此刻正在發生。每時每刻，我們的人生都在鋪陳屬於它的故事。

命運與人生是一股奧祕的力量與能量，與我們的選擇、自由意志和天意之間，神奇地緊緊連結。請讓這所有元素編織在一起，持續改寫並開創你的人生。要知道，當你愛上自己的人生時，你便是在幫助自己創造人生。愛上你曾經去過的地方，愛上你即將前往的地方。愛上你曾經學過的功課，也愛上你學習這些功課的方式與態度。

最重要的是，去愛你當下所置身之處。
因為此時此地，正是你的命運臨在之處。

〔第363天〕

12/28

## 將每時每刻的美好，存進你心裡

將療癒能量注入你之內，注入你的存在之中。我們長久以來一直專注於那些使我們心力交瘁、筋疲力竭、進而損耗我們靈魂的事。不過，那樣的時光已然過去了。

這世界仿若礦泉浴場，像個天然的休養中心，一個療癒資源無比豐富的場所。在浴盆中倒入一些鎂鹽和精油。安靜地坐在樹下，或在花園裡獨處。在社區與鄰舍間走動走動。找個悠閒午後，到臨近公園散步，或到湖泊邊或沙灘上享受片刻寧靜。當你獨坐岸邊，沉思生命的永恆流動時，不妨丟一顆石頭到水裡，觀賞水中泛起的美麗漣漪。容許動人心弦而平靜的音樂，使你更深刻地沉浸在療癒的平靜之中，把那些對你的心思窮追猛打的聲音排除在外。把黑漆漆的火爐點亮，讓火焰的耀眼光輝與溫熱，使周遭發光發熱。

起個大清早，把窗簾拉開，看著日出，感受這個過程。讓日出向你傳遞重要的訊息，讓它使你精神飽滿，士氣大振，以躍動活潑的生命來充滿你。當日落西山時，再度回到窗戶前，或走到室外，凝視夕陽，盡其所能地將天際線一波又一波變幻莫測的絢麗色澤，吸納到心裡去。充分感受它們如何探觸大地，使大地煥然一新。

養一隻寵物，裁剪一塊天鵝絨，或聆聽一首交響樂。如果一開始你無法放慢腳步來吸納這些能量，沒關係，不要氣餒，再接再厲的試第二次、第三次，持續努力地吸納這些使你可以重新得力的能量，直到你終於聽見內在的聲音，聽見你的心輕聲告訴你，哪些感覺很好，哪些能爲你帶來平安，哪些能賦予你平靜與喜樂。不久，那些爲你帶來療癒與喜樂的種種特質，將成爲自然臨到你生活中的體會，取代過去那些使你心力交瘁、身心耗盡的人生。

趨近緊靠著光還不夠。你要把這光吸收到你之內。
讓這光使你重新得力，以其能量與能力來改變你。
療癒就在你四周圍繞著你。
不管置身何處，你的一切資源、療癒、能量與喜樂，就在那裡。

［第364天］

12/29

# 就快到了！勝利滋味正等著你去體會

不要停下腳步，你已經抵達終點了。

你多辛苦才爬上這座山啊！一開始準備進入這座山時，肯定是雀躍萬分的。現在，你已經快要登頂了。你一路走來歷經掙扎、疲憊，卻依然步履堅定地繼續往前行。現在，你目標在望了。

不要放棄，繼續向前走。一切指引仍將幫助你，包括守護你持續走動、持續前行的生命力，仍舊在那裡，也在你之內熾烈地燃燒，使你能量飽滿，志氣高昂。你若發現自己難以感染這份氣勢，或許是因為你已身心交瘁。

你看看那些登山客。他們所面對的山路崎嶇蜿蜒，簡直是危機四伏。爬得越高，山路也越陡峭。他們越疲累，便越需注入更多能量在攀爬的意志力上。他們是我們的榜樣。所以，千萬不要告訴自己，你越爬越覺得自己應該停下來。你當下所感受的一切，是每一位向生命深刻承諾過的人都曾身歷其境的體會，也是每一位攀登那座山的人所曾有過的體會。

不要停下腳步。竭盡所能地放輕鬆。

知道你的生命節奏仍在，且持續不斷推著你往前行。

不要回頭看。專注於當下的每一個步伐，踏實地走。

不久，你將抵達山頂，轉瞬間，目標已然在望，很快便將體驗成功攻頂的滋味。

將你的雙眼定睛於腳下的每一個步伐，聚精會神地往前看。

擁抱這個過程的雀躍與激動。

[ 第365天 ]

12/30

## 喜樂，是你的下一個課題

學習慈悲，理解愛，並體驗喜樂。那是我們之所以在這裡的理由，也是我們在這世上眞正的使命。

爲了不帶批評與判斷去憐憫和同情別人，我們必須親身走過類似的痛苦，才能眞正感同身受。因此，學習慈悲是件不容易的功課。我們可能得要歷經即便盡了一切努力仍無力自救的過程，即便再怎麼尋找都遍尋不著答案的茫然。一如許多人所說，是我們的痛苦與難題，塑造並使我們得以具備慈悲的特質。

理解愛，要歷經多年的煎熬、心碎、尋覓與領會後，才能發掘愛的關鍵不是別的，是我們的心。唯有歷經這些年日的淬鍊，我們才會發現，原來，愛不是我們所以爲、所期待的那樣。愛與我們所想像的相距甚遠，而且是超乎想像的美好。

不要輕言放棄。不要提早停下腳步。不要讓早期旅途所遺留的悲苦與不快，阻攔或錯亂了你繼續前行的腳步。爲了體驗喜樂，我們首先需要學習慈悲和愛。

最艱難的任務已經完成。你將為此而獲得獎賞。

現在，該是時候學習喜樂了。

［第366天］

12/31

## 珍藏讓靈魂深度出走的這一年

「你的行程如何？」在即將結束這趟旅途之際，有位朋友問我。

我思索片刻，答案已顯明心中。我說：「充滿起伏和曲折。有時，我感覺欣喜若狂，非常確定自己不虛此行。但也有些時候，我感覺若有所失，而且困惑迷惘。在某些夜晚，我躺在床上輾轉難眠，很確定這整趟旅途是一個錯誤的決定，徒然浪費金錢與生命。但隔天醒來時，總有些超乎預料之外的特殊事件發生，然後我又豁然醒覺，看見自己這一路走來蒙受指引。」

一年的旅途，接近尾聲。無論有多少起伏，每一個時刻都值得珍惜。珍惜你所造訪之地，感恩你所遇到的每一個人。面對受到指引而準備前往他方的人，請好好與他們告別。不要感傷。別忘了你隨時可以藉由愛的意念，將他們召喚回來。記得，在你最需要的時候，你所愛的人會在那裡等著你。珍視你所學到的功課，以及曾經幫助你學會功課的人。面對你的靈魂爲你標示與規劃的旅途，要心懷感激。信任那些你曾探訪過的每一個地方。在你的內心深處，爲自己製作一份剪貼簿，幫助並提醒你牢記這些旅程的點點滴滴。

有些時候，要駐足回首，心平氣和地反省。然後讓這一年平靜地進入尾聲。你至今應該了然於心了，也知道行程的每一階段都無比聖潔，無比神聖。好好珍惜這個尾聲，雖然我們知道從來不會有眞正的結束。今晚，好好睡個覺吧！明早醒來時，全新的旅程即將再度展開。

還記得當你最後一次展開旅程前，有一番話曾經在心中安靜地響起：

「開展你的旅程吧！讓這段旅程充滿神奇魔力！」

一切道路都已預備妥當。大家引頸期盼等著要見你。

是的，你從未迷失。你一直蒙受指引。

國家圖書館出版品預行編目（CIP）資料

一個人的內在朝聖之路：回到你的心，366 天靈魂深度療癒，迎接全新的自己 / 梅樂蒂．碧緹 (Melody Beattie) 著；童貴珊譯 . -- 二版 . -- 臺北市：橡實文化出版：大雁出版基地發行，2023.12
面； 公分
譯自：Journey to the heart : daily meditations on the path to freeing your soul
ISBN 978-626-7313-69-5(平裝)

1.CST: 靈修 2.CST: 生活指導

192.1　　112017315

BC1049R

# 一個人的內在朝聖之路：回到你的心，366 天靈魂深度療癒，迎接全新的自己

Journey to the Heart: Daily Meditations on the Path to Freeing Your Soul

作　　者　梅樂蒂．碧緹（Melody Beattie）
譯　　者　童貴珊
責任編輯　田哲榮
協力編輯　劉芸蓁
封面設計　斐類設計
內頁構成　歐陽碧智
校　　對　吳小微

發 行 人　蘇拾平
總 編 輯　于芝峰
副總編輯　田哲榮
業務發行　王綬晨、邱紹溢、劉文雅
行銷企劃　陳詩婷
出　　版　橡實文化 ACORN Publishing
地址：231030 新北市新店區北新路三段 207-3 號 5 樓
電話：（02）8913-1005　傳眞：（02）8913-1056
網址：www.acornbooks.com.tw
E-mail 信箱：acorn@andbooks.com.tw
發　　行　大雁出版基地
地址：231030 新北市新店區北新路三段 207-3 號 5 樓
電話：（02）8913-1005　傳眞：（02）8913-1056
讀者服務信箱：andbooks@andbooks.com.tw
劃撥帳號：19983379　戶名：大雁文化事業股份有限公司

印　　刷　中原造像股份有限公司
二版一刷　2023 年 12 月
定　　價　520 元
I S B N　978-626-7313-69-5
（原書名：每一天，都是出走的練習：靈魂深度旅行 365 天）